Colin Jones

Die Revolution des Lächelns

Ein Lebensgefühl im 18. Jahrhundert

Aus dem Englischen übersetzt von Ursula Blank-Sangmeister
unter Mitarbeit von Anna Raupach

Reclam

Für Alec, Ethan, Jonah, Milo, Greta und Rosa.
Ihr bringt mich zum Lächeln.

FSC
www.fsc.org
MIX
Papier aus verantwortungsvollen Quellen
FSC® C013736

Umschlagabbildung: Madame Vigée Le Brun (1755–1842),
Autoportrait avec sa fille (1786)
Satz: Reclam, Ditzingen
Druck und buchbinderische Verarbeitung: Kösel, Krugzell
Printed in Germany 2017
RECLAM ist eine eingetragene Marke
der Philipp Reclam jun. GmbH & Co. KG, Stuttgart
ISBN 978-3-15-011059-1
www.reclam.de

Inhalt

Einführung 7

1 **Die Zahnkultur des Ancien Régime** 27
Das ernste Gesicht Ludwigs XIV. 29
Lächeln unter strikter Kontrolle 45
Die Macht des königlichen Beispiels 58

2 **Das Lächeln der Empfindsamkeit** 66
Das kurze Auftauchen des Lächelns in der Régence-Zeit 66
»Ein Lächeln auf den Lippen und Tränen in den Augen« 87
Die Visualisierung des Lächelns der Empfindsamkeit 103

3 **Es erscheint der Zahnarzt** 109
Der Jahrmarkt der Zahnzieher vom Pont-Neuf 109
Eine Geschichte zweier Zahnärzte 117
Die Zähne der Pariser zur Zeit der Aufklärung 128

4 **Die Entstehung einer Revolution** 143
Fauchards Erben 146
Das Unternehmertum des *dentiste sensible* 162
Unterdessen in Versailles … 174

5 **Die flüchtige Revolution des Lächelns** 186
Die Künstlerin und der Gebisshersteller 187
Lächeln unter Verdacht 203
Lavaterianische Dämmerung 218

6 **Jenseits der Revolution des Lächelns** 226
Falsche Vorboten 227
Schaurige Grimassen 235
Das Verschwinden der Zahnheilkunde … 241
… das Verschwinden des Lächelns 246

Postskriptum
Der Weg zur Revolution des Lächelns im 20. Jahrhundert 253

Danksagung 263
Anmerkungen 267
Abbildungsverzeichnis 313
Register 315

Einführung

Im Herbst 1787 stellte die berühmte Malerin Madame Élisabeth-Louise Vigée Le Brun im Pariser Salon ein Selbstporträt aus, in der Kunstausstellung, die alle zwei Jahre im Louvre stattfand und dafür bekannt war, dass sie den Pariser und den europäischen Geschmack maßgeblich prägte. Sie stellte sich dar, wie sie ihre Tochter auf dem Schoß wiegte, dabei ein charmantes Lächeln zeigte und zwischen ihren geöffneten Lippen ihre weißen Zähne sehen ließ (Abb. 1).

Heutzutage ist ein »weißes Lächeln« wie dieses eine höchst banale und alltägliche soziale Geste. Es strahlt uns aus unseren Fernsehern entgegen und beherrscht Werbeflächen und Wahlkampfplakate. Und doch rief dieses Lächeln aus dem Jahr 1787 einen Skandal hervor. »Dass Madame Vigée Le Brun beim Lächeln ihre Zähne zeigt, ist eine Affektiertheit, die Künstler, Kenner und Leute mit gutem Geschmack einhellig verurteilen und für die sich in der Antike kein Beispiel findet«, schrieb ein Journalist. Ihr offenkundig überraschendes Lächeln, das sich – so meinte man – über die bis in die Antike zurückreichenden Konventionen der Gebildeten hinwegsetzte, schien auf seine Weise ebenso revolutionär wie die politischen Ereignisse, die bald darauf, im Jahr 1789, in der ersten modernen Revolution mündeten.

Vigée Le Bruns Lächeln war Teil jener größeren Revolution des Lächelns im Paris des 18. Jahrhunderts, die das Thema dieses Buches ist. Diese Revolution überschnitt sich in wichtigen Aspekten mit der großen Französischen Revolution von 1789 und führte zu einer radikalen Veränderung in der kulturellen Bedeutung des Lächelns. Das Lächeln auf dem 1787 ausgestellten Gemälde war nur die Spitze eines sehr großen und markanten Eisberges, der bereits in die Literatur und die Künste sowie in viele verschiedene andere kulturelle Bereiche hineinragte. Es hatte auch im sozialen und politischen Leben an Bedeutung gewonnen und brachte, wie wir sehen werden, eine offene Kritik an der Monarchie und Aristokratie des Ancien Régime zum Ausdruck.

Abb. 1: Madame Vigée Le Brun, *Autoportrait avec sa fille* (1786)

Das »weiße Lächeln« wäre ohne einschneidende neue Entwicklungen, die in der Zahnheilkunde, Chirurgie und Medizin gleichzeitig stattfanden, undenkbar gewesen. Überall auf der Welt blickte man voller Neid auf die Pariser Zahnheilkunde des späten 18. Jahrhunderts. In Paris war man, was die Zähne anging, zu neuen Denkansätzen gekommen und hatte neue Formen entwickelt, sie der Welt zu präsentieren. Mit dieser Veränderung in den sozialen Praktiken und Sensibilitäten entstand die heutzutage gängige Vorstellung, dass das Lächeln einen Schlüssel zur Identität des Individuums darstellt. Im Paris des ausgehenden 18. Jahrhunderts galt das Lächeln als Ausdruck des innersten und authentischsten Selbst. Auf eine Weise, die als neu und zugleich als modern galt, glaubte man, dass es über den inneren Charakter einer Person Aufschluss gab.

Doch lässt sich vom Lächeln sagen, es habe sogar eine Geschichte oder könne gar eine Revolution auslösen? Das ist eine berechtigte Frage, und das Lächeln gehört gewiss nicht zu den einfachsten oder unkompliziertesten historischen Sujets. Die Liste der Bücher, die sich mit seiner Geschichte befassen, ist äußerst kurz. Die bisherigen Darstellungen sind entweder sehr allgemein oder höchst speziell und beschränken sich häufig auf die Analyse eines einzigen besonderen Lächelns (vor allem auf das der *Mona Lisa*). *Das Lächeln der Vernunft* verfolgt einen anderen Ansatz. Hier geht es darum, das Lächeln als das kulturelle Produkt einer bestimmten Zeit und eines bestimmten Ortes zu betrachten, nämlich des Paris des 18. Jahrhunderts, und es in verschiedenen sozialen, ökonomischen, politischen, kulturellen und medizinischen Kontexten zu untersuchen.

Beim Lächeln stellt sich außerdem das Problem, dass es keine eindeutige und allgemein akzeptierte Definition gibt, um es vom Lachen abzugrenzen. Ein sehr großer Teil der historischen und wissenschaftlichen Literatur neigt dazu, das Lachen als ein stärker ausgeprägtes Lächeln anzusehen und die beiden Gesten sogar gleichzusetzen. Das französische Wort für Lachen ist *rire* oder *ris*, während das Lächeln als *sourire* oder *souris* bezeichnet wird. Die beiden letztgenannten Begriffe gehen auf »sous-rire« zurück, was »subliminales Lachen« oder »kleines Lachen« bedeutet. Diese Verwischung der beiden Kategorien konnte man im 18. Jahrhundert ständig beobachten. Die große *Encyclopédie*, die Bibel der französischen Aufklärung, definierte 1771 »ris« als »ein leichtes Lachen, bei dem man die Mundwinkel anhebt, ohne die Lippen zu öffnen.« Die Beschreibung scheint allerdings besser auf ein Lächeln als auf ein Lachen zuzutreffen. In jener Epoche wurde man sich, wie wir noch sehen werden, zunehmend der Unterschiede zwischen ihnen bewusst.

Das Lächeln ist auch deshalb ein schwer greifbares Thema, weil es – wie wir alle aus persönlicher Erfahrung wissen – immer ephemer, flüchtig und von kurzer Dauer ist. Bekanntlich ist es schwer zu fassen, und das war anscheinend immer so: Das überhebliche Lächeln, das Feixen, Lachen, Grimassenschneiden und eine verlegene Mimik sind nur einen Sekundenbruchteil von ihm entfernt. Wo in literarischen Quellen ein Lächeln erwähnt wird, wird es zudem niemals sorgfältig beschrieben, häufig überhaupt nicht und meist auf eine recht klischeehafte Weise. Es ist so, als lohne es sich nicht, sich die Zeit zu nehmen, ein Lächeln ausführlich zu definieren, zu schildern oder zu beschreiben, da jeder es sogleich als solches erkennt. Bildliche Darstellungen des Lächelns sind ebenfalls problematisch und unzuverlässig. Die technische Schwierigkeit, das Lächeln eines zu Porträtierenden gekonnt zu erfassen, schreckte die Künstler seit der Renaissance davon ab, auch nur einen Versuch zu wagen. Wenn sie es dennoch taten, blieben Zweifel an der Lebensechtheit eines Porträts, insbesondere deswegen, weil alle möglichen anderen kulturellen Faktoren die Sache verkomplizierten. So gab es zum Beispiel eine lebhafte und lang anhaltende künstlerische Debatte über das beste Porträt: War es das, das am realitätsgetreuesten war, oder aber das, das die idealisierte Ähnlichkeit oder den eigentlichen Charakter des Porträtierten zum Ausdruck brachte? Sehr selten trugen Realitätstreue, Warzen und Ähnliches (das Lächeln eingeschlossen) den Sieg davon.

Wie der Psychologe Paul Ekman in der heutigen Zeit gezeigt hat, ist das Lächeln der einfachste Gesichtsausdruck, den man an seinen

Mitmenschen erkennen kann. (Das hat es mit der Überraschung gemeinsam.) Es bedarf eines kürzeren Blicks als bei sonstigen Emotionen, um es zu registrieren. Und im Gegensatz zu anderen Gesichtsausdrücken lässt sich ein Lächeln in der Regel auch aus 100 Meter Entfernung problemlos erkennen (man kann es freilich auch mit dem Weinen verwechseln). Gesichtsphysiologisch gesehen ist ein Lächeln außerdem sehr einfach und unkompliziert. Um ein Lächeln hervorzubringen, braucht man nur einen Muskel – den Zygomaticus maior an der Wange, der die Mundwinkel hebt. In Verbindung mit der Bewegung des Musculus orbicularis oculi, der das Auge umgibt, heben sich die Wangen, und rund um das Auge bilden sich Fältchen, was eine äußerst positive, freudige und aufrichtige Wirkung hervorruft.

Dieses »aufrichtige«, »echte« und »gefühlte« Lächeln wird heute oft als das »Duchenne-Lächeln« bezeichnet, zu Ehren des französischen Experimentalphysiologen Guillaume Duchenne de Boulogne (Mitte des 19. Jahrhunderts), der als erster die dabei beteiligten Muskelreaktionen lokalisierte. Dafür brachte er Elektroden an verschiedenen Teilen des Gesichts eines Mannes an, der an einer Krankheit litt, die sein Gesicht gefühllos machte (Abb. 2). Mittels elektrischer Stimulation löste er eine Reihe von Gesichtsausdrücken aus, die er sowohl im Hinblick auf die beteiligten Muskeln als auch auf die mit ihnen verbundenen Emotionen analysierte. Er fotografierte seine Ergebnisse. Viele dieser Bilder finden sich in seiner wissenschaftlichen Monographie über die Gesichtsphysiologie, *Le Mécanisme de la physionomie humaine* (1862), die das enorme Potenzial seiner neuen visuellen Technologie für die Medizin deutlich machte. Duchenne stellte fest, dass das Lächeln sehr viel komplexer und expansiver werden kann und dass jede Menge Muskeln daran beteiligt sein können. Doch grundsätzlich bleibt es dabei, dass für ein aufrichtiges, freudiges »Duchenne-Lächeln« höchstens zwei Muskeln zuständig sind. Alle anderen Gefühlsregungen (wie etwa Furcht, Zorn und Verzweiflung) benötigen zwischen drei und fünf.

Heutige Untersuchungen über das Lächeln und Lachen in der frühkindlichen Entwicklung heben hervor, dass sich die beiden

Abb. 2: »Rire naturel«, aus Duchenne de Boulogne, *Mécanisme de la physionomie humaine* (1862)

Gesten überschneiden. Die Muskeln, die ein Lächeln und ein Lachen bewirken, bilden sich bereits im Mutterleib heraus und sind bei der Geburt funktionsfähig. Nach Auskunft mancher Studien können Babys schon einige Stunden nach der Entbindung lächeln, doch gewöhnlich tun sie dies erst nach drei oder vier Wochen. Das Lachen kommt später, meist zwischen vier und sechs Monaten, zu der Zeit, wo Babys häufig nicht mehr jeden anlächeln, sondern nur noch die Personen, die sich um sie kümmern. Obwohl beim Lächeln und Lachen eines Säuglings dieselben Gesichtsmuskeln beteiligt sind, ist das Lachen oft mit Lauten verbunden, mit einer ausgeprägteren Mimik, mit einem veränderten Atemrhythmus sowie mit körperlicher Erregung. Das gilt meist auch für das Lächeln und Lachen eines Erwachsenen. Das strahlende »Duchenne-Lächeln« kann mit vielen nicht fazialen Gesten verbunden sein. Beim spontanen Lachen sind Gesicht und Körper oft gleichermaßen beteiligt.

An der Fröhlichkeit und Natürlichkeit des Lächelns und Lachens eines menschlichen Babys und den damit verbundenen Lauten zeigt sich offenbar ein Zusammenhang mit dem Spielgesicht einer Reihe von Menschenaffen, unter anderem der Schimpansen, besonders wenn sie zeigen, wie gern sie gekitzelt werden. Charles Darwin beschrieb diese Übereinstimmung in seinem bahnbrechenden Werk *The Expression of the Emotions in Man and Animals* [dt.: *Der Ausdruck der Gemütsbewegungen bei dem Menschen und den Tieren*] aus dem Jahr 1872. Hier widerlegte er die westliche Überzeugung, die angeblich auf Aristoteles zurückging und in der Renaissance von Rabelais wieder aufgegriffen wurde, dass die Menschen sich durch das Lächeln und Lachen von den Tieren unterscheiden. Nachdem er seine eigenen Haustiere und die von anderen (und ebenso Duchennes Fotos) studiert hatte, kam Darwin zu dem Schluss, dass Hunde lächeln können. Er präsentierte auch das Bild eines lächelnden Menschenaffen (Abb. 3). (Die zweite Abbildung – die plumpen Retuschen sind unübersehbar – dürfte eine der am wenigsten überzeugenden Illustrationen sein, die je einem namhaften wissenschaftlichen Text beigegeben wurden.)

Aufgrund dieser inferentiellen Evidenz behaupten Evolutionsforscher einen gemeinsamen Ursprung des Lachens bei einer prähumanen Affenspezies, die vor mindestens sechs Millionen Jahren lebte. Doch es ist nicht leicht, die Ursprünge des Lächelns und Lachens (ebenso wie ihre ursprüngliche Bedeutung) zu verstehen. Nach Ansicht mancher Wissenschaftler haben das menschliche Lachen und das »Duchenne-Lächeln« nichts mit dem Spielgesicht der Menschenaffen zu tun, sondern mit ihrem Zähneblecken, dem Zeichen der Aggression. Möglicherweise ist dieses negative, freudlose, bösartige Lächeln (das Darwin ebenfalls kommentierte) auch eine spätere evolutionäre Entwicklung. Mit Sicherheit verweist die – dem aggressiven »Nicht-Duchenne«-Lächeln fehlende – Natürlich-

Abb. 3: Charles Darwin, »Smiling Ape«, aus *The Expression of the Emotions in Man and Animals* (1872)

keit und Spontaneität auf eine Form der Kompetenz, die stärker ausgeprägte und subtilere psychische und kognitive Funktionen umfasst. Dieses Lächeln könnte also durchaus (muss aber nicht) späteren Datums sein als das Spielgesicht, aus dem das »Duchenne-Lächeln« hervorging.

Vor dem Hintergrund dieser zwangsläufig unklaren Evolutionsgeschichte können wir zu dem Schluss kommen, dass das Lächeln und Lachen tief verwurzelte Formen der menschlichen Kommunikation sind, die dem Spracherwerb vorausgingen. Aber anhand dieser Geschichte lässt sich nicht feststellen, ob die Menschen grundsätzlich aggressiv oder aber im Wesentlichen sanftmütig sind. Weiter verkompliziert wird die Sache durch die außerordentlich große Bandbreite von Emotionen, die mit dem Lächeln und Lachen verbunden sind (und dies vermutlich seit Millionen von Jahren). Evolutionsforscher, Psychologen und Sozialwissenschaftler haben gezeigt, dass das Lächeln und das Lachen mit so ziemlich jeder Emotion zwischen den beiden Polen – der Sanftmut (»Spielgesicht«) auf der einen und der Boshaftigkeit (»Zähneblecken«) auf der anderen Seite – verknüpft sind. Dieses Merkmal teilen sie mit keinem anderen Gesichtsausdruck (vielleicht abgesehen vom Weinen). Paul Ekman etwa hat mit viel Geduld eine Taxonomie des Lächelns entwickelt, die nach seiner eigenen Aussage noch sehr viel mehr Arten des Lächelns umfasst. Dazu gehören sinnliches Vergnügen und sinnliche Lust, Fröhlichkeit, Belustigung, Zufriedenheit und Befriedigung, Zuneigung, Koketterie, Schmerzlinderung und Abbau von Stress, Verlegenheit, Traurigkeit, Nervosität, Scham, Überlegenheit, Aggression, Furcht, Verachtung und vieles mehr. So wird das Lächeln für Ekman zum »am meisten unterschätzten Gesichtsausdruck«. Es gehört gewiss zu den vielseitigsten und weitesten verbreiteten Gesichtsausdrücken.

Die extrem große Bandbreite der Emotionen, die mit dem Lächeln und Lachen verknüpft sind, spiegelt sich in den zahlreichen Funktionen, die dem Lächeln und Lachen in sozialen Situationen zukommen. Einerseits können die eher negativen und bösartigen Formen des Lächelns und Lachens eine Drohung und Warnung enthalten, die Grenzen zwischen In- und Outsidern einer Gruppe aufzeigen und manchmal auch als Verteidigungsmechanismus eingesetzt werden. Vom anderen, dem freundlichen Ende der Skala aus gesehen, fördert das Lächeln die Sozialisation, erleichtert die soziale Interaktion, mildert negative Emotionen und Stress, verringert

Spannungen und koordiniert das Zusammengehörigkeitsgefühl innerhalb einer Gruppe. Lächeln und Lachen sind also soziale und kollektive Phänomene, die nicht nur individuell und subjektiv positive Auswirkungen haben, sondern vor allem auch in sozialer und kollektiver Hinsicht.

Außerdem setzt das Lächeln, ebenso wie manche Arten des Lachens, häufig eine Art von Feedback-Schleife des Verhaltens in Gang. Selbst ein künstliches »Nicht-Duchenne«-Lächeln kann den, der angelächelt wird, positiv beeinflussen. Es scheint ziemlich schwierig, auf ein Lächeln nicht ebenfalls mit einem Lächeln zu reagieren. Derjenige, der zuerst gelächelt hat, bekommt sein Lächeln zurückgeworfen und wird dadurch positiv bestärkt. Das Lächeln wirkt ansteckend. Dies beginnt in der Beziehung zwischen Babys und ihren Bezugspersonen und kann das ganze Leben andauern.

Diese Feedback-Schleife zeigt, dass das Lächeln und das Lachen in etwa so funktionieren wie das, was der Historiker William Reddy als »emotive« Äußerungen bezeichnet. Die dahinter stehende Vorstellung basiert auf der Theorie der performativen Äußerungen des Philosophen J. L. Austin, nach der manche sprachliche Äußerungen die Realität nicht nur beschreiben oder widerspiegeln (»Die Katze saß auf der Matte«), sondern diese Realität auch verändern können (»Setz dich auf die Matte!«). Auf ähnliche Weise könnten wir das Lächeln als eine nonverbale »performative Äußerung« verstehen. Es kann beliebig viele mit ihm verbundene Gefühle darstellen, ausdrücken oder widerspiegeln. Aufgrund des Feedback-Kreislaufs hat das Lächeln auch das Potenzial, die Art und Weise einer sozialen Begegnung zu verändern. Das Klischee »Lächele, und die Welt lächelt mit dir« ist somit wohl mehr als nur ein schwacher Gemeinplatz aus der Welt der populären Motivationspsychologie à la Hollywood und der Werbesprache von Unternehmen. Es gilt auch für die gesamte menschliche Vergangenheit und reicht bis vor den Beginn der Sprache zurück.

Die Überzeugung von Evolutionspsychologen, dass Lächeln und Lachen im menschlichen Gehirn verankert sind, ist einsichtig. Schließlich dürfte das Lachen, wie wir gezeigt haben, sechs Millionen Jahre alt sein. Es gibt jedoch genügend Indizien dafür, dass es sich bei vielen Arten des Lächelns, deren Zahl unendlich ist, eher um erlernte als um biologisch determinierte Verhaltensweisen handelt. Beim Lächeln lassen sich soziale und kulturelle Einflüsse niemals ausschließen. Unter diesem Aspekt ist diese Geste eher wie ein Zwinkern, wie der amerikanische Anthropologe Clifford Geertz erörtert hat. Nur hinsichtlich der daran beteiligten Gesichtsmuskeln lässt sich das (bewusste) Zwinkern nicht vom Zucken unterscheiden, einer unwillkürlichen und rein physiologischen Reaktion. Aber in einer bestimmten sozialen Begegnung hat das Zwinkern eine Bedeutung, und diese steht im Zusammenhang mit den Absichten dessen, der zwinkert, mit dem geheimen Einverständnis oder der Komplizenschaft dessen, dem zugezwinkert wird, und mit den kulturellen Botschaften, die in der Gesellschaft insgesamt mit dem Zwinkern verbunden sind. Mit anderen Worten: Eine rein physiologische Erklärung läuft Gefahr, den Sinn der Geste komplett zu verfehlen. Wie Geertz betont, muss man sich auf den kulturellen Kontext des Zwinkerns einlassen, um es richtig zu verstehen.

Aus demselben Grund können wir die zunehmende Verbreitung des Lächelns in der französischen Kultur des 18. Jahrhunderts nur begreifen, wenn wir den größeren Kontext erforschen, in dem das Lächeln gezeigt oder dargestellt wurde. Die Biologie kann uns dabei nur ein Stück des Weges begleiten. Irgendwann verschwimmen Körper und Geist, Instinkt und erlernte Reaktion. Das Lächeln mag angeboren sein, aber wenn ich aufgefordert werde, vor einer Kamera zu posieren, dann hat mein zu einem Grinsen verzogener Mund (»cheese«) weniger mit der Biologie zu tun als mit den kulturellen Normen unserer Gesellschaft. So handelt die Geschichte des Lächelns von sehr viel mehr als den biologischen Gesetzmäßigkeiten. Und hier können Historiker einen Beitrag leisten. Denn Zeit, Kontext und Bedeutung sind die Entitäten, mit denen wir uns befassen.

In meinem Buch *Das Lächeln der Vernunft* möchte ich zeigen, dass sich im Paris des 18. Jahrhunderts die Art und die Bedeutung des Lächelns veränderten, und zwar in einer Weise, die man aus der historischen Entwicklung heraus verstehen kann und die viele Aspekte der sozialen, politischen und kulturellen Geschichte dieser Epoche erhellt. Am Anfang des Jahrhunderts galt hinsichtlich des Gesichtsausdrucks ein bestimmtes Wertesystem, demzufolge das Lächeln als Zeichen der Überlegenheit, der Verachtung und manchmal auch der Aggression interpretiert wurde. Natürlich zeigten die Menschen auch andere Arten des Lächelns. Angesichts der oben beschriebenen Polyvalenz und Multifunktionalität des Lächelns wäre es töricht, etwas anderes anzunehmen. (Der gesunde Menschenverstand sagt uns, dass Liebende immer gelächelt haben, und die Dichter haben dieses Lächeln gefeiert.) Doch um 1700 war im öffentlichen Leben Frankreichs ein hochnäsiges, aggressives Lächeln mit geschlossenem Mund die Regel, weshalb es für andere Arten des Lächelns sowohl kulturelle als auch biologische Restriktionen gab. Gegen Ende des 18. Jahrhunderts aber wich dieser Gesichtskodex allmählich einem anderen. Dessen Hauptmerkmal war das »weiße Lächeln« mit geöffnetem Mund, mit dem Madame Vigée Le Brun im Jahr 1787 für so viel Aufregung sorgte. Dieses hatte sich im Laufe des Jahrhunderts nicht nur in der Malerei, sondern auch in zahlreichen unterschiedlichen sozialen und kulturellen Kontexten herausgebildet. Am Horizont der Öffentlichkeit zeichnete sich eine neue und deutlich erkennbar moderne Art des Lächelns ab. Eine Revolution des Lächelns bahnte sich an.

In gewisser Hinsicht schien die Revolution des Lächelns zur damaligen Zeit der Intuition zu widersprechen, da die Bewohner der europäischen Großstädte im ausgehenden 18. Jahrhundert unter besonders schlechten Zähnen litten. Im 16. und 17. Jahrhundert war der Zucker, der in entfernteren Erdteilen gewonnen wurde, zum Grundnahrungsmittel der Elite geworden. Im 18. Jahrhundert fand er, insbesondere in den Städten, auch Eingang in den Speiseplan der breiten Masse – in Form von gezuckerten Nahrungsmitteln, Schokolade, Tee, Kaffee, Limonade usw. Archäologische Funde aus städtischen Friedhöfen belegen, dass die Menschen in ihrer gesamten früheren Geschichte selten oder nie schlechtere Zähne gehabt hatten. Umso faszinierender ist es herausfinden, wieso in dieser Epoche dennoch das »weiße Lächeln« aufkommen konnte.

Wie wir in Kapitel 1 sehen werden, stand in der Zahnkultur des Ancien Régime die Mundpflege nicht weit oben auf der Agenda; während der Zuckerverbrauch enorm anstieg, war die von der Ärzteschaft angebotene Versorgung erbärmlich dürftig. Die entsetzlichen Zahnprobleme Ludwigs XIV. machten deutlich, dass ein König von Frankreich medizinisch nahezu ebenso wenig vor Zahnverlust und Mundkrankheiten geschützt war wie die Ärmsten seiner Untertanen. Dass man den Mund geschlossen hielt, hatte aber nicht nur etwas mit schlechten Zähnen zu tun, sondern auch mit allgemeineren kulturellen Werten. Benimmratgeber, die an die Ratschläge der Antike anknüpften und die seit der Renaissance geltenden Anstandsregeln wiederholten, hatten den fest geschlossenen Mund für jeden, der als vornehm gelten wollte, zur Norm erhoben. Die kulturbedingte Missbilligung der geöffneten Lippen basierte auf der Vorstellung, dass der offene – zahnlose oder viele Zahnlücken aufweisende – Mund hässlich, unschicklich und häufig ziemlich abstoßend war. Ein offener Mund gehörte sich einfach nicht.

Dieser im öffentlichen Leben geltende Gesichtskodex änderte sich im Laufe des 18. Jahrhunderts, so dass das charmante Lächeln mit geöffnetem Mund à la Vigée Le Brun erlaubt war und bestärkt wurde, sogar schon einige Generationen vor der Ausstellung ihres Selbstporträts. In dieser Hinsicht besonders bedeutsam waren, wie ich in Kapitel 2 zeigen werde, sich verändernde Auffassungen der Emotionen und damit verbundene Entwicklungen, die den Ausdruck von Gefühlen betrafen. Der neue Empfindsamkeitskult, der sich zuerst im Theater zeigte, dann wirkungsvoll durch den Roman und anschließend in der Malerei verbreitet wurde, führte zu einer vollständigen Neubewertung dessen, was als angemessener Gesichtsausdruck zu gelten hatte. Das starre und unbewegliche Gesicht, das am Königshof von Versailles noch immer favorisiert wurde, bekam unter dem emotionalen Druck erste Risse. Weinen, Lachen und Lächeln wurden in der Pariser Elite und Mittelklasse, die sich anscheinend von der Emotionalität der imaginativen Literatur hatten anstecken lassen, nun zu akzeptierten öffentlichen Gesten. Diese Art sanftmütigen Verhaltens wurde oft als instinktive Reaktion auf die Ungerechtigkeiten des menschlichen Daseins gedeutet. Sie galt auch als Zeichen für die fundamentale Menschlichkeit und Identität einer Person. Die Aufklärung, die kulturelle und intellektuelle Bewegung, die sich die Verbesserung des Individuums und der Gesellschaft zum Ziel gesetzt hatte, gab diesen stärkeren Emotionen ihre Zustimmung. Außerdem bot die soziale Infrastruktur im Paris der Aufklärung – Salons, Kaffeehäuser, Promenaden usw. – einen geeigneten Rahmen für Kontakte von Angesicht zu Angesicht, bei denen das Auftreten zumeist von einem Lächeln begleitet war. So konnte das Lächeln in der von uns beschriebenen Weise einen gefühlsbedingten Ansteckungseffekt auslösen: Das Gegenüber lächelte zurück.

Der neue Empfindsamkeitskult im Paris der Aufklärung war eine wesentliche Voraussetzung für die Veränderungen der für das Gesicht geltenden Regeln, desgleichen die Entstehung der modernen Zahlheilkunde, mit der ich mich in Kapitel 3 befassen werde. Wenn man sich so wenig und oberflächlich um die Zähne kümmerte wie in der Zahnkultur des Ancien Régime, ließen Mundkrankheiten und Zahnschmerzen niemals lange auf sich warten, und üblicherweise wurden die betroffenen Zähne dann gezogen, oft von schillernden Wanderscharlatanen. Im Paris des 18. Jahrhunderts jedoch und tatsächlich zum ersten Mal in der Geschichte des Westens wurden die früheren Zahnzieher durch Fachleute ersetzt, bei deren vielfältigen Behandlungsmethoden es mehr darum ging, die Zähne zu erhalten, als sie zu entfernen. Pionier und Vorbild war hier der praktische Arzt Pierre Fauchard, eine Schlüsselfigur in unserer Geschichte. Sein Werk *Le Chirurgien-Dentiste* (1728) prägte den Begriff *dentiste* (Zahnarzt) und begründete faktisch die Zahlheilkunde als Zweig der wissenschaftlichen Chirurgie. Das bedeutete, dass zumindest jene Pariser, die die Mittel hatten, sich die Dienste von Fauchard und seinesgleichen zu leisten, leben konnten, ohne sich wegen mangelhafter Zähne, schlechten Atems und *in extremis* eines scheußlichen schwarzen Lochs gesellschaftlich kompromittiert zu fühlen. Sie konnten ihre Lippen öffnen, die Zähne zeigen und eine Welt anlächeln, die das akzeptierte.

In Kapitel 4 werde ich dann zeigen, wie die neue Wissenschaft der Zahnchirurgie und diese neue Zielsetzung der Zahnheilkunde sich ab der Mitte des Jahrhunderts in der Stadt etablierten. Indem sie sich der Fortschrittsrhetorik der Aufklärung bedienten und eine beeindruckende Vielfalt unternehmerischer Fähigkeiten unter Beweis stellten, richteten sich die Zahnärzte innerhalb der beruflichen Landschaft in einer komfortablen Nische ein, wobei sie unter der Ägide der einflussreichen Zunft der Pariser Chirurgen standen. Sie reagierten auf das Bedürfnis nach guten, gesunden weißen Zähnen und einem gepflegten Mund und trugen gleichzeitig zu einer wachsenden Nachfrage bei. Das alles war in der Pariser Oberschicht, die sich zunehmend dem Diktat eines modischen Erscheinungsbildes ausgesetzt sah, sehr gefragt. Das glanzvolle Prestige, das das Paris der Aufklärung überall in Europa genoss, führte dazu, dass die Zahnärzte ebenfalls immer mehr internationale Anerkennung fanden.

Bezeichnenderweise schien das neue Lächeln schöner, natürlicher und tugendhafter als alles, was der Königshof zu bieten hatte. Zumindest in der Stadt, wenn auch nicht am Königshof, verdrängte es das traditionelle Lächeln mit geschlossenem Mund, das eine gehobene Position in der sozialen Hierarchie sowie hinsichtlich des moralischen Wertes insinuierte. Während des ganzen Jahrhunderts hielt sich der Königshof eng an die strengen Zeremonien Ludwigs XIV., zu denen traditionellerweise auch das unbewegliche Gesicht gehörte. Auf diese Weise distanzierte sich die Monarchie von den kulturellen Normen, die sie früher noch diktiert hatte. Die Pariser Öffentlichkeit bemühte sich, den Hof von Versailles als legitimen Richter über den gesellschaftlichen Wert zu überholen – eine Entwicklung mit potenziellen politischen Konsequenzen.

Spätestens am Vorabend der politischen Revolution von 1789 schien die Verdrängung der starren Maske von Versailles durch das Pariser Lächeln der Empfindsamkeit besiegelt. Wie wir gesehen haben, markierte die Ausstellung des Porträts von Vigée Le Brun im

Abb. 4: Nicolas Dubois de Chémant

Jahr 1787 die Apotheose des neuen Lächelns. Außerdem erfand im selben Jahr der Pariser Zahnarzt Nicolas Dubois de Chémant Gebisse aus weißem Porzellan. So konnten selbst die Zahnlosen das strahlende »weiße Lächeln« zeigen. (Zu diesen Leuten gehörte er auch selber, und er hatte seine eigene Zahnprothese – war aber nicht daran interessiert, sie auf seinem Porträt zur Schau zu stellen [Abb. 4].) Diese Entwicklungen, mit denen ich mich in Kapitel 5 beschäftigen werde, lassen erkennen, dass in der Stadt eine Revolution des Lächelns kurz bevorstand. Das Lächeln und die Freudentränen, mit denen die politische Revolution von 1789 in Paris begrüßt wurde, erschienen wie eine nachdrückliche Bestätigung der gleichzeitig stattfindenden Revolution des Lächelns.

Es sollte jedoch zu keinen radikalen Veränderungen kommen. Die Revolution des Lächelns erwies sich als ebenso flüchtig und vergänglich wie das Lächeln selbst. Trotz dieser vielversprechenden Anfänge sollte die revolutionäre politische Kultur nach 1789 letztlich das neue »weiße Lächeln« genauso entschieden ablehnen, wie sie sich von dem von Versailles diktierten unverändert herablassenden Gesichtsausdruck distanziert hatte. Die politischen Leidenschaften waren bald so heftig, dass man das Lächeln für zu einlullend hielt, als dass es irgendeinen Einfluss haben könnte, insbesondere angesichts des beginnenden Terrorregimes (1792–94). In dieser politischen Stimmung war lächeln nicht angebracht. Gellender Spott und aggressives Gelächter charakterisierten die politischen Extreme, von den aristokratischen Konterrevolutionären bis hin zu den populären Radikalen, den *sans-culottes*. Die Menschen waren gut beraten, wenn sie sich in einer politischen Landschaft, in der schon das Wort »Mäßigung« verdächtig war, in Deckung hielten und ihr Lächeln in der Öffentlichkeit verbargen. Darüber hinaus tendierten die revolutionären Politiker dazu, eine erhabene Miene nach dem Vorbild der antiken Stoiker aufzusetzen, die sich unter dem Einfluss des neoklassischen Geschmacks in den vorangegangenen Jahrzehnten etabliert hatte. Die Feindseligkeit, die man in der revolutionären Kultur dem Lächeln entgegenbrachte, wurde noch durch das Lächeln des Widerstands verschärft, mit dem viele

Regimegegner während der Terrorherrschaft die Guillotine bestiegen.

Der offene Mund, den jetzt viele mit der Revolution in Verbindung brachten, war nicht das »weiße Lächeln«, sondern der schauerlich aufgerissene Mund, der nach Gewalt schrie. Die Pariser galten nicht länger als die lächelnden Inkarnationen gesellschaftlichen Frohsinns und des menschlichen Potenzials zur Vollkommenheit. Im Gegenteil, vor allem außerhalb von Frankreich porträtierten populäre politische Karikaturisten wie James Gillray die Pariser als brutale, scharfzähnige, kannibalistische »gefährliche Klassen«, die für die Werte der Zivilisation eine immerwährende Gefahr darstellten (Abb. 5).

Die Revolution des Lächelns und die Französische Revolution von 1789 hatten anfangs den Eindruck erweckt, als würden sie in dieselbe positive zivilisierte Richtung weisen. Aber letztlich hatte der Verlauf der Politik die Möglichkeit zunichte gemacht, dass die Revolution des Lächelns sich so weiterentwickelte, wie sie in den späten 1780er Jahren begonnen hatte. Das Ende des Terrors dämpfte die Vorstellung, dass das Lächeln eine konterrevolutionäre Geste sei, aber es wurde nicht wieder zu einer akzeptierten kulturellen Norm erhoben. Das Lächeln hatte sein Ansteckungspotenzial und seinen Kultstatus im öffentlichen Leben verloren. Seit den späten 1790er Jahren relativierten die einflussreichen physiognomischen Theorien von Johann-Caspar Lavater die Annahme, dass der Gesichtsausdruck Aufschluss über den Charakter gebe, ebenso wie es aus einer anderen Perspektive der neoklassische dramatisch-feste Gesichtsausdruck tat, der in der Ära Napoleons (1799–1815) zum guten Ton gehörte. Napoleon und seinen Nachfolgern sollte das unbewegliche Gesicht Ludwigs XIV. mehr zusagen als die Welt, die sich mit Madame Vigée le Brun eröffnet zu haben schien.

Die vorübergehende Revolution des Lächelns des ausgehenden 18. Jahrhunderts war eine Gemeinschaftsproduktion gewesen. Kulturelle Impulse und der Hang zur Empfindsamkeit hatten zusammen mit dem Aufkommen der wissenschaftlichen Zahnmedizin eine echte Veränderung bewirkt. Doch seit den 1790er Jahren ver-

Abb. 5: James Gillray, *Un petit souper à la parisienne* (1792)

hinderte, wie wir in Kapitel 6 sehen werden, der Zusammenbruch der professionellen Zahnheilkunde in Frankreich, dass das Lächeln wieder zur kulturellen Norm erhoben werden konnte. Die Gesetzgebung der Revolution beendete das produktive Nischendasein, das die Zahnärzte im medizinischen System des Ancien Régime geführt hatten, und für angehende Zahnchirurgen wurde kein spezieller Ausbildungsgang eingerichtet. Die Zahnärzte mussten wieder mit den dilettantischen Zahnziehern von früher konkurrieren. Der Zahnkultur des Ancien Régime sollte im Frankreich des 19. und 20. Jahrhunderts ein langes Nachleben beschieden sein.

So erwies sich die Pariser Revolution des Lächelns als fast ebenso vergänglich wie das Lächeln selbst. In gewisser Hinsicht fiel das Lächeln als öffentliche Geste über mehr als ein Jahrhundert in einen Winterschlaf, aus dem es, wie wir im Postskriptum sehen werden, tatsächlich erst im 20. Jahrhundert wieder erwachte. Daran waren unterschiedliche Faktoren beteiligt, darunter neue, stark visuelle

Werbepraktiken, mediale Hollywood-Präsentationen und schließlich die Rückkehr einer seriösen erstklassigen Zahnheilkunde. Das 20. Jahrhundert sollte seine eigene Revolution des Lächelns erleben, die von ihrem Vorläufer im 18. Jahrhundert nicht das Geringste wusste. Thema dieses Buches ist jenes Lächeln, das uns verloren gegangen ist.

1 Die Zahnkultur des Ancien Régime

Das berühmte Staatsporträt von Hyacinthe Rigaud, das Ludwig XIV. in vollem Ornat präsentiert, zeigt den König auf der Höhe seiner Macht in einem ostentativ theatralischen Setting (Abb. 6). Das Werk, gemalt 1701 und im Pariser Salon 1704 ausgestellt, blendet den Betrachter durch die feierlich zur Schau gestellte Pracht. Krone, Zepter, großes Staatsschwert und die schweren, mit Lilien bestickten Gewänder aus Hermelin evozieren die vermeintliche Zeitlosigkeit der französischen Monarchie, die damals auf dem Zenit ihrer Macht stand.

Die Pose des Königs zeugt von Gelassenheit und von einer leicht herablassenden Arroganz. Stark hervorgehoben sind seine wohlgeformten Beine, die der Hofchronist, der Duc de Saint-Simon, wahrlich kein devoter Beobachter der höfischen Gesellschaft von Versailles, als die schönsten bezeichnete, die er je gesehen habe. Sie wiederholen genau die Pose, die Ludwig als junger Mann eingenommen hatte, als er in der Hauptrolle des Apoll im *Ballet royal de la nuit* auftrat. Der Blick des Königs ist hochmütig und teilnahmslos und fordert vom demütigen Betrachter ehrfurchtsvollen Gehorsam, während der elegante, prätentiös herausgeputzte, imposante Körper für diesen Anlass mehr als nur ein wenig geschönt ist. Ein solches Porträt sollte nicht naturalistisch sein, sondern die Natur verbessern, was es auch tat. Die hier gezeigten Wadenmuskeln sind schwerlich die eines 60-Jährigen. Die roten Absätze der höfischen Schuhe lassen den Herrscher, der nur wenig beeindruckende 1,63 Meter maß, deutlich größer erscheinen. Die üppigen Locken der hoch aufragenden schwarzen Perücke verbergen Ludwigs Kahlheit. Und die glatte Stirn deutet auf einen Herrscher hin, der in der Welt kaum Sorgen hat – obwohl er, als er gemalt wurde, gerade zu seinem letzten verheerenden Krieg aufbrechen sollte, dem Spanischen Erbfolgekrieg (1701–14). Bei diesem mythologisierenden und trügerischen Porträt, das die Vergänglichkeit, ja sogar die Existenz der Zeit auslöschen will, sticht dennoch ein Merkmal hervor, das es

Abb. 6: Hyacinthe Rigaud, *Louis XIV* (1701)

als realistisch ausweist: Die eingefallenen Wangen und die Falten um den Mund geben zu erkennen, dass der Herrscher keinen einzigen Zahn mehr hat.

Das ernste Gesicht Ludwigs XIV.

Dieses den Mund betreffende realistische Detail auf Rigauds Gemälde überrascht, da es unter den Porträts des Königs und den Gemälden anderer europäischer Herrscher der damaligen Zeit Seltenheitswert besitzt, und wir können nur darüber spekulieren, warum Rigaud sich dazu entschieden hat, den Mund des Königs ausgerechnet so zu zeigen. Wir wissen allerdings, dass sein königliches Modell aus seiner Zahnlosigkeit keinen Hehl machte. Nach Auskunft Saint-Simons »klagte« der König, als er 1714 mit dem 80-jährigen Kardinal d'Estrées offen plauderte, zum Beispiel »darüber, wie unangenehm es ist, keine Zähne mehr zu haben«. »Zähne, Sire?«, antwortete der Kardinal. »Ah! Wer hat denn welche?« Eine solche Antwort dürfte die Höflinge dazu veranlasst haben, hinter vorgehaltener Hand zu kichern, denn was, wie Saint-Simon anmerkte, »an seiner Antwort erstaunte, war die Tatsache, dass er [d'Estrées] in seinem Alter noch schöne weiße Zähne besessen hatte«.

In Europas traditioneller Zahnkultur war Zahnlosigkeit im Erwachsenenleben ein Faktum, das galt für die mächtigsten Könige ebenso wie für die geringsten ihrer Untertanen. Dass man ab einem gewissen Alter seine Zähne verlor, war völlig normal. Der Prozess begann gewöhnlich, noch bevor man die 40 erreicht hatte, und setzte sich bis zum kompletten Zahnverlust kontinuierlich und unerbittlich fort. »Personen, deren Zähne in einem vorgerückten Alter noch gesund und vollständig sind, sind äußerst selten«, so ein Kenner der Materie im frühen 18. Jahrhundert. »Manche verdanken dieses Privileg einem glücklichen Naturell, andere einer besonderen Pflege. Aber die große Mehrheit der Menschen hat seit frühester Kindheit verfaulte Zähne und verliert diese viel zu früh.« Außerdem verschlimmerte sich die Situation immer mal wieder durch demographische Krisen und andere Katastrophen, von denen das frühneuzeitliche Europa heimgesucht wurde. In Kombination mit den sich gegenseitig verstärkenden Auswirkungen von Kriegen und Seuchen kosteten in den letzten beiden Jahrzehnten der Herrschaft von Ludwig XIV. Missernten in Frankreich Millionen von Menschen das Leben. In dem entsetzlichen Winter 1693/94 zum Beispiel gab es in Paris, einer Stadt mit einer halben Million Einwohnern, täglich zwischen 1400 und 1500 Tote, während die Jahre 1709/10 sogar noch schrecklicher waren. In Krisenzeiten war nicht nur die Sterblichkeit hoch, sondern sehr viele Menschen litten auch an Unter- und Mangelernährung, was sich auf Zähne und Zahnfleisch extrem schädlich auswirkte. Bei kleinen Kindern waren die Schäden wahrscheinlich am gravierendsten: Selbst in normalen Zeiten war das Zahnen – und besonders die Folgen der Dehydration, verbunden mit dem durch das Zahnen hervorgerufenen Fieber – ein Hauptgrund für die Kindersterblichkeit. In Zeiten, die für alle schwer waren, war die Zerbrechlichkeit des Lebens (ebenso wie die Anfälligkeit des Mundes) bei den ganz Jungen sogar noch stärker ausgeprägt.

Mit dem Verlust der Zähne schwand auch das gute Aussehen, was für Porträtmaler ein großes Problem darstellte. Auch das Sprechvermögen war beeinträchtigt, denn das Reden konnte zu einem ziemlichen Grunzen und Pfeifen werden. Unbehagen, Unannehmlichkeiten, Probleme beim Kauen, chronische Verdauungsstörungen und die Entstellung des Gesichts, hervorgerufen durch den schlechten Zustand des Mundes, gehörten zum Alltag der Menschen mittleren Alters. Das Fehlen wirksamer Schmerzmittel konnte einen normalen Menschen in den Wahnsinn oder direkt in die Hände der Zahnzieher treiben. Der Chirurg Jacques Guillemeau notierte 1612: »Die Zahnschmerzen sind oft so schlimm, dass der darunter Leidende durch die Straßen rennt und seinen Verstand zu verlieren scheint. Weil er denkt, dass kein Mittel den Schmerz lindern kann, lässt er sich den Zahn lieber gleich ziehen.«

Vor diesem bedenklichen Hintergrund kam für den kleinsten Bauern oder städtischen Arbeiter ein strahlendes Lächeln ebenso wenig in Frage wie für einen absoluten Monarchen. Vom Höchststehenden bis zum sozial Niedrigsten, vom Prinzen bis zum Bettler, vom Schloss bis zur Hütte, Ludwig XIV. und seine Untertanen waren allesamt in der erbarmungslosen Zahnkultur des Ancien Régime gefangen. Die verfaulten Zähne Ludwigs XIV., die selbst seine prachtvollen höfischen Insignien nicht verbergen konnten, zeigen, wie es in seinem Königreich im Allgemeinen und in seiner Hauptstadt im Besonderen um die Mundpflege bestellt und wie unzulänglich sie war.

Ludwigs XIV. zusammengepresster, zahnloser, ernster Mund war die Rache der Biologie an einem Herrscher, der sich immer in einem zeitlosen Aufputz hatte porträtieren lassen. Einst waren es ausgerechnet seine Zähne gewesen, die ihn als den künftigen »Ludwig den Großen« ausgezeichnet hatten. Wahrsager und Hellseher hatten bei seiner Geburt im Jahr 1638 ihren großen Tag, als man nämlich entdeckte, dass er bereits zwei Zähne aufzuweisen hatte. Dieses vorzeitige Zahnen schien zu bestätigen, dass Gott seine Hand bei einer Zeugung im Spiel gehabt hatte, die bereits weit und breit als Wunder gefeiert wurde – die späte Schwangerschaft von Ludwigs Mutter Anna von Österreich (sie war Ende 30) hatte ganz Europa in Erstaunen versetzt. Zum ziemlich sadistischen Amüsement des Königshofes malträtierten die beiden Milchzähne des Babys die Brustwarzen zahlreicher Ammen. Für die Zeitgenossen schienen diese erstaunlichen, unersättlichen, gierigen Zähne die Wunder vorauszusagen, die ein alles verschlingender Prinz, hungrig nach Ruhm, auf der Landkarte Europas mit der Zeit vollbringen würde. Zuerst wurde Ludwig den an ihn gestellten Erwartungen der Habgier auf der internationalen Bühne gerecht, indem er die Grenzen Frankreichs erheblich ausdehnte. Doch er übernahm sich, und ab den 1680er Jahren wurden seine Siege immer spärlicher. Während des Spanischen Erbfolgekrieges (1701–14) äußerten sich holländische antifranzösische Pamphletisten über die Macht des Königs mehr mit Sarkasmus als mit Erstaunen. Ludwig der Große war zu Ludwig dem Zahnlosen mutiert.

Lange bevor sie ihre metaphorische Bedeutung einbüßten, verloren die Zähne Ludwigs XIV. ihre natürliche Beißkraft. In den späten 1670er Jahren hielten die königlichen Ärzte in ihren ausführlichen Gesundheitstagebüchern fest, dass »die Zähne des Königs von Natur aus mangelhaft« seien. Der königliche Mund »wurde«, wie ein weiterer Zeuge beobachtete, »zahnlos, als fast alle Zähne [des Königs] um sein 40. Lebensjahr herum ausfielen« – das könnte ab den späten 1670er Jahren der Fall gewesen sein. Der Zustand seines Mundes machte immer mehr Eingriffe erforderlich.

Es war nicht so, dass es Ludwig jemals an medizinischer Aufmerksamkeit gefehlt hätte – anders als der großen Mehrheit seiner Untertanen. Tatsächlich hatte er die beste Zahnbehandlung, die man zu seiner Zeit überhaupt haben konnte. Zum königlichen Hofstaat gehörte eine Gruppe praktischer Ärzte, die aufgrund ihrer Kompetenz sorgfältig ausgewählt worden waren. 1649 hatte es etwa 40 solcher Männer gegeben – Ärzte, Chirurgen, Apotheker und andere –, die sich unter der Leitung des Ersten Arztes des Königs (*premier médecin du roi*) um die Gesundheit des Königs kümmerten. Ihre Zahl vermehrte sich im Laufe seiner Herrschaft um mehr als das Doppelte, wobei die Struktur der Gruppe aber identisch blieb. Zu den Pflichten des Ersten Arztes gehörte die umfassende Kontrolle der Gesundheit und des Wohlbefindens des Herrschers. Er war zum Beispiel bei den förmlichen Zeremonien rund um das Aufstehen und Zubettgehen des Königs (das *Lever* und das *Coucher*) zugegen, und er untersuchte den königlichen Körper, wenn der Monarch sich nicht wohlfühlte. Auch überwachte er sämtliche Bereiche der königlichen Lebensweise und beriet den König zudem auf dem Gebiet der Mundhygiene: den Mund mit Wasser ausspülen und dann die Zähne und das Zahnfleisch mit einem Tuch abreiben – das war in etwa alles. Bei den Mahlzeiten stellte der Arzt sicher, dass der Mundschenk (*Chef du Gobelet*) das Brot, das Salz und den Wein des Königs testete – es gab durchaus berechtigte Befürchtungen hinsichtlich möglicher Giftanschläge am Hofe – und seinem Herrscher das königliche Messer, den königlichen Löffel und Zahnstocher reichte. Dieser war aus einem Zweig Rosmarin oder dem einer anderen Aromapflanze geschnitzt. Sollte der König Zahnweh haben, bestellte der Leibarzt bei den Hofapothekern Arzneien, die den Schmerz lindern sollten. Thymian und Gewürznelken waren besonders beliebt und konnten mit Honigseim hinuntergespült werden.

Wir verweilen bei der besonders gut dokumentierten Geschichte der Zähne von Ludwig XIV., um einen Eindruck davon zu vermitteln, was man sich damals auf dem Gebiet der Mundpflege im Idealfall für Geld kaufen konnte – und um ihre allgemeine Wirkungslosigkeit zu demonstrieren. Bezeichnenderweise scheinen die Leibärzte und der medizinische Hofstaat des Königs den Zahnverlust als eine unvermeidliche Begleiterscheinung des Alterungsprozesses hingenommen zu haben, ein Problem, das sie nicht sehr beunruhigte. In ihrem *Journal de santé du Roi* verzeichneten sie sehr genau und detailliert die zahlreichen Aderlässe, Purgationen und Einläufe, die sie dem königlichen Körper angedeihen ließen, aber überraschend selten die alltäglichen Zahnprobleme des Monarchen. Nur in gravierenden Fällen gaben die Doktoren ihren dumpfen Fatalismus auf. An präventiven Maßnahmen hatten die Mediziner wenig oder gar nichts zu bieten. Ihr Verständnis von Zahnproblemen beruhte auf Galens Theorie der Körpersäfte, die lokale mechanistische Ursachen als weniger wichtig ansah. Alle Krankheiten entstanden dadurch, dass eines der lebenswichtigen Organe zu viel Sekret absonderte, häufig infolge einer Überhitzung des Körpers. Es war einer von Ludwigs Hofleuten – nicht seine Mediziner –, der Ludwigs schlechte Zähne auf »die große Menge von Konfitüren, die er nach den Mahlzeiten und als Imbiss zu sich nahm«, zurückführte. Seine Ärzte hingegen schenkten seinem Zuckerkonsum keine Beachtung. Als gute Schüler Galens hatten sie ein ganzheitliches Gesundheitskonzept und verschwendeten keinen Gedanken darauf, dass der Verzehr eines einzelnen, ansonsten harmlosen Nahrungsmittels ernsthafte Zahnprobleme hervorrufen könnte.

Die Ärzte waren aber nicht nur weitgehend ahnungslos in Fragen der Vorbeugung, sondern hatten auch so gut wie keine praktischen Behandlungen anzubieten. Seit dem Mittelalter waren sie jeglichen Operationen stets aus dem Weg gegangen. Aufgrund ihrer universitären Ausbildung betrachteten sie sich selbst als das Auge und Gehirn der medizinischen Eingriffe, während der Chirurg, der unter ihren strengen Anleitungen operierte, ihnen seine Hand zur Verfügung stellte. Bei allen Problemen, die handwerkliches Können erforderten, wandte sich der Erste Arzt daher an den Ersten Chirurgen des Königs. Doch im späten 17. Jahrhundert hielten auch die meisten der zur Elite gehörenden Chirurgen Zahnoperationen für unter ihrer Würde. Wie der königliche Chirurg Pierre Dionis im Jahr 1708 schrieb, war einer der Gründe dafür, dass der starke Druck, der beim Ziehen der Zähne notwendig war, das Handgelenk so belastete, dass der Chirurg später keine komplizierten und zügigen Operationen mehr durchführen konnte. Er stellte auch fest, dass es besser sei, das Zähneziehen rangniederen Ärzten zu überlassen, da es »nach Scharlatan und Quacksalber riecht«. Infolgedessen überließen die Chirurgen die Zahnbehandlung lieber Zahnziehern, die halbe Handwerker waren, als »Operateure für die Zähne« bezeichnet wurden und deren Präsenz im medizinischen Stab des Königs seit 1649 bezeugt war.

An solch einen ziemlich unbedeutenden Mann, den Pariser Chirurgen Charles Dubois, »Operateur für die Zähne des Königs«, wandte sich im Jahr 1685 der Erste Arzt Antoine Daquin, um Ludwig die wenigen noch vorhandenen Zähne des rechten Oberkiefers ziehen zu lassen, eine Operation, die aufgrund der zunehmend unerträglichen Schmerzen nötig geworden war. Unglücklicherweise entfernte der Operateur versehentlich auch einen großen Teil des Kiefers. Die dadurch entstandene Perforation des königlichen Gaumens hinterließ ein klaffendes Loch in der Mundhöhle. Das führte dazu, wie Daquin berichtete, dass »jedes Mal, wenn der König trank oder gurgelte, die Flüssigkeit wie eine Fontäne aus seiner Nase hervorsprudelte«. Die Fontänen des Versailler Schlosses wurden natürlich weltberühmt, aber dies war eine Fontäne, auf die der König hätte verzichten können, insbesondere bei seinen öffentlichen Banketten. Beunruhigenderweise kam es außerdem noch zu einer üblen Infektion des Lochs in der Mundhöhle. Weil er erkannte, dass es schlichtweg keine andere Möglichkeit gab, entschied sich der Erste

Chirurg Charles-François Félix zu einer umfassenden Operation des königlichen Mundes. In zwei fürchterlichen Sitzungen kauterisierte Félix – unter den besorgten Blicken Daquins – den Gaumen des Königs und dichtete ihn gegenüber der Kieferhöhle ab. Das rotglühende Eisen, das der Chirurg benutzte – und das Ludwig ganz außergewöhnliche Schmerzen bereitet haben dürfte –, konnte das Loch verschließen, auch wenn es lange dauerte, bis alles verheilt war. Die Fontäne versiegte: Von nun an konnte Ludwig wieder normal essen.

Der in die Jahre gekommene Mund auf Rigauds prätentiösem Porträt aus dem Jahr 1701 war somit eine Stätte königlichen Heldentums, auf seine Weise fast ebenso eindrucksvoll wie die Erfahrungen des Königs auf dem Schlachtfeld, und eine nachdenklich stimmende Erinnerung an das biologische Schicksal. »Macht schon«, hatte der König zu seinen Chirurgen gesagt, als sie sich für die entsetzliche Operation bereit machten, »und behandelt mich nicht wie einen König; ich möchte so kuriert werden, als wäre ich ein Bauer.« Der Satz war eine vielsagende königliche Andeutung auf die klassenlose Natur von Mundproblemen in der Zahnkultur des Ancien Régime. Die Grauenhaftigkeit des Falles unterstreicht auch die Beschränkungen, die der bedeutendste Monarch seiner Zeit hinsichtlich seiner Mundprobleme akzeptieren musste. Félix' gelassener und furchtloser chirurgischer Eingriff (den er nur sehr wenigen angedeihen ließ) verdient unseren Respekt. Dabei sollten wir jedoch nicht vergessen, dass er durch die offensichtliche Inkompetenz eines sorgfältig ausgewählten »Operateurs« notwendig geworden war.

So wird verständlich, warum – außerhalb des exklusiven Ambientes des Königshofes und der Hofelite – Personen, die unter Zahnschmerzen oder ernsthaften Munderkrankungen litten, sich normalerweise mit dem Schmerz abfanden, bis er vorüberging oder aber unerträglich wurde. Es war nicht ungewöhnlich, dass man sich selber die Zähne zog, besonders wenn sie infolge hohen Alters oder Zahnfleischerkrankungen locker geworden waren. Ansonsten konnte man Trost im Gebet finden. Hier suchte man vor allem den Beistand der heiligen Apollonia: Als christliche Märtyrerin des 3. Jahrhunderts war sie gefoltert worden, indem man ihr vor dem Tod sämtliche Zähne zog, und gab folglich zweifellos eine geeignete Kultfigur ab. Abgesehen davon konnte ein Leidender seine Familie und Nachbarn um Hilfe bitten oder aber in populären medizinischen Schriften Rat suchen. Diese waren jedoch wenig hilfreich. In dem frühesten französischen chirurgischen Werk, das speziell den Zähnen gewidmet war, empfahl Urbain Hémard 1582 als Mittel gegen Zahnschmerzen eine Mischung aus Hühnerfett, Hasenhirn und Honig. Das berühmte und beliebte Rezeptbuch von Madame Fouquet, das zuerst im Jahr 1673 erschienen war und vielfach nachgedruckt wurde, riet dazu, für die Dauer von zwei *Miserere* eine heiße Schaufel so dicht über den Schädel des Patienten zu halten, wie er es ertragen konnte. Als Alternative, so stand zu lesen, sollte man den Hinterschenkel einer Kröte trocknen und das so gewonnene Pulver auf das Zahnfleisch reiben, das den schmerzenden Zahn umgab. Wenn der Zahn gezogen werden musste und starke Handgelenke nötig sein sollten, waren Dorfschmiede und Barbiere aus der Nachbarschaft die geeigneten Männer. Doch in komplizierteren Fällen war, da ausgebildete Ärzte und Chirurgen zunehmend weniger Interesse an Zahnbehandlungen zeigten, das Feld frei für spezialisierte Zahnzieher oder Zahnausreißer (*arracheurs de dents*), die immer häufiger als *opérateurs pour les dents* (»Operateure für die Zähne«) bezeichnet wurden. Für die Mehrheit der Bevölkerung waren es in erster Linie sie, die so etwas wie eine spezialisierte Mundbehandlung anboten.

In Paris war das professionelle Marktgeschrei der Zahnzieher, die häufig von Ort zu Ort zogen, lange Zeit Teil einer besonderen Geräuschkulisse gewesen, der sogenannten *cris de Paris*, mit denen Straßenverkäufer, kleine Gewerbetreibende und Händler ihre Waren – Wasser, Milch, Fisch, Holz, Kastanien, Blumen, Besen, Kochgeschirr und Ähnliches – anpriesen. Auf dem Kupferstich eines solchen Zahnziehers aus dem Jahr 1582 (Abb. 7) findet sich folgender Spruch:

Abb. 7: Zahnzieher (*Cris de Paris*, 1582)

Wenn ich jemandem den Zahn ziehe und den Schmerz nehme,
macht er sich ins Hemd und wechselt die Farbe:
Die schlimmsten lasse ich von drei oder vier Männern festhalten,
denn wenn ich ihnen wehtue, könnten sie auf mich einschlagen.

Solche Gestalten zogen auch kreuz und quer durch die französischen Provinzen, begaben sich von Jahrmarkt zu Jahrmarkt, vom

Marktplatz zur städtischen Straßenecke und praktizierten ihr Handwerk, indem sie ihre Heldentaten als Zahnzieher mit vielfältigen theatralischen Darstellungen verbanden. Im Milieu der schauspielernden Scharlatane kannte sich François Rabelais, der bedeutende Autor des 16. Jahrhunderts, sehr gut aus. Sein Gargantua hatte beispielsweise »die Gaukler [...], die Taschenspieler und Scharlatane« besucht und »ihre Gesten, ihre Tricks, ihr Gebärdenspiel und ihr flottes Mundwerk« beobachtet. Der Mund, der für die zähneziehenden Scharlatane das Zentrum ihrer Aktivitäten darstellte, war auch in vielerlei Hinsicht eine Rabelais'sche Körperöffnung *par excellence.* Wie der Anus, ein bevorzugtes Objekt des Rabelais'schen Humors, war der vor Schmerz blöde aufgerissene Mund ein Ort heftiger Qualen ebenso wie ein Auslöser für spontane Heiterkeit bei jedem außer dem Leidenden. In Rabelais' Welt waren Schmerzen im Mund genauso komisch (und übelriechend) wie Schmerzen im Arsch – und im Dienste der Komik waren die beiden oft austauschbar.

Die schillerndsten und auffälligsten dieser Zahnzieher waren die italienischen Schauspielertruppen, die seit den Religionskriegen durch Frankreich zogen. Obwohl sie selbst lieber als *opérateurs pour les dents* gelten wollten, waren sie weit und breit als »Scharlatane« bekannt. Der Begriff kam aus dem Italienischen und war entweder von *circolare* (»zirkulieren, umherziehen«) oder von *ciarlare* (»schwätzen«, eine hübsche Anspielung auf ihr Verkaufsgeschwätz) abgeleitet. Sie waren im Volk sehr beliebt, da sie das alte Geschäft des Zahnziehens mit einer neuen Form des Spektakels verbanden. So war einer dieser Leute dafür bekannt, dass er, einen Sack über dem Kopf, mit der einen Hand einen Zahn zog und zugleich mit der anderen mit einer Pistole in die Luft schoss. Andere zogen Zähne, während sie auf einem Pferd saßen. Vom Sattel aus hielten sie eine Schwertspitze an die Wurzel des pochenden Zahns; eine schnelle Drehung des Handgelenks genügte, um das gewünschte Ergebnis zu erzielen. Das Staunen, das solche Zahnzieh-Kunststücke erregte, wurde noch durch Virtuosen gesteigert, die diese Stunts als Berufsgeheimnisse ausgaben.

Freilich wäre es wohl zutreffender, sich diese Zahnzieher weniger als »Operateure für die Zähne« vorzustellen, sondern eher als umherziehende Schauspieler der *commedia dell'arte*, die ein neues Theaterrepertoire und innovative Bühnentechniken nach Frankreich brachten und nebenbei ein paar Zähne zogen. Auf provisorisch errichteten Bretterbühnen boten diese italienischen Schauspieler auch andere Formen des Straßentheaters – Akrobatik, Singen, Seiltanzen, Slapsticknummern sowie die Zurschaustellung exotischer Tiere. Außerdem waren sie dafür berühmt, dass sie gleichzeitig vermeintliche Wundermittel gegen Schlangenbisse verkauften, wie zum Beispiel Theriak, Mithridat und seit dem frühen 17. Jahrhundert auch Orvietan (benannt nach Orvieto, seinem mutmaßlichen Herkunftsort). Ihre Neigung zu Übertreibungen, hanebüchenen Behauptungen und Lügenmärchen sorgte dafür, dass der Ausdruck »Lügen wie ein Zahnzieher« ohne Weiteres in die französische Sprache Eingang fand.

Im Laufe der Zeit wurde die medizinische Landschaft in Paris immer strenger von der Medizinischen Fakultät von Paris kontrolliert sowie seit 1667 insbesondere vom Lieutenant-Général de Police, einem einflussreichen Kronbeauftragten mit weitreichenden Befugnissen zum Schutz der öffentlichen Ordnung. Dennoch war es während des gesamten 17. Jahrhunderts für jene Schauspieler/Zahnzieher immer noch möglich, auf legale oder illegale Weise auf dem Pariser Markt Fuß zu fassen. Nach einer Regelung, deren Ursprünge in dunkler Vergangenheit lagen, hatte jeder Arzt, der dem herrschenden Monarchen diente, das Recht, in der Hauptstadt zu praktizieren, ohne sich den normalen Ausbildungs- und Zulassungsverfahren unterziehen zu müssen. Das bedeutete, dass etwa Ärzte, die einen Posten als *médecin du roi* (königlicher Arzt) bekleideten, die sehr lange und teure Ausbildung an der Medizinischen Fakultät vermeiden konnten, die üblicherweise Voraussetzung für eine Praxis in Paris war. Hofchirurgen (*chirurgiens du roi*) umgingen ebenfalls die Anforderungen des Pariser chirurgischen Instituts. Dasselbe Prinzip galt für die zahlreichen Handwerker, die sogenannten *artisans suivant la cour* (»Handwerker im Gefolge des

Hofs«). Wie ihr Name besagt, waren diese Handwerker früher dem königlichen Hof auf seinen Wegen durch die Provinzen gefolgt. Im 17. Jahrhundert war der Hof sesshafter und hielt sich zuerst in Paris und nach 1683 in Versailles auf, und dies veränderte die Art ihrer Tätigkeit. Die *artisans suivant la cour*, die allesamt einem königlichen Hofbeamten, dem *prévôt de l'hôtel du roi*, unterstanden, waren ursprünglich am Hof angesiedelt. Doch viele von ihnen hatten auch ein Geschäft in der Hauptstadt, umgingen die Bestimmungen der Pariser Zünfte und handelten öffentlich »kraft königlicher Autorität«. Im ausgehenden 17. Jahrhundert gab es 97 autorisierte Gewerbe, darunter neben Handschuhmachern, Weinhändlern, Perückenherstellern und ihresgleichen auch einige »Operateure«.

Außerdem konnten »Operateure für die Zähne«, die in Paris praktizieren wollten, vom König das Privileg erhalten, zugelassene medizinische Behandlungen anzubieten, wiederum unter Aufsicht der *prévôté de l'hôtel du roi*. So durfte im Jahr 1678 der Apotheker Sébastien Matte La Faveur aus Montpellier überall in Frankreich seine Wundsalbe oder »styptisches Wasser« (die Arznei konnte auf den Lippen aufgetragen oder im Mund appliziert werden) verkaufen und vertreiben. Gegen Ende des 17. Jahrhunderts entwickelte sich das, was gelegentliche Praxis gewesen war, zu einem komplexen Regulierungssystem, wovon insbesondere der Verkauf des Medikaments gegen Schlangenbisse, Orvietan, betroffen war. Dieses Wundermittel, dessen genaue Zusammensetzung streng geheim gehalten wurde, war im ersten Jahrzehnt des 17. Jahrhunderts von Hieronymus Ferranti, einem früheren römischen Wanderscharlatan und Zahnzieher, nach Paris gebracht worden. Bis weit ins 19. Jahrhundert sollte Orvietan beim Zähneziehen eine wichtige Rolle spielen. Die Theatralik der Zahnziehvorführungen, mit der Ferranti seine Verkaufssprüche begleitete, war legendär. So vollbrachte er vor allem das an ein Wunder grenzende Kunststück, selbst die kräftigsten Backenzähne nur mit Daumen und Zeigefinger zu extrahieren. Sein Auftritt wurde noch spektakulärer durch sein buntes Gewand sowie durch die Geigenspieler, die verschleierten Sklavinnen und die Nebendarsteller in seinem Gefolge.

Ferranti errichtete seine von Stützböcken getragene Bühne im Innenhof des Justizpalasts (*Palais de Justice*) auf der Île de la Cité. Das gesamte Inselareal, einschließlich der Place Dauphine und bis hin zum Pont-Neuf, wurde auch von anderen Schauspielern/Zahnziehern frequentiert. Die »neue Brücke« von Paris, die 1606 freigegeben wurde, war die erste in der Stadtgeschichte, die das linke mit dem rechten Seine-Ufer verband (und dabei die Spitze der Île de la Cité überspannte), und die erste große Brücke ohne Häuser. Sie war nicht überdacht und hatte ein Ambiente wie ein Marktplatz oder eine Piazza. Der Lieblingsplatz der Zahnzieher befand sich in der Mitte der Brücke neben dem *cheval de bronze* (»Bronzepferd«), der berühmten Reiterstatue von Henri IV. Ein Besucher des ausgehenden 17. Jahrhunderts bemerkte solche Gestalten inmitten der bunten Menge von Straßenhändlern, Dieben, Rekrutierungssergeanten, Altkleiderverkäufern, Straßenkünstlern und Gaunern, die an diesem »Treffpunkt der Scharlatane« zu finden waren:

> Unzählige Leute verteilen Handzettel. Die einen setzen ausgefallene Zähne wieder ein, andere stellen Glasaugen her. Manche kurieren unheilbare Krankheiten. Einer behauptet, die verborgene Kraft einiger pulverisierter Steine entdeckt zu haben, mit denen man das Gesicht bleichen und verschönern kann. Wieder ein anderer versichert, die Alten verjüngen zu können. Es gibt Leute, die die Falten von der Stirn und den Augen entfernen oder Holzbeine herstellen, um die durch die Gewalt der Bomben verursachten Schäden zu reparieren.

Eine typische Gestalt in dieser von Menschen wimmelnden Straßenszenerie auf dem Pont-Neuf war Tabarin, der mit seinem Komödienpartner Mondor die Zahnziehkultur auf der Brücke in den 1620er Jahren beherrschte (Abb. 8). Die medizinischen Dienstleistungen des Paares wurden begleitet von äußerst populären (und sehr derben) Stand-up-Comedy-Dialogen im Stil Rabelais': Warum heben Hunde beim Pinkeln ihr Bein? Wer war zuerst da, der Mann oder der Bart? Warum haben Frauen einen dickeren Hin-

Abb. 8: Tabarin und Mondor auf der Bühne, nach einem Kupferstich des frühen 17. Jahrhunderts

tern als Männer? Welcher Monat ist der beste für den Geschlechtsverkehr? Warum furzt man beim Pinkeln? Was ist der Unterschied zwischen einer Nase und einem Arsch? Daneben wurden Zahnbehandlungen angeboten, für die so geworben wurde:

> Sind deine Zähne malade,
> nimm – und das häufig – Pomade.
> Rosmarin und Opium
> Tabarin verteilt sie 'rum.

Ein Scharlatan vom selben Kaliber wie Hieronymus Ferranti und Tabarin war Christophe Contugi, ein eingebürgerter Römer, der Ferrantis Witwe heiratete, dessen Schauspielertruppe erbte und ebenfalls eine königliche Lizenz erhielt, Orvietan landesweit zu verkaufen. Für solche Gestalten war es typisch, dass sie zum Bestandteil der vielfältigen Pariser Kultur wurden, sowohl der Oberschicht als auch des einfachen Volkes. Mitglieder ihrer Truppen wechselten zwischen dem Pont-Neuf und der angeseheneren Bühne des Hôtel de Bourgogne, wo Molière sich ins Theater verliebt hatte, häufig hin und her. Wie beim Rabelais'schen Gelächter, das sowohl vom »hohen« akademischen Witz als auch von »niedrigen« derben Späßen ausgelöst wurde, konnten alle gesellschaftlichen Schichten der Stadt den Humor des Pont-Neuf genießen. Der volkstümliche Straßenjargon der Scharlatane entzückte Passanten gleich welchen Standes, und manches wurde später gedruckt, so wie Tabarins Liedchen und Dialoge. Scharlatane wurden zu literarischen und visuellen Bezugsgrößen. Kupferstiche der Brücke zeigten stets das bunte Treiben der zahnziehenden Schausteller. Tabarin ließ zahlreiche Satiren unter seinem Namen abfassen, während Contugi zur Figur in einem Stück Molières wurde. Barry, der später auf der Brücke praktizierte, wurde eine ganze Komödie gewidmet. In den »Mazarinaden«, den polemischen Pamphleten der Bürgerkriege, der sogenannten Fronde (1648–52), traten Contugi und andere Operateure auf dem Pont-Neuf auch als fiktionale Kommentatoren aktueller Ereignisse auf. Ein phantasievolles Pamphlet in Gedichtform, das einen turbulenten Augenblick im August 1648 schilderte, handelte zum Beispiel von Carmelina, der sich in den 1640er und 1650er Jahren mit Contugi den Ehrenplatz auf dem Pont-Neuf streitig machte. Carmelina wurde beschrieben, wie er, mit einem Säbel an der Seite, die Errichtung einer riesigen Barrikade auf der Brücke anleitete und dabei zu allem griff, was gerade zur Hand war, darunter Medizinkisten, Bruchbänder, Suppositorien, Instrumente zum Zähneziehen, falsche Zähne und Straußeneier. Gekrönt wurde das Werk von zwei ausgestopften Krokodilen, die alle Angreifer abwehren sollten (»Sie waren tot, nicht mehr am Leben, / doch niemand hat's bekanntgegeben«).

In der Zahnkultur des Ancien Régime, die wir bis bisher beschrieben haben, gehörten Zahnverlust und Mundbeschwerden zu den Realitäten des Alltags; das Niveau der medizinischen Versorgung war, wie wir gesehen haben, niedrig und das persönliche Interesse an der Mundhygiene nicht sehr ausgeprägt. Zwischen Arm und Reich mag es einige Unterschiede gegeben haben, die aber dieses Gesamtbild kaum beeinträchtigten. Andererseits war die Attraktivität der Scharlatane vom Pont-Neuf sowohl hinsichtlich des Zähneziehens als auch ihres Humors ein gesamtgesellschaftliches Phänomen. Außerdem sei daran erinnert, dass der Zucker noch nicht in den allgemeinen Speiseplan Eingang gefunden hatte, jedenfalls nicht in beliebiger Menge, so dass die Armen – im Gegensatz zu Ludwig XIV. und zweifellos anderen Leuten an seinem Hof – von durch Zucker verursachter Karies verschont geblieben sein dürften. Der Chirurg Bernardin Martin glaubte, wie er 1679 schrieb, dass der Mund eines Höflings ernährungsbedingt häufig in einem viel schlechteren Zustand sei als der eines Bauern. Doch neben schlechten Zähnen oder Zahnlücken gab es noch andere Gründe, die Ludwig XIV. und seine Hofleute dazu veranlassten, nur mit geschlossenem Mund zu lächeln.

Lächeln unter strikter Kontrolle

In der Zahnkultur des Ancien Régime war das niedrige Niveau der Mundgesundheit und -hygiene in allen gesellschaftlichen Schichten mit dafür verantwortlich, wie man den Mund und bestimmte seiner Ausdrucksformen einschätzte. Nach dem damaligen Gesichtskodex sollte das Lächeln in der Öffentlichkeit selten und kontrolliert sein, um keine Schwächen und Defekte des Mundes sichtbar werden zu lassen. Wie wir gesehen haben, hielt Ludwig XIV. seinen Mund für Rigauds Porträt geschlossen, zumindest teilweise wegen seiner Zahnlosigkeit. Doch der geschlossene, ernste Mund des Königs war eine Reaktion sowohl auf kulturelle wie auch auf biologische Erfordernisse. Manche davon hingen zusammen mit den künstlerischen Konventionen hinsichtlich der Darstellung von Leidenschaften, der wir im folgenden Kapitel nachgehen werden. Hinzu kam, dass die höfischen Anstandsregeln, die im 16. Jahrhundert aufkamen, die laute Fröhlichkeit à la Rabelais zu mäßigen versuchten – und damit den offenen Mund verboten. Der in diesem Zusammenhang eloquenteste und einflussreichste Text war Baldassare Castigliones *Il Libro del cortegiano* (»*Das Buch vom Hofmann*«), in dem Höflinge joviale fiktionale Dialoge führten. Das Werk, 1528 im Auftrag des französischen Königs François I. veröffentlicht und 1537 als *Le Livre du courtisan* ins Französische übersetzt, wurde mindestens für die nächsten zwei Jahrhunderte zum Vademecum der höfischen Gesellschaft und zum Referenzwerk für europäische Manieren.

Das *Buch vom Hofmann* befasste sich ausführlich mit dem Mund und den verschiedenen Arten seines Gebrauchs. Ein thematischer Schwerpunkt war der lachende Mund. Castiglione lehnte unbarmherzige, rüpelhafte und unschickliche Witzeleien, mit denen man Lachen erregte, kategorisch ab. Nur das niedere Volk zeige, wie er schrieb, »nach Art der Narren, Betrunkenen, Dummköpfe, Tölpel oder Gaukler« dieses wilde Gelächter mit offenem Mund, für das Rabelais beispielgebend gewesen war. Castiglione ging es darum, den Rahmen dessen abzustecken, worüber gelacht werden konnte, außerdem festzulegen, wie die Hofleute hinsichtlich ihrer Physiognomie lachen sollten, und schließlich zu bestimmen, wer oder was eine angemessene Zielscheibe für das Lachen abgeben durfte. Wenn das Lachen auf Kosten anderer ging, dann bestand ein großer Teil des Gemeinschaftserlebnisses darin, dass man in Gesellschaft Gleichgesinnter, deren Werte man respektierte, über die Verrücktheiten des Lebens lachte. Doch wenn man sich über Außenstehende lustig machte, sollte dies, so Castiglione, immer mit menschlichem Anstand geschehen, um so den Eindruck zu vermeiden, man würde wie wilde Hunde über sie herfallen. Eine solche Kritik sollte vielmehr, wie ein Schüler Castigliones es formulierte, dem Knabbern eines Schafes ähneln.

Das *Buch vom Hofmann* war ein typisch humanistischer Renaissance-Text. Seine den lachenden Mund betreffenden Anweisungen griffen auf die klassische Tradition eines Aristoteles, Cicero und Quintilian zurück und erweckten sie zu neuem Leben. Auch wenn es offensichtlich einige Spuren des mittelalterlichen Rittertums enthielt, so gibt es in Castigliones Schrift hinsichtlich des Humors und des Lachens doch nur weniges, was nicht bereits im 2. Buch von Ciceros rhetorischem Text *De oratore* (55 v. Chr.) zu finden ist. Aristoteles hatte das Komische definiert als »einen mit Hässlichkeit verbundenen Fehler, der indes keinen Schmerz verursacht«, und laut Cicero machte man sich im Wesentlichen über Personen lustig, die ein lächerliches Verhalten zeigten oder aber auf andere Weise gegen die Anstandsregeln verstießen. Ein solches Spottgelächter hatte die gesellschaftliche Funktion, Laster zu tadeln.

Diese von Castiglione angestellten Betrachtungen über die Gründe, den Charakter und die Folgen des Lachens wurden in zahlreichen zeitgenössischen philosophischen, moralischen und medizinischen Abhandlungen über das Lachen im Licht des klassischen Erbes weiterentwickelt. Es ist wichtig, darauf hinzuweisen, dass in allen diesen Debatten das Lächeln durchweg unter dem Lachen subsumiert wurde. Kommentatoren verwiesen auf die Etymologie der Begriffe »sourire« oder »souris« , die ein Lächeln bezeichneten und von »sous-rire« oder »sous-ris« (»surrisus« oder »subrisus«

im Lateinischen; »sorisa« oder »soureír« im Spanischen) abgeleitet waren. Ein Lächeln war also ein »subliminales Lachen«. Historisch gesehen deckte das Wort »ris« (das heute nur noch selten verwendet wird) vom sanften Lächeln bis zum lauten Gelächter fast alles ab. Konzeptuell war *sourire* somit eine Unterkategorie des Lachens (*rire*). Die lateinische und die französische Grammatik bestätigten den untergeordneten Stellenwert des Lächelns in der frühneuzeitlichen Kultur.

Der geringere Status des Lächelns zeigte sich in einer der einflussreichsten einschlägigen Schriften Frankreichs, nämlich dem *Traité du ris* (»Traktat über das Lachen«, 1579), verfasst von Laurent Joubert, einem in Montpellier ausgebildeten Arzt. Wie fast alle Schriften dieser Art war Jouberts Text ein völlig humorloses wissenschaftliches Werk, dessen große Ernsthaftigkeit nur allzu leicht den Spott späterer Generationen auf sich ziehen sollte. Eifrig suchte er zu beteuern, dass das Lachen die Aufgabe habe, das Laster anzugreifen; als »Laster« definierte Joubert alles, was »hässlich, missgestaltet, unschicklich, unanständig, bösartig und unziemlich« ist. Er folgte Castiglione auch in dem Bestreben, das Lachen den Händen von Witzbolden und Spaßvögeln zu entreißen und ihm einen moralischen Zweck zuzuerkennen.

In der Widmung – das Buch ist der Gemahlin des französischen Königs Henri IV., Marguerite de Valois, zugeeignet – entwirft Joubert ein recht reizvolles Bild des lachenden Gesichts. Er schildert es als Ausdruck von Humanität und Toleranz (wobei er sich weitgehend auf eine Beschreibung bei Ovid stützt) und als »eine Begegnung voller Grazie inmitten von Ehrenbezeugungen, zärtlichen Gesten und Willkommensgrüßen«:

> Sicherlich gibt es nichts, das mehr erfreut und erquickt als ein lachendes Gesicht: Die Stirn ist breit, glatt, klar und heiter; die Augen leuchten, strahlen nach allen Seiten und funkeln wie Diamanten; die Wangen sind von einem leuchtenden Inkarnat, der Mund flach, die Lippen anmutig zurückgezogen (dadurch entstehen die kleinen Vertiefungen inmitten der Wangen, die man

> Grübchen nennt); das Kinn ist gefällig breit und etwas zurückgenommen. All dies zeigt sich beim kleinsten Lachen und beim Lächeln und begünstigt eine Begegnung voller Grazie inmitten von Ehrenbezeugungen, zärtlichen Gesten und Willkommensgrüßen …

Wenn man den Text sorgfältig liest, kann man erkennen, dass Joubert eher ein Lächeln als ein Lachen beschreibt – was die häufig unklare Abgrenzung der beiden Gesichtsausdrücke voneinander verdeutlicht. In dieser Beschreibung wird indes nicht erwähnt, ob die Zähne sichtbar sind. Das kultiviert lachende Gesicht zeigte ein Lächeln mit geschlossenem Mund.

Im Folgenden malt Joubert ein viel düsteres und grässlicheres Bild des Lachens, eine Art finsteren Avatar der gerade beschriebenen positiven Geste. So schilderte er

> den weit aufgerissen Mund, die deutlich zurückgezogenen Lippen, die gebrochene und zitternde Stimme, das gerötete Gesicht, den manchmal überall am Körper ausbrechenden Schweiß, die tränenfeucht glänzenden Augen, die geschwollenen Adern an Stirn und Hals, das Husten, den aus Mund und Nase austretenden Schleim, das krampfartige Schütteln von Brust, Schultern, Armen, Schenkeln, Beinen und des gesamten Körpers, den großen Schmerz in den Rippen, an der Seite und im Bauch, die sich entleerenden Gedärme und Blase, die durch Atemnot hervorgerufene Herzschwäche und noch einige andere Auswirkungen mehr.

Die hässlichen Verzerrungen, die mit solchen Lachanfällen verbunden waren, entstellten das Gesicht, und es bestand die Gefahr, dass sich alle Körperöffnungen explosionsartig entluden.

Diesen Definitionen lag eine gesellschaftliche Klassifizierung des Lachens zugrunde, die auf Sittsamkeit und Anstand Wert legte und das Rabelais'sche brüllende Gelächter streng verurteilte. Das – von umherziehenden Wanderschauspielern erregte – herzhafte, ausgelassene, zwerchfellerschütternde Rabelais'sche Lachen mit offenem Mund, bei dem man sich auf die Schenkel schlug und in die Hosen machte, mochte etwas für die breite Masse sein, die es genoss und selber so lachte. Doch es war, so meinte man, unter der Würde eines Gentleman. Denn wenn ein feiner Herr wie Rabelais' lachte, stellte ihn dies auf dieselbe Stufe wie einen Plebejer, Gaukler oder auch ein Tier. Mit seiner Befürchtung, das unmäßige Rabelaissche Lachen könne Menschen in Tiere verwandeln, stand Joubert nicht allein. Voller Missbilligung beschrieb er ein ganzes kakophones Medley aus unwürdigen, für einen Bauernhof typischen Lauten, die durch Lachen erzeugt wurden. Es konnte wie das Zischen von Gänsen klingen, wie das Grunzen von Schweinen, das Gekläff von Hunden, die Rufe von Eulen oder die Schreie von Eseln. Solches Lachen war anscheinend auch aus medizinischer Sicht unangebracht. Ärzte folgten dem Beispiel des Lachtheoretikers Joubert, wenn sie auf die – durch übermäßige Fröhlichkeit verursachten – Gesundheitsgefahren hinwiesen: Nach Marin Cureau de La Chambre, einem Autor aus der Mitte des 17. Jahrhunderts, konnte unmäßiges Lachen nicht nur durch die damit verbundenen Körpererschütterungen Schmerzen hervorrufen, sondern es konnte auch zu ausgerenkten Gliedmaßen, Bewusstlosigkeit und sogar zum Tod führen. Lachen konnte extrem gesundheitsschädlich sein.

Das *Buch vom Hofmann* und die von ihm beeinflussten Texte wurden für Gentlemen geschrieben. »Was einen Soldaten oder Dorfbewohner zum Lachen bringt«, bemerkte etwa ein Autor, »unterscheidet sich sehr von dem, was einen Gebildeten amüsiert.« Der Kunsttheoretiker André Félibien äußerte sich ähnlich: »Das Lachen variiert je nach gesellschaftlicher Stellung«. Königinnen sollten also ihre Gefühle auf eine andere Weise zeigen als Bauernmädchen. Félibien reflektierte dabei im ästhetischen Bereich ein Gefühl für Anstand, das für die Literatur der Höflichkeit und des Lachens als Grundlage diente. Besonders Frauen wurden dazu verpflichtet, das grauenhafte plebejische Gelächter zu vermeiden. In seinem *Discours académique du ris* (»Akademische Rede über das Lachen«) stellte Adrien de Montluc de Cramail 1630 fest, dass man ein angemessenes Urteilsvermögen haben müsse, um zu wissen, wann man lachen dürfe. Seines Erachtens ging dieses Urteilsvermögen »kleinen Jungen, dem Volk und den Frauen« weitgehend ab. Aufgrund der unterschwelligen Misogynie in der Hoch- und Volkskultur dieser Zeit glaubte man, dass Frauen besonderer Aufmerksamkeit bedürften, da ihre schwache Konstitution, ihre Impulsivität und ihr mangelnder Intellekt sie für unschickliches Benehmen anfälliger machten. Man war auch der Meinung, dass das Lachen, bei dem sie ihre schönen Zähne zeigten, ihre angeborene Lüsternheit offenbarte. Angesichts der alten Gleichsetzung zwischen dem offenen Mund einer Frau und ihrer Vagina beschwor dies zusätzliche Gefahren herauf. Weder der Mund noch die Vagina durften öffentlich zur Schau gestellt werden. Selbst im Mittelalter hatte der *Roman de la rose*, der Klassiker der höfischen Liebe, salbungsvoll erklärt, dass »Frauen mit geschlossenem Mund lachen sollten«, und das würde sich bis in die Frühe Neuzeit endlos wiederholen. Wie einige Autoren großzügig einräumten, durften Frauen über Witze lachen, aber gewiss selbst keine erzählen. Henri Estienne hatte 1587 sogar den genialen Vorschlag gemacht, Frauen solle gestattet werden, ein »E« geschlossen zu sprechen, so dass es nicht nötig war, die Lippen auf eine Weise zu öffnen, die als anstößig empfunden werden könnte.

Je mehr sich im späten 16. und im 17. Jahrhundert diese im Geist der Renaissance geführten Debatten über das Lachen weiterentwickelten, desto deutlicher zeigte sich, dass die Vorstellung, dem Lachen könne eine simple und harmlose *joie de vivre*, ungetrübt von negativen Leidenschaften, zugrunde liegen, in den Hintergrund trat. Für Rabelais waren Freude und Lachen Synonyme gewesen und ein klarer Beweis für den heiteren Geist der Franzosen. Daran glaubte man nun nicht mehr. Viele, die sich an den Diskussionen beteiligten, bemühten sich nach Kräften, dem Lachen alles Positive abzusprechen. So zum Beispiel René Descartes. In seinem Buch *Des passions de l'âme* (1649) behauptet er nachdrücklich, dass beim Lachen die Freude immer mit Hass vermischt sei. Der englische Philosoph Thomas Hobbes, der in den 1630er Jahren viel Zeit in Paris verbracht hatte, schrieb 1640, dass man sich bei jedem Lachen im Wesentlichen über das Unglück anderer freue. »Die Leidenschaft des Lachens ist nichts als ein plötzliches Hochgefühl, das entsteht, wenn wir unverhofft in uns selbst eine Überlegenheit gegenüber den Schwächen anderer entdecken …« Für Hobbes und seine Anhänger war jedes Lachen eine Verhöhnung. Cureau de La Chambre stimmte ihm grundsätzlich zu: Obwohl das Lachen allem Anschein nach etwas mit Freude zu tun habe, sei es, wie er schrieb, tatsächlich meist der Ausdruck von »Verachtung und Entrüstung«.

So wurden durch wissenschaftliche Debatten über das Lachen im frühneuzeitlichen Frankreich Castigliones Ansichten über die verschiedenen Arten des Lachens sowohl bestätigt als auch erweitert: Das Lachen konnte verhalten, kontrolliert, stoisch, schicklich, gesittet, anmutig oder gesundheitserhaltend sein und hatte, indem es die Grenzen vornehmen Verhaltens absteckte, die gesellschaftliche Aufgabe, das Laster zu geißeln. In genau dieselbe Richtung wies Erasmus' pädagogischer Bestseller *De civilitate morum puerilium* (»Über die Umgangserziehung der Kinder«). Diese kurze Schrift, 1530 auf Lateinisch veröffentlicht, erlebte unzählige Auflagen und wurde in über ein Dutzend Sprachen übersetzt. Ihre Vorschriften fanden in abgeschwächter Form Eingang in die *Bibliothèque bleue*, die billigen populären Texte, die im ganzen Land von Hausierern verkauft wurden. Sie war auch eine Hauptquelle für das sehr beliebte Buch *Les Règles de la bienséance et de la civilité chrétienne* (»Regeln des Anstands und der christlichen Höflichkeit«, 1703) von Jean-Baptiste de La Salle, dem Begründer der Kongregation der Brüder der christlichen Schulen, eines der wichtigsten Schulorden Frankreichs.

Sowohl Erasmus als auch de La Salle präsentierten ein neostoisches Reformprogramm des Benehmens, das darauf abzielte, den Kindern die Vorschriften der »Zivilität« einzuimpfen. Dieser Begriff wurde dem der »Höflichkeit« vorgezogen, der von Castiglione und seinen Nachahmern verwendet wurde, ähnelte ihm aber in allen wesentlichen Punkten. Wie Castiglione bezogen sich beide Autoren auf antike Vorläufer. Das Lachen sollte gemäßigt sein und die

Rabelais'schen Extreme entschieden vermeiden. »Den Weisen«, erklärte Erasmus, »hört man kaum einmal lachen.« Und weiter: »Nur Narren lachen über alles, was gesagt und getan wird… Das laute Auflachen, das maßlose Lachen, das den ganzen Körper erschüttert, … ist in jedem Alter unschicklich, insbesondere in der Kindheit«. Ferner sah er es als völlig ungehörig an,

> den Mund beim Lachen entsetzlich weit aufzureißen, die Mundwinkel zu verziehen und alle seine Zähne zu zeigen. So lachen Hunde … Das Gesicht soll [vielmehr] Fröhlichkeit zum Ausdruck bringen, ohne jegliche Verformung, ohne jegliches Zeichen von Verfälschung des natürlichen Ausdrucks.

De La Salle war gleichermaßen kategorisch. Wenn man beim Lachen sein Gebiss zeigte, war dies »ein absoluter Verstoß gegen den Anstand, der verlangt, dass man niemals die Zähne sehen lässt«. Er argumentierte mithilfe der Gesichtsphysiognomie und behauptete, dass Gott den Menschen keine Lippen gegeben hätte, wenn er gewollt hätte, dass die Zähne offen zur Schau gestellt würden.

Die Betonung der Zivilität in diesen Texten fand ihren Widerhall in dem wahrscheinlich einflussreichsten Benimmbuch des späten 17. Jahrhunderts, Antoine Courtins *Nouveau traité de la civilité qui se pratique en France parmi les honnestes gens* (»Neuer Traktat über die Zivilität, wie sie in Frankreich unter anständigen Leuten praktiziert wird«, 1679). Alle jene, die zu den »anständigen Leuten« (»honnêtes gens«) gehören wollten und dieses populäre Buch in großer Zahl lasen, erfuhren, dass alle Ausdrucksformen des Mundes subtil, kultiviert und keinesfalls ungehobelt sein sollten. Man sollte bescheiden und mit fest geschlossenem Mund lächeln. Die neue Zivilität – oder *honnêteté* – war eine strenge Form der Gesichtskontrolle.

Diese Prinzipien der Zivilität hatten im späten 17. Jahrhundert ein stärkeres Gewicht und größere gesellschaftliche Auswirkungen, da sie Teil eines Programms waren, das eine Reformierung der Manieren zum Ziel hatte und sowohl von der Kirche als auch vom Staat gutgeheißen wurde. In seinem Text wollte Courtin den Begriff der Zivilität mit den Vorschriften der christlichen Barmherzigkeit in Einklang bringen, während seine allgemeine Anweisung für das Verhalten eines *honnête homme* lautete, dass »er einen bedeutenden Fürsten nachahmen solle, dessen Handlungen allesamt im Endeffekt auf Regeln der Schicklichkeit basieren«. Die Reform sollte unter anderem durch die systematische Kontrolle der Körperöffnungen bewerkstelligt werden. Der Mund war nur eine davon. Ebenso wie der unziemliche Gebrauch des Mundes standen auf der Hitliste alle jene – die Körperöffnungen betreffenden – Verstöße gegen die Verhaltensregeln, an denen Rabelais so große Freude gehabt hatte. Daher wurde dem unkontrollierten Schließmuskel ebenso der Krieg erklärt wie dem unkontrollierten Mund. Es war verboten, in der Nase zu bohren, sich die Augen zu reiben und zu blinzeln, sich die Ohren auszuputzen, sich am Hintern zu kratzen, und vor allem durfte man nicht hemmungslos furzen. Man durfte nicht in den Zähnen herumstochern (besonders nicht mit einer Gabel nach dem Essen), nicht an den Nägeln kauen oder in der Öffentlichkeit gähnen, nicht grundlos ausspucken, nicht ohne Taschentuch niesen, nicht die Zunge herausstrecken oder andere Grimassen schneiden. Hinsichtlich des Lachens galten die üblichen Verbote: Man sollte in kein lautes Gelächter ausbrechen, sich nicht ausschütten vor Lachen, nicht ohne Grund und nicht wahllos lachen und sollte unschickliche Gesten dabei vermeiden.

Infolge des Konzils von Trient zeigte sich die katholische Kirche der Gegenreformation sehr daran interessiert, an dem Kampf teilzunehmen. Eine düstere Missbilligung des Humors in all seinen Formen war natürlich ein gängiges Thema in der christlichen Tradition, aber im Mittelalter war sie durch eine tolerantere und optimistischere Sichtweise oft abgeschwächt worden. Der hl. Thomas von Aquin beispielsweise hatte sich Aristoteles' Auffassung angeschlossen, dass das Lachen eine – dem Menschen vorbehaltene – Form des Verhaltens war; deshalb war für einen Christen das Lachen erlaubt, wenn auch nur unter genau festgelegten spirituellen Bedingungen. Eine ähnliche Einstellung zeigte sich auch im Werk des Erasmus, insbesondere in seinem *Lob der Torheit* (1511), in dem der weltlich verstandene Humor als Wegbereiter für eine neue, stärker verinnerlichte Frömmigkeit angesehen wurde. Doch im Verlauf des 16. und 17. Jahrhunderts erschienen diese Autoren wie einsame Rufer in der Wüste. Das Lachen wurde einer strengen Überprüfung unterzogen von einer Kirche, die immer größeren Wert darauf legte, der Rabelaisschen Kultur des Lachens, die in zeitgenössischen Benimmbüchern verurteilt wurde, Zügel anzulegen oder sie gar auszulöschen. Wie die Zivilitätsdiskurse die »anständigen Leute« von der lärmenden Plebs abgrenzen wollten, so ließ die posttridentinische Kirche die Gläubigen wissen, dass alle kollektiven, hedonistischen und die Menschen erheiternden Aktivitäten gottlos und spirituell verwerflich seien. Das Karnevaleske in all seinen Formen geriet nun unter Beschuss: Feiern am Fastnachtsdienstag, ohrenbetäubender Lärm, ausgelassenes und unschickliches kollektives Verhalten, das Tragen von Masken, Verkleidungen zu festlichen Anlässen, Narrenfeste, burleske Prozessionen und vieles mehr. Diese Praktiken wurden verurteilt: erstens, weil sie volkstümlich und plebejisch waren (obwohl sich in der Vergangenheit *de facto* alle gesellschaftlichen Gruppen und Klassen daran beteiligt hatten); und zweitens, weil sie politisch gefährliche Reste einer heidnischen Vergangenheit waren. Anscheinend sollten sich nicht nur Gentlemen, sondern alle Christen wie Gentlemen benehmen.

Unter Berufung auf untadelige Autoritäten, die bis zu den frühen Kirchenvätern zurückreichten, predigten Geistliche jetzt immer wieder, dass Jesus in der Bibel niemals gelacht, sondern nur geweint habe. »Lediglich ein Verrückter lacht und freut sich mit der Welt«, war die – ziemlich typische – Ansicht des hl. Hieronymus. »Lache nicht«, lautete die ebenso typische Anweisung des Ignatius von Loyola, des Begründers der Jesuitenkongregation, des wichtigsten Lehrordens der Frühen Neuzeit. Tatsächlich gab es nur eine Form des Humors, die die posttridentinische Kirche uneingeschränkt befürwortete, und das war die manchmal finstere, grausame und unerfreulich pseudowitzige Art der Beweisführung, mit der spirituelle Gegner lächerlich gemacht werden sollten. Intellektuell gerechtfertigt wurde dies mit der Meinung des Aristoteles, nach der das Lachen ein Mittel war, das Laster zu missbilligen und ihm entgegenzutreten. Streitbare Prediger und Polemiker zogen alle Register der rhetorischen Technik, um ihrem Publikum ein verächtliches Lachen auf Kosten ihrer spirituellen Gegner zu entlocken. Reformation und Gegenreformation versprühten freudlosen Spott.

In dieser Hinsicht war der 1686 veröffentlichte *Traité des Jeux* (»Traktat über die Spiele«) aus der Feder des Abbé Jean-Baptiste Thiers, ein radikaler, aber nicht untypischer Text des späten 17. Jahrhunderts. Ihm lag die Überzeugung zugrunde, dass alles, womit sich die Menschen ihre Zeit vertrieben, eine Folge des Sündenfalls war. Aufgrund der Erbsünde durften, so schien es, die Guten nur mit *gravitas* und *decorum* lachen. Sie sollten übertriebenen Spott und Affektiertheit, Grimassen und lebhafte Gesten, Berührungen und Küsse vermeiden und sich beim scherzhaften Geplauder nur einer schicklichen und dezenten Sprache bedienen. Tabuthemen für Humor waren Gott, die Religion, die Kirche, die Heiligen, religiöse Reliquien, Zeremonien, Rituale, Begräbnisse und Predigten – außerdem alles, was mit Freunden, Leuten, die vom Glück weniger begünstigt waren als man selbst, und den Großen und Guten zu tun hatte. Sex und andere Formen der Unreinheit waren völlig inakzeptabel. Diskretes Lachen war erlaubt, aber an Werk-, Sonn- und Feiertagen sowie in der Fasten- und Adventszeit sollte man sich möglichst zurückhalten. Jedes Zeichen der Fröhlichkeit in Kirchen, bei religiösen Prozessionen oder auf Friedhöfen war streng verpönt. In der Welt des Abbé Thiers stand das Lachen äußerst tief im Kurs.

Thiers hatte eine Welt ohne Heiterkeit entworfen, und der Bischof Bossuet von Meaux schloss sich dem Kampf an. Bossuet war der bedeutendste Geistliche seiner Zeit, ein enger Vertrauter von Ludwig XIV. und ein führender Theoretiker des Königtums von Gottes Gnaden. In seinem erschreckend düsteren Traktat *Maximes et réflexions sur la comédie* (»Maximen und Reflexionen über die

Komödie«, 1694) verurteilte Bossuet kategorisch jede Form der humorvollen Unterhaltung. Scherzen war für ihn »mit dem Ernst christlicher Sitten unvereinbar«, eine Ansicht, die er in der Bibel, bei den Kirchenvätern, in den herkömmlichen Lehren der Kirche und sogar im Leben selbst glanzvoll bestätigt fand. Dies galt erst recht für einen König, insbesondere einen wie Ludwig XIV., der seinen Herrschaftsanspruch auf göttliches Recht stützte. Wenn schon Jesus niemals gelacht hatte, dann wäre das Lachen für den von ihm auserwählten Vertreter auf Erden oder andere in seinem Wirkungskreis erst recht unschicklich. »Spott aus dem Munde des Königs ist untragbar«, wetterte Bossuet. Und weiter: »Ein Fürst ist gut, wenn er der Verbreitung von Klatschgeschichten und abscheulichen Scherzen Einhalt gebietet.«

Dabei griff Bossuet einen bereits vorhandenen Gedankengang in Bezug auf den Mund des Königs auf, der sowohl mit den religiösen Moralpredigten als auch mit der Realpolitik von Gottes Gnaden im Einklang stand. Kardinal Richelieu, der Erste Minister Ludwigs XIII., des Vaters von Ludwig XIV., hatte den Ton angegeben. Im Hinblick auf eine gute Regierung galt für Richelieu die Maxime »Rede wenig und höre viel zu«. »Die Größe der Könige«, erklärte er, »beruht darauf, dass aus ihrem Mund nichts Anstößiges kommt.« So förderte der Absolutismus eine politische Kultur des geschlossenen Mundes, und dies auf mehr als nur eine Weise. Von seinem Temperament her war Ludwig XIV. für eine solche Einstellung anscheinend gut geeignet (aber er war auch entsprechend erzogen worden). Selbst als Junge, als er noch Zähne besaß, hatte der König, wie eine Hofdame bemerkte, nur selten gelächelt. In seiner Jugend war er allerdings lockerer worden. »In der Öffentlichkeit ist er sehr ernst«, so die Feststellung des päpstlichen Gesandten am französischen Hof, »und ganz anders als in seinem Privatleben.« Eine Zeit lang jagte er leidenschaftlich seinen Vergnügungen nach. Er hatte reihenweise Mätressen, tanzte und tollte herum und lachte laut und ausgiebig über Molières Stücke. Aber mit zunehmendem Alter tendierten sein öffentliches und sein privates Verhalten dazu zu verschmelzen, und seine Einstellung wurde wieder asketischer.

Ludwig kehrte zum Trübsinn seiner frühen Jahre zurück, vor allem nach dem Umzug des Königshofes nach Versailles im Jahr 1683. Wie der Pfarrer von Versailles feststellte, zeigte der König in den späteren Jahrzehnten seiner Herrschaft immer »ein seriöses Auftreten und einen ernsten Blick«.

Aufgrund dieser sehr pessimistischen und bedrückenden Auffassung von der menschlichen Natur nach dem Sündenfall wurden am Hof Ludwigs XIV. Spontaneität und Spaß zunehmend seltener. Hinsichtlich des Gesichtsausdrucks schrieb das Hofprotokoll einen ernsten, ruhigen und festen Blick vor. Die gewichtigen, allumfassenden und seelenlosen Rituale des Versailler Zeremoniells betonten die Majestät, eine Art übertriebener Würde, die den unbedeutendsten täglichen Begebenheiten beigemessen wurde. In einer solchen Umgebung hatte die Frivolität nichts zu suchen – wie es das Schicksal des Amts des Hofnarren bewies. Seit dem 14. Jahrhundert hatte es am Hof der Könige von Frankreich das offizielle, besoldete Amt des Narren gegeben. Diesem wurde traditionellerweise die Freiheit zugestanden, den Sitten der Zeit einen moralischen Spiegel vorzuhalten, den Monarchen und seine Ratgeber an ihre Pflichten zu erinnern – und sie zum Lachen zu bringen. In der Vergangenheit hatten die Könige diesen Personen keine Beschränkungen auferlegt. Chicot, der Narr des großen Henri IV., der um die Wende zum 17. Jahrhundert König war, hatte seinen Herrscher ganz vertraulich mit »mon petit couillon« (»mein kleiner Blödmann«) angeredet und ihn damit sehr amüsiert. Ludwig XIV. blieb von solchen Erniedrigungen verschont. Die Institution des Hofnarren wurde abgeschafft. Ein absoluter Monarch wollte nicht an seine törichten Gewohnheiten oder die Nichtigkeit seiner Wünsche erinnert werden. Auf der Liste der königlichen Prioritäten stand das Lachen nicht weit oben. Der Monarch wollte sich nicht mehr vor Lachen biegen.

»Es ist ein seltsames Geschäft, hochgestellte Leute zum Lachen zu bringen«; Molières zweifellos aufrichtige Bemerkung aus dem Jahr 1663 sollte sich im Laufe des 17. Jahrhundert noch stärker bewahrheiten, da die Stimmung am Hof düsterer und trübseliger wurde. Sowohl Grund als auch Symptom dafür war die Beziehung des Königs mit Madame de Maintenon, seiner Mätresse seit der Mitte der 1670er Jahre und seiner morganatischen Ehefrau seit 1683. Madame de Maintenon (die übrigens genauso zahnlos war wie ihr Gatte) war äußerst fromm, verabscheute weltliche Vergnügungen und trieb Ludwig in dieselbe Richtung. Prüderie machte sich an der Spitze des Staates breit. In Neubearbeitungen von Rabelais' Werk wurden die vulgärsten Passagen so gründlich beseitigt, dass seine Schriften überhaupt nicht mehr komisch und, so wurde behauptet, für Hofleute unverständlich waren. Ludwig war einst ein Anhänger der derben Komödien der Comédiens-Italiens gewesen, aber 1689 stellte er den Besuch ihrer Aufführungen ein, und nach einer vermeintlichen Beleidigung seiner Frau ließ er das Theater 1697 endgültig schließen. Die »alte Hutzel«, wie ein Hofmann, der kein Blatt vor den Mund nahm, die Maintenon (zumindest hinter ihrem Rücken) nannte, »drängte ihn [bald], das Theater überhaupt abzuschaffen«, was ihm letztlich aber nicht ganz gelang.

Auf irgendeine Weise fiel es Ludwig XIV. sehr leicht, das unbeteiligte, emotionslose, ernste, unbewegliche Gesicht zu zeigen, das auf Rigauds Porträt des Königs aus dem Jahr 1701 – und, wie wir im nächsten Kapitel sehen werden, in der vom Königshof gebilligten Porträtmalerei – dargestellt ist. Aufgrund der spirituellen Feierlichkeit und der Traditionen der vornehmen Höflichkeit, kombiniert mit der Neigung des Herrschers zur Melancholie, musste er sich nicht einmal sehr stark bemühen, auf seinem Gesicht jene schickliche und imperiale *gravitas* zum Ausdruck zu bringen. Anders gesagt: Selbst wenn er nicht zahnlos gewesen wäre, hätte der König nicht viel anders ausgesehen.

Die Macht des königlichen Beispiels

Die Neigung Ludwigs XIV., ein ernstes, teilnahmsloses Gesicht zu zeigen, hatte natürlich einen starken Einfluss auf den Sittenkodex seiner Hofleute. Nach der höfischen Gesellschaften zugrunde liegenden Logik, die Norbert Elias sehr kenntnisreich analysiert hat, versuchten die meisten Höflinge dem Beispiel ihres Fürsten in allem, was er tat, zu folgen. So konnten sie sogar beinahe masochistische Tendenzen entwickeln. 1686, ein Jahr nach seiner Zahngeschichte, musste sich Ludwig vom Ersten Chirurgen Félix wegen einer Analfistel operieren lassen, ein Eingriff, der noch gefährlicher, unwürdiger und körperlich schmerzhafter war als seine Mundoperation ein Jahr zuvor, der aber ebenfalls von Erfolg gekrönt war. Nach Auskunft des Hofarztes Pierre Dionis wurde es sofort »sehr modern«, an einer Analfistel zu leiden. Dionis nannte ungefähr 30 Hofleute, die ihn deswegen ins Vertrauen zogen. Es waren allesamt »leichte Fälle mit einer nässenden Wunde am Anus, oder es handelte sich nur um Hämorrhoiden, [aber sie] zögerten nicht, dem Chirurgen ihr Gesäß zu zeigen, damit er einen Schnitt vornahm.« Außerdem berichtete Dionis, offensichtlich verblüfft und zweifellos mit einem ironischen Unterton, »schienen sie gekränkt, wenn ich ihnen sagte, dass dies nicht nötig sei«.

Wenn die Hofleute in Versailles nicht abgeneigt waren, ihr Gesäß zu opfern, um weiterhin *en vogue* zu sein und dem Beispiel ihres Herrn zu folgen, dann würde das gewiss auch für ihr Gesicht zutreffen. Ludwigs teilnahmslose Miene war für jeden ehrgeizigen Höfling Standard. Das in der Hofkultur Ludwigs XIV. vorgeschriebene teilnahmslose Gesicht, die fest verschlossenen Lippen und das kontrollierte Lächeln fanden auch noch eine größere Resonanz, überschritten die Grenzen des Königshofs und etablierten sich in der Hauptstadt. Wie La Bruyère feststellte, war die Stadt Paris »der Nachäffer des Hofes« und richtete sich nach der höfischen Mode – das betraf das Lächeln ebenso wie die Perücken und die Kleidung.

Seinen Ausdruck fand dieses Nacheifern in Diskussionen über die gesellschaftliche Tragweite und die Bedeutungen des Modells der Höflichkeit, das von Castiglione entworfen und den Verhältnissen am Königshof angepasst worden war. »Die Wörter ›höflich‹ und ›Höflichkeit‹ beginnen zu veralten und entsprechen nicht mehr dem Sprachgebrauch«, schrieb Père Bouhours im Jahr 1675. »Jetzt sagen wir ›zivil‹ und ›*honneste*‹ sowie ›Zivilität‹ und ›*honnesteté*‹.« Manche Autoren glaubten noch immer, dass man nur am Hofe seinem Charakter den für einen Gentleman notwendigen Feinschliff geben konnte. Bezeichnenderweise hatte Courtin sein höchst populäres Werk über die Zivilität als Surrogat für all jene verfasst, die sich in ihrem Verhalten die höfische Oberschicht zum Vorbild nehmen wollten, »aber weder die Möglichkeit noch die Mittel hatten, um an den Hof in Paris zu kommen und die Regeln der *honnêteté* zu erlernen«. Ziel des Werkes war es auch, einen Verhaltenskodex zur Verfügung zu stellen, mit dessen Hilfe diejenigen, die nach einer höheren gesellschaftlichen Position strebten, sich von den Rangniederen unterscheiden konnten. Einer von Courtins Mitstreitern war ziemlich beunruhigt von der Vorstellung, dass die Praktiken der Zivilität von den gewöhnlichen Pariser Geschäftsleuten in der Rue Saint-Denis oder gar von der Landbevölkerung übernommen werden könnten: Ein solch unziemliches Nachäffen der Bessergestellten war lächerlich. Allerdings war dies nur die Ansicht einer Minderheit. Man kam allgemein zu der Überzeugung, dass es für die meisten Menschen der gesellschaftlichen Elite von Vorteil sein konnte, wenn sie die – ursprünglich von Castiglione, Courtin und ihresgleichen für die Angehörigen der Königshöfe vorgeschriebenen – Verhaltensweisen befolgten. Ein »anständiger Mann« oder »honnête homme«, wie es so schön hieß, konnte ein Höfling sein, aber auch eine Person, die die Regeln der Vornehmheit auf andere Weise erworben hatte – beispielsweise durch die Lektüre der Werke von Castiglione und Courtin. So ersetzte der *honnête homme* nach und nach den Höfling. Tatsächlich galt der Ausdruck »Höflichkeit«, wie Bouhours feststellte, zunehmend als antiquiert und anachronistisch. Statt Höflichkeit praktizierte man nun Zivilität (oder *honnêteté*), und zwar so, wie es der Königshof tat.

Die Hegemonie der Hofkultur und der tief verwurzelte Pessimismus, der das generelle Verhältnis der Kirche zum Lachen charakterisierte, bedeutete, dass es kaum zu vermeiden war, über seine Mitmenschen – statt mit ihnen – zu lachen. So wie sich die Kirche des Humors als Waffe bediente, um Glaubensfeinden ihre Verachtung zu zeigen, so setzten ihn die Höflinge ein, um sich über Leute, die ihnen gesellschaftlich, moralisch oder ästhetisch unterlegen waren, lustig zu machen. Diese Art des Lachens war immer gezwungen, zurechtweisend, herabsetzend und nicht spontan. Das spöttische Lachen, an dem man einen Riesenspaß hatte, war oft herzlos und obendrein grausam. Der Gesichtsausdruck, der mit dieser Art Spott häufig verbunden war, wurde als *le rire sardonique* (*risus sardonicus*, sardonisches Lachen) bezeichnet. Dieses Lachen hatte seinen Namen angeblich von einer auf der Insel Sardinien beheimateten Giftpflanze, die bewirkte, dass sich der Mund unwillkürlich zu einem bitteren Grinsen verzog, bevor der Tod eintrat. Im öffentlichen Leben erklärte sich daher die Feindseligkeit gegenüber dem Lächeln und Lachen dadurch, dass die beiden Gesten normalerweise bestenfalls unfreundlich und schlimmstenfalls unverhohlen aggressiv waren.

Wenn im ausgehenden 17. Jahrhundert Figuren in Theaterstücken, romantischen Erzählungen und anderen phantasievollen Werken lächelten, wurde das nur in sehr wenigen Fällen positiv aufgefasst. Molière erwähnt ein »sanftes Lächeln« (1671), La Fontaine »ein süßes Lächeln« (1685), Fénélon in seinem einflussreichen *Télémaque* (1699) »ein Lächeln voller Anmut und Würde«. Dies waren überraschend seltene Beispiele. Viel häufiger war das Lächeln »sardonisch« oder aber »verächtlich«, »bitter«, »zweideutig«, »stolz«, »wissend« oder »ironisch«. In all diesen Fällen war es nicht Ausdruck menschlicher Kameradschaftlichkeit oder spontaner Herzensfröhlichkeit, sondern eher ein Zeichen gesellschaftlicher Distanz, üblicherweise auf der am Hof so geläufigen vertikalen Achse *de haut en bas*. Das Lachen mit offenem Mund galt als untrüglicher Beweis für schlechte Erziehung, für den Status des Plebejers, für emotionales Chaos oder noch Schlimmeres.

Neben schlichter Nachahmung gab es weitere Gründe dafür, warum der starre Gesichtsausdruck des Königs zum moralischen und ästhetischen Ideal am Hofe wurde. Er empfahl sich zunächst einmal als Aufstiegs-, wenn nicht gar als Überlebensstrategie. Wenn man auf seinem Gesicht seine Gefühle verriet, war dies ein sicheres Mittel, um Rivalen einen Vorteil beim Streben nach der

Gunst des Königs zu verschaffen. Symptomatisch dafür war La Bruyères Feststellung, dass Hofleute so taten, als sei ihr Gesicht aus Marmor, ganz so wie der Palast, in dem sie verkehrten: Beide waren hart und glatt. »Jemand, der den Hof kennt«, fuhr er fort,

> »ist Herr seiner Gestik, seiner Augen und seines Gesichts; er ist unergründlich und undurchdringlich; er gibt vor, die ihm zugefügten Kränkungen nicht zu bemerken; er schenkt seinen Feinden ein Lächeln, kontrolliert seine Stimmungen, verbirgt seine Leidenschaften, verleugnet sein Herz, spricht und handelt gegen seine wahren Gefühle.«

Auf dem Schlachtfeld des eigenen Aufstiegs und der Täuschung war das Lächeln eine kontrollierte und kühle Waffe.

Dies war umso mehr der Fall, als die Gewohnheit der Gesichtsrasur sich unter den Höflingen Ludwigs XIV. fast ausnahmslos durchgesetzt hatte. Der um die Wende zum 17. Jahrhundert übliche Vollbart im Stil von Henri IV. war unter den Kardinal-Ministern Richelieu und Mazarin – und auch dem jungen Ludwig XIV. – dem Knebelbart gewichen. Als der Hof nach Versailles umzog, war es für den König und die Hofleute gängige Praxis geworden, eine Perücke zu tragen und sich zu rasieren. Das nackte Gesicht bot kein sicheres Versteck für das Mienenspiel. Ohne Bart wurden Gefühle sehr viel deutlicher sichtbar – was für Leute, die sie verbergen wollten, ein größeres Problem darstellen konnte.

Die Ausdruckslosigkeit des Gesichts wurde zweitens dadurch verstärkt, dass man sich am Hofe das Gesicht weiß schminkte. Eine weiße Haut gehörte zu den gängigen Vorstellungen von Schönheit, Vornehmheit und Reinheit unerlässlich dazu, und wenn die natürliche Hautfarbe diesem Ideal nicht entsprach, konnte man mit *le fard*, wie diese Schminkfarben genannt wurden, nachhelfen. Außerdem pflegte man einige Tupfer Rouge auf den Wangen strategisch günstig zu verteilen und versah sie gelegentlich mit einem seidenen »Pflästerchen« oder Schönheitsfleck. Oft wurden auch die Lippen weiß geschminkt, so als wollte man die Existenz des Mundes (oder, schlimmer noch, was sich in seinem Inneren befinden mochte) kaschieren. Diese Art der Kosmetik verwischte die physiognomischen Unterschiede und betonte die Gleichförmigkeit im Erscheinungsbild. Hinter *le fard* ließ sich ein unwillkürliches Erröten verbergen, und wenn man entsprechend geschminkt war, sollte man alles, was über die die Andeutung eines Lächelns hinausging, tunlichst vermeiden, da die Maske sonst (physisch wie metaphorisch) Risse bekommen konnte. Außerdem rief der metallische Grundstoff von Gesichtscremes schwere Zahnschäden hervor – so wie übrigens auch die Behandlung der bei Hofe sicher nicht unbekannten Geschlechtskrankheiten mit Quecksilber. Dies war ein weiterer Grund dafür, weshalb man seinen Mund geschlossen hielt.

Ein dritter Grund, sich verschlossen zu geben, bestand darin, dass in der volkstümlichen Physiognomie bestimmte Eigenschaften des Mundes mit Charakterzügen gleichgesetzt wurden. Obwohl man im späten 17. Jahrhundert, wie wir noch sehen werden, den traditionellen Lehren der Physiognomie keinen Glauben mehr schenkte, behielten sie in einer so von Konkurrenz geprägten Umgebung wie Versailles weiterhin ihre Gültigkeit. So behauptete man, dass lange Zähne auf einen Vielfraß hinwiesen, spitze Zähne auf einen Lüstling, große und breite Zähne auf einen eitlen Fatzke und eine heraushängende Zunge auf einen unverbesserlichen Dummkopf. In seinem populären Text *Réflexions sur le ridicule* (»Reflexionen über das Lächerliche«, 1699) vertrat Morvan de Bellegarde die Ansicht, dass der geschlossene Mund das effektivste Mittel sei, um zu verhindern, dass man als lächerlich galt, dass einem aufgrund überlieferter physiognomischer Lehren bestimmte Charaktereigenschaften zugeschrieben wurden oder aber dass man einfach nur ausgelacht wurde. Für Höflinge schien dies der beste Rat. Mit seiner Einschätzung, dass er persönlich im Durchschnitt einmal pro Jahr lache, war der Philosoph und Aristokrat La Rochefoucauld vermutlich nicht allein, und seines Erachtens gab es im Leben nur sehr wenig, was ein Lächeln lohnte. Die Machtspiele und das Statusstreben, die Hauptmerkmale des Hoflebens, ließen dem Aufkommen von Humor wenig Raum.

Freilich fanden zumindest einige Angehörige der Hofelite diese – mit einer unbeteiligten Miene verbundene – zunehmend düstere zeremonielle Hyperernsthaftigkeit mit der Zeit ziemlich schwer zu verkraften. In den letzten Jahren von Ludwigs Herrschaft suchten solche Leute, die den gedrückten ernsten Charakter des Hoflebens ablehnten, nach jeder möglichen Entschuldigung, um sich davonzuschleichen und sich den weltlicheren und angenehmeren Vergnügungen in Paris hinzugeben. Auf ihrem Anwesen im Marais klagte Madame de Sévigné, die berühmte Briefschreiberin, bereits im Jahr 1676, dass »seit einigen Jahren niemand mehr lacht«. Aber sie tat ihr Bestes, um dies zu kompensieren: Ihr temperamentvolles Lachen war dafür bekannt, dass man es noch eine Straße weiter hören konnte. Das fröhliche Lächeln und Lachen schienen in Paris bereits heimischer zu sein als in Versailles.

Ungeachtet dieser wenigen Oasen des Frohsinns herrschte in den letzten Jahrzehnten der Herrschaft Ludwigs XIV. überall in Frankreich eine Stimmung, die dem Lächeln und Lachen abträglich war. In der Zahnkultur des Ancien Régime war das Öffnen des Mundes aus triftigen biologischen Gründen – Zahnverlust, Munderkrankungen, schlechter Atem usw. – ein riskantes Unternehmen. Doch kulturelle Zwänge hatten nach und nach weitere ästhetische, verhaltensspezifische, religiöse, kulturelle und politische Gründe dafür geliefert, dass man weiterhin die Lippen geschlossen hielt – wie Rigauds Porträt Ludwigs XIV. mit der ernsten Miene und den zusammengepressten Lippen auf beredte Weise bezeugt. Das Lachen, das in den Köpfen der Leute herumgeisterte, war noch immer das von Laurent Joubert beschriebene albtraumhafte Lachen: Es war primitiv, ungehobelt, unschicklich, übertrieben, leidenschaftlich, unkontrolliert, gesundheitsgefährdend. Das aggressive sardonische Lachen oder das Lächeln mit zusammengepressten Lippen, das am Königshof vorherrschte, waren in mancherlei Hinsicht ein Versuch, jenes Bild des Grauens unter Kontrolle zu halten. Diese kulturellen Faktoren, die am Ende des

17. Jahrhunderts in hohem Maße präsent waren, führten zu einer erheblichen Verschärfung der seit langem bestehenden biologisch bedingten Zahnprobleme. Das offene, freundliche und gütige Lächeln fand in den letzten Regierungsjahren Ludwigs XIV. nur wenige Anhänger.

2 Das Lächeln der Empfindsamkeit

Im ersten Band von Marcel Prousts *À la recherche du temps perdu* (1913) vergleicht der Protagonist Swann seine Erinnerung an den anmutigen Charakter und die betörende Schönheit seiner Geliebten mit seiner Erinnerung an die »Studienblätter von Watteau, auf denen man hier und da, überall, in alle Richtungen blickend, … zahllose Arten des Lächelns sieht« (Abb. 9). Mit dem Vergleich spielt Proust auf die neue, weniger düstere und beklemmende Stimmung an, die nach dem Tod Ludwigs XIV. im Jahr 1715 und während der Régence-Zeit, in der Jean-Antoine Watteau auf der Höhe seines Ruhmes stand, in der höfischen Kultur herrschte.

Jene Stimmung am Hofe sollte jedoch genauso vergänglich sein wie das Lächeln von Swanns Geliebter. Die Machtübernahme Ludwigs XV. im Jahr 1723 setzte der 1715 begonnenen Aufheiterung der emotionalen und zeremoniellen Atmosphäre in Versailles ein Ende. Für den Gesichtsausdruck galten wieder dieselben Vorschriften wie unter Ludwig XIV., zu denen auch Empfehlungen für die Formen der königlichen und aristokratischen Selbstdarstellung gehörten. Trotzdem wirkte die Stimmung der Régence-Zeit in der Stadt Paris länger nach als in Versailles. *De facto* trug sie dazu bei, dass sich in der städtischen Elite, die großen Wert auf den Ausdruck von Gefühlen legte und sich zunehmend von den unter Ludwig XIV. herrschenden Konventionen strenger Selbstbeherrschung löste, eine Vorliebe für Sensibilität entwickeln konnte. Um die Mitte des 18. Jahrhunderts entstanden neue Regeln für den Gesichtsausdruck, die nun auch Platz für das Lächeln schufen.

Das kurze Auftauchen des Lächelns in der Régence-Zeit

Nach Ludwigs XIV. langer Herrschaft und der Aura des Scheiterns, die in den letzten Jahren über ihr schwebte, war Paris im Jahr 1715 für einen Wandel bereit. Es gab nur überraschend wenige Pariser, die den Tod des alten Königs als sehr bedauerlich empfanden. Lud-

Abb. 9: Jean-Antoine Watteau, *Huit études de têtes de femme, et une tête d'homme* (um 1716)

wig »der Große« galt allgemein als alles andere denn als groß. Die Bewunderung für die gewaltigen Niederlagen, die er in seiner frühen Regierungszeit dem Rest Europas zugefügt hatte, war seit langem der Bestürzung über seine anhaltende Kriegstreiberei und die dadurch verursachten hohen Steuern und gesellschaftlichen Verwerfungen gewichen. Darüber hinaus war Versailles, ursprünglich ein Symbol der europäischen höfischen Festkultur, unter der gemeinsamen Ägide von Ludwig und Madame de Maintenon zu einem unleidlichen, düsteren und ernsten Ort geworden. Die Zeit für Veränderungen war gekommen, und große Hoffnungen ruhten nun auf den Schultern des neuen Königs, Ludwigs Urenkel. 1715 war Ludwig XV. erst sechs Jahre alt und damit zu jung für den Thron. Daher wurde die Regentschaft seinem Großonkel Philippe, dem Duc d'Orléans, übertragen. Sofort verließ der königliche Hof Versailles, ließ sich in Paris nieder und schaffte das pedantische Zeremoniell ab, auf das Ludwig XIV. so großen Wert gelegt hatte. Philippe d'Orléans war immer Ludwigs XIV. *bête noire* gewesen, und er hatte wenig Respekt für die Vorgehensweisen des alten Königs. Ludwigs Leiche war kaum unter der Erde, als der Regent bereits eine Flut von Neuerungen in Gang setzte: Man prasste, warf die alten Moralvorstellungen über Bord, pflegte eine urbane Geselligkeit, führte politische Experimente durch, praktizierte intellektuelle Offenheit und stellte die höfischen Wertvorstellungen grundsätzlich in Frage. Das Lächeln, gepaart mit Witz, Humor, Gelächter, Mut, Phantasie und neuem Denken, schien die strenge Feierlichkeit zu ersetzen und ließ die vornehme Ernsthaftigkeit verkümmern. Plötzlich war die Monarchie wieder populär, und der Kindkönig Ludwig XV. gewann die ungeteilte Zuneigung der Pariser.

Das düstere Modell der Elitekultur, das Ludwig XIV. in Versailles etabliert hatte, schien aus dem Kern des politischen Systems heraus ernsthaft bedroht. Utopisten und Projekteure jeglicher Couleur waren jetzt sehr erfolgreich. Mit seinem sogenannten »System« führte das schottische Finanzgenie John Law expansionistische Praktiken ein, die die Wirtschaft ankurbeln und Frankreichs Kolonien ausdehnen sollten. Der Abbé de Saint-Pierre sprühte vor Ideen und entwickelte Programme für eine repräsentative Regierung, für den Weltfrieden und eine neue rationale phonetische Sprache. In seinen Theaterstücken, Polemiken und Zeitungsartikeln schlug Marivaux, der sein Werk beschrieb als »die Produktion eines freien Geistes, der alles mitnimmt, was ihn auf seinem Weg belustigt«, einen menschlichen, saloppen Ton an, das genaue Gegenteil des selbstbewussten höfischen Pomps. Marivaux' Witz wurde noch von dem grandiosen Voltaire in den Schatten gestellt, der schon zu Beginn seiner Karriere anscheinend ohne jede Anstrengung die Polemik mit dem Pamphlet, die Salonkultur und das Theater mit bodenständigem Humor und Realsatire verbinden konnte. Sein junger Zeitgenosse Montesquieu, der durch seine Schrift *De l'esprit des lois* (1748) [dt.: *Über den Geist der Gesetze*] zum bedeutendsten politischen Theoretiker des Jahrhunderts werden sollte, war ebenso kühn: Sein Fantasy-Roman *Lettres persanes* (1721) [dt.: *Persische Briefe*], ein Bestseller, der von einem Besuch persischer Gesandter in Paris handelte, war ein kaum verschlüsselter Angriff auf den Absolutismus Ludwigs XIV. Ein solches Buch wäre unter den Zensurbestimmungen Ludwigs XIV. undenkbar gewesen – doch während der Régence-Zeit war die Presse freier als in jeder anderen Epoche vor der Französischen Revolution. Ebenfalls in heiterem Ton attackierte die als Régiment de la Calotte bekannte Trinkgesellschaft, zu der vor allem aristokratische Armeeoffiziere gehörten, jeden, der Macht hatte und auch nur ein Fünkchen Wichtigtuerei an den Tag legte, indem sie ihn in Pamphleten, sogenannten »brevets«, respektlos der Lächerlichkeit preisgab. Im Jahr 1716 durfte die Comédie Italienne, die 1697 von Ludwig XIV. und Madame de Maintenon geschlossen worden war, sich neu gründen, was die Pariser Theaterliebhaber mit einem Lächeln quittierten. Man hatte das Gefühl, sich wieder einer unbeschwerteren Stimmung hingeben zu können, die im späten 17. Jahrhundert von der Kirche und vom Staat unterdrückt worden war. »Nach den trübseligen letzten Jahren von Ludwig XIV.«, berichtete Voltaire erfreut, »verwandelte sich während der Régence-Zeit alles in Fröhlichkeit und Spaß.«

Die Schriften von Anthony Ashley Cooper, Earl of Shaftesbury, schienen eine theoretische Rechtfertigung für diese neue fröhliche Stimmung zu liefern. Shaftesbury, der einen großen Teil seines Lebens auf dem europäischen Kontinent verbrachte, entwarf eine Gesellschaft, die nicht aus einem Konglomerat von – mit der Erbsünde befleckten – düsteren Pessimisten bestand; sie war auch kein von primitiven Egoisten bevölkerter Dschungel à la Hobbes, sondern vielmehr ein Raum, in dem einfache soziale Interaktionen zu individuellen Gewinnen und größeren gesellschaftlichen Vorteilen führen konnten. Für Shaftesbury hatten die Emotionen einen positiven Wert, solange man im Geist der Höflichkeit mit ihnen umging: Seiner Meinung nach neigten die Menschen von Natur aus dazu, ihren Mitmenschen Sympathie entgegenzubringen, nicht aber Verachtung oder unverbesserliche Geringschätzung. »Jeder«, so erklärte er, »besitzt einen moralischen Sinn, der sich uns durch Gefühle wie Mitleid, Liebe und Großzügigkeit zu erkennen gibt.« Und jeder konnte von einer unbeschwerten und höflichen Geselligkeit profitieren: »Wir verfeinern einander und schleifen unsere Ecken und Kanten gewissermaßen durch freundschaftliche Zusammenstöße ab.« Während der Régence-Zeit gab es sehr viele solcher »freundschaftlichen Zusammenstöße«. Interessanterweise feilte Shaftesbury seine Theorien weiter aus, indem er das Glücksstreben des Menschen untersuchte. Er machte einen deutlichen Unterschied zwischen dem, was er als »jocositas« (spöttischer Scherz) bezeichnete, die durch das stolze und aggressive Vergnügen am Unglück anderer charakterisiert war, und der »hilaritas« (Heiterkeit, Fröhlichkeit), die – durch den Anblick des Guten und Schönen hervorgerufene – freundschaftliche und glückliche Gefühle beinhaltete. »Hilaritas« könnte als unbewusstes Motto für die Régence-Zeit gedient haben, im Gegensatz zur »jocositas«, die das Versailles von Ludwig XIV. geprägt hatte.

Alles ist erlaubt, war die vorherrschende Stimmung während der Régence-Zeit, und Watteau versuchte, sie ins Bild zu setzen. 1717 reichte er als Bewerbungsstück für die Académie de peinture das Gemälde einer *fête galante* ein, die verträumt ätherische Darstellung einer besonders bei der Aristokratie beliebten Form der Unterhaltung, die mit Verkleidungen, Gesellschaftsspielen und einer generellen Ungezwungenheit verbunden war. Als Bewerbungsstücke für die Académie wurden typische Beispiele der Historienmalerei (Darstellungen von Episoden aus der Bibel, der antiken Geschichte und dem antiken Mythos) erwartet, die von allen Formen der Malerei das höchste Prestige genoss. Die Akademie war sich darüber im Klaren, dass Watteaus verträumte, bitter-süße Darstellung eines aristokratischen Festes schwerlich zur Historienmalerei zählte – sie nahm ihn aber dennoch auf und instituierte damit die *fête galante* als neues künstlerisches Genre. Die Régence-Zeit schien überall darauf aus, die Regeln zu beugen, wenn sie nicht gebrochen werden konnten.

Letztlich war jedoch die hedonistische, optimistische, experimentierfreudige Stimmung der Régence-Zeit nicht von Dauer. Philippe d'Orléans starb 1722, als vorzeitiges Opfer einer dekadenten Lebensweise. Doch der Anfang vom Ende hatte sich schon vorher abgezeichnet. John Laws berühmtes »System« war spektakulär gescheitert und hatte eine massive Finanzkrise ausgelöst, weshalb man hastig auf frühere Instrumente der Staatsfinanzierung zurückgriff. Watteau starb tragisch jung. Der Abbé de Saint-Pierre galt in weiten Kreisen als verrückt. Marivaux ging bankrott (kam allerdings wieder auf die Beine). Infolge eines durch seine Respektlosigkeit hervorgerufenen Skandals musste Voltaire nach England fliehen, um der Verfolgung zu entgehen. Und die sexuelle Freizügigkeit im Umkreis des Regenten und im Hochadel erregte öffentliche Empörung. Die *fête galante* hatte sich in etwas insgesamt eher Anstößiges verwandelt. So setzten sich die Werte Ludwigs XIV. bald wieder durch, nicht zuletzt dank des neuen Königs.

Alle Hoffnungen, dass Ludwig XV., sobald er erwachsen war, das steife Protokoll und die strengen Sitten, die Ludwig XIV. am Hofe eingeführt hatte, abschaffen würde, wurden bitter enttäuscht. Die Zuneigung, die die Pariser anfangs ihrem jungen Prinzen entgegenbrachten, wurde von ihm fast gar nicht erwidert. Bei erstbester Gelegenheit – im Jahr 1723 – verlegte er seinen Hof von Paris wieder nach Versailles. Die alten Zeremonienvorschriften, die 1715 außer Kraft gesetzt worden waren, wurden reaktiviert und in allen Punkten angewendet. Um 1726 ließ der König keinerlei Zweifel daran, dass er hinsichtlich seines Regierungsstils »in allem dem Beispiel [seines] Urgroßvaters folgen wolle«. An seiner Meinung sollte sich so gut wie nichts ändern. Ein halbes Jahrhundert später – er regierte bis 1774 – bekannte Ludwig: »Ich möchte nichts von dem, was meine Vorväter getan haben, rückgängig machen.« Er war zutiefst beseelt von einer unerschütterlichen Feindseligkeit gegenüber allem, was dem Geist von Versailles unter Ludwig XIV. zuwiderlief. Die Gesetze seines Urgroßvaters über höfisches Benehmen waren um 1715 großenteils in Misskredit geraten, wurden jetzt aber wieder bekräftigt, wobei die Vorschriften für das Protokoll sogar noch strenger wurden. Seit 1759 durften am Hofe nur noch Frauen erscheinen, deren adelige Abstammung sich bis vor das Jahr 1400 zurückverfolgen ließ. Der König setzte sich über dieses Gesetz bei seinen eigenen Mätressen hinweg, insbesondere bei Madame de Pompadour, der Tochter eines unkonventionellen Bankiers, und ebenso bei Madame du Barry, der unehelichen Tochter eines Kochs und einer Friseurin. Offene Kritik an beiden schlug er brutal nieder und zwang sogar das lustige Régiment de la Calotte, sich aufzulösen. Vorschriften über die aristokratischen *entrées* bei den verschiedenen täglichen Zeremonien des Königs wie dem *Lever* und dem *Coucher* wurden ebenfalls verschärft, desgleichen wurde das Recht, die königlichen Karossen zu benutzen, wenn der König auf Jagd ging, stärker beschränkt. Der Hof wurde steifer und elitärer, als er es unter Ludwig XIV. gewesen war.

Folglich war es, als Ludwig XV. 1723 volljährig wurde, mit der abenteuerlustigen und phantasievollen kulturellen Stimmung der Régence-Zeit vorbei, und das Lächeln schwand aus dem Gesicht der offiziellen Kultur, sowohl im wörtlichen wie auch im übertragenen Sinn. Mit der Wiedereinführung des von Ludwig XIV. initiierten Protokolls galt wieder der in Versailles lange Zeit befolgte Gesichtskodex, über den sich La Bruyère in den 1680er Jahren lustig gemacht hatte. Daran änderte sich selbst dann nichts, als das sich im Laufe des Jahrhunderts ausweitende Imperium von *la mode* prunkvolle und feinste Kleidung hervorbrachte. Die schneeweiße Haut genoss weiterhin ein hohes Prestige, und der pastöse weiße *fard* der Hofdamen war makellos (und verbreitete sich auch unter den Höflingen). Wie in der Vergangenheit missbilligte die höfische Gesellschaft das Zurschaustellen von Emotionen und legte weiterhin Wert auf eine starre, neutrale Miene. Wenn man in der von übermäßiger Konkurrenz geprägten Welt des Hofes Gefühle zeigte, lief man Gefahr, sich zu verraten, sich lächerlich zu machen, seinen Rivalen einen Vorteil zu verschaffen und ihnen gegenüber seine Unterlegenheit zu signalisieren.

Die Tatsache, dass man in der Öffentlichkeit keine Gefühle zeigte, beeinflusste die Art und Weise, wie Höflinge sich porträtieren lassen wollten. Seit den späten 1730er Jahren verdiente der Künstler Jean-Marc Nattier ein Vermögen, indem er wie am Fließband schmeichelhafte Porträts von Mitgliedern der königlichen Familie und des Hofes anfertigte (Abb. 10). Seine weiblichen Modelle trugen mythologische Kostüme, das Haar war aus dem Gesicht gekämmt, dessen lilienweiße Haut kunstvoll dargestellt und durch Tupfer von am Hofe üblichem Rouge hervorgehoben war. Die vornehm ausgeglichenen und unbeschwerten Gesichter der Frauen waren meist ausdruckslos; manchmal war ihnen allerdings der Anflug eines ganz sanften und rätselhaften Lächelns mit geschlossenem Mund gestattet – eines Lächelns, das aber keine Gefühle verriet und oft hochnäsig und überlegen wirkte. Bezeichnenderweise wurde diese Miene vornehmer Exteriorität auch auf François Bouchers berühmtem Gemälde von Madame de Pompadour gefeiert, das sie beim Schmink-Zeremoniell zeigt. Bei diesem täglichen Ritual empfing die Pompadour ihre Klienten und zelebrierte damit ihre Macht und ihren Einfluss auf den König. Mit dem Make-up-Pinsel trägt die offizielle Mätresse Puder auf die Schminke auf, die sich in eine Kriegsbemalung für die Kämpfe im Dschungel von Versailles zu verwandeln scheint (Abb. 11).

Dieser Porträtstil warf ein Schlaglicht auf die Rolle, die der Hof in allen Dingen des künstlerischen Geschmacks noch immer spielte. Die Normen hinsichtlich des Gesichtsausdrucks, die Nattier, Boucher und ihre Kollegen in ihren Kunstwerken zur Darstellung brachten, gaben Aufschluss über die fortwährende Bedeutung von Ludwigs XIV. Erstem Maler, Charles Le Brun. Dieser hatte die Kultur von Versailles maßgeblich mitgeprägt und konnte sich einen großen Teil ihrer Ausgestaltung als sein Verdienst anrechnen. Schon vor der Eröffnung des Schlosses im Jahr 1683 und bis zu seinem Tod im Jahr 1690 entwarf und schuf er für die Innenräume Gemälde, Tapisserien und Skulpturen, beeinflusste die Gesamtgestaltung und war selbst für zahlreiche Meisterwerke verantwortlich. Als Erster Maler des Königs führte Le Brun auch den Vorsitz über die 1648 gegründete Académie de peinture et sculpture. Die Akademie, 1665 von Ludwig XIV. neu organisiert, war bestrebt, sich für die Konventionen und Normen bester künstlerischer Praxis zu engagieren. Um ihnen Geltung zu verschaffen, beschäftigte sich Le Brun theoretisch mit der in der Kunst anerkannten Bandbreite von Gesichtsausdrücken. Sie waren Thema seiner 1668 gehaltenen *Con-*

Abb. 10: Jean-Marc Nattier, *Marie-Adélaïde, fille de Louis XV, comme Flora* (1742)

férence sur l'expression, générale et particulière (»Vorlesung über den Ausdruck, im Allgemeinen und im Besonderen«).

Die *Conférence sur l'expression* ist ein wichtiges, hybrides Werk. Zunächst einmal verrät es eine genaue Kenntnis sowohl der impliziten Konventionen, die den Gesichtsausdruck in der westlichen Malerei seit der Antike bestimmt hatten, als auch der – seit der Renaissance diesem Thema gewidmeten – theoretischen Werke eines Alberti, Lomazzo, Leonardo da Vinci und anderer. Zweitens evoziert es auch die kryptischen Codes der alten Wissenschaft der Physiognomik, derzufolge sich der Charakter einer Person in ihrem Gesicht widerspiegelte. Das Fachgebiet, in der Antike entwickelt, war in mittelalterlichen Universitäten gelehrt worden, gewann in der Renaissance an intellektueller Dringlichkeit, wurde in der Frühen Neuzeit in handschriftlichen und gedruckten Quellen in fast jeder europäischen Sprache, vom Isländischen bis zum Walisischen, be-

Abb. 11: François Boucher, *Madame de Pompadour à sa toilette* (1758)

handelt und in jedem denkbaren Druckformat der Öffentlichkeit vorgelegt, vom gelehrten Folianten bis zum billigen Almanach und Flugblatt. Vor und während der Renaissance hatte sich die Physiognomik auf eine Kosmologie gegründet, die in Entsprechungen zwischen Substanzen und Qualitäten sowohl innerhalb als auch zwischen der supra- und sublunaren Welt ihren Ausdruck fand: So gab es angeblich innerhalb des Kosmos Verbindungen zwischen den Gesichtszügen einerseits und den – den Himmelskörpern inhärenten – Eigenschaften andererseits. Bei manchen wurde die Physiognomik zu einer geheimen und mystisch-okkulten Wissenschaft. Aber genauso häufig beschränkte sie sich auf unwiderlegbare

Behauptungen: Danach hatten rothaarige Menschen ein hitziges Temperament, und lange Zähne verwiesen, wie wir gesehen haben, auf einen Vielfraß. Die wissenschaftliche Revolution des 17. Jahrhunderts machte der Kosmologie, auf die die Physiognomik gegründet war, ein Ende und ließ die okkulte physiognomische Lehre als überholt erscheinen.

Der dritte Einfluss, der in Le Bruns *Conférence* seinen Niederschlag fand, war die damals hochaktuelle Physiologie von René Descartes. Descartes' oft zitiertes Diktum *cogito, ergo sum* (»ich denke, also bin ich«) zeigte, dass er der Methode der Deduktion verpflichtet war. Aber er war auch berühmt für seine Studien der menschlichen Leidenschaften, mit denen er sich in *Des passions de l'âme* (»Über die Leidenschaften der Seele«, 1649) und in seinem postum veröffentlichten *Traité sur l'homme* (»Traktat über den Menschen«, 1662 publiziert, aber in den späten 1630er Jahren verfasst) auseinandersetzte. Seinen Darlegungen zufolge ist der Sitz der menschlichen Seele die Zirbeldrüse, die sich zwischen den beiden Hirnlappen und hinter dem Nasenrücken befindet. In dieser Drüse entsteht das Denken, und dieses lässt die Lebensgeister zum Gehirn und dann nach außen zu den Gesichtsmuskeln fließen. Le Brun entwickelte Descartes' Analyse zu einem umfassenden Ausdruckssystem. Wenn das Gesicht vollkommen entspannt war, war die Seele ruhig und emotionslos. Innere Ruhe entsprach einer Nullstufe der leidenschaftlichen Erregung (Abb. 12). Doch wenn die Seele aufgewühlt war, zeigte sich dies, so Le Brun, im Gesicht, besonders rund um die Augenbrauen, die der Zirbeldrüse am nächsten sind. So waren die Augenbrauen »der Motor des Gesichts«. Le Brun ging noch weiter als Descartes, wenn er behauptete, dass sich die Muskeln des oberen Teils des Gesichts umso stärker verzerrten und der untere Teil des Gesichts ebenfalls umso stärker betroffen war, je heftiger eine Leidenschaft war. Vor diesem Hintergrund könnte man übrigens sagen, dass Rigauds Porträt von Ludwig XIV. aus dem Jahr 1701 (Abb. 6), mit dem wir uns im vorigen Kapitel befasst haben, Le Bruns Prinzipien sehr nahe kommt. Denn während der Mund des Königs, wie von uns dargelegt, unbekümmert er-

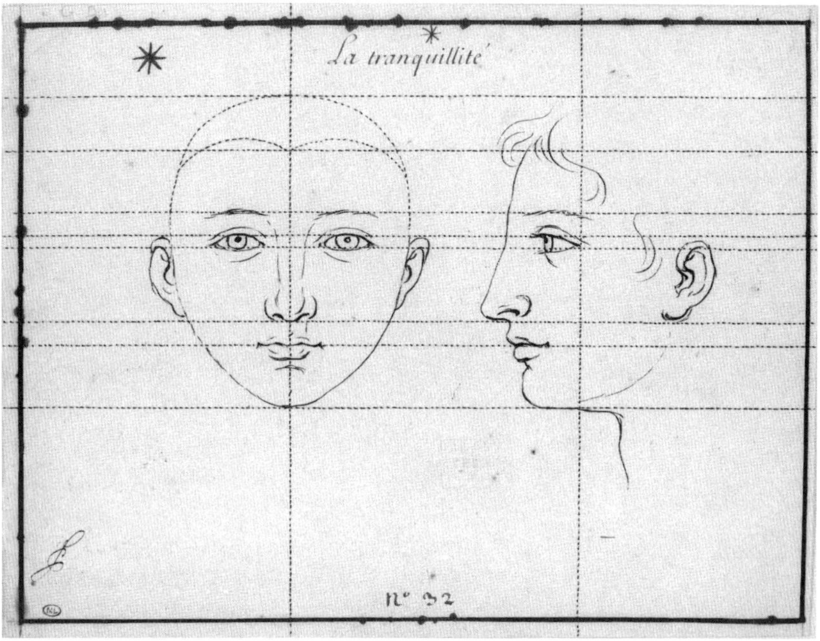

Abb. 12: Charles Le Brun, *La Tranquillité*

scheint, zeigt seine Stirn keinerlei Furche und betont so die vermeintliche Seelenruhe des Herrschers.

Le Brun erläuterte seine Argumente auf grafische Weise, indem er eine eindrucksvolle Reihe von Gesichtern zeichnete, die die feinen Kalibrierungen des emotionalen Ausdrucks nach diesem cartesianischen Grundprinzip zeigen sollten. Die vorgebliche Wissenschaftlichkeit seiner Arbeit gewann zusätzlich an Dynamik durch die Verbindung mit der etablierten physiognomischen Maxime, nach der der obere Teil des Gesichts, insbesondere die Augen, vergeistigter waren als der untere Teil. Seine Zeichnung *Verzückung* beispielsweise ist stark an Raffaels *Galatea* (1512) angelehnt; diese galt seit der Zeit Vasaris als Darstellung der idealen Schönheit und war von dem Bologneser Barockmaler Guido Reni und anderen in ihren Heiligenfiguren häufig ins Bild gesetzt worden (Abb. 13).

Abb. 13: Charles Le Brun, *Le Ravissement*

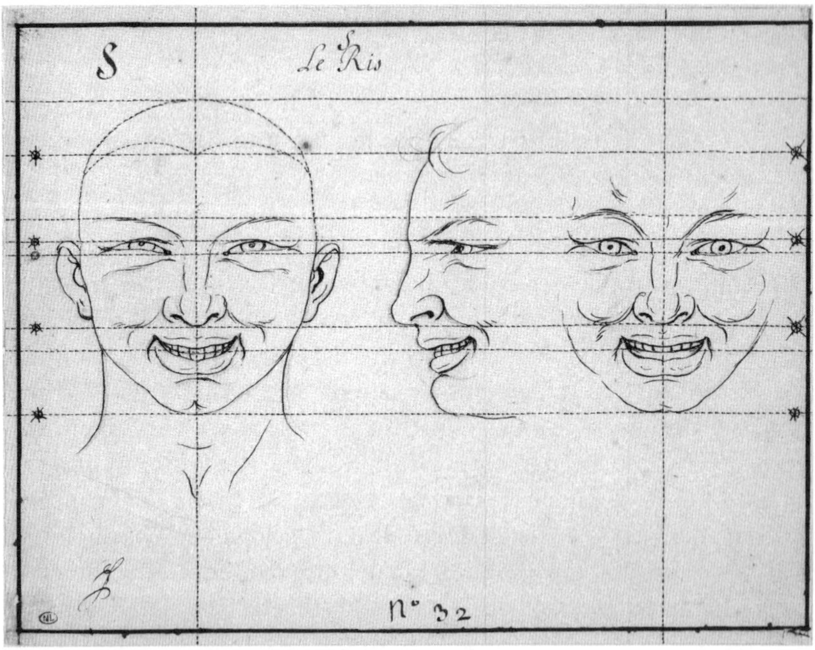

Abb. 14: Charles le Brun, *Le Ris*

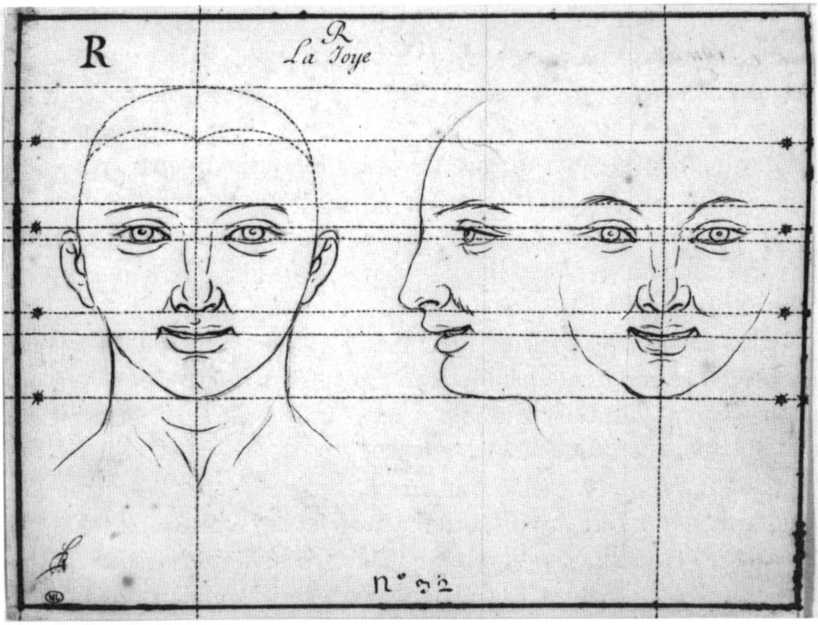

Abb. 15: Charles Le Brun, *La Joie*

Generell hielt Le Brun den Mund für irdischer und lustgesteuert. In seiner Bilderreihe der Leidenschaften ist er bei der Darstellung der Verzückung leicht geöffnet, ebenso bei der Darstellung des Staunens, der Hochachtung, des Entsetzens, der Liebe, des Verlangens, des Kummers, der Freude und des Weinens. Und er ist weit geöffnet, wenn es darum geht, Schrecken, physische Angst, Verzweiflung, Wut – und Lachen – zu veranschaulichen. Bezeichnenderweise hat Le Bruns Gesicht des Lachens (»le rire«) ein bösartiges und sardonisches Aussehen, was es mit dem verächtlichen Lächeln verbindet, das damals, wie wir gesehen haben, in den höfischen Kreisen, in denen Le Brun verkehrte, sehr verbreitet war (Abb. 14, 15). (Die Zeichnung der Freude [»la joie«] kam Shaftesburys »hilaritas« am nächsten.)

Insgesamt gesehen stützte Le Bruns Werk letztendlich die konventionelle Auffassung, dass man, wenn man in der westlichen

Malerei mit einem angenehmen Lächeln (im Gegensatz zum Lachen) porträtiert werden wollte, am besten so lächelte wie Leonardo da Vincis *Mona Lisa*. Ihr Lächeln, das im Frankreich der Aufklärung zwar bewundert wurde, in Wirklichkeit aber keine große Beliebtheit genoss, war anmutig, vornehm, kontrolliert und sanft gewesen. Dasselbe galt für Nattiers blaublütige Modelle. Hätten sie ihren Mund zu einem Lächeln geöffnet, hätten sie implizite, selten ausdrücklich ausgesprochene (aber noch immer streng beachtete) Vorschriften hinsichtlich der Zurschaustellung einer solchen Geste verletzt. Diese Vorschriften brachten in visueller Form die Gesetze der Zivilität und der Schicklichkeit zum Ausdruck, die, wie wir gesehen haben, von Castiglione, Erasmus und ihren Schülern seit der Renaissance formuliert worden waren.

Die Mona Lisa war also mit ihrem Lächeln nicht allein, aber sie war auch sehr wohl gewillt, ihren Mund fest geschlossen zu halten. Denn für Personen, die auf einem Gemälde in der westlichen Malerei seit der Antike ihren Mund geöffnet hatten, galt ganz allgemein, dass sie, wenn sie nicht gerade von einer heftigen Leidenschaft beherrscht waren, wie von Charles Le Brun dargelegt, entweder Plebejer oder geistesgestört waren. Auf Riberas im Louvre ausgestelltem Gemälde eines spanischen Bauernknaben (1637) öffnet der Junge den Mund und zeigt seine schmutzigen, missgestalteten Zähne – obendrein hat er noch einen Klumpfuß (Abb. 16). Angehörige der städtischen niederen Schichten wurden ebenfalls auf diese Weise dargestellt. Ihre ordinären offenen Münder, die die Zähne zur Schau stellten, wurden gezeigt, wenn sie sich ausgelassenen Späßen à la Rabelais hingaben. Die Zähne erinnerten oft an die eines menschlichen Schädels (und tatsächlich sind, quantitativ gesehen, die meisten menschlichen Zähne, die in der westlichen Malerei seit dem Mittelalter dargestellt sind, die von Totenköpfen). Obwohl plebejische Münder häufig im Dienste der Komik standen, konnten sie auch Drohung oder Gefahr andeuten. Die dunklen, abstoßenden Münder von Bettlern, Zigeunern, Wanderschauspielern und anderen sozialen Außenseitern, die von Caravaggio, Georges de la Tour, Velázquez und anderen porträtiert wurden, wirken gele-

Abb. 16: Jusepe de Ribera, *Lo Storpio* [*Der Klumpfuß*] (1642)

gentlich durchaus bedrohlich. Caravaggios Gemälde *I Cavadenti* (1608/09) zeigt finstere Zahnzieher, die, umgeben von Gestalten, die ein kümmerliches Dasein fristen, zu Werke gehen. Die Darstellung der offenen Münder auf George de la Tours *Rixe de musiciens* (»Streitende Bettelmusikanten«, 1625–30) ist auch nicht erbaulicher (Abb. 17).

In der westlichen Malerei ist der offene Mund außerdem mit Torheit konnotiert. Velázquez malte Calabacillas, den Hofnarren von König Philipp IV., als komische Figur und mit einem Lächeln, bei dem die Zähne zu sehen sind, aber es hatte eine größere Tragweite (Abb. 18). Diejenigen, die ihre Gefühle rational kontrollieren, halten den Mund geschlossen, um eine *dignitas* und *gravitas* an den Tag zu legen, die für die Angehörigen der niederen Stände genauso unerreichbar ist wie für die, die zeitweise oder auf Dauer den Verstand verloren haben oder schlichtweg – was noch komischer ist – etwas beschränkt oder geistig behindert sind. Fröhliche oder betrunkene Gestalten gehören ebenfalls dazu. Auf holländischen Genregemälden des 17. Jahrhunderts zeigten Jan Steen und Frans Hals beispielweise immer wieder Kavaliere und ihre Saufkumpane, wie sie beim Zechen fröhlich (und mit offenem Mund) lachten. Doch wenn einer von ihnen ein Porträt von sich anfertigen lassen wollte, verließ er die Schenke und begab sich ins Künstleratelier. Dann pflegte sogar ein »lachender« Kavalier (wie auf einem Gemälde von Frans Hals) zum Zeichen seiner schicklichen *gravitas* und seiner Vernunft den Mund fest geschlossen zu halten. Sänger, häufig wandernde Spielleute, die den niederen Ständen entstammten, wurden auf vergleichbare Weise ins Bild gesetzt: Sie sangen aus voller Kehle, während ihr Verstand zeitweise ins Taumeln geriet. Darstellungen von Kindern, die fröhlich lachten und mit offenem Mund lächelten, bildeten wiederum einen weiteren Gemäldetypus, der die allgemeine Regel eher bestätigte als entkräftete. William Hogarths entzückendes *Shrimp Girl* (1740–45) war noch ein Kind an der Schwelle zum Erwachsenenalter. Sobald sie herangereift wäre, würde sie wie andere ihres Alters noch rechtzeitig ihre Lippen verschließen (Abb. 19).

Abb. 17: Georges de la Tour, *La Rixe des musiciens* (1625–30)

Eine besondere Tradition, auf die wir später zurückkommen werden, ist in diesem Zusammenhang ebenfalls erwähnenswert: So wird der griechische Philosoph Demokrit üblicherweise mit einem Lächeln dargestellt, bei dem er die Zähne sehen lässt. Seit der Antike, seit den Zeiten eines Seneca und Juvenal, wurde Demokrit häufig, wie von Rubens im Jahr 1603, zusammen mit Heraklit, dem »weinenden Philosophen«, abgebildet, den der Blick auf die Torheiten der Welt eher dazu veranlasste, Tränen des Kummers zu vergießen, als in schallendes Hohngelächter auszubrechen. Demokrit, der die – den offenen Mund betreffende – künstlerische Regel nachdrücklich bestätigte, war die Ausnahme. Denn er ist vor allem der irre Philosoph, der seinen scharfen Verstand unter dem äußeren Schein der Verrücktheit verbirgt. Gerade dadurch, dass er sich wie ein Narr aufführte, beanspruchte Demokrit für sich, den törichten Lauf der Welt zu durchschauen: Er zeigte – wie Montaigne in seinen *Essais* schrieb –, dass »unsere Situation zwar lächerlich ist, uns aber auch erlaubt, über sie zu lachen« (und sie zu verachten, wie er hätte hinzufügen können). Auf einem seiner zahlreichen Selbstporträts

Abb. 18: Diego Velázquez, *El Bufón Calabacillas* [*Der Hofnarr Calabacillas*] (1637–39)

(1669) hatte Rembrandt sich in eben dieser Rolle dargestellt. Angesichts seiner freimütigen und subversiven Einstellung gegenüber der offiziellen Kultur ist es keine Überraschung, dass wir auch Watteau in dieser Pose finden (Abb. 20). Mit seinem demokritischen Lachen verspottete er den geschlossenen, strengen, steifen und schicklichen Mund höfischer Zivilität, den die Régence-Zeit anscheinend aus der Welt schaffen wollte (den aber Ludwig XV. bald wieder einführte). Wie sowohl Le Brun als auch Watteau sehr wohl wussten, waren plebejische Manieren, gottlose Gedanken, schiere Albernheit und demokritische Schauspielerei in Versailles höchst unwillkommen.

Abb. 19: William Hogarth (1697–1764), *Shrimp Girl* (1740–45)

So war die Régence-Zeit so etwas wie eine trügerische Hoffnung in der offiziellen Hofkultur gewesen. Ludwig XV. setzte die Verhaltensmuster, die unter Ludwig XIV. in Versailles gegolten hatten, wieder in Kraft. In den schönen Künsten blieb Le Bruns Regelwerk für die Darstellung der Leidenschaften weiterhin gültig und beeinflusste nachweislich die Palette von Gefühlen, die von nachfolgenden Generationen von Hofmalern ins Bild gesetzt wurden. Sein Einfluss lässt sich auch daran ablesen, dass die Darstellungen aus der *Conférence* in viele Publikationen Eingang fanden. Bezeichnenderweise stützte sich der Artikel »Leidenschaft« (1765) in Diderots großer *Encyclopédie*, der Bibel der Aufklärung, weitgehend auf Le Bruns Kategorien. Die Bilder lieferten auch das Lehrmaterial, anhand dessen Leute von Stand das Zeichnen lernten. Und sie wur-

Abb. 20: Jean-Antoine Watteau (zugeschrieben), *Selbstporträt, lächelnd*

den auch sehr ausgiebig von Schauspielern benutzt: Handbücher für Schauspieler sind voller Hinweise von Le Brun in Sachen Anmut. Daher musste sich das Lächeln, trotz des verlockenden kurzen Auftauchens während der Régence-Zeit, seinen eigenen Weg in der Welt suchen, da Versailles ihm offensichtlich die Türen verschlossen hatte.

Obwohl dieser anhaltende Einfluss Le Bruns bezeugte, dass nach 1723 die offizielle Kultur eindeutig zu den Prinzipien zurückkehrte, die hinsichtlich des Gesichtsausdrucks am Hof Ludwigs XIV. geherrscht hatten, gab es noch immer Anzeichen dafür, dass sich in der rigiden Ausdruckslosigkeit einige Risse auftaten. La Bruyère, der brillante Analytiker des höfischen Sittenkodexes unter Ludwig XIV., hatte festgestellt, dass man am Hofe Herr seiner Gesten, seiner Augen und seiner Miene sein musste und dass »man sein Gesicht abwendet, um nicht in Gegenwart Ludwigs des Großen zu lachen und zu weinen«. Er zeigte sich überrascht, »dass man im Theater so leicht lacht und sich seiner Tränen schämt«. Genau dieser Zusammenhang sollte sich im frühen 18. Jahrhundert verändern. Die Leute – selbst Höflinge – lernten es, im Theater zu weinen. Bei manchen zumindest breiteten sich Tränen wie bei einer Ansteckung in alle Lebensbereiche aus und kündigten eine neue Welt der Emotionalität an, in der schließlich Zeit und Raum für eine neue Art des Lächelns war.

»Ein Lächeln auf den Lippen und Tränen in den Augen«

In den 1770er Jahren machte Denis Diderot auf die außergewöhnliche Aufführung eines Theaterstücks in der Comédie-Française aufmerksam, die ein halbes Jahrhundert früher, nämlich 1723 während des Übergangs von der Regentschaft Philipps von Orléans zur persönlichen Herrschaft Ludwigs XV., stattgefunden hatte und eine neue Emotionalität im Theater ankündigte. Bei diesem Stück handelte es sich um Antoine Houdart de La Mottes Tragödie *Ines de Castro*. In dem Moment, als die Protagonistin den König von Portugal um Gnade bitten soll, führte die Hauptdarstellerin, Madame Duclos, ihre beiden eigenen Kinder (zusammen mit deren Amme) auf die Bühne, um ihr Anliegen vorzubringen. Das Publikum, von dieser Geste überrascht, wurde unruhig und begann nervös zu kichern. Daraufhin wandte sich die Duclos direkt an das Publikum und rief, vom Text abweichend, voller Stolz aus: »Lacht nur, ihr Dummköpfe im Parkett, an der ergreifendsten Stelle im Stück.« Dann weinte sie, ihre Kinder weinten, die Amme weinte, der König von Portugal weinte – und das gesamte Publikum ließ seinen Tränen freien Lauf.

Dieser verblüffende *coup de théâtre* hatte eine starke Nachwirkung. Laut Voltaire war dies »das ergreifendste Sujet in der gesamten Theaterwelt«. Marmontel sollte ihm eine moralische Erzählung widmen. Indem er öffentlich über die mögliche Bedeutung dieser Begebenheit nachdachte, kam Marivaux zu dem Schluss, dass das Herz dem Kopf überlegen sei. Wie der junge Montesquieu schrieb, lasse der Vorfall die soziale Konvention als töricht erscheinen, nach der »alles, was sich auf natürliche Gefühle bezieht, angeblich niedrig und plebejisch ist«. Seiner Ansicht nach war er ein Zeichen dafür, dass die Fähigkeit zu fühlen eine allgemeine menschliche Eigenschaft sei. So schien der Vorfall eine neue, klassenlose Konjunktur des Fühlens in Gang zu setzen, die die Erfahrung starker Gefühle von den niederen Ständen zurückgewann und die am Königshof verbreiteten Formen der steifen Zivilität zu überwinden trachtete. Bald würden sogar Staatsminister, Herzöge und Reichsmarschalle von Frankreich in den Pariser Theatern, fern von Versailles, still in ihre Taschentücher schluchzen. Sie waren keine Ausnahme: Die Pariser hatten generell ihre Tränen entdeckt – und waren jetzt bereit, sie auch zu vergießen, sogar in der Öffentlichkeit. So erhielt das Theater das Überschäumen der Gefühle lebendig, das die Régence-Zeit nur allzu kurz gefördert hatte.

Den Wandel im öffentlichen Geschmack aufgreifend, begannen die Stückeschreiber nunmehr, sich in einer neuen Art der Komödie, der sogenannten *comédie larmoyante*, dem »rührenden Lustspiel«, die Neigung zum Weinen systematisch zunutze zu machen. So sehr die Bezeichnung auch in sich widersprüchlich klingen mag, sie bezog sich auf Stücke, in denen, wie es bei Voltaire heißt, »dieselbe Person innerhalb von 15 Minuten über ein und dasselbe sowohl lacht als auch weint«. Der eloquenteste und erfolgreichste Vertreter dieses Genres, der da weitermachte, wo La Motte aufgehört hatte, war der äußerst produktive Pierre-Claude Nivelle de La Chaussée. Er orientierte sich zwar an den gängigen Konventionen der Komödie, setzte aber zugleich seine nicht-heroischen Figuren Intrigen und misslichen Situationen aus, die ihnen oft viel Leid bescherten; ihr Unglück berührte das Publikum. Auf diese Weise – so die Theorie – inspirierten sie die Zuschauer zur Tugend. Zwar hatte es solche Stücke in der Vergangenheit und sogar schon in der Antike gegeben, sie hatten aber nie ein eigenes Genre gebildet und weder theoretische Reflexionen noch den hohen Grad an Sentimentalität hervorgerufen wie die jetzigen. Die erstaunlich erfolgreiche *comédie larmoyante* lief den beiden konventionellen Theatergattungen, der Komödie und der Tragödie, in der Gunst des Publikums den Rang ab. Das Genre war so erfolgreich, dass sogar Voltaire, der große Tragödienschreiber jener Zeit und Autor zahlreicher häufig gespielter konventioneller Komödien, sich in der neuen Gattung versuchte, insbesondere mit *L'Enfant prodigue* (1736) [dt.: *Der verlorene Sohn*] und *Nanine* (1749). Dies ging auf Kosten der zum üblichen Bühnenrepertoire gehörenden humorvollen Komödien, selbst der große Molière wurde unmodern, und seine Werke wurden seltener aufgeführt. »Das Theater ist verlassen, wenn seine Komödien gespielt werden«, bemerkte Voltaire im Jahr 1739. »Kaum jemand schaut sich noch den *Tartuffe* an, der früher ganz Paris anzuziehen pflegte.« Molière schien nicht originell genug und zu unemotional für den auf die *comédie larmoyante* abgestellten Geschmack. »Die peinlich genaue Einhaltung der Schicklichkeit«, schrieb ein anderer Autor im Jahr 1764, »erlaubt es uns nicht, so zu lachen, wie es die Leute zu Molières Lebzeiten taten.« Unter dem Ansturm der *comédie larmoyante* erlebte die Tragödie ebenfalls einen erheblichen Rückgang. Die großen Werke der Gattung erlitten dasselbe Schicksal wie Molières Komödien und wurden immer unbeliebter.

Im Bestreben, die *comédie larmoyante* zu übertreffen und weiterzuentwickeln, wandte sich der Philosoph Denis Diderot 1757 dem Drama zu. Seine Komödie *Le Fils naturel* (1757) [dt.: *Der natürliche Sohn*] machte auf die Zuschauer einen so tiefen Eindruck, dass sie noch viel mehr weinten als bei jeder Tragödie. Ein Kritiker sah sich veranlasst zu schreiben, dass »drei Komödien dieser Art den sicheren Tod der Tragödie bedeuten werden«. Diderots stilistische Veränderungen der *comédie larmoyante* führten zu dem, was als »bürgerliches Drama« bekannt wurde. Diese Gattung betonte den Naturalismus und zeigte die Art von Figuren und Alltagssituationen, die für die weitgehend bürgerlichen Pariser Theaterzuschauer typisch waren. Louis-Sébastien Mercier, dessen bürgerliche Dramen sich trotzig jedem Rückschritt entgegenstellten, erklärte, dass er in ihnen »das Bild unserer heutigen Sitten« darstelle, »das Innere unserer Häuser, dieses Innere, das für ein Reich das ist, was die Eingeweide für den menschlichen Körper sind«. Das bürgerliche Drama, das stets mit Gewissenskonflikten verbunden war, ließ den Zuschauer viele Tränen vergießen.

Es ist keine Überraschung, dass die offizielle Hofkultur von diesen Entwicklungen weder erschüttert noch sehr bewegt wurde. Ludwig XV. verabscheute *comédies larmoyantes* und bürgerliche Dramen und strich sie immer vom Versailler Spielplan. Obwohl Höflinge und Staatsdiener nach Dienstschluss, ihre Taschentücher bereithaltend, die Logen der Pariser Theater bevölkerten, wurde der öffentliche Geschmack zunehmend von einem viel breiteren, hauptsächlich bürgerlichen Theaterpublikum bestimmt, das die Hinweise aus Versailles hinsichtlich dessen, was Beachtung verdiente und was nicht, fröhlich ignorierte. La Bruyère, der Analytiker des Hofs von Ludwig XIV., hatte verächtlich angemerkt, dass Paris nur »der Nachäffer des Hofes« sei und dessen Sitten, Werte und Prioritäten instinktiv übernehme. Die *comédie larmoyante* ließ darauf schließen, dass sich dies sehr dramatisch veränderte. Paris hatte Geschmacksvorlieben und Werte entwickelt, die von den höfischen Vorschriften völlig unabhängig waren.

Mit der Zeit sollte es, selbst innerhalb der Pariser Theaterwelt, einige Leute geben, die schließlich über diese Kaskade öffentlicher Tränen klagten. So kritisierte der Schauspieler Charles Collé Frauen, die immer »ein Stück, das sie zum Schluchzen brachte«, sehen wollten. Voltaire, der sich einst zu diesem Genre bekehrt hatte, sagte später, es bringe ihn zum Weinen, dass Leute bei Komödien weinten, und es brachte ihn aus der Fassung, dass »Metaphysik und Tränen« die wirkliche Komödie ersetzt hatten. »Es wäre heutzutage eine große Frechheit«, bemerkte ein anderer Autor ironisch, »das Publikum zum Lachen bringen zu wollen, wenn es nach eigener Aussage nur tränenreiche Komödien will.« Dennoch ließ der Tränenstrom auch Raum für den Ausdruck anderer Emotionen. Voltaire höchstpersönlich schlug im Vorwort zu seinem Stück *L'Écossaise* (1760) [dt.: *Die Schottländerin*] den richtigen Ton an:

> Bei der Gattung des Stücks handelt es sich um hohe Komik, vermischt mit dem Genre der einfachen Komödie. Der *honnête homme* lächelt hier das Lächeln der Seele, das vor dem Lächeln des Mundes den Vorzug verdient. Es gibt Stellen, die zu Tränen rühren, aber keine der Personen legt es darauf an, pathetisch zu sein.

Mit anderen Worten: Hinter den Tränen kam behutsam ein Lächeln zum Vorschein. Voltaires »Lächeln der Seele« war, wie wir noch sehen werden, das neue Lächeln der Empfindsamkeit.

Wir können etwas über die langsam, aber sicher zunehmende Bedeutung des Lächelns erfahren, wenn wir untersuchen, wie oft das Wort »sourire« in der französischen Literatur jener Zeit verwendet wurde. Im späten 17. und beginnenden 18. Jahrhundert war das Wort, wie dargelegt, sehr selten. Darüber hinaus gehörten zu den Adjektiven oder Adverbien, die am häufigsten mit ihm verbunden waren, solche wie »gezwungen«, »verächtlich«, »bitter«, »spöttisch«, »stolz«, »sardonisch« und »ironisch«. Natürlich gab es Ausnahmen, aber im Allgemeinen war das Lächeln die Geste einer Person, die dem anderen überlegen war. Dabei handelte es sich sehr häufig um gesellschaftliche Überlegenheit: Diejenigen, die lächelten, waren oft Aristokraten und Höflinge, die auf die Rangniederen herabsahen und innerlich über sie lachten. So entsprach das Lächeln in der Regel der klassischen Theorie des Lachens, mit der wir uns im vorigen Kapitel befasst haben. Indem man lächelt oder lacht, lässt man sich herab, zeigt seine Verachtung und amüsiert sich über das Missgeschick von anderen. Das Lächeln eines Gentleman war ein Zeichen gesellschaftlicher Überlegenheit.

Doch Veränderungen zeichneten sich bereits ab. Zunächst einmal stieg die Verwendung des Wortes »sourire« in literarischen Texten seit den 1730er Jahren und insbesondere in den 1740ern, 1750ern und 1760ern sprunghaft an; zwischen den ersten Jahrzehnten des Jahrhunderts und der Regierungszeit Ludwigs XVI. war also eine massive Zunahme zu verzeichnen. Außerdem ging es dabei sowohl um die Quantität als auch um die Qualität und den Kontext: Seit den 1740er und vor allem seit den 1750er Jahren gab es einen deutlichen Wandel hinsichtlich der Bedeutung des Lächelns. Es war jetzt eher »betörend«, »süß«, »gütig«, »angenehm«, »freundlich« und »tugendhaft«. Nicht dass das alte ironische, verächtliche Lächeln völlig verschwunden gewesen wäre. Es war zu tief im Gesichtskodex der gesellschaftlichen und höfischen Elite verwurzelt, als dass es sich über Nacht hätte verflüchtigen können. So spielte es weiterhin eine Rolle, jetzt aber oft als Kontrapunkt zu dem reineren und authentischeren Lächeln, das immer häufiger zu sehen war.

Die Werke, die mehr als alle anderen dafür sorgten, dass das Lächeln sich in der französischen literarischen Kultur durchsetzen konnte, waren die großen Romane des englischen Schriftstellers Samuel Richardson, hier besonders *Pamela* (1740), *Clarissa* (1748) sowie *The History of Sir Charles Grandison* (1753), die 1742, 1751 bzw. 1755 ins Französische übersetzt wurden. Die letzten beiden Bücher, die im Französischen mit *Lettres anglaises* und *Nouvelles lettres anglaises* betitelt sind, wurden vom Abbé Prévost übersetzt, der sich bereits als Autor des beeindruckenden dramatisch-moralischen Romans *Manon Lescaut* (1731) einen Namen gemacht hatte. Diese englischen Romane der Empfindsamkeit fanden in Frankreich sofort eine zahlreiche Leserschaft. Die Begeisterung für Richardson kannte keine Grenzen. »Man kann kein Haus betreten, ohne eine *Pamela* vorzufinden«, bemerkte ein französischer Beobachter. Zusammen mit *Clarissa* sollte *Pamela* der englische Roman sein, der bis zum Ende des Jahrhunderts in den Bücherschränken französischer Familien am häufigsten anzutreffen war. In den Übersetzungen von Richardsons Romanen wurde das Wort »sourire« weitaus häufiger als in früheren Werken verwendet.

Diderot, der engagierte Vertreter des bürgerlichen Dramas, überhäufte Richardson mit Lobeshymnen und wies ihm in seinem persönlichen Pantheon einen Platz neben Moses, Homer, Sophokles und Euripides zu. Auch wenn der Umfang und die moralische Gewissenhaftigkeit der Romane des Engländers eindeutig nicht unserem modernen Geschmack entsprechen, ist Diderots Loblied ein markantes Zeugnis für die ungeheure Wirkung, die diese Romane im Frankreich der Aufklärung entfalteten. Diderot liebte sie aus denselben Gründen, deretwegen er auch die Idee des bürgerlichen Dramas liebte (und deretwegen er sich außerdem, wie wir noch sehen werden, für die sentimental-moralischen Gemälde von Jean-Baptiste Greuzes begeisterte): Er schätzte ihre großartige häusliche Durchschnittlichkeit und damit ihre menschliche Relevanz. In einem Roman Richardsons

> ist die Welt, in der wir leben, … seine Bühne; der Gegenstand seines Dramas ist wahr; seine Personen sind leibhaftige Menschen; seine Figuren sind mitten aus der Gesellschaft genommen; seine Zwischenfälle sind gemäß den Sitten aller gesitteten Nationen; die Leidenschaften, die er malt, sind dieselben, die ich in mir fühle; es sind dieselben Triebe, die sie bewegen … Er zeigt mir den allgemeinen Lauf der Dinge, die mich umgeben …

Der naturalistische Eindruck des Realen, den Richardsons Romane vermittelten, wurde noch dadurch gesteigert, dass sie in Form von »Briefromanen« verfasst waren. Das galt auch für Jean-Jacques Rousseaus *Julie, ou la Nouvelle Héloïse* (1761) [dt.: *Julie oder Die neue Héloïse*]. Das Werk stand offensichtlich unter dem Einfluss von Richardson, wurde zu einem der größten Bestseller des 18. Jahrhunderts und bot ebenfalls eine markante Aufwertung des Lächelns. Sowohl Richardson als auch Rousseau verzichteten auf einen auktorialen Erzähler und wählten ein einfaches Mittel, den Austausch von Briefen, um die Geschichte zu erzählen. Beide Autoren täuschten ihre Leser, indem sie vorgaben, bei den Romanen handele es sich lediglich um »gefundene Briefe« und damit um authentische Szenen aus dem Alltagsleben wirklicher Personen. Der Untertitel der *Nouvelle Héloïse* war *Lettres de deux amans, habitans d'une petite ville au pied des Alpes* (»Briefe zweier Liebender aus einer kleinen Stadt am Fuße der Alpen«). Das Briefeschreiben war eine der Obsessionen der Zeit, und die realitätsgetreuen Wirkungen, die Richardson und Rousseau erzielten, beeindruckten die anglofranzösische Leserschaft umso mehr.

Nach Ansicht des englischen Theologen William Warburton waren sowohl die Franzosen als auch die Engländer auf den starken Einfluss vonseiten Richardsons und Rousseaus durch die nach der Régence-Zeit verfassten Werke des Franzosen Pierre Carlet de Marivaux vorbereitet. Seine Stücke und die nach der Régence-Zeit entstandenen Romane, insbesondere *La Vie de Marianne* (1735–41) [dt.: *Das Leben der Marianne*] und *Le Paysan parvenu* (1735) [dt.: *Der Bauer als Emporkömmling*], hatten die mittelalterliche Tradition der »barbarischen Romanzen« abgelöst durch Studien von fiktiven Lebensläufen und Verhaltensweisen aus einer vertrauten und erkennbar modernen Welt, und zwar auf eine Weise, die »für einen verfeinerten Geist unterhaltsam war oder jene Verfeinerung befördern konnte«. In der Mischung aus psychologischer Schärfe und moralischer Recherche stimmte Marivaux mit den Autoren von *Clarissa* und *Julie* überein. Diese beiden Bücher begründeten eine moralische Lehre, die auf den Missgeschicken der Tugend basierte, einer Tugend, die im Charakter einer schönen jungen Frau verkörpert war, was sowohl die Identifikation als auch den Beschützerinstinkt zu fördern schien. Die Reaktion der Leser auf die Handlungsabläufe war äußerst heftig und unverhüllt emotional. »Ihr Menschen«, rief Diderot aus, »lernt [von Richardson], euch mit den

Übeln des Lebens auszusöhnen; wir werden gemeinsam über die unglücklichen Gestalten seiner Fiktionen weinen und sagen: ›Sollte das Schicksal uns eines Tages niederdrücken, so werden wenigstens alle ehrenhaften Menschen auch über uns weinen.‹«

Wie Diderot freimütig zugegeben hätte, sprach er die Sprache der Empfindsamkeit. Im 18. Jahrhundert wurde der Begriff »Empfindsamkeit« zu einem der eindringlichsten Schlagwörter in der Literatur und visuellen Kultur Frankreichs. Einen Teil seines Prestiges und seiner kulturellen Tragweite verdankte er der Annahme, dass er einen wissenschaftlichen Sachverhalt beschrieb. Im ausgehenden 17. Jahrhundert hatte der englische Philosoph John Locke die Meinung vertreten, dass die menschliche Identität und das individuelle Bewusstsein durch den materiellen Einfluss der Umgebung auf den menschlichen Körper im Rohzustand [»tabula rasa«] entständen. Während Descartes mit seinem *cogito, ergo sum* die kognitive Bedeutung des menschlichen Verstands in diesem Prozess betont hatte, legten Locke und seine französischen Anhänger, wie etwa Étienne Bonnot de Condillac in seinem *Traité des sensations* (»Abhandlung über die Empfindungen«, 1754), sehr viel mehr Gewicht auf die Bedeutung der Sinne. Diese »sensualistische« Philosophie untergrub nachhaltig Descartes' Physiologie mit ihrer Betonung der materiellen Präsenz der Seele in der Zirbeldrüse. Die Seele galt nun zunehmend als entmaterialisiert und war unabhängig vom System der Körpersäfte, das für Galens medizinisches Gedankensystem charakteristisch war.

Im Anschluss an die Arbeiten der Ärzte Thomas Willis, Hermann Boerhaave und insbesondere Albrecht von Haller wurde der menschliche Körper letztlich weniger als eine Art plumpes Gefäß angesehen, in dem verschiedene Körperflüssigkeiten herumschwammen, sondern vielmehr als eine Ansammlung von Rohmaterial, das aus Fasern bestand, die auf externe Stimuli mehr oder weniger empfindlich reagierten. Unter Stimulation zeichnete sich eine Faser durch »Reizbarkeit« aus, die Nerven hingegen durch »Empfindsamkeit« – ein Begriff und eine Idee, die in die Welt des Romans gleichzeitig Eingang fanden.

Für von Haller und die Ärzte war das Verhalten der Fasern nur eine stoffliche Eigenschaft der Materie, aber im Laufe des Jahrhunderts wurde der Begriff der Empfindsamkeit zunehmend in einem aktiven und moralischen wie auch in einem passiven und materiellen Sinn verwendet. »Was ist Empfindsamkeit?«, lautete die rhetorische Frage Diderots, die er schlicht so beantwortete: »Die lebendige Wirkung, die eine Unzahl sublimer Wahrnehmungen auf unsere Seele ausüben.« Eine wesentliche Qualität der menschlichen Natur war also die Fähigkeit, ergriffen zu sein und sich ergriffen zu fühlen – moralisch, spirituell, emotional. Wie Diderot behauptete, zeichneten sich die Romane Richardsons dadurch aus, dass sie »den Geist erheben, die Seele berühren und überall die Liebe Gottes ausstrahlen« konnten. Diese – durch die Sprache der Empfindsamkeit ausgedrückte – moralische Hypersensibilität konvergierte mit Vorstellungen von der Sympathie als einer wesentlichen menschlichen Eigenschaft, wie sie von schottischen Philosophen wie Francis Hutcheson und Adam Smith entwickelt wurden. Die menschliche Einbildungskraft war darauf programmiert, sich in die Probleme anderer einzufühlen und Mitleid zu empfinden. Durch imaginative Identifikation mit dem Unglück anderer war das innere Ich jedes Menschen dazu in der Lage, sich durch den Anblick menschlichen Leidens emotional berühren zu lassen. Die Empfindsamkeit war also nicht nur eine automatische Reaktion. Sie war eine positive und formative moralische Reaktion auf äußere Stimuli, die den Verstand vollständig miteinbezog.

Diese Auffassung von Empfindsamkeit als einer Art der Öffnung gegenüber lebendigen Eindrücken war natürlich der klassischen Theorie des Lachens mit seiner beharrlichen Geringschätzung fremden Unglücks diametral entgegengesetzt. Die Empfindsamkeit führte nicht zu einer Haltung der Überlegenheit, sondern hielt das Gefühl menschlicher Gleichheit und Verbundenheit wach. Das Unglück einer Person bot dem anderen jetzt Gelegenheit, Abhilfe zu schaffen. Angesichts menschlichen Leids war man teilnahmsvoll, und die Tränen, die man vergoss, betonten die dem Menschen innewohnende Güte. So nährte der Kult der Empfindsamkeit die

Vorstellung der Philanthropie und *bienfaisance* (»Wohltätigkeit«), ein Begriff, der 1725 vom Abbé de Saint-Pierre, der die Régence-Zeit miterlebt hatte, in die Sprache eingeführt wurde. Im Gegensatz zur traditionellen christlichen Barmherzigkeit, die sich, wie es jetzt hieß, auf die selbstsüchtige Sorge des Gebers gründete, der um sein Seelenheil bangte, war die *bienfaisance* eine säkulare Tugend, die in der Situation des Menschen wurzelte. Sie ließ auf eine bessere und humanere Gesellschaft sowie auf bessere Menschen hoffen.

So hatten die Tränen, mit denen in Richardsons und Rousseaus Romanen eine Person ihre wahre Empfindsamkeit am deutlichsten zum Ausdruck brachte, eine fast sakrale Bedeutung hinsichtlich der menschlichen Natur und Identität. Sie waren das äußere und sichtbare Zeichen einer inneren und unsichtbaren Schönheit, der Schönheit der Menschlichkeit. Sie betonten auch die strategische Bedeutung des Lächelns. Dies zeigte sich in der relativ häufigen Verwendung des Wortes »sourire« in den Romanen und ebenso in den äußerst tränenreichen Kontexten, in denen oft gelächelt wurde, sowie im tieferen Sinn und in den Bedeutungen, die dem Lächeln beigemessen wurden. So liest sich die Handlung von *Clarissa* mitunter wie ein Wettstreit des Lächelns. Einerseits gibt es das traditionelle spöttische Lächeln, das die Lippen des Erzverführers Lovelace, eines der denkwürdigsten (und attraktivsten) Schurken des 18. Jahrhunderts, ebenso umspielt wie die seiner Gefährten bei der Jagd nach weiblicher Gunst. Lovelace ist bekannt für »die trügerische Anmut, die er in seinem Lächeln, in seiner Sprache und seinem gesamten Benehmen zeigt« – trügerisch natürlich, weil diese Anmut eine Waffe im Arsenal seiner Verführungskünste ist. Sein Lächeln ist ebenso künstlich wie das Mienenspiel seines Rivalen um Clarissas Hand, des widerwärtigen Solmes, dessen Lächeln, wie wir erfahren, »so wenig zu seinem Gesicht passt und so unnatürlich ist, dass man es für die Grimasse eines Verrückten oder Wahnsinnigen halten könnte«. Für Lovelace ist das Lächeln auch in anderer Weise ein Lächeln des Verrats: »Es ist mir gelungen, mehr als eine [junge Frau] durch ein unmoralisches Buch, durch eine gewagte Äußerung oder durch ein frivoles Bild zu verführen, besonders wenn ich gesehen habe, wie sie lächelten und schöne Augen machten. Dann haben der alte Satan und ich sie immer als die unseren betrachtet.« Auf Gedeih und Verderb – hier auf Verderb – ist das Lächeln zu dem Gesichtsausdruck geworden, der einen klaren Einblick in das Innerste eines Menschen gewährte.

In deutlichem Gegensatz dazu hat das Objekt von Lovelaces Täuschungsmanövern ein Lächeln, das kein lüsternes Inneres verbirgt, sondern stattdessen einen überaus tugendhaften Charakter offenbart. Wenn Clarissa gelegentlich ein verächtliches Lächeln zeigt, dann nur bei Lovelaces pikanten Obszönitäten. Ansonsten ist ihr Lächeln betörend liebenswert, »ein Lächeln voller Zärtlichkeit und Teilnahme«, voller Charme, Schönheit und Mitgefühl. In der langen, ausführlich geschilderten Sterbeszene, die sich über viele Seiten des Romans erstreckt, ist Clarissa mit ihren Freunden und Dienern in einem tränenreichen Tableau vereint. Doch ganz am Ende erfahren wir, dass, als sie ihre Hoffnung auf ein Leben nach dem Tod äußert, »ein glückliches Lächeln ihr Gesicht überstrahlte«. Obwohl sie schon tot zu sein scheint, was bei den um sie Versammelten »einen heftigen Ausbruch der Trauer« auslöst, kommt sie noch einmal kurz zu sich und stirbt mit den Worten »Komm – – komm – – lieber Herr – – Jesus! Und mit diesen Worten«, so heißt es weiter, »verschied sie. Ein Lächeln, eine sonnige Heiterkeit breitete sich im Tode über ihr Gesicht aus und sagte uns, daß ihre ewige Glückseligkeit begonnen hätte.« (Übers. W. und F. Miessner)

Das transzendente Lächeln, das Clarissa Harlowe auf ihrem Totenbett zeigte, ließ die Phantasie der Franzosen nicht mehr los, so wie es bereits zuvor bei den Briten der Fall gewesen war. Sicherlich ging es auch Jean-Jacques Rousseau nicht mehr aus dem Sinn. In seinem Roman *La Nouvelle Héloïse* wurde die weibliche Tugend auf ähnliche Weise in Versuchung geführt und trug letztlich einen strahlenden Triumph davon – und so wurde aus seiner Julie eine der großen tugendhaften Heldinnen der Literatur des 18. Jahrhunderts. Wie in *Clarissa* stirbt die Heldin des Romans nach einer unendlich langen Sterbeszene in heiterer Gelassenheit (Abb. 21). Und so wie bei Richardson werden die Menschen, die tränenüberströmt

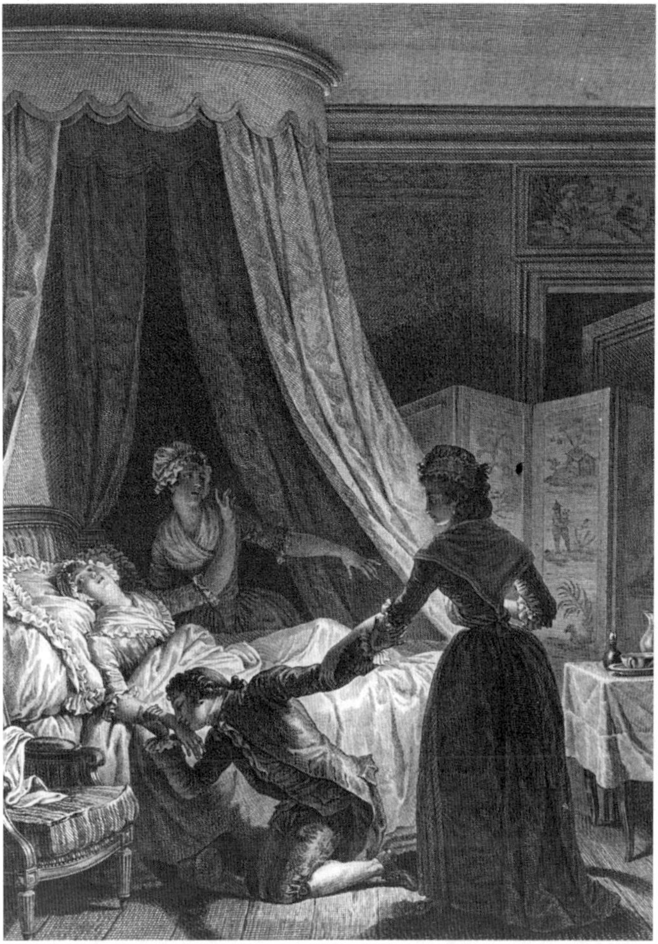

Abb. 21: *Sterbeszene* (Julie und Saint-Preux) aus Jean-Jacques Rousseaus *La Nouvelle Héloïse* (1761)

am Totenbett der einzigartigen Julie versammelt sind, durch ein Lächeln tief bewegt. Angesichts ihres bevorstehenden Todes verbrachte Julie ihren letzten Lebenstag, so wird uns erzählt, nicht nur ähnlich heiter wie Clarissa, sondern sie fand auch tröstende Worte für alle, die bei ihr waren, schluchzten und in ihrem Kummer versanken. Trotz ihres Leidens war, wie ein Beobachter bemerkt, Julies »Fröhlichkeit nicht erzwungen und selbst ihr Scherz rührend; mit lächelndem Munde mußte man weinen.«

Eben dieses Lächeln unter Tränen – »mit lächelndem Munde mußte man weinen«, wie Rousseau es formuliert – machte den Roman so reizvoll. Die starke Gefühlsmischung, der die *comédies larmoyantes* und die Übersetzungen Richardsons den Weg bahnten, erreichte hier hinsichtlich der Leserreaktion ihren Höhepunkt. Die vielfältigen Emotionen in *La Nouvelle Héloïse* fanden ein donnerndes Echo in einer Welle wollüstigen Schmerzes, die diejenigen ergriff, die den Roman verschlangen. Sie wetteiferten miteinander, ihre zartfühlende Empfindsamkeit zum Ausdruck zu bringen. Der Schöpfer von Julie erhielt massenweise Briefe von Verehrern, in denen die »Tränen«, »Seufzer«, »Qualen« und »Ekstase«, die die Lektüre des Romans jeweils begleitet hatten, detailliert beschrieben wurden. Das Weinen war ansteckend: Die Leute lasen immer wieder die Schlüsselstellen, um »noch herrlichere Herzensergüsse« auszulösen; sie lasen den Roman ihren Freunden vor, um gemeinsam und ungezwungen weinen zu können. Sie lasen ihn hinter verschlossenen Türen, damit ihre Diener ihr Schluchzen nicht hören konnten (oder gar mit ihnen schluchzten); sie lasen nur kurze Abschnitte, um den Schmerz in erträglichen Grenzen zu halten; sie schoben die Lektüre hinaus, um der Stärke der entfesselten Gefühle gesundheitlich standhalten zu können. »Nach dem Lesen dieses Buches muss man vor Wonne vergehen«, meinte ein Rezensent des Buches, »… oder man muss vielmehr weiterleben, um es wieder und wieder zu lesen.« Der Schlussakt des Romans schien für die Leser von *Julie* ebenso eine Frage von Leben und Tod wie für Julie selbst. Eine Adelige brach bei der Sterbeszene völlig zusammen: »Ich konnte nicht mehr weinen. Ein stechender Schmerz durchfuhr mich. Mein Herz war gebrochen.« Eine andere Leserin musste eine Woche das Bett hüten, nachdem sie sich das verhängnisvolle Kapitel zugemutet hatte. »Noch nie«, erklärte ein Armeeoffizier voller Stolz, »habe ich so köstliche Tränen vergossen … In jenem Augenblick des Todes wäre ich gern gestorben.«

Rousseaus Verehrerpost ist ein tränenreiches Zeugnis für die Art und Weise, wie der Empfindsamkeitskult neue Formen des Verhaltens initiierte und neue Formen der Subjektivität prägte. Der Schriftsteller Louis-Sébastien Mercier stellte in seiner Rolle als Theaterkritiker das cartesianische *cogito* auf den Kopf: Als er von seinem Erlebnis in einem Theater berichtete, stellte er fest: »Ich weine und bin mir voller Wonne bewusst, dass ich ein Mensch bin.« Historiker und Literaturkritiker mögen indes von seiner Erklärung *Fleo, ergo sum* (»Ich weine, also bin ich«) und von der Flut von Tränen, die im Empfindsamkeitskult vergossen wurden, so überwältigt gewesen sein, dass ihnen das Lächeln aus dem Blick geraten ist, das – wie die beiden kritischen Sterbeszenen in den größten Bestsellerromanen des Jahrhunderts beweisen – im Empfindsamkeitskult eine entscheidende Rolle spielte.

Die Tränen und das Lächeln dürften zudem noch umso wirkungsvoller gewesen sein, als sie offenkundig ansteckend waren. Diese Infektion konnte – seit *Ines de Castro* – in den Theatern erfolgen. Wir können außerdem ziemlich sicher sein, dass sie auch in realen Lebenssituationen stattfand. Nach Auskunft von Psychologen des 21. Jahrhunderts hat das Lächeln in zwischenmenschlichen Beziehungen heutzutage eine ansteckende Wirkung, insofern als derjenige, der angelächelt wird, meist das Lächeln erwidert, was dann die positiven Gefühle dessen bestärkt, der zuerst gelächelt hat. Daher spricht vieles dafür, dass es im 18. Jahrhundert im Kontext der sich entwickelnden Empfindsamkeit zu diesen Prozessen der »emotionalen Ansteckung« gekommen ist, und zwar als Kombination von Weinen und Lächeln. Darüber hinaus zeigen Rousseaus Briefe, dass diese starken Emotionen auch durch ein Buch ausgelöst werden konnten. Das dort beschriebene Lächeln und Weinen wirkten ansteckend, berührten das Herz des Lesers und spiegelten sich dann auf seinem Gesicht wider.

Das Lächeln der Empfindsamkeit, um das es hier immer geht, war Voltaires »Lächeln der Seele«. In ihm waren elementare Leidenschaften – Schmerz und Vergnügen, Freude und Kummer – in einer dramatischen, infektiösen Mischung verbunden. Diese Art des Lächelns enthüllte den wahren und schönen Charakter der tugendhaften Heldin. Es stand im Gegensatz zum Lächeln der Verachtung und Geringschätzung, das die literarische, philosophische und ästhetische Diskussion traditionell beherrscht hatte. In der neuen Welt der gesteigerten Empfindsamkeit wurde das Lächeln gleichsam zu einer komprimierten Darstellung der Identität. Es enthüllte das wahre Innenleben und das authentische Identitätsbewusstsein einer Person.

Diese neue Art der Wahrnehmung zeigt sich auch in dem berühmten Brief in *La Nouvelle Héloïse*, in dem Julies Liebhaber, Saint-Preux, sie streng dafür tadelt, dass sie ihr Porträt malen ließ. In seinen Augen war es zwar anmutig, schön und lebensecht, stellte sie aber schlichtweg nicht dar. Dem Maler war es nicht gelungen, ihre Augen mit Leben zu füllen, hatte den Haaransatz und die Farbe ihrer Wangen nicht getroffen und ihr somit ein unnatürliches Aussehen verliehen. Das Schlimmste aber sollte noch kommen: Er hatte ihren Mund verfälscht, indem er ihr Äußeres idealisieren wollte und einen charakteristischen Schönheitsfehler weggelassen hatte: »… gütiger Himmel, war denn der Mensch aus Stein? … er hat die kleine Narbe vergessen, die Dir unter der Lippe geblieben ist.« Vor allem jedoch hatte er es nicht geschafft, ihr Lächeln wiederzugeben:

> Aber sage mir, was hat er denn mit den beiden Wohnungen der Liebe angefangen, die sich in Deinen Mundwinkeln verbergen? … Er hat überhaupt nicht die Anmut dieser Grübchen wiedergegeben, den liebreizenden Ernst des Mundes, der bei dem geringsten Lächeln alsbald verschwindet, so daß ich weiß nicht welche unbekannte Bezauberung, welches plötzliche Entzücken, das durch nichts ausgedrückt werden kann, zum Herzen dringt. Wahr ist's, Dein Porträt kann nicht vom Ernst ins Lächeln übergehen. Ach! Eben darüber beklage ich mich. Um alle Deine Reize auszudrücken, müßte man dich in jedem Augenblick Deines Lebens malen.

In der Literatur der Empfindsamkeit war das Lächeln zum Zeichen der menschlichen Identität geworden, zum flüchtigen, aber fast undarstellbaren Symbol des Selbst.

Die Visualisierung des Lächelns der Empfindsamkeit

In den Diskursen über das Lächeln der Empfindsamkeit war eine neue und optimistische Interpretation der menschlichen Natur aufgetaucht. Voltaires Ausdruck für dieses neue Lächeln der Empfindsamkeit, das »Lächeln der Seele«, sollte in den Diskussionen der folgenden Jahrzehnte immer wieder vorkommen. So definierte etwa Louis-Sébastien Mercier im Jahr 1773 das »Lächeln der Seele« als ein »feines, zartes, friedvolles Lächeln, das von der lauten Freude ebenso weit entfernt ist wie das Vergnügen von der Ausschweifung«. Anders als das, was er als »das mechanische [oder funktionale] Lächeln« bezeichnete, das nicht zur Seele sprach, »spendet« das sanfte Lächeln der Seele »allem, was anständig, nobel und berührend ist, Beifall«.

Rousseau hatte betont, dass das Lächeln der geliebten Person sich nicht darstellen und schlichtweg nicht in Worte fassen lasse. Aber seine Zeitgenossen waren weniger zurückhaltend und wussten recht genau, wie dieses »Lächeln der Seele«, das sublime Lächeln der Empfindsamkeit, aussehen sollte. Voltaire war kategorisch: »Dem Gesicht einer schönen Person wird die Anmut fehlen, wenn sie den Mund geschlossen hält und kein Lächeln zeigt.« Das »weiße Lächeln« war in Sicht.

Auch Richardson lieferte Anhaltspunkte für die Visualisierung des Lächelns, insbesondere in seinem *Sir Charles Grandison*. Wie in *Clarissa* wird in diesem Roman sehr viel gelächelt. Manchmal war das Lächeln »gezwungen«, »spöttisch«, »schmeichelnd«, »kindlich« und »ironisch« – jedes Drama braucht ja seine Schurken. (Und in den 1780er Jahren sollte Laclos in seinen *Liaisons dangereuses* [dt.: *Gefährliche Liebschaften*] ein noch breiteres und düstereres Spektrum des perfiden Lächelns bereitstellen.) Doch dramatisch wirkungsvoller war bei Richardson das »bezaubernde« und »zärtliche« Lächeln sowie das »unaffektierte« Lächeln der weiblichen Hauptfigur des Romans. Sie lächelt mit einer furchtlosen, offenherzigen Transparenz: »Bei ihrem ersten Lächeln wird sich Ihnen das Bild ihres Herzens auf ihrem Gesicht zeigen.« »Jeden zuvorkommenden Blick, jedes Lächeln, das ich auf diesem liebenswerten Gesicht aufleuchten sah«, bemerkte eine der Figuren, »schrieb ich ihrer natürlichen Güte zu, ihrer Offenheit, der Dankbarkeit eines edelmütigen Herzens.« Dies ist ein Lächeln, das höchst gefühlvoll und darüber erhaben ist: »Das bezaubernde Mädchen! Sie konnte unter Tränen lächeln [und so] ihre unschuldige Empfindsamkeit [offenbaren].« Der Autor fährt fort:

> Diese Form der offenen, lächelnden, tugendhaften Schönheit kann diese Art von Anmut hervorbringen, die die Franzosen als Physiognomie und wir als Ausdruck bezeichnen könnten … Ihre Wangen? Noch nie habe ich so schön geformte Wangen gesehen. Beim sanftesten Lächeln zeigen sich in ihnen zwei bezaubernde Grübchen … Ihr Mund … noch nie hat es einen so herrlichen Mund gegeben. Und warum sollte man überrascht sein? Solch rosenrote Lippen und solch ebenmäßige und weiße Zähne würden auch jedem anderen Mund Schönheit verleihen.

Ein schöner Mund, weiße Zähne und ein charmantes Lächeln scheinen eine neue Verbindung einzugehen. Die Heldin Miss Grandison wird so beschrieben:

> Ihr Teint ist nicht strahlend weiß, aber sie hat eine zarte und reine Haut. Ihre Gesichtszügige sind ganz regelmäßig, … ihre Zähne ganz weiß und sehr ebenmäßig. Noch nie habe ich etwas so Liebenswertes wie ihren Mund gesehen. Eine zurückhaltende und bescheidene Miene flößt Respekt und Liebe ein und zeigt das charmanteste Lächeln.

Dies markiert einen bedeutenden Moment in der Entstehung des Lächelns der Empfindsamkeit. Das Lächeln erstrahlte jetzt in der *comédie larmoyante* und im bürgerlichen Drama und sollte infolge der sentimentalen Romane von Richardson und Rousseau zu einem wichtigen Kennzeichen der Identität werden. Das neue Lächeln hatte die Hierarchie der Gesichtsausdrücke, die Charles Le Brun aufgrund seiner Studien der westlichen Kunst aufgestellt hatte, umgestoßen. Waren es früher die Augen, die als Sinnbild der Spiritualität und der höheren Emotionen gegolten hatten, so war es jetzt der Mund – traditionellerweise die Stätte des Verlangens und der sinnlichen Lust. In ähnlicher Weise verlor die weiße Haut, die man früher gerade wegen ihrer Reinheit und Schönheit bewundert hatte, gegenüber den weißen Zähnen an Bedeutung. Bezeichnenderweise hob Buffon, der große Naturkundler, in seiner berühmten *Histoire naturelle* den Mund als das beweglichste und daher ausdrucksstärkste Organ des Gesichts hervor, als den Teil, der auf den Charakter schließen ließ.

Diese Hinweise in literarischen und naturwissenschaftlichen Werken bezüglich der Form des neuen Lächelns der Empfindsamkeit wurden in der Welt der Malerei bestätigt, insbesondere im Œuvre von Jean-Baptiste Greuze, der sich seit den späten 1750er Jahren einen Namen gemacht hatte, gerade als das Lächeln der Empfindsamkeit sich durchsetzte. Greuze war auf die Genre-Malerei spezialisiert, vor allem auf Szenen aus dem häuslichen Alltagsleben, obwohl er auch den erhabenen Blick der Historienmalerei beibehielt. Er verlieh seinen Szenen Leben und gab ihnen erzählerischen Schwung auf eine Weise, die an das zeitgenössische Drama oder den zeitgenössischen Roman erinnerte. Diderot, der wichtigste Theoretiker und Autor des bürgerlichen Dramas, würdigte ihn als den ersten Maler, »der Ereignisse auf eine Weise miteinander verknüpfte, dass man darüber einen Roman schreiben könnte«. In der Tat kann man sich die Dramatisierung von Tugend und Moral beispielsweise in Greuzes *L'Accordée de village* (»Die Dorfbraut«, 1761), *La Piété filiale* (»Die Ehrerbietung gegenüber dem Vater«, 1763) oder *La Mère bien-aimée* (»Die geliebte Mutter«,1769) gut vorstellen, Bildern, die als glaubwürdige Szenen aus den Romanen der Empfindsamkeit oder sogar aus Diderots Stücken hätten durchgehen können. Dies kommt besonders darin zum Ausdruck, dass Greuze dem Gesichtsausdruck und den Gesten der Figuren sehr starke Beachtung schenkte. Daran zeigt sich die Bedeutung, die man der Fähigkeit französischer Maler, die Emotionen naturalistischer darzustellen als Charles Le Bruns berühmte Zeichnungen, inzwischen allgemein beimaß. In gewisser Weise war dies ein Echo auf die Empfindsamkeit des Zeitgeists. »Ich möchte [auf einem Bild] eine Seele sehen, die zu meiner Seele spricht«, hatte der Philosoph Condillac erklärt, als er sich über den Stellenwert von Gefühlsausdrücken in der Malerei äußerte. Greuze war bestrebt, genau das zu leisten.

Greuzes Virtuosität in der Darstellung zahlreicher »gefühlvoller« Gesichtsausdrücke zeigt sich auf dem würdevollen Gemälde *Épiphanie* (*Le Gâteau des Rois*, 1774), auf dem die einfachen Freuden und Leiden einer großen Bauernfamilie der stoischen Würde des Familienoberhauptes gegenübergestellt werden (Abb. 28). Interessanterweise hat dieser den Mund geschlossen, während alle anderen *dramatis personae* in einem Zustand der Erregung und Erwartung – mit einfachen, ehrlichen und naturalistischen Gesichtsausdrücken, mit offenen Mündern und sogar weißen Zähnen – dargestellt sind. Die unschuldigen Tugenden des bäuerlichen Lebens werden so durch das in der Literatur der Empfindsamkeit auftauchende »weiße Lächeln« ins Bild gesetzt. Ein ähnlich natürliches ausdrucksvolles Lächeln der Empfindsamkeit ist auf dem Gemälde *La Mère bien-aimée* (1765) (Abb. 22) zu sehen. Das hier dargestellte heitere Gesicht der erschöpften Mutter, umringt von Kindern, die sie verehren, aber auch Ansprüche an sie stellen, wurde allgemein als eine Adaptation von Rubens' Darstellung der Maria de' Medici in *Die Geburt Ludwigs XIII.* (1621–23) verstanden. Doch während Rubens' glückliche, aber erschöpfte Maria die Lippen geschlossen hielt, öffnet Greuzes Mutter charakteristischerweise den Mund und lässt in einem matten, aber transzendenten Lächeln ihre

Abb. 22: Jean-Baptiste Greuze, *La Mère bien-aimée* (um 1770)

Zähne sehen. Nach Ansicht Diderots hatte Greuze in diesem Bild Rubens übertroffen.

Das Lächeln hatte sich tatsächlich verändert. Und bei diesem neuen Lächeln der Empfindsamkeit sah man die Zähne. Seit der Mitte des Jahrhunderts hatte der Empfindsamkeitskult, der im Roman, im Schauspiel und in der Malerei seinen Ausdruck fand, das Lächeln aufgewertet und als Zeichen der inneren und äußeren Schönheit sowie als Symbol der Identität gedeutet. Es schien eine implizite Kritik an dem verdrossenen starren Gesichtsausdruck zu sein, der mit der Hofkultur der Bourbonen verbunden war. Der Empfindsamkeitskult verband sich mit einer Art missionarischen Eifers, wenn Louis-Sébastien Mercier dazu aufforderte, Descartes' *cogito, ergo sum* durch *fleo, ergo sum* als Motto für die menschliche Existenz ersetzen. Beim Lächeln unter Tränen ließ man jetzt die Zähne sehen. Darüber hinaus konnten eben diese Zähne nun besser behandelt werden als jemals zuvor. Die Zahnheilkunde rückte ins Blickfeld.

3 Es erscheint der Zahnarzt

Irgendwann in den 1710er Jahren war Jean Thomas auf dem Pont-Neuf aufgetaucht, wo er dann täglich, bis zu seinem Tod 1757, neben dem *cheval de bronze* stand, der berühmten Reiterstatue von Henri IV. in der Brückenmitte, und allen Leuten anbot, ihnen die Zähne zu ziehen. *Le Grand Thomas*, wie er allgemein hieß (oder als Hommage auf seinen außergewöhnlichen Leibesumfang *le Gros Thomas*, »der fette Thomas«), war ein schillernder und markanter Abkömmling dessen, was wir als die Zahnkultur des Ancien Régime bezeichnet haben (Abb. 23). Es wäre falsch, ihn als den letzten seiner Art zu bezeichnen, da Gestalten wie er noch bis ins frühe 20. Jahrhundert ländliche Gebiete Europas bereisten, und tatsächlich kann man sie auch heute noch auf den Marktplätzen der Entwicklungsländer antreffen. Richtig ist allerdings, dass um 1757, dem Todesjahr von Jean Thomas, in Paris eine andere Art von Zahnpraktiker auf den Plan getreten war. Dieser unterschied sich nicht nur von dem früheren Zahnzieher, sondern ähnelte auch erkennbar dem modernen Zahnarzt. In der Tat wurde eigens für ihn der Begriff *dentiste* (Zahnarzt) erfunden. Diese institutionelle und professionelle Entwicklung sollte die Geschichte des Lächelns stark beeinflussen. In Verbindung mit dem Aufblühen des Lächelns der Empfindsamkeit im kulturellen Gärungsprozess zur Zeit der Aufklärung würde sie in Paris die Revolution des Lächelns auslösen.

Der Jahrmarkt der Zahnzieher vom Pont-Neuf

Le Grand Thomas, das letzte Glied in der Kette der schauspielernden Zahnzieher, die die Brücke seit ihren frühesten Tagen bevölkert hatten, war ein würdiger Erbe von Männern wie Ferranti, Tabarin, Contugi, Carmelina und Barry, die auf dem Pont-Neuf praktiziert hatten. Wie sie brachte er einen Literaturbetrieb hervor. In der Pariser Volkskultur feierte dieser den mythischen Status eines

Abb. 23: *Le Grand Thomas*

Mannes, der sich selbst als Held stilisiert hatte. Sein Porträt verkündete stolz:

> *Grand Thomas*, mit Federbusch geziert,
> ist die Perle der Scharlatane;
> er nimmt die Schmerzen dem Zahne,
> wenn er ihn extrahiert.

Diese »Perle der Scharlatane« hatte eine Unmenge von Beinamen: »Ehre des Universums«, »wuchtiger Äskulap«, »Schrecken des menschlichen Kiefers«, »der Unvergleichliche«. Er war stets mit einem überweiten scharlachroten, goldverbrämten Mantel bekleidet, ein Sonnen-Medaillon klimperte auf seiner Brust. Die imposante Perücke über seinem dunklen Gesicht war halb verdeckt von einem überdimensionalen mit Pfauenfedern und einer bunten Kokarde geschmückten Dreispitz; an der Seite trug er einen riesigen Militärsäbel mit einem dekorativen Adler als Griff. Die Bühne des »illustren Thomas« war ein bunter vierrädriger Karren mit einem Dach zum Schutz vor der Witterung (Abb. 24). An einer Ecke hing ein gewaltiger, mit einer Krone versehener Zahn mit dem Namen »Gargantuas schmerzender Backenzahn«, und an einer anderen Ecke eine Glocke zum Anlocken von Kundschaft. Zu seiner Truppe gehörten gewöhnlich zwei Savoyarden, die Trompete und Geige spielten. Teil seiner Bühne war eine kleine geschlossene Kabine, die als Thomas' Sprechzimmer sowie als Umkleideraum für seine Truppe gedient haben könnte. Wie jeder gute Scharlatan galt Thomas nicht nur als Experte im Zahnziehen, sondern war auch als Verkäufer von Orvietan und anderen todsicheren Heilmitteln bekannt, die angeblich die Gesundheit garantierten, den Mund schöner machten und außerdem das kurieren konnten, was auf seinen Handzetteln als »geheime« Krankheiten (d. h. Geschlechtskrankheiten) bezeichnet wurde.

Das Gebaren des *Grand Thomas* war so, dass es schien, als könne er die schmerzende Zähne dazu bringen, vor Schreck klein beizugeben. Alles an ihm verströmte mythische Kraft. Die Arz-

Abb. 24: *Le Grand Thomas en son hôtel*

neien, die er verschrieb, verabreichte er in Dosen, die auch für ein Pferd ausgereicht hätten. Er selbst wog so viel wie drei und aß und trank für vier. Seine bellende Stimme konnte man überall in der Stadt hören. Wenn ein Zahn sich seinen Angriffen widersetzte, ließ er, so erzählte man, den Kunden vor sich niederknien und hob ihn dann, mit der Kraft eines Bullen, dreimal in die Luft, wobei er den widerspenstigen Zahn fest im Griff hielt. Seine Fahne trug das Motto *Dentem sinon maxillam* (»den Zahn, und wenn nicht, dann den Kiefer«). Es erinnerte an seine Behauptung, dass er einen Kiefer schneller herausreißen könne als seine Kollegen einen Zahn. Ein komisch-heroischer Knittelvers pries den heldenhaften, täglichen Kampf, den Thomas von seinem Posten auf dem Pont-Neuf gegen die Mächte der Finsternis führte:

> Einst wohnte an der Seine Ufer
> der finstere Tod, ein grausamer Herr …

Doch *Grand Thomas* erschien am Strand,
bekämpfte mit Gott dessen grausame Hand …
Endlose Mühen, vergebens die Macht
des stolzen Todes, in endloser Nacht zum Absturz gebracht.
Dann lässt uns Thomas, im Triumph seiner Ehren,
zusammen mit ihm vom großen Siege zehren …
Vor ihm zittert Fieber und schlüpft gleich von hinnen,
auch die Gicht, besiegt, bleibt nicht mehr drinnen.
Mit heilsamer Kunst bannt er jeden Schmerz,
gibt Freuden zurück und sorgt für das Herz.
Die Welt segnet ihn, bewundert sein Treiben,
meine Muse nun schweigt, dabei soll es bleiben.

Diese legendäre Gestalt brüstete sich, Schmerzen auf eine Weise lindern zu können, wie sie nur wenigen Ärzten zu Gebote stand. In einem Theaterstück, *Le Vaudeville*, 1743 in der Opéra-Comique aufgeführt, erscheint er als »der Operateur« und äußert sich anerkennend über seine im Zahnziehen geübten Finger, die »mehr Heilungen vollbracht haben als die gesamte Fakultät«. Als er für den mangelnden Respekt gegenüber seinen Vorgesetzten gerügt wird, erwidert er:

Hüte dich vor der Verlockung windiger Übertreibung,
die Ärzte benutzen – zu unsrer Entleibung.
Zwar fehlt mir, Thomas, die Gabe zu sprechen,
doch kann ich zumindest den Zahnschmerz durchbrechen.
Ich ziehe den Zahn gleich mit der Wurzel,
knacks!, gleich mit der Wurzel.

Thomas vollbrachte Heldentaten, die die Aufmerksamkeit der literarischen Muse verdienten. Als 1729 ein Dauphin, Ludwigs XV. erster Sohn und Erbe, auf die Welt kam, löste dies in Paris Jubelstürme aus. Am 9. September gab die Pariser Opéra-Comique kostenlose Aufführungen eines kleinen Theaterstücks mit dem Titel *L'Impromptu du Pont-Neuf* (»Impromptu auf dem Pont-Neuf«), in dem angeblich alle Typen der Pariser Szene, darunter natürlich auch *le Grand Thomas*, auftraten und auf ihre je eigene Weise ihren Dank abstatteten. Zwei Tage zuvor war die lebende Legende in Aktion getreten. Als Ludwig XV. auf seinem Weg zur Kathedrale Notre-Dame, wo er für die Geburt seines Sohnes danken wollte, über den Pont-Neuf kam, wartete Thomas bereits auf ihn. Den Berichten zufolge war er gekleidet »wie ein zweiter Phaeton auf seinem Wagen«, »eher wie [der Gott] Silen denn wie Männer unserer Zeit«; »wie bei den Elefanten des Dareios beugte sich sein Kopf unter einem Kalabreserhut, der eher für das Ausstopfen einer Matratze denn als Kopfbedeckung geeignet war«. Mit einer Trompetenfanfare wurde der vorbeiziehende Herrscher begrüßt, und Thomas schlug die Trommel, »wobei er so laut ›Lang lebe der König!‹ rief, dass er alle anderen übertönte«.

Thomas wollte die königlichen Festivitäten verlängern. Auf einem Handzettel, den er überall in der Stadt verteilte, dem *Avis salutaire au public* (»Nützliche Bekanntmachung für die Öffentlichkeit«), porträtierte er sich, wie er auf seinem »Wagen« auf dem Pont-Neuf »wie ein Kaiser auf seinem Thron« eine Rede hielt und das Publikum aufforderte, »euphorisierende Pillen, verdünnt in ein oder zwei Gläsern des bei den Bacchanalien üblichen Alkohols«, einzunehmen. Dann kündigte er an, dass er, Thomas, »zur Feier der glücklichen Geburt von Monseigneur le Dauphin« zwei Wochen lang unentgeltlich Zähne ziehen, außerdem »sie waschen, reinigen und so weiß wie Milch machen« würde. (Interessanterweise erkannten anscheinend so langsam selbst traditionelle Zahnzieher eine steigende Nachfrage nach weißen Zähnen.) Ferner wollte er seine Heilmittel kostenlos verteilen. Darüber hinaus beabsichtigte er, am Montag, den 19. September, von morgens bis abends kostenlose Mahlzeiten auszugeben, gefolgt von einem Feuerwerk. Zur Vorbereitung teilte er eine Fläche rund um die Statue von Henri IV. ab und beschaffte Vorräte an Wein, Würsten und vieles andere mehr. Die Aufregung war so groß, dass Leute, von deren Wohnungen aus man die Brücke sehen konnte, Fensterplätze für das kommende Spektakel vermieteten.

Bedauerlicherweise flog unserer Perle der Scharlatane die großzügige Benefizaktion um die Ohren. Der Pariser Lieutenant de Police verbot die Feier am Nachmittag vor dem großen Tag und konfiszierte alle Speisen und Getränke. Am Morgen jedoch strömten die geladenen Gäste in Massen herbei und füllten die Brücke und die anliegenden Quais. Als sie feststellten, dass ihr Spaß vereitelt worden war, nahmen sie die Sache selbst in die Hand. In einem Bericht heißt es:

> Sie marschierten zu Thomas' Haus am Quai Conti, wo er sich quasi unter Polizeigewahrsam versteckt hielt. Dort hämmerten sie an seine Tür, sagten, dass das Publikum heilig sei und dass man sie nicht so leicht verspotten könne. *Le Grand Thomas* erschien an seinem Fenster wie auf einer Tribüne, glaubte, dass er die Hungrigen durch den Anblick seines erhabenen Gesichtes und jene öffentliche Eloquenz beruhigen könne, die ihm seit langem zu Gebote stand. Aber ein hungriger Magen hat keine Ohren. Die Gäste meuterten, zwangen Thomas, den einzigen Teller mit Lebensmitteln, den ihm die Polizei gelassen hatte, zu ihnen herauszubringen … Der Gastgeber verbrachte den Tag damit, zuzusehen, wie seine Fenster eingeschlagen wurden …

Doch damit waren Thomas' Demütigungen noch nicht vorbei. Denn etwa um dieselbe Zeit spielten ihm einige Medizinstudenten einen eindrucksvollen Streich, der auch in Deutschland bekannt wurde. In der Berliner *Vossischen Zeitung* fand sich folgender Bericht:

> Einige Studenten haben dieser Tage den bekannten Zahn-Brecher der große Thomas genannt, welcher seinen Laden auf der neuen Brücke nur auf Rollen stehen hat, diesen lustigen Possen gespielet, daß sie ihm 4 große Raqueten unten an sein Häuslein festgemachet, und dieselben eben zu der Zeit angezündet, als er im Werck begriffen war, einem Patienten einen Zahn auszuzie-

> hen, worauf dieser letztere zu Boden, und der große Thomas auf ihn gefallen, welches bey der Menge derer umstehenden Leute ein großes Gelächter verursachet.

Natürlich konnte man viel Spaß haben, wenn man über eine Witzfigur Witze machte und das Karnevaleske karnevalisierte. Wie die Ereignisse zeigten, war der Rabelais'sche Humor noch immer vorhanden und weiterhin mit den Künsten der Zahnzieher verbunden. In der modernen Sprache des komisch-heroischen Genres, in der sie jetzt formuliert war, trug die Schilderung einer solchen Episode vermutlich eher zur Steigerung als zur Schwächung des Charismas des *Grand Thomas* bei. Dieser behielt jedenfalls seinen heiligen Platz auf dem Pont-Neuf, und seine Heldentaten als Zahnzieher blieben *en vogue*, denn der Schriftsteller und Dramatiker Louis-Sébastien Mercier, der 1740 in Paris geboren wurde, erinnerte sich gern daran, dass er ihn in seiner Kindheit an seinem üblichen Platz bei der Arbeit gesehen hatte. Dieser »Corypheus unter den Operateuren«, wie Mercier ihn nannte,

> war von weitem an seiner riesenhaften Gestalt und seiner weiten Kleidung zu erkennen. Er stand da … mit erhobenem Haupt, geschmückt mit einem auffälligen Federbusch, und seine männliche Stimme ließ sich auf beiden Seiten der Seine vernehmen. Er war von einem vertrauensvollen Publikum umringt, und der Zahnschmerz schien näherzukommen, doch nur um zu seinen Füßen sein Ende zu finden.

Im Jahr 1757 starb die lebende Legende. Ein anonymer Nachruf in Gedichtform versetzte Thomas – er hatte sich als zu fett erwiesen, um die Himmelsleiter hinaufzusteigen – in die Hölle, wo er weiterhin seiner Arbeit nachging und an den Toren des Hades Zerberus' Zähne schärfte. Der Erfolg seines früheren Geschäfts zeigte sich überdeutlich in der Inventarliste seiner Besitztümer, die nach seinem Tod im März 1757 erstellt wurde. Der Notar verzeichnete feierlich ein Medaillon mit einem Sonnen-Motiv, den geschmückten

Hut, den goldverbrämten scharlachroten Mantel, dazu im Stall »einen zerlegten Karren, den der Verstorbene nutzte, wenn er auf dem Pont-Neuf Zähne zog und seine Waren verkaufte« – außerdem Säcke mit Goldmünzen im fürstlichen Wert von 54 000 Pfund. Allem Anschein nach konnte man ein Vermögen verdienen, wenn man sich um die Zähne der Pariser kümmerte. Die Nachfrage nach weißen Zähnen wuchs in der Tat so rasch an, dass viele damit ein Vermögen machen konnten.

Eine Geschichte zweier Zahnärzte

Thomas war in seinem Leben zu Wohlstand gekommen und hatte im Herzen von Paris bis weit ins 18. Jahrhundert hinein die Tradition der zahnziehenden Scharlatane und Schausteller am Leben erhalten. Doch um diese Zeit begann bereits eine andere Tradition der Mundbehandlung in der Stadt Fuß zu fassen – eine, die, wie wir sehen werden, alles in allem dem Akt des Lächelns dienlicher war als der Hau-Ruck-Extraktionismus eines Thomas und seinesgleichen. Sie unterschied sich deutlich vom Stil des *Grand Thomas*. Statt in plebejischem Beifall zu schwelgen, legte man nun vor allem Wert auf wissenschaftliche Qualifikation, präventive Maßnahmen und funktionale Effizienz. Diese neue Richtung wurde zuerst und am besten von Pierre Fauchard verkörpert. In seinem Leben und Wirken erahnen wir zum ersten Mal in der europäischen Geschichte die Welt der modernen wissenschaftlichen Zahnheilkunde – und den Niedergang der überkommenen Zahnkultur des Ancien Régime.

Nichts von dem, was wir über Pierre Fauchards frühe Jahre wissen, hätte ihn von der bunten Welt des theatralischen Zahnziehens im Stile eines *Grand Thomas* unterschieden. 1678 geboren, möglicherweise in Vannes, praktizierte Fauchard seit den späten 1690er Jahren hauptsächlich in Westfrankreich rund um Angers, und anscheinend zog er – wie ein traditioneller *arracheur de dents* – zeitweise von Ort zu Ort. Einige Zeit arbeitete er auch, wie er berichtete, unter einem Schiffschirurgen, Alexandre Poteleret. Infolge der durch Skorbut verursachten Zahnerkrankungen war die Zahnpflege in der Marine ein spezielles Problem, und Poteleret hatte die Mundbehandlung zu seinem besonderen Interessengebiet gemacht. Fauchard eröffnete seine Praxis in Paris im Jahr 1719, zu einem Zeitpunkt, als sich *le Grand Thomas* bereits auf dem Pont-Neuf etabliert hatte. Wahrscheinlich verfügte Fauchard über keine größere oder geringere offizielle chirurgische Qualifikation als sein zahnziehender Rivale.

Pierre Fauchard lebte und arbeitete auf dem linken Seine-Ufer, in der Rue des Fossés Saint-Germain (heute Rue de l'Ancienne-Comédie im 6. Arrondissement). Obwohl seine Praxis *de facto* nur einige hundert Meter vom Pont-Neuf entfernt war, auf dem *le Grand Thomas* und seinesgleichen ihrem Handwerk nachgingen, war das, was die beiden Männer anboten, Lichtjahre voneinander entfernt. Die Veröffentlichungen des *Grand Thomas* waren eine Kombination aus Küchenlatein, literarischen *jeux d'esprit* und primitiven, zu Werbezwecken verfassten Handzetteln. Fauchard hingegen konnte ein gewichtiges, zweibändiges Werk vorweisen, *Le Chirurgien-dentiste, ou Traité des dents* (»Der Zahnchirurg oder Traktat über die Zähne«). Als »Frucht unermüdlicher Forschung und 30-jähriger Erfahrung« wurde das Opus magnum 1728 veröffentlicht – faktisch um dieselbe Zeit, als Thomas mit dem Verbot von Festen, explodierenden Feuerwerkskörpern, Polizisten als Spaßverderbern, einem rebellischen Publikum und dergleichen seine Probleme hatte. In der frühen Geschichte der Zahnheilkunde war es wahrscheinlich das einflussreichste Buch, das je in irgendeiner Sprache verfasst wurde. Auch prägte es den Begriff *dentiste*, der zum festen Bestand der Sprache geworden ist (in den 1750er Jahren fand er zum Beispiel Eingang ins Englische). Auf dieses Werk gründet sich Fauchards Anspruch, als erster moderner Zahnarzt gelten zu können. Es war eine Reaktion auf die wachsende Nachfrage nach dem »weißen Lächeln« der Empfindsamkeit, das gerade in der Zeit nach Ludwig XIV. allmählich Gestalt annahm. In gewisser Weise spielte Fauchard dabei auch die Schlüsselrolle.

In der Einführung zu *Le Chirurgien-dentiste* hob Fauchard hervor, wie sehr die Zahnmedizin in der Vergangenheit an den Universitäten vernachlässigt worden sei. Es gab kein umfassendes oder gar fundiertes Werk aus der Antike, auf das man sich stützen konnte, und die modernen Wissenschaftler hatten das Thema fast mit demselben Stillschweigen übergangen wie die alten. Er konnte nur zwei Schriften aus der Zeit nach der Renaissance anführen, die sich mit den Zähnen befassten und etwas taugten, auch wenn beide nach Fauchards Meinung offenkundig unvollständig waren. Dabei handelte es sich um Urbain Hémards *De la vraye anathomie des dents* (1582) und Bernardin Martins *Dissertation sur les dents* (1679). Trotz ihres Pionierstatus konnte keines der beiden Werke nach den Vorstellungen des 18. Jahrhunderts den Anforderungen wissenschaftlicher Gelehrsamkeit genügen. Vor allem bei Martin fanden sich neben seinen eigenen laienhaften chirurgischen Überlegungen Passagen, die er pauschal von chirurgischen Texten abgeschrieben hatte, sowie Listen traditioneller Heilmittel (wie etwa Katzenkot für die Zahnreinigung).

Zu der Zeit, als Fauchard schrieb, war es, wie er bemerkte, noch immer so, dass »weder ein allgemeiner Kurs noch ein spezieller Kurs in Chirurgie, in dem die Theorie der Zahnkrankheiten umfassend gelehrt wird«, in gedruckter Form vorlag. Selbst wenn sich Chirurgen mit dem Thema befassten, wie es in allgemein angesehenen Lehrbüchern der Zeit der Fall war – so wie in René-Jacques Croissant de Garengeots *Traité des opérations de chirurgie* (1722) oder Guillaume Mauquest de La Mottes *Traité complet de chirurgie* (1722) –, waren sie in diesem Punkt ausnahmslos zurückhaltend. Garengeot gegenüber war Fauchard besonders kritisch. Und obwohl im *Cours d'opérations chirurgicales* (1708) des hervorragenden praktischen Arztes Pierre Dionis ein ganzer Abschnitt einer recht gründlichen Darstellung der Zähne und ihrer Krankheiten gewidmet war, umfasste dieser Teil dennoch nicht einmal 30 Seiten in einem zweibändigen Werk von insgesamt mehr als 600 Seiten. Darüber hinaus warnte Dionis, wie wir gesehen haben, künftige Chirurgen nachdrücklich davor, sich allzu sehr mit einer so plebejischen Beschäftigung wie dem Zahnziehen zu befassen, da es »nach Scharlatan und Quacksalber riecht«. Dieser Rat war symptomatisch für den allgemeineren Wunsch zahlreicher gesellschaftlich und wissenschaftlich ambitionierter Chirurgen, sich von den üblichen Behandlungsmethoden (Aderlässe, Einläufe, Rasieren, Frisieren, Haarschneiden, Zahnziehen usw.) zu distanzieren, die traditionellerweise zu den Aufgaben der Chirurgen oder zumindest der Barbier-Chirurgen gehört hatten.

Dionis' abfällige Bemerkungen über das Zahnziehen müssen im Zusammenhang mit institutionellen Streitigkeiten gesehen werden, die vom späten 17. Jahrhundert bis zur Französischen Revolution von 1789 in der Welt der Chirurgie und Medizin ausgetragen wurden. Die Chirurgen waren mit wachsendem Erfolg darum bemüht, das Spektrum ihrer Tätigkeit zu erweitern, ihr Prestige zu erhöhen und sich von den traditionellen Kontrollen zu befreien, die die Ärzte über sie auszuüben pflegten. Ein Schlüsselfaktor, der den Chirurgen zu größerem institutionellen Einfluss verhalf, war die landesweite Zentralisierung der Chirurgie: Ab 1668 wurden alle chirurgischen Gesellschaften der Zuständigkeit des Ersten Chirurgen des Königs unterstellt. Etwa zu Beginn des nachfolgenden Jahrhunderts pries Dionis die Pariser Chirurgie bereits als die beste der Welt und erklärte, dass ihre Qualität ihren Ausdruck finde im grundsätzlichen Engagement, im Dienste wirkungsvollerer Techniken Theorie und Praxis zu verschmelzen, sowie in einem institutionellen Rahmen, der häufiges Experimentieren gestatte. Die Pariser Chirurgen waren wahrscheinlich straffer organisiert und besser geführt als jede vergleichbare professionelle Gruppierung in Frankreich. Seit den 1720er Jahren bekämpften sie unter der Leitung mehrerer Erster Chirurgen (und auch des in Montpellier ausgebildeten klugen Hofarztes François de La Peyronie) zunehmend die Ärzte, die durch die etwas engstirnige Medizinische Fakultät von Paris vertreten wurden. 1695 war in Paris ein neuer chirurgischer Hörsaal eröffnet worden, in dem die Chirurgen öffentliche Kurse über Theorie und Praxis ihres Faches anbieten konnten; damit ergänzten sie die beliebten

Vorlesungen, die Dionis seit dem Jahr 1673 im Jardin du Roi, dem Botanischen Garten des Königs, gehalten hatte. Ludwig XV. hatte ein persönliches Faible für Chirurgie und Operationen und richtete später mit dem Hörsaal verbundene Lehrstühle ein; 1731 gründete er eine Akademie der Chirurgie (bis ins 19. Jahrhundert sollte es keine vollständige Akademie der Medizin geben). Die Medizinische Fakultät von Paris musste die Chirurgie in zunehmendem Maße aus ihren Fängen entlassen, und um die Mitte des Jahrhunderts waren die Chirurgen, dank königlicher Unterstützung, wirklich autonom.

Der Aufstieg der Pariser Chirurgie beruhte auch auf einer stärkeren Hierarchisierung innerhalb des Gremiums der Pariser Chirurgen. Im Laufe des 16. und 17. Jahrhunderts war es in ihren Reihen zu langen, ausgedehnten und gehässigen Auseinandersetzungen gekommen. Dabei kämpften die akademischen Chirurgen »in langen Roben«, die den Ehrgeiz hatten, den Ärzten nachzueifern, gegen die Barbier-Chirurgen »in kurzen Roben«, die eher kleinen Geschäftsleuten ähnelten, kaum akademisches Fachwissen aufzuweisen hatten und sich mit herkömmlichen Behandlungsmethoden ihren Lebensunterhalt verdienten. Dionis beispielsweise stellte dem Ideal des – wie er es nannte – »guten anatomischen Chirurgen«, der über theoretisches Wissen über den Körper verfügte, aber auch sehr gute praktische Kenntnisse besaß, den chirurgischen Scharlatan gegenüber, der häufig kaum lesen und schreiben konnte, keine ordentliche Ausbildung besaß und nach traditioneller Routine arbeitete. Zu dieser letzten Gruppe gehörten die groben und scharlatanesken »Operateure für die Zähne«, die die Chirurgie in Verruf brachten.

Gegen Ende des 17. Jahrhunderts kam es jedoch zu einer Art Lösung des Problems. Infolge einer Neuordnung der Gilden in Frankreich schlossen sich die Barbiere und Perückenmacher zu einer unabhängigen Organisation zusammen, die sich von den chirurgischen Gesellschaften deutlich unterschied. Pariser Perückenmachermeister nutzten die außerordentliche Popularität der Perücken, und ihre Zahl stieg von 200 im Jahr 1673 auf über 700 im Jahr

1731. Spätestens zu dem Zeitpunkt waren sie von der Chirurgie völlig unabhängig. Ihrer Organisation schlossen sich zahlreiche Barbier-Chirurgen an, was die institutionelle Landkarte vereinfachte. Dann, im Jahr 1699, gaben sich die Pariser Chirurgen in ihren eigenen Reihen eine neue Hierarchie, die auf ähnliche Weise darauf abzielte, die wissenschaftlich ausgerichteten und gesellschaftlich aufstrebenden Elite-Chirurgen von ihren weniger qualifizierten Berufskollegen zu unterscheiden. Im Zuge der Maßnahmen von 1699 wurde der Titel »Experte« in einigen genau definierten untergeordneten Chirurgiebereichen eingeführt. Dazu gehörten die Behandlung von Zähnen und Augen sowie die operative Entfernung von Gallen-, Nieren- und Blasensteinen (die künftigen Spezialgebiete des Zahn- und Augenarztes sowie des Steineschneiders). Ähnliche Regelungen wurden auch für die Hersteller von Bruchbändern getroffen. Die neuen »Experten« brauchten keine vollständige chirurgische Ausbildung, die sie dazu qualifiziert hätte, Meister der Chirurgie zu werden und sich aller etablierten chirurgischen Techniken zu bedienen. Sie sollten untergeordnete Mitglieder des Collège de Paris sein und fielen ebenfalls in den Zuständigkeitsbereich des Ersten Chirurgen des Königs. Anwärter auf die »Expertise« mussten sich einer zweitägigen Prüfung in der Theorie und Praxis ihres Berufes unterziehen, die von Mitgliedern der Pariser Chirurgengilde abgenommen wurde. Durch diese Regelungen distanzierten sich die Chirurgen de facto von Teilgebieten ihrer Disziplin, was ihnen erlaubte, an ihrer hochmütigen Geringschätzung beispielsweise für die Mundbehandlung festzuhalten. Aber sie behielten und verstärkten die Kontrolle über diese zweitrangigen Gruppen.

Der 1699 geschaffene und 1768 leicht modifizierte institutionelle Rahmen sollte bis zum Ende des Ancien Régime erhalten bleiben. Der Titel »*expert pour les dents*« bedeutete eindeutig einen gesellschaftlichen Aufstieg und eine wissenschaftliche Bestätigung für jene, die sich früher als »Operateure für die Zähne« (*opérateurs pour les dents*) oder sogar noch prosaischer als »Zahnzieher« (*arracheurs des dents*) bezeichnet hatten. Wenn *le Grand Thomas* mit an

Sicherheit grenzender Wahrscheinlichkeit zu den Pariser »Experten« gerechnet werden konnte, dann galt dies, wie wir gezeigt haben, auch für Pierre Fauchard.

Auch wenn sowohl *le Grand Thomas* als auch Pierre Fauchard nach den Regelungen des Jahres 1699 als Experten für die Zähne praktizieren durften, so bildeten die beiden Männer doch ein merkwürdiges Gespann. Fauchard reagierte auf den Unterschied zwischen ihnen, indem er – wie es Dionis bei den Chirurgen getan hatte – eine theoretische Unterscheidung zwischen gut und schlecht vornahm. Einerseits erkannte er das hervorragende Können an, das etliche frühere Operateure »in einem Teilgebiet der Chirurgie, das an sich gewiss nicht zu verachten ist«, an den Tag gelegt hatten und das durchaus als gleichrangig angesehen werden konnte mit »anderen Teilbereichen der Chirurgie, die für die Gesunderhaltung des Menschen weder nützlicher noch wichtiger sind«. In diesem Zusammenhang erwähnte er Carmelina, der früher auf dem Pont-Neuf Stammgast gewesen war. Selbst wenn ein Chirurg über sehr viel umfassendere Kenntnisse verfügte, konnte ein Spezialist in der Mundbehandlung innerhalb der Grenzen seines Spezialgebietes den Vorzug verdienen.

Andererseits jedoch hatte Fauchard für schlechte Operateure nichts als Verachtung übrig, denn aufgrund ihres Verhaltens missachtete das Volk alle, die die Kunst des Zahnziehens praktizierten, als Ignoranten, Betrüger oder Leute, denen es an Wissen und Können fehlte. Solche Leute pflegten, so seine Feststellung, die Menschen durch eine Vielzahl von Betrügereien an der Nase herumzuführen:

> Manche behaupten, Zahnschmerzen mithilfe besonderer Essenzen zu kurieren; andere mithilfe von Pflastern; wieder andere durch Gebete und das Kreuzzeichen, wobei sie versprechen, Wunder zu vollbringen; einige haben spezielle Heilmittel, um die Würmer zu töten, die, wie sie glauben, an den Zähnen nagen und Schmerzen verursachen.

Fauchard äußerte sich besonders vernichtend über die skrupellosen Zahnzieher, die im Stile von Schaustellern auf dem Pont-Neuf praktizierten. Obwohl er *le Grand Thomas* nicht namentlich nannte, ist es völlig klar, dass Fauchard ihn im Visier hatte, als er das »angebliche Können« solcher Gestalten angriff, das nur darin bestand,

> dass er einige arme Kerle, die sich unter die Menge derer gemischt haben, die den zahlreichen Versprechungen des Betrügers lauschen, von sich überzeugt. Die bezahlten Schwindler treten vor, und der Möchtegern-Operateur, der in seiner Hand einen Zahn hält, der bereits in eine sehr zarte Membrane mit dem Blut eines Huhns oder eines anderen Tieres eingewickelt ist, fasst in den Mund des falschen Patienten und verbirgt dort den Zahn; danach muss er diesen nur noch mit Pulver bestreichen, mit einem Strohhalm oder mit einer Schwertspitze berühren oder mit einer Glocke am Ohr des angeblichen Patienten läuten, damit dieser das ausspeit, was in seinem Mund deponiert worden ist. Und dann sieht man, wie er Blut und einen blutbefleckten Zahn ausspuckt, bei dem es sich jedoch bloß um den handelt, den der Betrüger ihm in den Mund gesteckt hatte.

Die Art und Weise, wie Fauchard den unmoralischen und skrupellosen Operateur für die Zähne – also *le Grand Thomas* – von dem geschickten und erfahrenen (wie er selbst einer war) unterschied, schlug sich auch sprachlich nieder: Er erfand ein neues Wort. Schlechte Operateure waren schlichtweg »Scharlatane«, gute waren von nun an »Zahnchirurgen« (*chirurgiens-dentistes*) oder »Zahnärzte« (*dentistes*).

Dabei ging es um die soziale Stellung ebenso wie um sprachliche Differenzierung und professionelle Kompetenz. Während *le Grand Thomas* das Flair eines populären Rummelplatzes ausstrahlte, stand ein richtiger Zahnchirurg wie Fauchard mit überaus respektablen Männern der chirurgischen und medizinischen Gesellschaften in Kontakt. Auf den vorderen Seiten von *Le Chirurgien-dentiste* zeigten sich zahlreiche hervorragende Ärzte und Chirurgen darauf erpicht, dem Engagement Fauchards und seiner Publikation, die dem Nutzen der Allgemeinheit diente, ihre Reverenz zu erweisen. Von ihm vorgelegte Fallstudien zeigten außerdem, dass er von chirurgischen Koryphäen ehrerbietig um Rat gefragt wurde; zu ihnen gehörten beispielsweise La Peyronie sowie Mitglieder der Pariser Universität und sogar der Erste Arzt des Königs, Dodart, dem das Werk gewidmet war.

Fauchard bekannte, dass er von seinen höhergestellten chirurgischen Kollegen hinsichtlich des professionellen Bildes, das er vermitteln wollte, einiges lernen könne. Der Kupferstich mit seinem Porträt, den er dem *Chirurgien-dentiste* (Abb. 25) beifügte, zeigt einen Wissenschaftler und Gentleman; der Vergleich mit dem Bild des *Grand Thomas* als »der Perle der Scharlatane« (Abb. 23) ist aufschlussreich. Die spektakuläre Aufmachung des herausgeputzten Scharlatans, der unter freiem Himmel auf dem Pont-Neuf seiner Arbeit nachgeht, steht in starkem Kontrast zum akademischen Ornat des Gelehrten, seiner luxuriösen häuslichen Umgebung und seiner Perücke à la Ludwig XIV. Thomas präsentiert einen Zahn, den er aus dem Kiefer des ihm zu Füßen sitzenden armen Lehrlings extrahiert hat. Fauchard hingegen wird mit seiner auf zwei – vermutlich von ihm selbst verfassten – Büchern ruhenden Hand gezeigt, und er verweist mit vager, aber vielsagender Geste auf eine Bibliothek gebundener Texte. Alles frühere Bücherwissen zu seinem Thema kristallisiert sich, wie wir denken sollen, in Fauchards zweibändigem Werk – und in seiner ausdrucksvoll erhobenen Hand. Das Motto der »Perle der Scharlatane« auf dem Stich von Thomas schließlich steht in deutlichem Kontrast zu der prägnanten lateinischen Inschrift unter dem Bild Fauchards. Diese lässt sich (frei) so übersetzen:

Indem Herr Fauchard sucht der Zähne Heil und Zier
Mit weiser Hand und Kiel in Sicherheit zu setzen,
So kann der tolle Zahn des Neids ihn nicht verletzen.
Es weiß sein edler Mut auch hier wohl Mittel für.

Abb. 25: Pierre Fauchard, aus seinem *Le Chirurgien-dentiste* (1728)

Wie wir im nächsten Kapitel sehen werden, erwarben sich die Zahnärzte, die privat (nicht auf öffentlichen Straßen) praktizierten, die Erhaltung (nicht die Extraktion) der Zähne in den Vordergrund stellten und ihre Arbeit auf vernünftige anatomische und chirurgische Prinzipien (statt auf »geheimes« Wissen) gründeten, eine neue

Hochachtung, weil sie nicht nur der Gesundheit, sondern auch dem Wohlergehen, dem Erscheinungsbild und der Sensibilität ihrer Kunden Rechnung trugen und für die Gesellschaft von großem Nutzen waren.

Wie *le Grand Thomas* konnte der neue Zahnarzt von seiner Kunst leben und zu Wohlstand gelangen. Nach der Veröffentlichung von *Le Chirurgien-dentiste* im Jahr 1728 boomte Fauchards Praxis. Das Werk erlebte 1746 und 1786 zwei weitere französische Auflagen und wurde ins Deutsche übersetzt. Fauchard wusste, wie er seine Kunden erreichen konnte, und wie sein in Kupfer gestochenes Porträt andeutet, war er von seiner Wissenschaft nicht so in Beschlag genommen, dass er vergessen hätte, Eigenwerbung zu betreiben. Am Ende der 2. Auflage seines *Le Chirurgen-dentiste* (1746) stimmte er beispielsweise eine umfassende Lobeshymne auf seine eigenen Dienste an:

> Der Autor verfügt auch über feine Schwämme, speziell präparierte Wurzeln, Opiate, Pulver und verschiedene Flüssigkeiten für die Erhaltung und Heilung der Zähne und des Zahnfleischs. Er fertigt alle im Buch beschriebenen Teile, Gebisse, Füllungen oder Apparate an und leistet immer mit Rat und Tat … die Hilfe, die für die Verschönerung der Zähne und die Beseitigung von Munderkrankungen notwendig ist.

Eine gute Partie – er heiratete die Tochter eines berühmten Schauspielers der Comédie-Française – gestattete Fauchard im Jahr 1734 den Kauf des Gutes Grand Mesnil bei Orsay südlich von Paris. Mit dem Anwesen, einst das Liebesnest von François I. und seiner Mätresse, der Duchesse d'Étampes, waren lukrative feudalherrschaftliche Rechte verbunden, und es kostete den gutsherrlichen Zahnarzt beinahe 100 000 Pfund. Wie der Chronist des Pariser Lebens, Edmond Barbier, um das Jahr 1740 feststellte, war Fauchard »in ganz Paris der erste Mann für die Zähne« und hatte »viele Freunde unter den Leuten von Stand«. Er baute sich eine sehr große Praxis auf, musste aber, was sein eigenes Glück anbelangt, einige Rückschläge hinnehmen: Nach dem Tod seiner Frau im Jahr 1746 ging er eine neue Ehe ein, die jedoch scheiterte und 1760 mit der Trennung des Paares endete. Das Geschäft aber blühte. Der Bruder seiner ersten Frau, Laurent Tugdual Duchemin, war ausgebildeter Anatom und trat in den 1730er Jahren dem Familienbetrieb bei. Fauchard hatte noch etliche andere Schüler. Auch war er wohlhabend genug, um seinem Sohn eine juristische Ausbildung zu ermöglichen, mit der dieser es zu einem angesehenen Posten als königlicher Rat bei den Admiralitätsgerichten brachte. 1763, sechs Jahre nach dem Tod seines legendären Rivalen, *le Grand Thomas*, verstarb Fauchard im Alter von 83 Jahren. Auch er schied als reicher Mann aus dem Leben.

Die Zähne der Pariser zur Zeit der Aufklärung

Die Folgen, die sich aus Fauchards Wirken für die neu entstehende Disziplin der Zahnheilkunde und die Entwicklung der Berufsgruppe der Zahnärzte ergeben sollten, waren zu einem großen Teil dem intellektuellen und kulturellen Klima von Paris geschuldet, das sich in den mittleren Jahrzehnten des 18. Jahrhunderts, in denen Fauchard der Durchbruch gelang, veränderte. Um jene Zeit war Paris zu einem der wichtigsten Zentren der gesamteuropäischen Aufklärung geworden. Die Zeitgenossen hatten das starke Gefühl, dass sie ein »Jahrhundert der Lichter« – *un siècle des Lumières* – erlebten. Diese Lichtpunkte waren Naturphilosophen, *philosophes*, denen die menschliche Vernunft als Maßstab diente, um das Wissen voranzubringen und die existierenden Institutionen und Werte einer rationalen Überprüfung zu unterziehen. Die *philosophes* waren Teil einer europäischen Bewegung mit Hauptsitz in Paris. Am meisten verehrt wurden Männer wie Voltaire und Montesquieu, die, wie wir gesehen haben, während der heiteren Régence-Zeit in der Pariser Öffentlichkeit und im intellektuellen Leben der Hauptstadt in Erscheinung getreten waren. Männer wie sie führten einen von Skepsis getragenen Angriff auf etablierte Praktiken und Werte; kaum ein Lebensbereich des 18. Jahrhunderts blieb davon ausgenommen. Sie taten es mit einem Lächeln auf dem Gesicht, von dem sich, wie sie hofften, ihre Landsleute würden anstecken lassen.

Die *philosophes* boten eine alles in allem optimistische Schilderung des menschlichen Fortschritts. Sie lehnten die alte, auf die Theologie gestützte scholastische Wissenschaft ab, die die Universitäten, unter der Ägide der Kirche, seit dem Mittelalter vertreten hatten. Stattdessen verehrten sie die großen Persönlichkeiten der wissenschaftlichen Revolution des 17. Jahrhunderts, denen zufolge der Mensch fähig war, die Welt zu verstehen, ohne auf Erklärungen zurückgreifen zu müssen, die der Bibel oder den dogmatischen Behauptungen der Wissenschaft der Antike entlehnt waren. Galileos Schriften über Astronomie, William Harveys Arbeiten über den Blutkreislauf und allen voran Isaac Newtons Gravitationstheorie galten als überragende Triumphe der menschlichen Vernunft, die dem allgemein anerkannten Dogma oder den biblischen Verlautbarungen nichts zu verdanken hatten (und die in der Tat den traditionellen Lehren der Kirche zuwider liefen). Wenn außerdem die auf empirische Beobachtung gestützte wissenschaftliche Methode sich als ein Mittel erwies, die Geheimnisse des Universums zu entschlüsseln, dann war sie in den Augen der *philosophes* auch eine Möglichkeit, die Welt zum Besseren hin zu verändern. Die *philosophes* wetterten gegen sterile, unproduktive Formen des Wissens. Ihr Ziel war es, mithilfe des Wissens die Gesellschaft materiell und moralisch zu verbessern und Männer und Frauen glücklicher zu machen, und zwar schon in dieser Welt und nicht erst in der nächsten. Der gesellschaftliche Nutzen war der rote Faden, der die Gesamtheit des aufgeklärten Wissens durchzog.

Die optimistische, fortschrittliche Darstellung der Menschheitsgeschichte, die die *philosophes* übereinstimmend formulierten, ging davon aus, dass die Fackel der menschlichen Vernunft immer heller leuchten und glücklichere Menschen sowie eine humanere Welt mit mehr gesellschaftlich rationalen Werten hervorbringen würde. Die Vervollkommnung des Menschen erschien als reale Möglichkeit, die, wenn auch in weiter Ferne, dennoch eine ernst zu nehmende Vision war. Optimismus hinsichtlich der Zukunft, der auf die Erfindungsgabe und den guten Willen der Menschen vertraute, sollte den – aus der Lehre des Sündenfalls hergeleiteten – düsteren Pessimismus bezüglich der menschlichen Natur ersetzen. Die Aufklärung verspottete die freudlose Düsternis der traditionellen höfischen und kirchlichen Kultur in Frankreich. Sie verurteilte die dunkle Epoche des Miserabilismus, der in der Vergangenheit durch eine absolutistische Monarchie von Gottes Gnaden und eine intolerante katholische Kirche aufrechterhalten worden war. Die *philosophes* pflegten eine Heiterkeit des Geistes, die an die sorglose Stimmung während der Régence-Zeit, aber auch an die Spuren eines »fröhlichen Frankreichs« anknüpfte, das sich in den Werken Rabelais' und in den Relikten derb-ungezügelter Folklore manifestierte.

In der Aufklärung wurden das Lächeln und Lachen als Zeichen kollektiven Frohsinns hoch geschätzt. »Man muss über alles lachen«, war die Lebenshilfe Voltaires, des führenden *philosophe*, der die Régence-Zeit noch erlebt hatte. »Das ist die einzige Art zu leben.« Und dann wiederum: »Ich nehme mir die Freiheit, mich über alles lustig zu machen, über alles zu lachen; eine solche Lebensweise ist sehr gut für die Gesundheit, und ich hoffe, dass sie mich heilen wird.« Die Art, wie Voltaire das Lachen als Waffe verwendet, erinnert bisweilen an das herablassende Verhalten des ehrgeizigen, auf Selbstschutz bedachten Höflings (der er in einer Phase seines Lebens tatsächlich war), und seine sardonische Schärfe konnte einen bitteren Beigeschmack annehmen: »Diese Welt ist ein Krieg; wer auf Kosten der anderen lacht, ist Sieger.« Aber solche Tendenzen wurden ausbalanciert durch das Bewusstsein, dass das Lachen, das er im Sinn hatte, »dem *perfidium ridens*, der Freude an der Erniedrigung anderer«, zuwiderlief. Für Voltaire war das Lachen eine ultrarationale Geste, ein kollektiver Ausbruch guter Laune unter vernünftigen Leuten angesichts der Torheiten der Zeit. Zu mehreren konnte man sicherer lachen. Er und seine philosophischen Kollegen sahen sich selbst als Anführer einer fröhlichen Kampagne zur Verbesserung des Menschen im Kampf gegen die dunklen Mächte des Aberglaubens, der Intoleranz und Ignoranz. Wenn sich auf ihren Gesichtern ein Lächeln zeigte, war es das Lächeln der Vernunft.

Im Nachhinein wurden die *philosophes* der Generation Voltaires manchmal für nüchterne und gefühllose Rationalisten gehalten. Doch dem war nicht so. Auch wenn ihnen die übergroße Empfindsamkeit, Rousseaus Beitrag zur Aufklärung, fremd war, stand ihre Kritik an den bestehenden Institutionen und Werten in völligem Einklang mit der Darstellung der menschlichen Natur und der Neubewertung der Leidenschaften in der naturwissenschaftlichen und imaginativen Literatur der Empfindsamkeit, mit der wir uns im vorherigen Kapitel befasst haben. In dieser Hinsicht ist es bezeichnend, dass die *philosophes* sich auch stark auf Shaftesburys Theorien über Sittlichkeit und Höflichkeit bezogen, die seit der Régence-Zeit großen Zuspruch fanden. Für Shaftesbury waren die Menschen von Natur aus gesellig: Was er als »Herdentrieb« bezeichnete – Menschen schließen sich zu ihrem kollektiven Schutz und Vergnügen in Gruppen zusammen –, war ein ebenso natürlicher Trieb wie Essen und Trinken. Menschen hatten eine natürliche Neigung, mit anderen zu sympathisieren, und durch eine zwanglose Geselligkeit ließen sich menschliche Freiheit und individuelles Glück verwirklichen. Shaftesburys »freundschaftliche Zusammenstöße« im persönlichen Kontakt führten zu einem sozial harmonischen Verhalten, zu mehr Respekt für andere und zu dem, was ab etwa der Mitte des Jahrhunderts als »Zivilisierung« bezeichnet werden sollte.

Für den radikalen *philosophe* Baron d'Holbach waren »Frohsinn, Aktivität, Höflichkeit und Geselligkeit« die wahren Charaktereigenschaften der Franzosen. Er sprach für die Bewegung insgesamt, mit dem Vorbehalt, dass die echtesten Franzosen in Paris zu finden seien, das in kultureller Hinsicht die Quintessenz der Nation darstelle. »Gute Philosophie«, so der italienische Autor Louis-Antoine Caraccioli, »besteht darin, heiter zu sein.« Und nirgendwo sonst auf der Welt außer in Paris war diese Heiterkeit anzutreffen. Paris war das »Vorbild für fremde Nationen« und »die Heimat des Lachens«.

Die Stadt war erfüllt von »einer gemäßigten Heiterkeit, die nicht aus lautem Gelächter besteht, sondern aus einer vergnügten [*riant*] Miene«. Die Pariser Fröhlichkeit ließ sogar Bettler lächeln, wenn sie höflich um Almosen baten. Der Schriftsteller Joseph Cérutti, ein Jesuit, der angeblich »die heiterste und imaginativste Sprache« besaß, war hinsichtlich der – überall in der Stadt anzutreffenden – »fröhlichen Mienen« derselben Ansicht wie sein Landsmann Caraccioli und erklärte das Lachen zum »Erkennungsmerkmal« der Franzosen. Wie der deutsche Philosoph Immanuel Kant 1764 schrieb, liebten die Italiener das »rührend Schöne«, während die Franzosen immer das »lächelnd Schöne« am höchsten schätzten. Der gefeierte Theoretiker der Physiognomie, Johann-Caspar Lavater, stimmte ihnen im Wesentlichen zu. Die Franzosen lächelten immer: »Ich erkenne [die Franzosen] vor allem an ihren Zähnen und ihrer Art des Lachens.« Voltaire verglich seine Landsleute mit Champagner: temperamentvoll, spritzig, zum Lachen anregend. Paris hatte all diese Eigenschaften.

In Paris wurde das Lächeln als Sinnbild des Nationalcharakters gefeiert, das die Schilderung vom menschlichen Fortschritt und Glück als Kernstück der Aufklärung bestätigte. Louis-Sébastien Mercier schrieb in den 1780er Jahren, dass in der französischen Hauptstadt eine »Revolution im Denken der Menschen« stattgefunden habe. »Vor der Herrschaft Ludwigs XIV. war [der Pariser] sehr anders als heute.« Seit etwa 1750 war die Veränderung besonders intensiv gewesen. Seitdem war seine Geburtsstadt zu einem »herrlichen Ort für jeden, der sich amüsieren will«, geworden, einem Ort, an dem es »mehr öffentliche Vergnügungsstätten gibt als sonst auf der Welt«, und vor allem war Paris »eine großartige und heitere Stadt, wo man so lebt, wie es einem gefällt«.

Englische Touristen glaubten weitgehend an diesen Mythos. William, Viscount Pulteney, der die Stadt 1749 besuchte, hielt sie »für das Zentrum der Heiterkeit und des Vergnügens«. Besucher konnten jedoch von dem anstrengenden gesellschaftlichen Lächeln, das in der Öffentlichkeit zu sehen war, manchmal irritiert sein. Der cholerische schottische Arzt und Romanschriftsteller Tobias Smollett, der der Stadt in den frühen 1760er Jahren einen Besuch abstattete, murrte zum Beispiel heftig über das schmeichlerische Lächeln, das die Lippen seiner Gastgeber ständig umspielte. Viele Engländer und Engländerinnen hielten indes ein – wie auch immer geartetes – Lächeln nicht für ein Zeichen von Aufrichtigkeit und Offenheit, sondern von Heuchelei, Unzuverlässigkeit und Künstlichkeit. (Die Franzosen hingegen fanden die Engländer mürrisch und melancholisch, griesgrämig und ernst: Wie ein französischer Kommentator bemerkte, gab es in England offenbar ein Gesetz, das die Menschen zur Ernsthaftigkeit verpflichtete und eine englische Heiterkeit nach französischem Modell unmöglich machte; die Engländer versahen ihre Brücken mit Geländern, um Bürger daran zu hindern, sich in selbstmörderischer Absicht ins Wasser zu stürzen.) Außerdem behaupteten hartgesottene frankophobe Briten voller Ärger, dass das typisch französische Lächeln sich inzwischen immer häufiger auf englischen Lippen zeige. Im späten 17. Jahrhundert hatte ein Schweizer Besucher Englands einen der größten Mängel von Engländerinnen darin gesehen, »dass sie ihre Zähne nicht pflegen«, doch der Geschichtsschreiber John Andrews bemerkte ein Jahrhundert später galant, dass »in den letzten Jahren … die Engländerinnen mehr Sorgfalt auf ihre Zähne verwenden, als es früher der Fall war«. Anscheinend hatten sie den Sinn dafür von den Franzosen übernommen, denn bei seinem Besuch in Paris im Jahr 1783 stellte Andrews fest, dass »es zwei Dinge gibt, die die französischen Damen besonders gern zur Schau zu stellen, ihre Augen und ihre Zähne; sie glauben, dass keine Frau sie hinsichtlich der Strahlkraft ihrer Augen und der Weiße ihrer Zähne übertreffen oder ihnen darin gleichkommen kann.« Das Pariser Lächeln schien für einen Eroberungskrieg jenseits des Ärmelkanals gerüstet.

Dieses triumphierende Lächeln war jedoch in Versailles immer noch seltener als in Paris. Persönliche Gespräche in der Öffentlichkeit waren am königlichen Hof natürlich gang und gäbe. Aber die Geselligkeit in Versailles war eine frostige Angelegenheit, bei der weiterhin den strengen Verhaltenskodizes Ludwigs XIV. gehuldigt wurde, die die gesellschaftliche Hierarchie unverdrossen respektierten (rigorose Körperkontrolle, emotionale Unempfindlichkeit, unbewegliche Miene). Darüber hinaus wurde die Versailler Norm in allen offiziellen Institutionen des Bourbonenstaates nachgeahmt. Man sprach nicht außerhalb der Reihe, wenn man überhaupt etwas anmerkte; und die Reihenfolge richtete sich nach Rang und Stellung. Bei Begegnungen und Begrüßungen am königlichen Hof wahrte man noch immer eine schickliche Distanz und eine dem Selbstschutz dienende Formalität, während in der Pariser Öffentlichkeit Küsse und Händeschütteln die gesellschaftliche Distanz aufhoben und das unaffektierte Lächeln die Basis für offene Gespräche und Begegnungen zwischen Gleichgesinnten darstellte.

So war Paris nicht nur deswegen die Hauptstadt der Aufklärung, weil die hervorragendsten *philosophes* hier lebten und ihre Werke veröffentlichten, sondern auch weil seine kultivierte Geselligkeit optimal darauf ausgerichtet war, kollektives Glück zu erzeugen. Dies zeigte sich darin, dass in der Stadt neue Foren der Interaktion entstanden, die das aufgeklärte »Herdenverhalten« und die »freundschaftlichen Zusammenstöße« à la Shaftesbury verstärkten. Es hatte sich eine Öffentlichkeit entwickelt, die aus Gruppen bestand, die sich informell und freiwillig zusammenfanden. Diese neue Art der bürgerlichen Gesellschaft brüstete sich damit, sich dem Würgegriff höfischer Sitten zu widersetzen. Es gab Salons, in denen Frauen der Oberschicht ein Forum zur Verfügung stellten, wo die gesellschaftlichen Eliten mit den Künstlern, Musikern und Autoren der Aufklärung in Kontakt kamen. Es gab Kaffeehäuser, in denen man freie, offene, hitzige und sowohl anregende als auch (dank des Kaffees) angeregte Diskussionen führte. Es gab Freimaurerlogen, in denen sich ein hochtrabendes mystisches Zeremoniell mit einer irdischeren, geselligeren, zwangloseren Behaglichkeit verband. Und es gab eine Vielzahl von Bars, Arkaden, öffentlichen Parks und Promenaden, Theatern, Vergnügungsparks, Eisdielen und ähnlichem, wo man sich in entspannter und informeller Geselligkeit vergnügte. Diese Örtlichkeiten stimulierten die Verbreitung der Sensibilität, so dass sich der ansteckende Charakter des Lächelns und der guten Laune in einem Ambiente der Höflichkeit voll entfalten konnte.

Dass sich diese innovativen Formen der öffentlichen Geselligkeit in Paris verbreiten konnten, stand in enger Verbindung mit der damals zunehmenden Kommerzialisierung der Pariser Gesellschaft, die außerdem zur Schwächung der traditionellen gesellschaftlichen Hierarchie beitrug. Wenn die Ernten schlecht waren, mussten französische Bauern hungern, und in zahlreichen größeren Städten entstand eine notleidende Unterschicht. Doch insgesamt boomte die Wirtschaft, und urbane Eliten (*a fortiori* Pariser urbane Eliten) waren wohlhabend und zunehmend gewillt, dies zur Schau zu stellen. Im Verlauf des Jahrhunderts erlebte Paris einen wahren Konsumboom, und die Stadt wurde zu einem glitzernden Schaufenster für den städtischen Konsum. In immer mehr Pariser Wohnungen gab es moderne Einrichtungsgegenstände, Besitztümer und Nippes. Die Ernährung wurde abwechslungsreicher und vielfältiger, da ehemals exotische und teure Kolonialwaren wie Kaffee, Zucker, Schokolade, Tee und Tabak jetzt sogar vom einfachen Volk konsumiert wurden. Die neuen Produkte verbanden sich mit den von uns beschriebenen neuen Formen der Geselligkeit: Der Konsum von Kaffee, Tee, edlen Weinen, Konfekt und Tabak gehörte sowohl zu den kollektiven als auch zu den persönlichen oder häuslichen Gewohnheiten, wobei man dem Diktat moderner Vornehmheit Folge leistete. (Übrigens wurden infolge dieser Gewohnheiten auch die Zähne so angegriffen, dass sie medizinisch behandelt werden mussten – ein Punkt, der, wie wir sehen werden, den Zahnärzten der Stadt nicht entging.)

In diesem vom Konsum geprägten Milieu wurde auf das persönliche Erscheinungsbild besonders viel Wert gelegt. Die Mode erfasste auch die unteren Stände, und die Garderobe von Leuten selbst sehr niedriger Herkunft wurde variabler und richtete sich zunehmend nach den sich ändernden Geschmackspräferenzen. Da so viele begehrte Produkte erschwinglich wurden, waren Moralisten fortwährend in Sorge: Wegen der Verfügbarkeit billiger Imitationen war es jetzt schwieriger als in der Vergangenheit, den gesellschaftlichen Status zu erkennen. Auf den Straßen von Paris konnte es manchmal schwierig sein, allein aufgrund des Erscheinungsbildes eine Herzogin von einer Melkerin zu unterscheiden. In dieser Welt der Mode und ihrer Zurschaustellung in der Pariser Öffentlichkeit, wo das Gesicht und die Kleidung immer wichtiger wurden, »ist das Theater nicht mehr im Theater«, wie Mercier meinte; »es ist in der Welt im Allgemeinen«. Und in diesem *theatrum mundi* standen das Lächeln und gesunde weiße Zähne hoch im Kurs. Wie ein englischer Kommentator, der mit den Pariser Sitten gut vertraut war, feststellte, bedurften gerade im Hinblick auf eine allgemeine kultivierte Geselligkeit die Zähne der bestmöglichen Pflege (ebenso wie die Hände und Fingernägel), »um nicht Auge und Nase der Leute zu beleidigen«. Kein Wunder, dass man für gute Zähne von allen beneidet wurde, setzte der Zahnarzt Beaupréau im Jahr 1764 hinzu: »Die Weiße der Zähne ist deren Hauptattraktion, da sie den größten Charme eines schönen Mundes ausmachen.«

Nach Ansicht von William Reddy, der sich als Historiker mit Gefühlen befasst hat, ist es hilfreich, sich die unzähligen Orte der Pariser Geselligkeit jener Zeit »als Zonen der emotionalen Zuflucht« vorzustellen, wo die Menschen keine Angst hatten, ihre Reserviertheit aufzugeben und ihren Mitbürgern auf Augenhöhe und mit emotionaler Offenheit zu begegnen. Die Beschreibung scheint zutreffend, doch das Wort »Zuflucht« ist zu passiv, denn in vielerlei Hinsicht waren diese Zonen expansive Bereiche, wo ehemals private Verhaltensformen jetzt ins Licht der Öffentlichkeit traten. Das offene, ehrliche Lächeln der Empfindsamkeit war bisher eher auf die häusliche Umgebung beschränkt gewesen. Jetzt verbreitete es sich mittels dieser Orte vornehmer Geselligkeit auch in der Öffentlichkeit.

Außerdem akzeptierte die Pariser Öffentlichkeit, anders als die offiziellen Institutionen der Monarchie, eine sehr viel stärkere Vermischung der sozialen Schichten. Frauen zum Beispiel waren in den öffentlichen Einrichtungen sehr viel zahlreicher vertreten als irgendwo sonst in Europa. Die Salons wurden stets von einer *salonnière*, der Dame des Hauses, geführt. Voltaire war der Meinung, dass sich die in der Stadt herrschenden einzigartigen Formen der

Höflichkeit aus der kulturellen Präsenz solcher Frauen erklären ließen und dass der Fortschritt der *Zivilisierung* wohl auf diesem weiblichen Engagement beruhe. Auch in gesellschaftlicher Hinsicht gab es Anzeichen für eine Verschmelzung. Einerseits, so hieß es, gaben Herzöge und andere Aristokraten sozusagen ihre Adelskronen ab, wenn sie einen Salon betraten, und in einem Kaffeehaus konnte es geschehen, dass Menschen, die gesellschaftlich unter ihnen standen, ihnen argumentativ überlegen waren oder sie sogar zum Schweigen brachten. Andererseits reichten die Schauplätze der Erholung bis weit hinunter in die mittleren und unteren Schichten der städtischen Gesellschaft.

Wie wir gesehen haben, wurde die Kommunikation innerhalb dieser zunehmend kommerzialisierten und dynamischen öffentlichen Sphäre durch ein neues System der Höflichkeit gefördert, das sich gegen die in Versailles herrschenden Praktiken wandte. Neue Regeln der *politesse* führten zu einer Modifizierung und Überwindung des Begriffs des *honnête homme*, der sich im 17. Jahrhundert am königlichen Hofe entwickelt hatte. Tatsächlich entstammte das Gros der Verhaltenskonventionen, die mit der neuen *politesse* indirekt verbunden waren – Kontrolle der Körperöffnungen, Beherrschung der Körperflüssigkeiten, eine scheinbar entspannte, aber *de facto* sehr starke Disziplinierung der Gestik –, denselben Quellen der Klassik und Renaissance, die die Vorlage für den *honnête homme* abgegeben hatten. Die Benimmbücher der Aufklärung – insbesondere der noch immer beliebte *Nouveau traité de la civilité* (1671) von Antoine Courtin sowie La Salles im Geist des Erasmus verfasste Schrift *Les Règles de la bienséance et de la civilité chrétienne* (1703) waren deutlich vor dieser neuen Entwicklung geschrieben worden. Dennoch entwickelte sich eine informellere Version dieser präskriptiven Texte, die eine ruhige Entschlossenheit zu erkennen gab, die Umgangsformen an die sich verändernden Pariser Formen der Geselligkeit und Empfindsamkeit anzupassen – und sich von den in Versailles gültigen Normen loszusagen, die jetzt als steif und formalistisch, unecht und realitätsfremd, unangenehm und gefühllos galten.

Die *honnêteté* à la Versailles war in Misskredit geraten und *dépassé*. Sie spaltete das Volk und hob die Unterschiede hervor; die *politesse* der Aufklärung brachte die Menschen zusammen und betonte die gemeinsamen Interessen. Im Vorwort zu seinem umstrittenen Bestseller *Les Mœurs* (1748) mahnte sein Verfasser François-Vincent Toussaint: »Überlassen wir den Status eines *honnête homme* jedem, der sich auf ihn berufen möchte ... Die Kennzeichen des *honnête homme* sind Arroganz, Reichtum und neumodische Laster. Die Tugend hat damit nichts zu tun.« In ähnlicher Weise beklagte die *Encyclopédie* »den Missbrauch eines Wortes, das eine so respektable Idee ausdrückt [und doch] den Fortschritt der Korruption unter Beweis stellt«. In der Praxis waren »Liebenswürdigkeit des Charakters, Menschlichkeit, Offenheit ohne Rohheit, Entgegenkommen ohne Schmeichelei und vor allem ein zur Wohltätigkeit neigendes Herz« außerhalb der Reichweite derer, die der höfischen Zivilität verhaftet waren.

Freilich glaubte man jetzt, dass echte *politesse* in einer natürlichen Sensibilität und in authentischen sozialen Tugenden verwurzelt sei. Für viele Kommentatoren hatten sich die Werte des höfischen *honnête homme* auf dialektische Weise in ihr Gegenteil verkehrt. Die Bemühungen des Adels, sich dem neuen, urbanen Geist der *politesse* anzubiedern, schienen künstlich und nicht überzeugend, besonders da man oft meinte, dass sie auf eine ziemlich übertriebene Art und Weise zum Ausdruck gebracht wurden. Dies wurde im Theater, in visuellen Darstellungen und in gesellschaftlichen Kommentaren in Gestalt des *petit-maître* karikiert, dessen selbstgefällige, schmeichlerisch-herablassende Art keine große Verbesserung darstellte gegenüber der teilnahmslosen weißen Maske, die den Höfling von Versailles ausgezeichnet hatte. Bei diesem Modell der modischen Unaufrichtigkeit »war das Herz in den Manieren, während im Herzen das Laster war«, wie der spätere Revolutionär Bertrand Barère es formulierte. Das Lächeln des *petit-maître* galt bestenfalls als eine unziemliche, heuchlerische Grimasse.

Laut Louis-Sébastien Mercier herrschte am Hofe und beim Adel noch immer »das Lächeln der Bosheit« in einem von Ehrgeiz geprägten Umfeld, wo »das Lachen niemals echt und Liebkosungen falsch sind«. »Wenn wir die allgemeine Verderbtheit verbreiten wollen«, fügte Mercier in seinem Werk *Du théâtre* (1773) sarkastisch hinzu, »brauchen wir einige Marquis, Grafen und kleine Herzöge mit ihrer dümmlichen Sprache und ihrem verächtlichen Lächeln.« In ihrem pädagogischen Roman *Adèle et Théodore* (1782) zeigte sich Madame de Genlis sogar noch bissiger. Während sie ihre Heldin überschwänglich lobte – »ihr Blick, ihr Lächeln, alles an ihr ist offen, natürlich und ohne Künstlichkeit« –, hatte sie für eine ihrer adeligen Figuren nichts als Verachtung übrig:

> Monseigneur stellt sich vor, dass jedermann von ihm entzückt sein müsse, sobald er lächelt. Doch dieses affektierte Lächeln, das bloß eine Grimasse und eine Gewohnheit ist, wird nur dann angenehm und freundlich, wenn Monseigneur wirklich gemocht werden möchte. Sonst wird dieser gezwungene Ausdruck immer albern und lächerlich erscheinen.

So hatte sich der frühere *honnête homme* in den *petit-maître* verwandelt, einen sich herausputzenden höfischen Geck, dessen Bemühungen um Anpassung offenkundig unehrlich waren und der in seiner Zivilität ebenso heuchlerisch wie extrem kriecherisch war.

Dass der Kodex der Höflichkeit vom Adel übernommen wurde, ließ große Teile der Pariser Bevölkerung also unbeeindruckt. Lange vor dem Fall der Bastille wurde die kulturelle Hegemonie des bourbonischen Hofes durch die viel gepriesenen Werte einer höflich lächelnden und natürlichen Tugend kontinuierlich unterminiert. Das wünschenswerte und begehrte Lächeln war jetzt kein höfisch-affektiertes Grinsen, sondern »ein Lächeln der Schönheit«, »ein Lächeln des Glücks«, das zwischen den Menschen auf der Basis moralischer Gleichheit ausgetauscht wurde. Und dabei trug man immer häufiger seine weißen Zähne zur Schau. Dieses Lächeln war überwiegend »tugendhaft«, »lieblich«, »ruhig«, »zärtlich«, »reizend«, »anmutig«, »engelhaft«, »bezaubernd«, »charmant« und »heiter« und musste sich gegen die verächtlichen Grimassen durchsetzen, die sich als Lächeln mit geschlossenen Lippen präsentierten – kalt, hochmütig, ironisch, sardonisch, gezwungen, böse, verräterisch, beleidigend und verächtlich oder aber schmeichlerisch scheinheilig.

Das Lächeln der Empfindsamkeit entwickelte sich zu einer politischen Waffe und richtete sich gegen den am königlichen Hof noch immer herrschenden Gesichtskodex. »Das Lächeln des Volkes«, stellte der Dramatiker Marmontel fest, »ist mehr wert als die Gunst der Könige.« Die Präsenz des »Volkes« (das einen festen bürgerlichen Kern hatte) legitimierte die Ansicht, dass die neue Öffentlichkeit quasi kollektiv die individuellen Unterschiede, die gesellschaftliche Stellung und das Geschlecht überwand und die Meinung der großen Masse der Bevölkerung repräsentierte. Die »öffentliche Meinung« nahm allmählich Gestalt an. Früher ein negativ besetztes Wort, galt es jetzt als nützlicher Begriff, um die allgemeine intellektuelle Stimmung in den vielfältigen Institutionen der Geselligkeit in der Zeit der Aufklärung zu bezeichnen.

Es bleibt jedoch festzuhalten, dass die Pariser Öffentlichkeit weniger offen und gewiss weniger volkstümlich war, als es der freundliche Universalismus ihrer eigenen Rhetorik implizierte. Obwohl die Adeligen im Verdacht standen, sich in ihre Geselligkeit hineinzudrängen, konnte ein beträchtlicher Teil des Hochadels in der Pariser Öffentlichkeit seine gesellschaftliche und kulturelle Bedeutung weitgehend behaupten. Andererseits akzeptierte diese Öffentlichkeit Frauen und die niederen Stände widerwilliger, als man aus entsprechenden Erklärungen schließen konnte. In der Aufklärung spielten Frauen eine passivere Rolle, als die Diskurse über Zivilisierung dies vermuten ließen: Die *salonnière* Madame Necker verglich ihre Vermittlerrolle beim aufklärerischen Gedankenaustausch mit »dem Auffangen des Federballs, wenn er vom Schläger fällt« – kaum eine wichtige Rolle. Man war auch bestrebt, die Öffentlichkeit vor einer Kontamination von unten, durch die breite Masse, zu schützen. Im Einklang mit Shaftesburys Philosophie der Sympathie und den affektiven Zielen der Sensibilität stand die Höflichkeit im Einklang mit dem Geist der Wohltätigkeit – und verurteilte außerdem Vulgarität und plebejisches Verhalten. Mercier mochte zwar Paris als die Heimat »wahrer Höflichkeit« rühmen, doch er verurteilte die breite Masse der Stadt, die »nur über unflätige Dinge spricht und unzählige anrüchige Zweideutigkeiten hervorbringt, über die sie dann in lautes Gelächter ausbricht«. (Bezeichnerweise tadelte er den Adel für sein schlechtes Beispiel.)

Die Höflichkeit der Aufklärung stellte das alte Rabelais'sche zwerchfellerschütternde Gelächter ebenso heftig in Frage, wie es die *honnêteté* unter Ludwig XIV. getan hatte. Laut Mercier war das Lachen aus vollem Hals (*à gorge déployée*) nicht mehr zeitgemäß und galt als unzivilisiert: Mäßigung und Zurückhaltung waren angesagt. Der Kunstkritiker Claude-Henri Watelet verbreitete sich über die Tugenden dieser *via media*:

> Was eine zivilisierte Nation in erster Linie charakterisiert, ist die nützliche Zurückhaltung, die die Menschen bei den meisten plötzlichen und unüberlegten Äußerungen der Seele und des Körpers üben. Diese freien und natürlichen Impulse würden die Gesellschaft beunruhigen und Kritik hervorrufen. Deshalb ist man bestrebt, sie zu mäßigen.

Und mit etwa derselben Begründung berührte Lord Chesterfield den kritischen Punkt in dem berühmten Brief an seinen Sohn: »Da ich des Lachens gedacht habe«, schrieb er mit Worten, die an die Antike erinnern,

> »muß ich dich besonders davor warnen; und ich wünsche herzlich, daß man dich Zeit deines Lebens oft mag lächeln sehen, aber niemals lachen hören. Häufiges und lautes Gelächter ist das Kennzeichen der Thorheit und übler Sitten ...«

Solche Ansichten erinnerten an Merciers Eintreten für das »Lächeln der Seele«, das sich gegen die »lärmende Freude« jeglicher Art abschottete. Und sie unterstrichen Caracciolis oben zitierte Charakterisierung von Paris als »Heimat des Lachens«, wo man »lautes Gelächter« vermied, d. h. das plebejische Lachen aus vollem Halse. Die

Stadt war jetzt von einer »gemäßigten Heiterkeit« erfüllt, bei der »eine fröhliche Miene« die Regel war. Die echten gesellschaftlichen Tugenden konnte man also auf einer bürgerlichen *via media* finden, die zwischen dem aristokratischen Kichern und dem plebejischen Lachen aus vollem Halse verlief, das Chesterfield als »die Fröhlichkeit des Pöbels« diffamierte. Paris war ein Ort emotionaler Ansteckung, wo ein Lächeln, sehr zum Missfallen griesgrämiger englischer Touristen, anscheinend auf jedermanns Lippen zu sehen war. Dieses höfliche, zurückhaltende Pariser Lächeln galt als Merkmal des Nationalcharakters, das die Schilderung vom menschlichen Fortschritt und Glück bestätigte, die den Kern der Aufklärung bildete.

4 Die Entstehung einer Revolution

Abbé Galiani, der »lachende Philosoph«, wie der englische Historiker Edward Gibbon ihn nannte, galt allgemein als einer der witzigsten und brillantesten Gesprächspartner in der Salongesellschaft von Paris, wo er von 1759 bis 1770 als neapolitanischer Gesandter seinen Dienst versah. Sein Lachen und seine Konversation kamen jedoch zeitweise ins Stocken, weil er nach einem diplomatischen Fauxpas aus Paris verbannt wurde – und weil er immer mehr Zähne verlor. In seiner viel Klatsch und Tratsch enthaltenden Korrespondenz mit der *salonnière* Madame d'Épinay in Paris bedauerte er sowohl seine Verbannung aus der Heimat der geistreichen Geselligkeit als auch den Verlust seiner Zähne. In einem düsteren Countdown berichtete er, dass ihm im Juni 1770 noch 14 verblieben waren, im August 1771 aber nur noch acht. Inzwischen führte jede ungünstige Bewegung seiner Zunge beim Sprechen dazu, dass ihm die Zähne aus dem Mund fielen. Seine Konversation, so seine Klage, war – zur Verwirrung seiner Freunde – zu einer Mischung aus unverständlichem Gemurmel und unbeabsichtigtem Pfeifen geworden. Er begann zu träumen, dass ihm die Zähne wieder nachwuchsen. Aber dem war nicht so. Um die Mitte des Jahres 1772 waren ihm alle Zähne ausgefallen; er war Anfang 40. Die sich ankündigende Tragödie hatte indes ein Happy End, und seine Träume wurden (in gewisser Weise) wahr. Auf Madame d'Épinays Anregung hin ließ er sich von einem Pariser Zahnarzt ein Gebiss schicken, durch das er seine alte Artikulationsfähigkeit wiedererlangte. Er konnte sich wieder an den flüssigen, anregenden Gesprächen beteiligen, die zur Aufklärung gehörten.

Diese Geschichte war beileibe keine Ausnahme. Im späten 18. Jahrhundert wurde Paris Zeuge eines Goldenen Zeitalters der Zahnmedizin, das sich segensreich auf die Lebensqualität der Menschen auswirkte. Etwa seit der Mitte des Jahrhunderts wurden die Fähigkeiten der Pariser Zahnärzte, die in den Fußstapfen Pierre Fauchards arbeiteten, international berühmt und nicht nur in Paris, sondern überall in Europa und auf der ganzen Welt geschätzt.

Bevor sie 1770 ihre Tochter Marie-Antoinette nach Frankreich schickte, wo sie den Dauphin (den späteren Ludwig XVI.) heiraten sollte, hielt es die österreichische Kaiserin Maria Theresia für geraten, den allerbesten Arzt, den Europa vorweisen konnte, nach Wien zu rufen, um einige Zähne der Prinzessin richten zu lassen, damit sie »sehr schön und regelmäßig« aussähen. Ihre Wahl fiel auf den Pariser Zahnarzt Jean-Baptiste Laverand. Als auf der anderen Seite des Atlantiks der künftige erste Präsident der Vereinigten Staaten, George Washington, in den frühen 1780er Jahren unter Zahnschmerzen litt, profitierte er ebenfalls von den Fachkenntnissen eines französischen Zahnarztes, eines Auswanderers namens Jean Le Mayeur. Und am Vorabend der Revolution beschaffte sich der italienische *roué* Casanova, als sein Charme versagte und ihm die Zähne ausfielen, voller Verzweiflung Pariser Zahnprothesen.

Aus dem gleichen Grund nutzten nun Reisende auf der Grand Tour ihren Aufenthalt in Paris zu einem Check-up ihrer Zähne. Der Earl of Chesterfield, ein glühender Anhänger der französischen Kultur, der sich in seiner Jugend lange in der französischen Hauptstadt aufgehalten hatte, empfahl zum Beispiel seinem Sohn den Zahnarzt Claude Mouton. Die englische Tagebuchschreiberin Anna Francesca Cradock berichtete von einem Besuch, den sie im Jahr 1786 auf der Durchreise dem berühmten Pariser Arzt Étienne Bourdet abgestattet hatte:

> und wir warteten länger als eine halbe Stunde, bevor er zu erscheinen geruhte. Sein Diener hatte uns davon unterrichtet, dass sein Herr den Operationsraum immer erst betrat, wenn er seinen Morgenkaffee zu sich genommen hatte. Dann kam der große Moment, [und] … diese bedeutende Persönlichkeit (aber ein hervorragender Zahnarzt) [nahm sich meiner an].

Der Zahnarzt war auf der Bildfläche erschienen. »Diese bedeutende Persönlichkeit« hatte sogar Diener. In keiner anderen Stadt der Welt war der Zahnarzt ein so fester Bestandteil der städtischen Szene. Nirgendwo sonst konnte ein solcher Mann eine bereitwilligere, treuere und betuchtere Kundschaft vorweisen. Außerdem inspirierte, wie wir gesehen haben, der intellektuelle und gesellschaftliche Nährboden von Paris neue Formen der Geselligkeit, die eine Bühne boten, auf der das Lächeln sich zur Schau stellen konnte. In der öffentlichen Sphäre, die sich um die Jahrhundertmitte herausbildete, waren für die besser gestellten Pariser gute Zähne und die Möglichkeit, Voltaires »Lächeln der Seele« zu zeigen, in intellektueller, moralischer, gesellschaftlicher und sogar politischer Hinsicht erstrebenswerter als jemals zuvor.

Eine Revolution des Lächelns bahnte sich an, und für diejenigen, die mit dem Lächeln Karriere machen wollten, war die Ausbeute folglich besonders reich. Das Lächeln als physische Geste war das besondere Anliegen einer neuen Technologie des Gesichts, die auf die Erschaffung individueller Identitäten gegründet war und einen hellen neuen Weg aus dem menschlichen Unglück anzubieten schien. Inspiriert vom Lächeln der Empfindsamkeit, das sie in den populären Romanen der Zeit beschrieben fanden, setzten sich die Pariser Zahnärzte, die in den Fußstapfen Pierre Fauchards arbeiteten, zum beruflichen Ziel, jenes Lächeln für immer mehr Menschen verfügbar zu machen. Paris wurde zur Heimstätte einer Art Proto-Industrie des Lächelns, die die zunehmende Nachfrage nach schöneren und gesünderen Zähnen und Mündern befriedigte und ein beträchtliches unternehmerisches Geschick an den Tag legte, um diese Nachfrage noch zu steigern. Wie wir sehen werden, wurde jenes Lächeln vor allem in der Sphäre der Öffentlichkeit gezeigt, die sich im Laufe des Jahrhunderts in Paris herausgebildet hatte. Bezeichnenderweise blieb der königliche Hof, der unter Ludwig XIV. das Muster für körperliches Verhalten abgegeben hatte, davon so gut wie unberührt. Versailles stand noch im Bann der überkommenen Zahnkultur, selbst als sich im Paris der Aufklärung eine Revolution des Lächelns anbahnte. In den Augen mancher Leute zielte diese Revolution darauf ab, die das Gesicht betreffenden höfischen Vorschriften vollständig außer Kraft zu setzen.

Fauchards Erben

Das Goldene Zeitalter des Pariser Lächelns begünstigte die Entstehung des Berufs des Zahnarztes und konnte selbst davon profitieren. Die vornehme Geselligkeit der Hauptstadt schuf eine neue Nachfrage nach einem lächelnden Mund – mit Unterstützung der Zahnmedizin. Dies zeigte sich daran, dass es plötzlich eine Gruppe von Zahnspezialisten gab, die gemeinsam ein neues Berufsbild entwickelten, das sich von dem der früheren Zahnzieher und Operateure selbstbewusst unterschied. Für diese Gruppe hatte Pierre Fauchard ein leuchtendes Beispiel abgegeben, und man orientierte sich begeistert an jenem neuen vorbildlichen Zahnarzt. Um die Jahrhundertmitte gab es in Paris etwa 30 »Dentisten«, und bis zur Revolution waren es zwischen 30 und 40. Einige dieser Männer waren vollausgebildete Chirurgen und durften sich als »Zahnchirurgen« (*chirurgiens dentistes*) bezeichnen, während die meisten anderen weiterhin gemäß den 1699 erlassenen (und 1768 aktualisierten) Pariser Bestimmungen praktizierten, die den Rang eines *expert pour les dents* eingeführt hatten. Um die Mitte des Jahrhunderts war es jedoch nicht länger üblich, als *expert pour les dents* seinen Geschäften nachzugehen. Diese Männer sonnten sich jetzt in ihrer neuen Identität eines *dentiste*.

Unter denen, die sich selbst als *dentiste* bezeichneten, gab es Männer, die an den Gepflogenheiten der alten Zahnzieher festhielten oder vielleicht das Glück hatten, auf sie zurückgreifen zu können. Beispielsweise war es immer noch möglich, von der Krone eine Lizenz für den Verkauf des vermeintlichen Wundermittels Orvietan zu erhalten und nebenbei nach alter Sitte einige Zähne zu ziehen. Ein Viertel derer, die um die Mitte des 18. Jahrhunderts zum Verkauf von Orvietan befugt waren, nannten sich selbst Zahnärzte (wobei sie eine große dichterische Freiheit an den Tag legten). Überraschenderweise hatte Étienne Bourdet – einer der tüchtigsten Zahnchirurgen neuer Prägung und seit 1760 *dentiste du roi* – diesen Weg beschritten und erst 1764 sein Orvietan-Geschäft an seinen Bruder Bernard abgetreten. Louis Lécluze, ein renommierter Zahnarzt, der vielbeachtete Schriften veröffentlichte, sicherte sich 1757 den Posten eines »Inspektors der Operateure«, der ihm das Recht einräumte, alle Orvietan-Verkäufer im Königreich zu kontrollieren. So lebte das alte Zahnziehspektakel, zumindest in Ansätzen, in Paris weiter. Jean-Baptiste Ricci verband zudem seine private Zahnarzttätigkeit mit öffentlichen Extraktionen bei der jährlichen Messe von Saint-Germain, wo er auch exotische Tiere zur Schau stellte. 1751 beauftragte er einen Kapitän, ihm aus Afrika Löwen, Tiger, Leoparden, Kamele und Strauße mitzubringen. 1762 zeigte er auf der Messe von Saint-Germain ein Kalb mit fünf Füßen und zwei Schwänzen. Doch solche Fälle waren immer mehr die Ausnahme. Überall verströmten Pariser *dentistes* Seriosität, Beständigkeit und Respektabilität. Sie konnten sich damit brüsten, dass keine andere Stadt in Europa mehr als eine Handvoll solcher Zahnspezialisten vorzuweisen hatte (und in der Tat waren die meisten Europäer noch von der Barmherzigkeit zahnziehender Operateure und schlimmerer Gestalten abhängig).

Im Anschluss an das von Fauchard aufgestellte Berufsmodell betonten die neuen Zahnärzte ihren hohen wissenschaftlichen Standard. Damit war zweierlei verbunden. Einerseits prangerten sie, trotz der Rückfälligkeit einiger ihrer Mitglieder, die Missetaten zahnziehender Scharlatane jedweder Couleur an und kritisierten sie für ihre Ignoranz, Bestechlichkeit und katastrophalen technischen Schwächen. Andererseits hoben sie die enge Verbindung mit Pariser Chirurgen hervor, deren Stern, wie wir gesehen haben, im Aufgehen war. Der Zahnarzt Robert Bunon zum Beispiel stellte den »leichtfertigen Operateur« dem »gewissenhaften Zahnarzt« gegenüber, »der einen wichtigen Teil einer so respektablen Kunst wie der Chirurgie auf ehrbare Weise ausübt«. Die Chirurgen hatten noch immer die Aufgabe, die »Zahnexperten« nach den Bestimmungen von 1699 und 1768 zu prüfen und zu zertifizieren. Wenn die Pariser Zahnmedizin von sich behaupten konnte, die beste der Welt zu sein, dann zumindest teilweise deswegen, weil die Pariser Chirurgie sogar in noch stärkerem Maße zur Weltspitze gehörte. Der Operationserfolg der Chirurgen in zahlreichen praktischen Bereichen einschließlich Geburtshilfe, Pockenimpfungen, Behandlung von Geschlechtskrankheiten und Lithotomie wurde überall lauthals verkündet. Dies sowie ihre außerordentlichen anatomischen Kenntnisse und ihre Begabung im Umgang mit wissenschaftlichen Geräten und Instrumenten hatten ihnen in ganz Europa einen guten Ruf eingebracht. Die alte das Klistier schwingende Witzfigur niedrigen Standes, wie sie bei Molière gezeigt wird, gehörte jetzt zum alten Eisen. Im Laufe des Jahrhunderts schienen die Chirurgen in der öffentlichen Achtung und in ihrer wissenschaftlichen Qualifikation die Ärzte sogar noch zu übertreffen. So waren die Zahnärzte gut beraten, sich an die Rockschöße der ihnen überlegenen chirurgischen Kollegen zu hängen und zu erklären, dass deren praktische und theoretische Kompetenz auf sie abgefärbt habe.

Dass die Pariser Zahnärzte bestrebt waren, den ranghöheren Chirurgen nachzueifern, zeigte sich auch an ihrem Publikationseifer. Wie Fauchard folgten sie dem Beispiel Pariser Chirurgen, indem sie wissenschaftliche Transparenz als Maßstab für ihre Uneigennützigkeit und ihren Einsatz für das Wohl der Allgemeinheit hervorhoben. Selbst frühere Operateure, die talentierte Zahnärzte *avant la lettre* gewesen waren, hatten von ihrem Wissen nichts in gedruckter Form hinterlassen. Tatsächlich betrachteten die meisten Operateure manuelle Tricks und Arzneirezepturen als Berufsgeheimnisse (wenn sie nicht reiner Betrug waren), die entweder mit ihnen starben oder aber auf ihre Erben übergingen. Im Gegensatz dazu stellten Fauchard und seinesgleichen das mit ihrem Wissen verbundene Know-how durchgängig der Öffentlichkeit zur Verfügung. Fauchard stellte ostentativ fest: »Ich lege die genauest möglichen Beschreibungen vor, auch wenn dies meinen eigenen Interessen zum Nachteil gereicht.« Das altruistische Engagement für wissenschaftliche Transparenz war wichtiger als die persönliche Bereicherung. Diese Einstellung vertrat auch der Zahnarzt Robert Bunon: »Ich verrate ohne Bedenken«, bekannte er, »die wichtigsten Geheimnisse der Kunst.« Diese Protokolle professioneller Wissenschaft waren, was die akademische Chirurgie betrifft, seit mehr als einer Generation zur Routine geworden und weiteten sich jetzt auch auf die Zahnheilkunde aus.

Im Laufe des Jahrhunderts wurden in immer kürzeren Abständen neue zahnchirurgische Schriften veröffentlicht. Noch vor der Jahrhundertmitte erschienen Claude Géraudlys *L'Art de conserver les dents* (1737), Robert Bunons *Essai sur les maladies des dents* (1746) und der *Essai d'odontotechnie* von Chesterfields Zahnarzt Claude Mouton (1746). Zu den späteren klassischen Werken derselben gelehrten Tradition gehörten Étienne Bourdets *Recherches et observations sur toutes les parties de l'art du dentiste* (1757), Louis Lécluzes *Nouveaux éléments d'odontologie* (1754) und Anselme Jourdains *Traité des maladies et des opérations réellement chirurgicales de la bouche* (1778). Alle betonten Fauchards Kompetenz und führende Stellung in dem neuen Fachgebiet der Zahnchirurgie, und die meisten zollten ihm ihre uneingeschränkte Anerkennung. Binnen weniger Jahre hieß es allgemein, so Bourdet, »dass es [in der Zahnheilkunde in Frankreich] mehr Autoren gebe als in jedem anderen Zweig der Medizin« – eine Übertreibung, aber eine vielsagende. Im frühen 19. Jahrhundert sollte dieser Punkt noch einmal zur Sprache kommen, als Jacques-René Duval, ein Verfasser chirurgischer Werke, feststellte, dass »die Franzosen, gemessen an den wissenschaftlichen Büchern, die diesem Thema gewidmet sind, der zahnärztlichen Kunst anscheinend eine größere Aufmerksamkeit geschenkt haben als wohl jede andere Nation«. In der Zeit der Aufklärung legten die Spanier, Italiener, Holländer und Deutschen eine Reihe nützlicher Werke vor, von denen die besten von Fauchard beeinflusst waren. Die Engländer waren besonders rückständig. Auch wenn es sich bei John Hunters *Natural History of the Human Teeth* (1771) um die eindrucksvollste Studie zur Zahnanatomie in der europäischen Aufklärung handelte, hatte das Werk offenkundig nichts mit der zahnärztlichen Praxis zu tun. Hinsichtlich der Theorie und Praxis einer angemessenen Behandlung der Zähne und des Mundes konnte keine andere Nation den Franzosen oder vielmehr den Parisern das Wasser reichen.

Fauchards Schriften wollten veranschaulichen, wie gründliche

Kenntnisse der Anatomie die Behandlungsmethoden eines Zahnarztes erweitern konnten. Um die Wende zum 18. Jahrhundert hatte der Chirurg Dionis sieben Tätigkeiten aufgeführt, die zur Arbeit des »Operateurs« gehörten: Operationen, die notwendig waren, um den Mund zu öffnen (insbesondere bei einer Kieferklemme und bei hysterischen Reaktionen), Zahnreinigung und -prophylaxe, das Füllen von Löchern, die Korrektur schief stehender Zähne, das Ziehen schlechter und das Einsetzen künstlicher Zähne. Fauchard verdoppelte diese Zahl und fügte zu Dionis' Liste die Separation und die Reduktion von Zähnen hinzu, ferner das Kauterisieren, Geradestellen, das Beheben von Fehlstellungen, das »Festigen«, die »Trepanation« (das Aufbohren, um infiziertes Sekret abzuleiten) und die Transplantation. Zahnärzte bleichten und reinigten die Zähne, kannten sich mit der Pflege des Zahnfleischs und der weichen Teile des Mundes aus und konnten sich auch auf die Anfertigung von Zahnersatz und Prothesen spezialisieren. Es war Fauchard und seinen Erben bewusst, dass diese Maßnahmen auch zur Erhaltung und Steigerung der Schönheit des Mundes beitrugen.

Während Dionis sich nur unspezifisch über Zahnerkrankungen geäußert hatte, legte Fauchard eine eindrucksvolle Präzision an den Tag: So war er laut eigener Aussage auf nicht weniger als 103 unterschiedliche Krankheiten gestoßen. Nach seiner Berechnung hatten 45 dieser Krankheiten äußere, 17 »verborgene« Ursachen – das heißt, die Ursachen waren für das Auge nicht sichtbar und mussten deduktiv erschlossen werden (wie zum Beispiel durch Zahnfleischabszesse verursachte Zahnschmerzen) –, und 41 waren »symptomatisch« – das heißt, sie waren Teil einer anderen somatischen Erkrankung. Verfasser zahnmedizinischer Werke belegten ihre Ausführungen häufig anhand von Fallstudien (ein weiteres gängiges Format bei damaligen Autoren chirurgischer Schriften): Fauchard legte 70 solcher Fallstudien vor, Courtois 33, Jourdain Hunderte. Außerdem pflegten die Verfasser ihre eigene Erfahrung in den Vordergrund zu rücken: Géraudly konnte auf 40 und Courtois auf 30 Jahre zurückblicken. Bei Lécluze waren es nur 20 Jahre – doch er konnte noch fünf militärische Feldzüge in Flandern anführen, bei denen er Zugang zu über 80 000 Mündern von Soldaten gehabt hatte.

Die Pariser Zahnmediziner folgten dem Beispiel Fauchards, der sich ganz bewusst des rhetorischen Stils der Naturwissenschaften bediente, wie er von Chirurgen und Ärzten gepflegt wurde. Am überzeugendsten waren die zahnheilkundlichen Texte, die in einem unpersönlichen, wertneutralen Französisch abgefasst waren. Es gab zahlreiche anatomische Stiche, außerdem Fußnoten oder andere geeignete Quellenangaben (Abb. 26 und 27). In gebührender Weise wurde, wo erforderlich, sowohl auf die frühere Literatur als auch auf Unterstützung bei der Recherche hingewiesen. Der Schwerpunkt lag auf der Feststellung, dass die Zahnärzte längst über weit mehr als rein manuelle (im Gegensatz zu kognitiven) Fähigkeiten verfügten. Claude Mouton bemühte sich, die Kunst des Zahnarztes wie eine Art fortgeschrittenen Ingenieurwesens erscheinen zu lassen: »Der Kopf muss in gewisser Weise ebenso tätig sein wie die Hand, und der Architekt eines Mundes muss immer messen, kombinieren, überlegen, voraussehen und diese drei Ziele anstreben: Verschönerung, Annehmlichkeit und Dauer.«

Aufgrund einer solchen Ausbildung und Erfahrung, die sie von ihren chirurgischen Lehrern erhalten hatten, rühmten die Pariser Zahnärzte sich ihrer Geschicklichkeit und Kompetenz sowie der vielfältigen technischen Operationen, die sie infolgedessen durchführen konnten. Die nachgewiesene Fähigkeit, Zähne zu ziehen, machte nicht einmal die Hälfte davon aus. Die neue Zahnheilkunde drehte sich vor allem um die Zahnerhaltung, was dazu passte, dass die medizinische Wissenschaft der Aufklärung größeres Gewicht auf die Vermeidung von Krankheiten durch verbesserte Hygiene legte. Die traditionellen Zahnzieher hatten für Notfälle bereitgestanden. Auch wenn sie nebenbei Pillen und Heiltränke verkauften, bestand ihre Haupttätigkeit im Ziehen von kranken Zähnen, um die Schmerzen zu lindern. Im Gegensatz dazu lautete der Slogan des Zahnarztes »Erhaltung statt Zerstörung« (wie Bunon es formulierte). Für Fauchard seinerseits war es eine Sache der berufli-

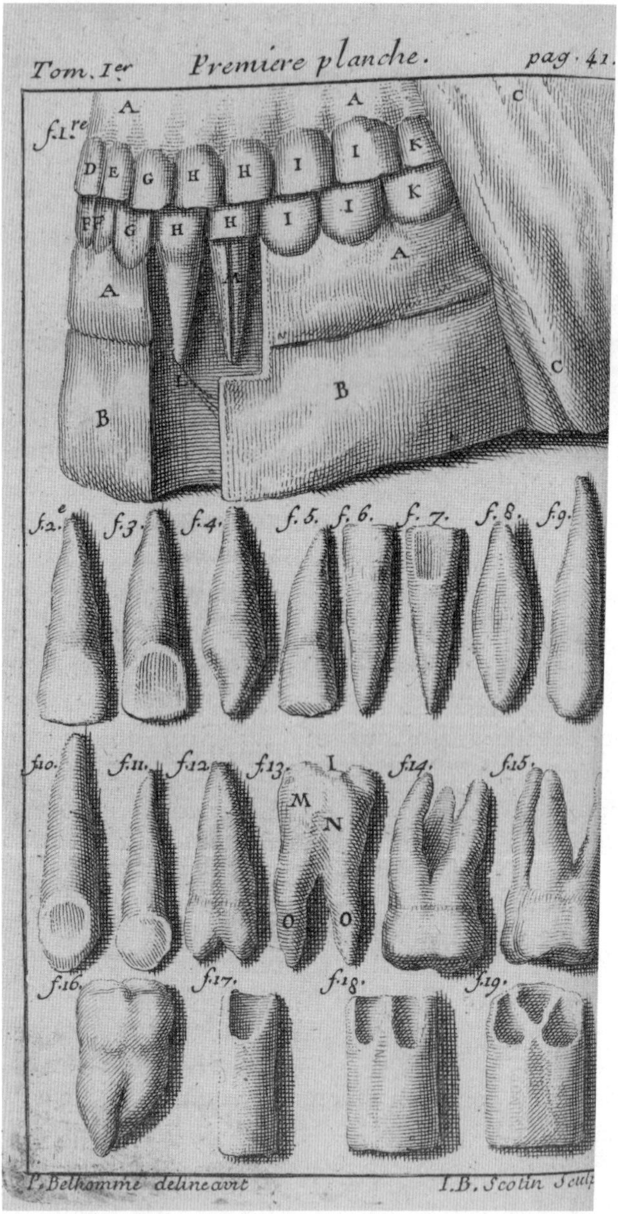

Abb. 26: Anatomischer Stich (1), aus Pierre Fauchard, *Le Chirurgien-dentiste* (1728)

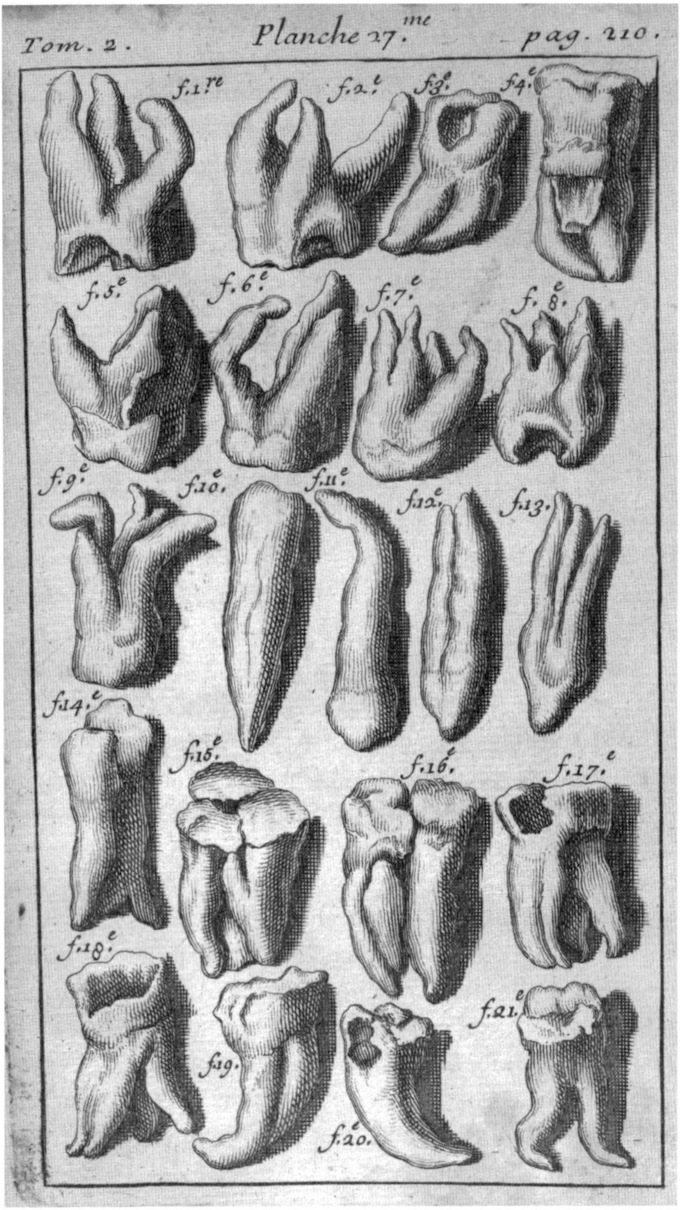

Abb. 27: Anatomischer Stich (2), aus Pierre Fauchard, *Le Chirurgien-dentiste* (1728)

chen Ehre, Zähne *nicht* zu ziehen. Er machte sich über Leute lustig, die bezüglich ihrer Schmerzen »so unduldsam sind, dass sie sich beim geringsten Anflug von Schmerz die Zähne ziehen lassen«. Manchmal ging der Zahnschmerz auch wieder vorüber. Wie Dionis vor ihm wusste Fauchard, dass Zähne manchmal gezogen werden mussten – etwa wenn sie wackelig und schwach, wenn sie bis zur Unkenntlichkeit verfault waren oder wenn eine Hyperodontie vorlag. Doch grundsätzlich war er ein entschiedener und leidenschaftlicher Gegner der Extraktion. Der Marschall von Sachsen, vielleicht der bedeutendste Kriegstheoretiker der damaligen Zeit, erklärte einmal, es zeichne einen wahrhaft großen General aus, wenn er in seiner gesamten Dienstzeit nicht eine einzige Schlacht geschlagen habe. Schlachten, selbst siegreiche, waren mit einem so unersetzlichen Verlust an Menschenleben verbunden, dass sie unter allen Umständen vermieden werden müssten. In ganz ähnlicher Weise hielt Fauchard es für das Zeichen eines guten Zahnarztes, dass er die Zähne erhielt, anstatt sie sinnlos zu entfernen. Das Zahnziehen mochte Schmerzen nehmen, aber im Hinblick auf das Wohlbefinden, das Erscheinungsbild und die Identität einer Person war der Preis sehr hoch.

Die Erhaltung der Gesundheit galt auch als Leitmotiv für die allgemeine Lebensweise. Nach Ansicht Fauchards und seiner Anhänger gab es bestimmte Verhaltensformen, die der Gesundheit besonders abträglich sein konnten. Dazu gehörte der Konsum fetter und scharfer Speisen sowie eher exotischer Produkte, wie etwa jener »verführerischen Gifte« wie Zucker und Tabak. Auch wenn Fauchards Anweisungen für die Zahnpflege im Allgemeinen ziemlich einfach waren – man sollte die Zähne reinigen, insbesondere durch tägliches Spülen (er hielt den eigenen Urin für ein gutes Mundwasser), sie ein wenig abreiben und den Zahnstocher geschickt einsetzen –, war er hinsichtlich der Zahnpflegemethoden, die er für schädlich hielt, entschiedener. So war er ausdrücklich gegen den Gebrauch von Zahnstochern aus Metall, gegen die Zahnreinigung mit den neuartigen Zahnbürsten (die er missbilligte) und gegen die Verwendung von Zahnbleichmitteln, die in seinen Augen recht gefährlich waren. Natürlich verwahrte er sich auch gegen rabiates Zähneziehen und schlechte Zahnbehandlung.

Auch wenn sie nicht mehr wie die Zahnzieher auf der Straße praktizierten, rühmten sich die Zahnärzte doch ihrer guten Erreichbarkeit. In den 1780er Jahren konnte Mercier sich noch mit einiger Nostalgie an *le Grand Thomas* erinnern, wie er auf dem Pont-Neuf lautstark seine Waren anpries. Aber noch mehr erwärmte er sich für die Annehmlichkeiten der neuen Zahnarztpraxen, die fast einem Einkaufserlebnis ähnelten:

> Wenn Sie auf der Straße Zahnschmerzen bekommen, brauchen Sie nur die Augen zu heben. Ein Schild mit einem Backenzahn, groß wie ein Scheffel, fordert Sie auf: ›Kommen Sie hinauf‹. Der Zahnarzt lässt Sie Platz nehmen, schlägt seine Spitzenmanschette zurück, zieht den Zahn mit geschickter Hand und gibt Ihnen dann ein Gurgelwasser. Sie bezahlen ihn und setzen Ihren Weg schmerzfrei fort. Ist das nicht sehr bequem?

Dies war eine Wissenschaft, die sich der Gesellschaft als Handelsware anbot. Sie stimmte völlig mit dem umfassenderen Ziel der Aufklärung überein, das Schicksal des Einzelnen in der modernen, kommerzialisierten Stadt zu verbessern.

Wie es der Zeit und dem Ort und auch ihrem bekannten Bestreben entsprach, als Wissenschaftler von vornehmem Stand zu gelten, bekannten sich die Pariser Zahnärzte zu einer kultivierten Wissenschaft, deren Stärke eher die Kultiviertheit als die Wissenschaft war. (Trotz des rhetorischen Glanzes und der übertriebenen Versprechungen in zahnmedizinischen Veröffentlichungen kann der sorgfältige Leser in ihnen zahlreiche Plagiate und einige verräterische Vokabelfehler entdecken. Der hochgepriesene wissenschaftliche Status der Zahnärzte war häufig nur Fassade.) Sie strebten nach gesellschaftlicher Anerkennung, indem sie auf die Bedürfnisse elitärer urbaner Konsumenten verständnisvoll eingingen. Wie Merciers Beispiel zeigt, war die Annehmlichkeit jetzt höflich verpackt. Zahnärzte boten ihre Dienstleistungen in der Wohnung ihrer Kunden an, meist morgens, und empfingen ihre Klienten nachmittags in ihren eigenen Häusern. Typischerweise hatte Fauchard in dieser Hinsicht die Messlatte sehr hoch gelegt. 1746 verlegte er seine Praxis in die Rue des Cordeliers (heute Rue de l'École de Médecine) in ein herrschaftliches Haus mit einer *porte-cochère* – ein feiner Hauch von Vornehmheit für einen Emporkömmling, dessen Kunden auf diese Weise ihre Termine mit der Kutsche wahrnehmen konnten. Dies alles hatte mit den öffentlichen Zahnextraktionen der Spaßvögel vom Pont-Neuf nichts mehr zu tun.

Die Zahnärzte waren bestrebt, ein gesellschaftliches Umfeld zu schaffen, in dem ihre überwiegend bürgerlichen Kunden sich wie zu Hause fühlen konnten. So konnte Mrs. Cradock, wie wir gesehen haben, in aller Ruhe und Bequemlichkeit warten, bis Monsieur Bourdet seinen morgendlichen *café au lait* zu sich genommen hatte. Postum erstellte Inventarlisten der Häuser und Besitztümer von prominenten Zahnärzten zeugen von der materiellen Kultur eines ausgeprägten, sogar luxuriösen Komforts. Bei seinem Tod im Jahr 1751 besaß Claude Géraudly ein Anwesen in der Rue des Deux-Écus nördlich des Louvre, ausgestattet mit zahlreichen wertvollen Gemälden, darunter Porträts seines Gönners, des Duc d'Orléans. Im selben Jahr verfügte Claude Moutons Domizil in der Rue de Richelieu (wo der Président d'Aligre des Pariser Parlaments und der Erzbischof von Paris zu seinen Nachbarn gehörten) über Stallungen mit acht Pferden und drei Kutschen. François Le Roy de La Faudignières Nachlass im Jahr 1786 war noch imposanter. Er umfasste über 300 Gemälde insbesondere der holländischen Schule und französischer Meister wie Oudry und La Tour, dazu sehr viele Zeichnungen und Stiche sowie eine gut bestückte Bibliothek. Das Vermögen, das Étienne Bourdet bei seinem Tod im Jahr 1789 hinterließ, war womöglich noch eindrucksvoller: ein Weinkeller voller erlesener Burgunder- und Bordeauxweine, eine Stallung mit einem Einspänner und fünf Pferden, ein reiches künstlerisches Erbe, eine große Anzahl von Spiegeln aller Art, eine Orangerie mit 18 Orangenbäumen, ein Badezimmer mit Armaturen aus Messing, ein Billardraum, ein Kabinett mit ausgestopften Tieren (und einem

Abb. 28: Jean-Baptiste Greuze, *Épiphanie* (1774)

lebenden Graupapagei) usw. Bezeichnenderweise gehörten zu den reichen Besitztümern, die der erfahrene Pariser Zahnarzt Jules Ricci bei seinem Tod im Jahr 1819 hinterließ, Kupferstiche von Greuzes klassischen Reproduktionen der Kunst der Empfindsamkeit des 18. Jahrhunderts wie etwa *L'Accordée de Village* und *Épiphanie* (Abb. 28). Bei dem letztgenannten Bild dürfte das visuelle Aufgebot weißer Zähne an den Wänden des zahnärztlichen Vorzimmers auf nervös wartende Kunden ermutigend gewirkt und dazu geführt haben, dass sie sich wohlfühlten.

Die wissenschaftliche Pariser Zahnheilkunde erwies sich als kommerziell versiert und gesellschaftlich erfolgreich, da sie auf den Empfindsamkeitskult und die in der Öffentlichkeit gängigen Höflichkeitsnormen abgestimmt war. Aus Rücksicht auf die Empfindlichkeiten und den Lebensstil der Kunden nahmen die Zahnmediziner auch die sich verändernden Ansichten der praktischen Ärzte über die Gesundheit zur Kenntnis. Obwohl in den meisten zahnwissenschaftlichen Werken Mundkrankheiten weiterhin unter dem Gesichtspunkt der Humoralpathologie, die bei praktischen Ärzten zunehmend als veraltet galt, abgehandelt wurden, zeigten sich im Laufe des Jahrhunderts immer mehr zahnmedizinische Autoren der neuen Nerventheorie gegenüber aufgeschlossen. Im Anschluss an diejenigen, die in den Fußstapfen von Albrecht von Haller schrieben, waren praktische Ärzte dafür sensibilisiert, dass die Nerven bestimmter Körper (etwa die von Frauen, Kindern, übernervösen Menschen und Wissenschaftlern) empfindsamer waren als andere – und dass Überreizung pathologische Krämpfe hervorrufen konnte. Deshalb war es medizinisch unbedingt erforderlich, gesellschaftlich wünschenswert und kommerziell unerlässlich, die Patienten nervlich nicht zu überfordern, sondern ein freundliches und sanftes Verhalten an den Tag zu legen.

Seit Ferrantis Tagen im frühen 17. Jahrhundert hatten öffentliche Zahnzieher ihre physische Stärke zur Schau gestellt, indem sie den widerspenstigen Zahn nur mit Daumen und Zeigefinger extrahierten. Die Zahnzieher in der Tradition des *Grand Thomas* taten sich besonders durch die überwältigende Kraft hervor, die sie bei ihren Eingriffen zeigten. Jene Männer machten sich eine Atmosphäre von Macht und Schrecken zunutze, um widerspenstigen Zähnen zu befehlen, den Mund ihrer Kunden zu verlassen. Im Gegensatz dazu war im Waffenarsenal des neuen Zahnarztes kein Platz für rohe Kraftakte. Was den Zahnarzt auszeichnete, war eine in anatomischer Theorie geschulte und, wie Fauchard es formulierte, »leichte, ruhige und geschickte« Hand. Fauchard benutzte zum Extrahieren lieber Instrumente, was ergonometrisch weniger anstrengend war und das Risiko von unerwünschten Nebenwirkungen verringerte (wie etwa die Ludwig XIV. zu seinem Unglück widerfahrene versehentliche Entfernung eines großen Teils des Kiefers). Er verbesserte viele klassische Dentalinstrumente und erfand andere, um für seine Patienten das Beste zu erreichen (Abb. 29). Außerdem wollten die Zahnärzte ihre Klienten lieber

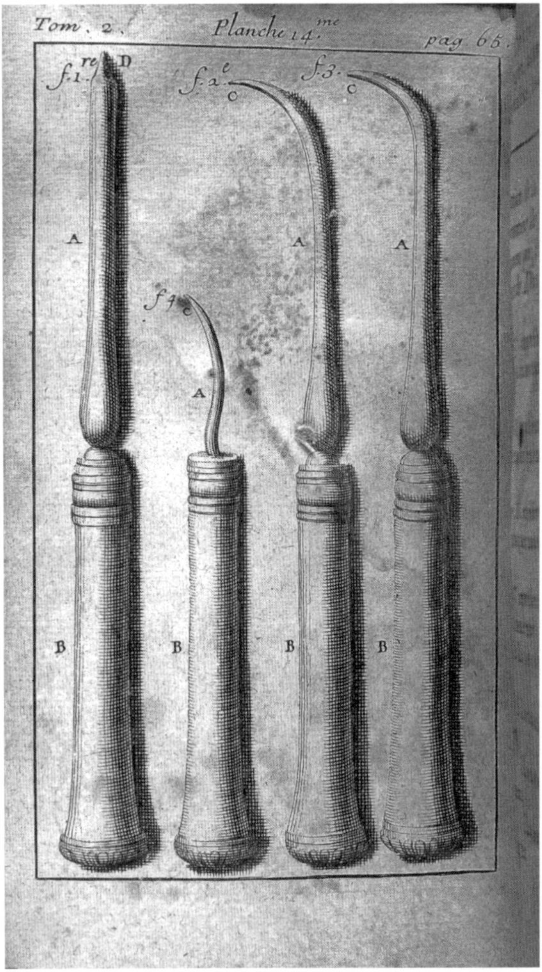

Abb. 29: Dentalinstrumente, aus Pierre Fauchard, *Le Chirurgien-dentiste* (1728)

beruhigen, als sie in Angst zu versetzen. »Ich sage dem Kranken«, erklärte der Zahnarzt Louis Laforgue, »dass ich ihn von diesem Zahn befreien, dass ich ihn extrahieren oder herausnehmen muss. Das klingt für den, der sich der Operation unterziehen muss, angenehmer.« »Zahnziehen« war offenkundig ein Wort, das in dieser empfindsamen Welt als zu furchterregend galt und daher verboten war (und das französische »*arracher*« klingt in der Tat ziemlich beängstigend).

Indem er die Extraktion so lange hinauszögerte, bis er alle Behandlungsmöglichkeiten ausgeschöpft hatte, erhob Fauchard den Zahnverlust fast auf die Stufe einer menschlichen Tragödie:

> Nur mit Bedauern entschließe ich mich dazu, Zähne zu ziehen, aber nicht wegen der mit der Operation verbundenen Gewaltanwendung, die sich stets in Grenzen hält, noch wegen der Schmerzen, die sie bereitet, und auch nicht wegen möglicher unangenehmer Nebenwirkungen. Sondern ich zögere, umgehe und verschiebe die Extraktion, weil ich den Zähnen eine so große Bedeutung beimesse und weil ihr Gebrauch so wichtig ist.

Der sensible Zahnarzt empfand nun Mitgefühl mit dem fragilen Körper und Mund seiner Patienten. Auch Anselme Jourdain – wahrscheinlich der wissenschaftlich versierteste Praktiker im Jahrhundert nach Fauchard – betonte das Mantra der Zahnerhaltung und erklärte, »dass die kleinste unnötigerweise vorgenommene Zerstörung für eine ehrbare Seele ein empfindlicher Vorwurf sein muss«. Es war so, als könnte ein verlorener Zahn (sowohl für den Zahnarzt als auch den Patienten) ein Grund sein, heiße Tränen zu vergießen, freundlichen Trost zu spenden und den besorgten Patienten zu besänftigen. Kennzeichnend für den neuen Zahnarzt war, dass er den ostentativen Gebrauch von destruktiver Gewalt vermied und darüber hinaus seine Geschicklichkeit, Intelligenz und wissenschaftliche Kompetenz im Dienste der Zahnerhaltung effizient einsetzte.

Diese Generation von »*dentistes sensibles*« bot, wie es einer von ihnen formulierte, »intuitives Feingefühl, Takt, große Geschicklichkeit und wirkliche Sensibilität«. Die neue wohlbedachte Rücksichtnahme auf die Gefühle des Patienten zeigte sich auch in anderen Formen zahnärztlichen Verhaltens. Auf Fauchards Empfehlung hin sollte den Patienten, um sie nicht in Panik zu versetzen, der Anblick von Dentalinstrumenten erspart werden. Zahnärzte sollten es auch unter allen Umständen vermeiden, den verwundbaren offenen Mund allzu grob mit kaltem Metall zu traktieren – in bestimmten Fällen sollten die Instrumente mit Stoff umwickelt werden, so dass die Berührung des empfindlichen Mundgewebes mit weniger Schrecken verbunden war. Wenn man die Wahl hatte, behandelte man zuerst den robusteren Unterkiefer. In dieser Hinsicht bezeichnend war auch, dass man sich, wie Merciers Beispiel zeigte, dazu entschied, die zahnärztliche Behandlung nicht mehr auf einer öffentlichen Straße stattfinden zu lassen. Das gern in der Öffentlichkeit zur Schau gestellte Zähneziehen gehörte nun der Vergangenheit an: Die Patienten konnten fortan *privatim* schniefen und schluchzen und wussten, dass ihre Würde noch immer gewahrt blieb. Den Ärzten wurde auch geraten, ihren Behandlungsraum in einem oberen Stockwerk einzurichten, damit die Schreie der Patienten nicht auf der Straße zu hören waren.

Dionis (kein Geringerer als er) hatte seine Patienten angewiesen, sich vor ihm auf den Fußboden zu setzen, damit er ihren Kopf zwischen seinen Knien festhalten konnte (*le Grand Thomas* hatte ihnen – darauf ist hinzuweisen – wenigstens einen niedrigen Schemel zur Verfügung gestellt [Abb. 23]). Für diese bei den Operateuren allgemein übliche Praxis hatte Fauchard harte Worte (»unschicklich«, »unanständig«). Aus demselben Grund behauptete Lécluze, dass die Angewohnheit, den Kopf der Person, die man operiert, unter den Arm zu nehmen, mehr als nur ein wenig schockierend sei, besonders für die Damen. Die steife, kraftvoll-starke Haltung des Zahnziehers stand im Gegensatz zur Geschmeidigkeit des Zahnarztes, der sich leicht und unauffällig um den Körper des Patienten bewegte und diskret den besten und am wenigsten beschwerlichen Ansatzwinkel zu ermitteln suchte – also »den, der für den Patienten am wenigstens unangenehm und für den Operateur am effektivsten« war. Ein gepolsterter Lehnstuhl war jetzt unabdingbar und – für die Behandlung von Backenzähnen – sogar ein Liegesofa. Polstermöbel waren in einer Zahnarztpraxis nunmehr Standard.

Pariser Zahnärzte sicherten sich das Vertrauen ihrer Kundschaft also nicht nur dadurch, dass sie ihren wissenschaftlichen Status in der Welt der Medizin betonten, sondern auch indem sie sich auf eine Weise anpassten, die der kultivierten Sensibilität der bürgerlichen Öffentlichkeit von Paris entsprach und sogar Teil davon wurde. Sie vervollkommneten ihre vornehme Wissenschaft rund um empfindsame Münder, Körper und Gemüter. Daran war in der Pariser feinen Gesellschaft kein Mangel.

Die Zahnärzte waren bestrebt, sich ihren Kundenstamm in der Stadt in jenen Schichten aufzubauen, die über das meiste Geld verfügten. Etwa die Hälfte der *dentistes*, die in den letzten Jahrzehnten des Ancien Régime in der Stadt praktizierten, hatten sich in oder in der Nähe der Rue Saint-Honoré nördlich des Louvre-Palasts niedergelassen. Diese Gegend war nicht nur die Einkaufszone der städtischen Elite und das Zentrum der Modebranche, sondern es war auch der mondänste Stadtteil, in dem sich die Prachtbauten des Hochfinanzsektos der nationalen Wirtschaft (Fermiers Généraux und ihresgleichen) und herrschaftliche Anwesen der alten Aristokratie befanden. Ungefähr ein Viertel der Pariser Zahnärzte lebte weiter östlich im Marais-Viertel, wo ein großer Teil der juristischen Elite der Stadt wohnte, vor allem zahlreiche Mitglieder des Pariser Parlaments. Und ein weiteres Viertel der Zahnärzte hatte sich auf dem linken Seine-Ufer hinter dem Pont-Neuf niedergelassen, im noblen Faubourg Saint-Germain oder in dessen Nachbarschaft. Der westliche Teil dieses Viertels wurde von der alten Aristokratie dominiert, doch im Osten grenzte es an die Rue Saint-Jacques, wo sich die Pariser Verlagshäuser konzentrierten: Eigenwerbung in gedruckter Form spielte, wie wir noch sehen werden, eine besondere Rolle.

Die Zahnärzte ließen sich zwar besonders gern in den Stadtteilen der Pariser Eliten nieder, doch hatten diese Viertel im 18. Jahrhundert noch eine gemischtere Bevölkerung, als es später der Fall war. Die ärmeren Schichten wohnten noch vorwiegend zu ebener

Erde oder in den Dachgeschossen der reichsten Häuser. Diese Gruppen befanden sich also nicht außerhalb des Zuständigkeitsbereichs der neuen Zahnärzte. Jacques-Louis Ménétra zum Beispiel, der spätere Glasmacher und revolutionäre *sans-culotte*, der dem Proletariat entstammte, wurde, als er als Kind Zahnprobleme hatte, von seiner Mutter zum Zahnarzt Jean-Baptiste Ricci gebracht. Aus demselben Grund wurden rangniedere Personen in die Fallstudien zahlreicher zahnmedizinischer Autoren einbezogen, die auf diese Weise auf ihre breit gefächerte Kundschaft hinwiesen. In ihren Büchern, Pamphleten und Anzeigen machten Zahnärzte auch kostenlose Behandlungen für die Armen publik. Sie wandten sich ganz ausdrücklich nicht von den gesellschaftlich niedriger Gestellten ab, die in der menschlichen Komödie von Paris den höheren Ständen nacheifern wollten.

Die Bedeutung, die die Pariser Kultur einem modischen Erscheinungsbild auf der gesellschaftlichen Bühne beimaß, trug dazu bei, eine hohe Nachfrage nach den Diensten und Produkten des Zahnarztes sicherzustellen. Dies wurde durch die Tatsache verstärkt, dass zahlreiche Substanzen, die in den Häusern der Pariser und an ihren Stätten öffentlicher Geselligkeit konsumiert wurden, Zahnschäden hervorriefen. Auch wenn die meisten Zahnärzte darin nicht unbedingt ein Problem sahen, scheint es tatsächlich so, dass Zucker, der (in Kaffee, Tee, Eis, Erfrischungsgetränken und allen möglichen Süßspeisen) nicht nur in die Ernährung der Elite, sondern in die weiten Kreise der städtischen Verbraucher Einzug hielt, für die Zähne verheerend war. Tabak hatte ebenfalls schädliche Folgen. Archäologische Funde in Friedhöfen des 18. Jahrhunderts zeigen, dass in der gesamten Geschichte der Menschheit die Zähne noch nie in einem so schlechten Zustand gewesen waren. Zahnschmerzen waren wohl mit Fug und Recht das *mal du siècle*, die große Krankheit des Jahrhunderts. Die Auswirkungen waren umso katastrophaler, als sie das »weiße Lächeln« gefährdeten, das zum Ausweis einer aufgeklärten Geselligkeit zu werden schien. Von Zahnschmerzen gequält, vertraute die 25-jährige schweizerisch-niederländische Schriftstellerin Isabelle de Charrière in ihrer hysterischen Verzweiflung einem Freund ihr Elend an:

> Was kann man von einer Person sagen, die mit heroischem Mut so vieles ertragen hat ... die furchtbarsten Schmerzen im Mund, im Hals und im Kopf; und die nach fast 15 Monaten, die sie ohne jedes Leiden friedlich verbracht hat, jetzt darüber verzweifelt ist, dass ihre Zähne zwar schön aussehen, aber in einem sehr schlechten Zustand sind; und die in jedem Augenblick denkt, dass sie sie verlieren wird; die nachts davon träumt; die hundertmal am Tag ihre Zähne anschaut; die sich einbildet, dass man für nichts gut ist, wenn man keine perfekten Zähne hat; und die der Gedanke, dass man Freunde, Liebhaber oder einen Ehemann finden könnte, in Staunen versetzt ...

Als große Bewunderin von Rousseau war de Charrière offenbar besorgt, es mit dem süßen Lächeln von Julie, der »neue Heloïse«, nicht aufnehmen zu können. Die Literatur und Ikonographie der Empfindsamkeit hatten hinsichtlich des Aussehens der Zähne die Messlatte hoch gelegt und Ängste ausgelöst, die die Menschen dazu brachten, zahnärztlichem Rat Beachtung zu schenken. Dass man gezwungen sein könnte, die lächelnden Kreise der aufgeklärten Geselligkeit zu verlassen, erschien wie eine existenzielle Bedrohung.

Wenn Rousseaus *La Nouvelle Héloïse* in jungen Frauen keine Befürchtungen hinsichtlich des Lächelns weckte, dann taten die Zahnärzte ihr Bestes, um solche Ängste zu schüren. 1780 beschrieb der Zahnarzt Jules Ricci anschaulich die Zukunft derer, die ihrer Zähne verlustig gingen:

> Der schönste Mund verliert seinen Reiz, sobald er seiner Zähne beraubt ist; die Wangen, die durch diese kleinen Knochen gestützt wurden, fallen ein; das Kinn wird länger und spitz; die Aussprache, früher angenehm und sonor, wird beschwerlich; der Luftstrom, der die Stimme hervorbringt, wird nicht mehr wie bisher modifiziert, so dass die Stimme einen scharfen, fal-

schen und unangenehm Klang bekommt; und schließlich tropft der – beim Sprechen immer leicht austretende – Speichel aus dem Mund, als wenn man alt wäre.

Das Schreckgespenst des zahnlosen Mundes wurde hier auf eine absichtlich grässliche und abstoßende Weise geschildert. Die ganz offene und berechnende Ausnutzung der Ängste von Patienten war ein wesentlicher Teil der Geschäftsmasche des Zahnarztes zur Zeit der Aufklärung.

Sicherlich bestand eine starke Nachfrage nach zahnärztlichen Leistungen. Aber wie Riccis Beispiel zeigt, machten sich die Zahnärzte noch unentbehrlicher, indem sie die Nachfrage in der Gesellschaft durch ein raffiniertes unternehmerisches Management stimulierten und steigerten. Zahnzieher, die ihre Dienste auf den Märkten und Straßen der Stadt feilboten, hatten für sich selbst Reklame gemacht. Selbst wenn es in der Straße ein Hinweisschild gab, stellte die Tatsache, dass die Zahnbehandlung nun hinter verschlossenen Türen stattfand, ein mögliches Problem für die Werbung in der Öffentlichkeit dar. Das Problem wurde mithilfe von Druckerzeugnissen weitgehend gelöst. Anzeigen erlaubten es den Zahnärzten, ihren Kundenstamm zu vergrößern und Informationen über ihre Dienste weitaus effizienter zu verbreiten als durch reine Mundpropaganda. In der bürgerlichen Öffentlichkeit gab es zahlreiche eifrige Leser und Konsumenten, die alles durchblätterten und zum Beispiel nach einem Bericht über Clarissas »weißes Lächeln« eine Zahnpasta-Reklame lasen.

Druckerzeugnisse brachten in jedem Wirtschaftszweig Anbieter und Kunden, die moderne Produkte besitzen wollten, zusammen. So eröffnete die Werbung den Zahnärzten den Weg zu einem möglichen kommerziellen Erfolg. Im Laufe des Jahrhunderts wurde es offensichtlich, dass ihre Veröffentlichungen in der Regel weniger wissenschaftlich als kommerziell ausgerichtet und weniger für chirurgische und wissenschaftliche Kollegen als für die häusliche Welt der vornehmen Verbraucher bestimmt waren. Der hochwissenschaftliche Étienne Bourdet beispielsweise verfasste ein Taschenbuch, *Soins faciles pour la propreté de la bouche* (1752), dessen Ziel es war, für seine Dienste zu werben und für die wissenschaftliche Zahnheilkunde Reklame zu machen. (Er sollte diese Strategie weiterverfolgen und – außergewöhnlich genug – 1786 eine Schrift über Fußpflege verfassen. Zweifellos besaß manch ein lächelnder Fußgänger beide Bücher.) Andere Beispiele für das populistische Genre, das sich offen am Konsumenten orientierte, waren etwa Claude-Guillaume Beaupréaus *Dissertation sur la propreté et la conservation des dents* (1764), Le Roy de La Faudignières *La Manière de préserver et de guérir les maladies des gencives et des dents* (1766; Neuausgabe 1772) und Jean Héberts *Le Citoyen Dentiste* (1778). Auf einem noch elementareren Niveau waren Jean-François Botots *Observations sur la suppuration des gencives* (1770), Pierre Auzebis *Traité d'odontalgie* (1771) und Jean Héberts *Réfutation d'un nouveau traité d'odontalgie* (1773) schlichte Werbeschriften für ihre Mundspülungen, die sie wie Markenartikel vertrieben. Trotz ihrer wissenschaftlichen Sprache waren diese Texte von den Handzetteln eines *Grand Thomas* nicht weit entfernt.

Da sie sich weitgehend überschnitten, ist es etwas gekünstelt, die zahnärztlichen Publikationen in »wissenschaftliche« und »kommerzielle« unterteilen zu wollen. Selbst der große Fauchard, der Schutzpatron der Zahnmedizin, war, wie wir gesehen haben, nicht dagegen gefeit gewesen, Werbung zu machen. In der Tat war der unternehmerische Unterton vor allem in Zeitungsannoncen zu erkennen. Diese bildeten ein Schlüsselelement in einem großen System des Konsums, das Produzenten und Konsumenten miteinander verband, besonders ab etwa 1750, als in Paris Anzeigenblätter, die *Affiches de Paris* und die *Affiches de province*, gegründet wurden. Ihr Einfluss erweiterte sich noch dadurch, dass sie von Provinzzeitungen häufig vollständig kopiert wurden; auf diese Weise entstanden durch Printmedien gesteuerte nationale Märkte für eine große Vielfalt von Waren.

Mithilfe der Werbung konnten Informationen in der Öffentlichkeit verbreitet und auch eine Reihe von Argumenten vorgetragen werden, die das öffentliche Interesse wecken sollten. Gesundheit, vor allem in Verbindung mit Schönheit, war einer der einträglichsten Bereiche auf diesem virtuellen Markt. Zahnärztliche Dienstleistungen und Produkte spielten hier eine beträchtliche Rolle. Wie die Werbung betonte, waren gute Zähne das *sine qua non* des guten Aussehens. In der medizinischen Werbung wurde häufig explizit betont, dass das schöne »weiße Lächeln« – wie es in den klassischen Bestsellern der Literatur der Empfindsamkeit beschrieben wurde – nicht nur eine Phantasie von Romanschriftstellern sei: In der Pariser Welt der vornehmen Geselligkeit konnte es zur alltäglichen Realität und zu einem strahlenden Zeichen der individuellen Identität werden. Das System des Konsums war somit ein weiterer Anreiz für die Verbreitung des Lächelns.

Dies galt insbesondere für Frauen. Gute Zähne gehörten, wie es ein Genfer Zahnarzt 1790 formulierte, zum Schmuck des Gesichts, das »ihrem Lächeln Anmut verleiht«. Doch in der Pariser Öffentlichkeit betraf die Verschönerung des Mundes nicht nur Frauen, sondern auch Männer. Für Étienne Bourdet »ist die Schönheit der Zähne keine Frage der Koketterie«, sondern betrifft ausdrücklich beide Geschlechter. »Wenn Frauen durch den Verlust ihrer Zähne viel von ihrer Schönheit einbüßen«, pflichtete Jourdain ihm bei, »dann sind Männer auch nicht besser dran.« In bartlosen Gesichtern, die in dieser Hinsicht noch immer den Stil von Versailles nachahmten, fielen außerdem die Zähne noch stärker auf.

Die Pariser Welt der Empfindsamkeit umfasste sowohl Männer als auch Frauen, nicht zuletzt deswegen, weil gute, gesunde, weiße Zähne mehr als nur gutes Aussehen bedeuteten. Sie ermöglichten auch Annehmlichkeit, Komfort und gute Gesundheit. Claude Géraudly spezifizierte die zahlreichen Mittel und Wege, wie es einer Person durch Zahnpflege vergönnt war, den Ansprüchen der öffentlichen Geselligkeit zu genügen:

> [Die Zähne] tragen nicht nur bestens zur Erhaltung der Gesundheit bei, sondern sorgen auch für eine freundliche Physiognomie, eine angenehme Färbung der Stimme, eine flüssige und

> deutliche Artikulation, einen wohlriechenden Atem und eine anmutige Miene, die uns für die Teilnahme am bürgerlichen Leben sehr geeignet macht.

Hinsichtlich der Zähne von Kindern bezeichneten sich die Zahnärzte als Leute, die einen mühseligen, aber patriotischen Kampf um die Herzen und Köpfe ignoranter und rückständiger Eltern führten. Nicht nur die unwissenden Armen, sondern auch zahlreiche Familien des Mittelstandes vernachlässigten, so Bunon, die Zähne ihrer Kinder und glaubten sogar, dass Zahnstein die Zähne kräftige (und nicht etwa schwäche und krank mache). Leute, die in Sachen Zähne total unbedarft waren, wiesen auch darauf hin, dass die kleinen, schmutzigen Straßenkinder aus Savoyen – die, wenn sie einen Zahnarzt sähen, diesen nicht einmal als solchen erkennen würden – die Kinder mit den besten Zähnen seien. Erwachsene konnten über Warnungen vor Süßungsmitteln spotten: Der Duc de Beaufort hatte angeblich bis zum Alter von 70 Jahren noch sämtliche Zähne, obwohl er durchschnittlich 4 Kilo Zucker pro Tag zu sich genommen hatte. Zahnmedizinische Autoren drängten Schulen, einer solchen Propaganda gegen eine angemessene Zahnpflege entgegenzutreten. Nach Ansicht von Lécluze sollten die Lehrer mit ihren Schülern zweimal im Jahr zu einem Zahnarzt gehen. Andere hielten das für viel zu fahrlässig und plädierten für eine monatliche Kontrolle.

Zahnmedizinische Schriften, die sowohl den individuellen als auch den kollektiven gesellschaftlichen Nutzen betonten, befassten sich oft mit dem Problem von Sprache und Artikulation. Wie es in Diderots *Encyclopédie* heißt, »entstellt der Zahnverlust den Mund und beeinträchtigt … die Aussprache«. Es gab viele Wörter, die man, zumindest auf verständliche Weise, nur aussprechen konnte, wenn man Zähne hatte. Zu was war beispielsweise ein *habitué* der Salons oder Kaffeehäuser zu gebrauchen, wenn er keine oder nur wenige Zähne hatte? Diese Frage verfolgte, wie wir gesehen haben, den Abbé Galiani. Und es waren auch nicht nur die Alten, die von solchen Problemen der Mundhygiene betroffen waren. Schlechte Zähne bedeuteten Mundgeruch. Étienne Bourdet stellte überdies fest, dass »beide Geschlechter, die fortwährend dazu neigen, zu lachen oder zu sprechen, bestimmte Wörter nicht aussprechen können, ohne dass Speichel austritt, womit sie einen höchst unerfreulichen Anblick bieten«. Fehlende Zähne ließen Speichel aus den Mundwinkeln laufen und führten zu anderen unschönen Symptomen, die in jeder vornehmen Konversation abstoßend wirkten.

Durch den Erhalt der Zähne behielt das Gesicht sein gewohntes Aussehen und seine Ebenmäßigkeit – ohne Zähne aber verlor es, wie Ricci festgestellt hatte, seinen Reiz: Die Lippen und Wangen fielen ein, und das Kinn wurde länger und spitz. Zahnverlust war ein Schritt auf dem Weg ins gesellschaftliche Abseits und zu Schlimmerem. Der Zahnverlust, so Lécluze, »verursacht Deformierungen, die den Mund unangenehm wirken lassen, ein Anblick, der den bevorstehenden Verfall des Menschen anzukündigen scheint«. In der Pariser Öffentlichkeit schien Zahnlosigkeit einen Verlust der gesellschaftlichen Identität nach sich zu ziehen. Der schöne Mund – der Mund, der das neue Lächeln zeigen konnte – war untrennbar mit individueller Subjektivität verbunden. »Sehen wir nicht des Öfteren«, lautete die rhetorische Frage des Zahnarztes Honoré Courtois, »Angehörige … des schönen Geschlechts, die nicht einmal die kleinste Bemerkung machen oder das kleinste Lächeln zeigen können, ohne dass man sieht, wie wenig sie ihre Zähne gepflegt haben?« Damit ein Gesicht erkennbar und attraktiv blieb, bedurfte es also der Zähne, selbst wenn der Mund geschlossen war und die verbleibenden Zähne nicht zu sehen waren (etwas, das Hyacinthe Rigaud, dem Porträtisten von Ludwig XIV., nicht entgangen sein dürfte). Im Zeitalter der Aufklärung sorgte der Zahnarzt dafür, dass man bei Begegnungen von Angesicht zu Angesicht sich seiner selbst sicher fühlen konnte.

Autoren zahnmedizinischer Werke bauschten ihre Dienste in einer erbaulichen Erzählung auf, in der sie ihren ebenso patriotischen wie wohltätigen Beitrag zum gesellschaftlichen Fortschritt in einer aufklärerischen Gesellschaft herausstellten. In der Rhetorik der Herausgeber der *Affiches* wurde beispielsweise ständig betont, dass der Inserent das Angenehme (*l'agréable*) mit dem Nützlichen (*l'utile*) verbinde, und genau so präsentierten Zahnärzte ihre eigenen Dienste und Waren. Dabei orientierten sie sich an anderen Handwerkern des Körpers jener Zeit. Insbesondere Perückenmacher waren dafür bekannt, dass sie hervorhoben, wie sehr ihre Produkte für gutes Aussehen, Komfort, Annehmlichkeit und eine gute Gesundheit sorgten. Wenn man also Menschen mit solchen Zähnen, einem solchen Mund und einem solchen Lächeln ausstattete, dass sie sich problemlos in die Welt der Pariser Geselligkeit einfügen konnten, so war dies auch eine Errungenschaft für die gesamte Bevölkerung. Dies war ebenso das Fundament für eine funktionierende Öffentlichkeit, in der man Fortschritt und gesellschaftliches Glück finden konnte.

Zahnärzte waren also gern bereit, einen Menschen so zu verändern, dass er den Anforderungen des modernen Lebens besser gerecht wurde. Die Arbeitshypothese war, dass gesunde weiße Zähne für alle Erwachsenen ein wertvolles Gut darstellten. Die Fähigkeit zu einem strahlenden Lächeln war nur einer der gesellschaftlichen Vorteile, der mit guten (und vorzugsweise weißen) Zähnen verbunden war. Und um den gesellschaftlichen Nutzen ihrer Kunst wie auch deren Beitrag zur individuellen Gesundheit und dem individuellen Wohlbefinden herauszustellen, wurden schlechte Zähne in der zahnärztlichen Propaganda als Zeichen für diverse Krankheiten wie auch als deren Ursache dargestellt. Zahnärzte betonten, dass die Zähne erhalten werden müssten, um den Kau- und Verdauungsvorgang zu unterstützen. Aufgrund von Zahnlosigkeit litten die Alten an chronischen Verdauungsstörungen, die ihren allgemeinen Gesundheitszustand verschlechterten. Am anderen Ende des Altersspektrums bildeten die Zähne der Kinder einen weiteren Schwerpunkt dieser zahnmedizinischen Schriften – von den wissenschaftlichsten bis zu den allgemein verständlichsten. Eine gute Zahnbehandlung konnte verhindern, dass immer wieder unschuldige Kinder aufgrund von Fluxionen und Dehydrierung während des Zahnens starben. Dies stand im Einklang mit dem Anliegen der Regierung in jener Zeit, die Bevölkerungszahl zu erhöhen.

Den Lesern der zahnmedizinischen Werbeschriften, die in Paris seit der Jahrhundertmitte in rasch wachsender Zahl erhältlich waren, drängte sich daher der Eindruck auf, dass der Zahnarzt nur seinen Zauberstab zu schwingen brauchte, um jede Menge kleiner Wunder zu vollbringen. Was früher hässlich war, würde anmutig und gut aussehen; Verdauungsbeschwerden würden durch Wohlbefinden ersetzt; Unverständlichkeit der Sprache durch perfekte Klarheit; eine peinlich feuchte Aussprache durch eine angenehm trockene Artikulation; abstoßend übler Mundgeruch durch wohlriechenden Atem. Diese traumhaft schöne Vision wurde als Ziel hochgehalten, das für jeden gewissenhaften Angehörigen der Pariser Öffentlichkeit erreichbar war. Denn der Traum von guten Zähnen und einem angenehmen Lächeln war jetzt keine Schimäre mehr. Er war für alle realisierbar.

Man hielt es für ratsam, mit der Erhaltung und Verschönerung der Zähne schon zu Hause zu beginnen, und die zahnärztliche Werbung lieferte Ratschläge zur Selbsthilfe und gab an, wie, wie oft und unter welchen Voraussetzungen man die Zähne reinigen sollte. Die meisten Zahnärzte bevorzugten die Verwendung eines warmen Schwammes, eines nichtmetallischen Zahnstochers sowie (wenn möglich) eines Zungenkratzers (eine Erfindung von Lécluze). In dieser Zeit und an diesem Ort tauchte jedoch auch eine neue Selbsthilfe-Technik auf, der in der westlichen Zivilisation eine lange und ruhmreiche Zukunft beschieden war: die schlichte Zahnbürste. Verfertigt in etwa genauso wie unsere heutigen Zahnbürsten, schonte sie den Zahnschmelz, während sie die Zahnzwischenräume auf effiziente und schonende Weise säuberte, so dass sie bald zu einem wesentlichen Element der täglichen Körperpflege wurde. Ihre Zierlichkeit und Handlichkeit waren besonders hilfreich. Wie der Zahnarzt Hébert feststellte, ermöglichten es diese Grundtechniken und -praktiken den Menschen, in allem, was die aufgeklärte Mundpflege betraf, zu ihren »eigenen Ärzten« zu werden.

Wenn Zahnärzte ihre Klienten zur Selbsthilfe anhielten, mochte dies wie beruflicher Selbstmord erscheinen. Tatsächlich brauchte es wenig machiavellistische Gerissenheit, um festzustellen, dass das gesteigerte öffentliche Interesse an der Zahnerhaltung den Interessen des Zahnarztes eher diente als zuwiderlief. Denn in Fragen der Mundhygiene war in sehr vielen Fällen eine speziellere Behandlung notwendig, als sie von Laien geleistet werden konnte. Die kommerzielle Logik ihrer Position war, dass die Möglichkeiten der Selbsthilfe begrenzt waren und dass die Klienten, sobald der Gedanke der Zahnerhaltung sich in ihnen festgesetzt hätte, sich wegen einer weiteren Behandlung stets wieder an sie wenden würden. Theoretisch mochte es so scheinen, als würde man, wenn man sich von frühester Jugend an regelmäßig die Zähne putzte, sein Leben lang gute Zähne haben, so dass für zukünftige Generationen Zahnärzte vielleicht der Vergangenheit angehören würden. Zahnärzte hielten das für unwahrscheinlich. Noch immer verbreiteten sich gute Zahnpflegegewohnheiten nur langsam. Auch wenn Mundkrankheiten sich erheblich verringern sollten, würden sie wohl kaum völlig verschwinden. Selbst jene Leute, die dem Aufklärungsgedanken der menschlichen Fähigkeit zur Vervollkommnung am stärksten verpflichtet waren, konnten sich nur schwer vorstellen, dass es irgendwann einmal keine Zahnprobleme mehr geben würde.

Ferner wurden viele Produkte, die man für die Zahnpflege brauchte, von Zahnärzten bereitgestellt, ohne dass diese viel Aufhebens davon machten. Sie boten nicht nur Dienstleistungen an, sondern verkauften auch alles, was für die persönliche Mundhygiene nötig war. Um sich selbst zu helfen, bedurfte es der Produkte, die von Zahnärzten vermarktet wurden. Géraudly offerierte zum Beispiel ein *opiat*, das »die Zähne reinigt und weiß macht«; ein *élixir* zum Gurgeln, das »die Zähne sauber hält, vor Schmerzen schützt und schlechten Mundgeruch vertreibt«; und eine *essence*, »die den Schmerz lindert und behebt«. Alles war in praktischen 3-Livre-Töpfen erhältlich. Géraudly behauptete nicht ganz wahrheitsgemäß, er sei nur von seiner Mitarbeiterin Mademoiselle Calais (die aus unbekannten Gründen tatsächlich die einzige Zahnärztin war, die in diesem Jahrhundert in der Stadt praktizieren durfte) in diese kommerzielle Richtung gedrängt worden. Doch tatsächlich war eine solch unbeholfene Bescheidenheit nicht überzeugend. Die damaligen Zeitungen waren voller Anzeigen für Schönheitsprodukte (viele davon waren sowohl für Männer als auch für Frauen bestimmt). Wir finden massenweise Werbung für Zahnpulver und Zahnbleichmittel (ebenso für Lippenstifte, um die Weiße der Zähne hervorzuheben), Mundspülungen, Atemversüßer, Zahnstocher, Zungenkratzer sowie für die neumodischen Zahnbürsten. Während am Hof *le fard* noch eine schaurige Weiße über das ganze Gesicht und auch über die Lippen verbreitete, gab es auf dem Markt jetzt verschiedene Arten von Rouge, die nicht nur die Wangen hervorheben sollten, sondern auch als Lippenstift dienten. Rubinrote Lippen brachten als attraktiver Kontrast schöne weiße Zähne zur Geltung. Allein im Jahr 1781 wurden in Frankreich zwei Millionen Tiegel Rouge verkauft – und die Lippen standen nun ebenso im Fokus wie die Wangen.

So wissenschaftlich die zahnmedizinischen Werbeanzeigen sich auch geben mochten, ging es also immer auch um kommerzielle Interessen. Wahrscheinlich erzielten viele Zahnärzte einen größeren Teil ihres Einkommens aus solchen Quellen als aus der klassischen Mundbehandlung ihrer Klienten. (Dies hatte vermutlich auch für einige *arracheurs de dents* gegolten.) Le Roy de La Faudignière hatte für seine Mittelchen sowohl in Paris als auch in den Provinzen hartnäckig Werbung gemacht; bestimmt pries er in den *Affiches* von Bordeaux, Grenoble, Metz, der Pikardie und Normandie seine Waren an. Die nach seinem Tod im Jahr 1786 erstellte Inventarliste offenbarte ein unter der Treppe befindliches Labor mit nicht weniger als 5500 Fläschchen (ebenso eine große Flasche mit Seifenessenz, weitere 21 dickwandige Glasflaschen und 41 Zinntöpfe für sein Opiat). Entsprechend bestand der wertvollste Teil des beweglichen Vermögens des Zahnarztes Pierre Billard, der 1751 starb, aus 57 Pfund Nilpferdgebiss, das zu (menschlichen) falschen Zähnen verarbeitet werden konnte. Solche Beispiele ließen darauf schließen, dass die Zahnärzte noch immer eher Geschäftsleute als Wissenschaftler waren. Wenn man im Paris der Aufklärung mit dem Lächeln Karriere machen konnte, dann war dies eher der Dynamik des Marktes und der Qualität des zahnärztlichen Unternehmertums als den institutionellen Wissenschaftsstrukturen zu verdanken.

Unterdessen in Versailles …

Welchen Platz nahm, so mag man sich fragen, der königliche Hof in diesen bedeutenden Entwicklungen ein, die in Paris rund um den Mund stattfanden? Immerhin hatte, wie wir dargelegt haben, das Versailles Ludwigs XIV. früher in Sachen Kultur ein Muster für Frankreichs gesellschaftliche Eliten abgegeben. Tatsächlich war dies jedoch immer weniger der Fall. Versailles hinkte nun eher hinterher, als dass es das Tempo für neue und innovative Modeerscheinungen in der französischen Hauptstadt vorgab. Während die Stadt bekanntlich jeder modischen Marotte des Hofes gefolgt war, verlief das Ganze jetzt in umgekehrter Richtung: Neue Ideen und Verhaltensformen verbreiteten sich nun von der Stadt zum Hof, vom Marktplatz zum Palast, von der Bourgeoisie zur Aristokratie. Nach einer Formulierung Merciers war der Hof zu einem »Satelliten« geworden, der von einem »Wirbelwind« mitgerissen wurde. Der Wirbelwind war selbstverständlich Paris.

Die moderne Zahnmedizin, die in der aufgeklärten Öffentlichkeit im Laufe des Jahrhunderts ins Leben gerufen worden war, trat am Hofe deutlich weniger in Erscheinung als in der Stadt. Am Hof bestehende Regeln hinsichtlich Körperverhalten und Gesichtsausdruck behielten in Versailles hartnäckig ihre Gültigkeit, als ob die Kritik an höfischen Manieren den König umso mehr auf seinem Standpunkt beharren ließ. Die Nachfolger Ludwigs XIV. hielten sich mit übertriebener Treue an die Protokollvorschriften, die »Ludwig der Große« für fast sämtliche Bereiche des höfischen Lebens erlassen hatte. Nach 1775 zeigte sich Ludwig XVI. offenkundig peinlich berührt von einigen der archaisch anmutenden Rituale, die er seinen Höflingen zumutete. Dennoch hielt er daran fest. Angesichts der Veränderungen war man geistig wie gelähmt. Dies zeigte sich bei den Staatsporträts, die sich häufig bewusst an Rigauds großspurigem Porträt von Ludwig XIV. orientierten und noch immer ein schönes Bein zur Schau stellten (interessanterweise aber niemals einen alternden oder zahnlosen Mund andeuteten, wie es Rigaud so nachdrücklich getan hatte). Der in der Pariser Öffentlichkeit geweckte Sinn für Mode mag in die höfischen Konventionen eingedrungen sein, und mit Sicherheit waren, wie wir gesehen haben, zahlreiche adlige Höflinge bestrebt, sich bei Pariser Kreisen einzuschmeicheln. Aber diese Entwicklungen brachten die bestehenden Verhaltensweisen am Hofe nicht zu Fall. Perücken änderten Form und Stil – wurden jedoch immer noch getragen. *Le fard* beherrschte weiterhin die höfischen Gesichter – tatsächlich dürfte seine Verwendung bei Männern sogar noch zugenommen haben. Bei Hofe verwendete man beharrlich Rouge auf den Wangen, und wenn sich bei den Schönheitsflecken und -pflästerchen etwas veränderte, dann betraf dies nur die richtige Stelle im Gesicht.

Dieser Gesichtskodex stand in immer stärkerem Gegensatz zu einem Trend in einigen Pariser Kreisen, auf Rouge und *fard* zu verzichten. Hier legte man Wert auf ein natürlicheres Aussehen, das für ein Zeichen von Tugendhaftigkeit gehalten wurde. Die Vorstellung von der naturgegebenen Tugendhaftigkeit hatte eine Rousseau'sche Färbung, weshalb sie weithin großen Anklang fand. Während *le fard* denen, die keine weiße Haut hatten, immer die Möglichkeit eröffnet hatte, diesen Mangel auszugleichen, boten Verkäufer von Schönheitsmitteln jetzt Produkte an, die eher ein natürliches als ein unnatürlich bleiches Aussehen bewirkten. Der Erfinder einer bestimmten *crème de beauté* hob als Hauptverkaufsargument hervor, »dass es praktisch unmöglich sei festzustellen, dass die Schönheit, die sie verleiht, auf Kunst beruht«. Wangen sollten eine natürliche Farbe haben, fernab vom unheimlichen Glanz des traditionellen Rouge, selbst wenn »natürlicher« Transparenz manchmal nachgeholfen werden musste. Wie dem auch sei, die Bedeutung, die man in höfischen Kreisen der Blässe der Haut als Zeichen natürlicher Tugend zumaß, wurde in der Pariser Öffentlichkeit durch das Weiß der Zähne mehr und mehr in den Hintergrund gedrängt.

Im privaten und informellen Rahmen war natürlich eine gewisse Abkehr von den Vorgaben Ludwigs XIV. zu beobachten. Ludwig XV. empfand sein eigenes Hofzeremoniell selbst als unerträglich einengend, reduzierte die Anzahl der Tage, an denen er sich in Versailles aufhielt, und zog es vor, mehr Zeit in kleineren Palästen in der Île de France zu verbringen (Fontainebleau, Choisy, La Muette, Trianon usw.), wobei er von seiner Mätresse Madame de Pompadour (später Madame du Barry) und einigen getreuen Gefährten begleitet wurde. Selbst in Versailles vermied er an den zahlreichen Tagen, an denen er auf die Jagd ging, Staatsbankette und ersetzte sie durch leichte Abendessen, Kartenspiele und Laientheateraufführungen im Kreise seiner Vertrauten. Dann war der König weniger missmutig, konnte sogar entspannt aussehen und sich entspannt fühlen – »wenngleich immer mit einer Würde, die er nicht ablegen wollte«, wie ein Höfling feststellte.

Unter diesen Umständen zogen es nun zahlreiche Aristokraten vor, den mitunter monotonen höfischen Ritualen zu entfliehen und in die schwindelerregende neue Welt der Zügellosigkeit und Protzigkeit von Paris einzutauchen, selbst wenn dies, wie wir gesehen haben, bedeutete, dass sie sich als Angehörige einer eher bürgerlichen als aristokratischen Öffentlichkeit neu erfinden mussten. Den Leuten, die aus Versailles geflohen waren, gefielen die in der Pariser Öffentlichkeit entwickelten Höflichkeitskonventionen, die die Vorstellungen von höfischer Zivilität und *honnêteté* teils imitierten, ihnen teils aber auch widersprachen. Dies erlaubte es ihnen, sich in den Kreisen einer aufgeklärten Geselligkeit, die sich in Paris entwickelt hatte, zu bewegen – und manchmal auch, sie zu dominieren. Doch wie wir gesehen haben, empfanden es diejenigen, die gesellschaftlich unter ihnen standen, als schwierig, ihnen als gleichberechtigten Weltbürgern vollständig zu vertrauen. Die allzu exaltierte Zivilität der Adligen galt stets als Beweis für ihre Unaufrichtigkeit und Affektiertheit. Freilich war angesichts des bei Höflingen zunehmenden modischen Trends, die Schminkregeln des Hofes zu übernehmen, Verweichlichung ein zusätzlicher Vorwurf. So war Jacques-Antoine Dulaure, einer der wenigen Aufklärer, die sich für den Bart begeisterten, der Ansicht, dass die Modetorheit der *petits-maîtres*, sich glatt zu rasieren, eine Bedrohung für die Moral darstelle und zur Homosexualität verführe: »Die Ähnlichkeit der Geschlechter scheint den Mann zu jenen beschämenden Ausschweifungen zu verleiten, die einst den Ruhm von Griechenland und Rom besudelten.«

Die angebliche Effeminität von Höflingen und *petits-maîtres* wurde auch aus anderer, weniger exzentrischer Perspektive aufs Korn genommen. In seinen – die Geschlechterrollen stark betonenden – Schriften warf Rousseau den Männern vor, dass sie den Frauen erlaubten, sich außerhalb der häuslichen Sphäre zu engagieren, die seiner Meinung nach ihr bevorzugter Lebensraum war: Der Vorwurf richtete sich gegen königliche Mätressen wie Madame de Pompadour, aber bezeichnenderweise ebenso gegen die *salonnières* außerhalb des Hofes. Während Männer die Öffentlichkeit beherrschen sollten, sollten sich Frauen mit den Freuden der Häuslichkeit zufriedengeben – eine Sichtweise, die den Mustern der aufgeklärten Geselligkeit völlig zuwiderlief. Rousseaus Schriften mit ihrer Betonung der Geschlechterrollen waren auch eine implizite Kritik an den gängigen Maßstäben von Mannhaftigkeit, die Frauen in der Öffentlichkeit zu viel Mitsprache gestattet hatten. Darüber hinaus bekräftigten Mediziner mit neurologischen Grundkenntnissen mehr und mehr die Vorstellung, dass Frauen für derartige Verantwortlichkeiten ungeeignet seien. In den mittleren Jahrzehnten des Jahrhunderts war Empfindsamkeit ein geschlechtsneutraler Begriff gewesen: Männer konnten Gefühle ebenso offen zum Ausdruck bringen wie Frauen. In den letzten Jahren des Ancien Régime gab es jedoch eine Tendenz, das Nervensystem von Frauen und Kindern für hypersensibel (oder gar für hysterisch) zu halten, wohingegen Männern eine größere emotionale Ausgeglichenheit nachgesagt wurde.

Diese Auffassung fand starke Unterstützung von anderer Seite, da neue idealisierte Formen von Männlichkeit in öffentlichen Diskussionen über künstlerischen Geschmack ebenfalls thematisiert wurden. Seit den 1760er Jahren rehabilitierten die Schriften des deutschen Kunsttheoretikers Winckelmann die ruhige, ausdruckslose Schönheit antiker griechischer Statuen als körperliche Idealvorstellung. Die Gesichter der Statuen waren nahezu ausdruckslos, während die Schönheit auf ihren idealisierten Körpern und anmutigen Posen beruhte. Etwas später, und teilweise davon beeinflusst, nahm die Historienmalerei des äußerst populären Jacques-Louis David denselben Weg. Inspirationsquelle war wieder die Antike, doch Davids Blick war mehr auf Rom gerichtet, wo er einige Zeit an der Académie de France studiert hatte. Davids frühere Gemälde hatten noch den weiterhin bestehenden Einfluss von Charles Le Bruns Studien der Gesichtsausdrücke bezeugt, aber auf seinen reifen Historiengemälden aus der Zeit ab den 1770er Jahren ist das Gesicht dezenter dargestellt und steht selten im Zentrum der Aufmerksamkeit. Das Interesse ist jetzt nicht auf die ziemlich starren und emotionslosen Gesichter gerichtet, sondern auf die kraftvollen Gesten muskulöser und wohlgeformter Körper, die den Einfluss römischer und griechischer Vorbilder zu erkennen geben. Darüber hinaus war David bestrebt, aus seinen Gemälden eine Art öffentlicher Kunst zu machen mit breiterer pädagogischer und moralischer Wirkung.

Sein neoklassischer Stil hätte von der französischen Monarchie durchaus übernommen und als Propagandamittel eingesetzt werden können: Die Haltung von Davids Heroen unterschied sich nicht so sehr von der Ludwigs XIV. auf seinem offiziellen Porträt. David wurde tatsächlich vom König umfassend gefördert und genoss die Gunst vieler Angehöriger der höfischen Elite. Doch im Grunde genommen schätzte er die Tugenden, die er mit der römischen Republik in Verbindung brachte, höher als die Werte der französischen Monarchie. Nach 1789 stellte er seine Fähigkeiten in den Dienst des französischen Republikanismus – mit, wie wir sehen werden, nachteiligen Folgen für die Popularität des Lächelns.

Aufgrund des relativ starren königlichen Protokolls und der frivolen höfischen Manieren wurden die Aristokraten leicht zur Zielscheibe der Kritik. Der Wert der zahnärztlichen Leistungen im Dienste eines charmanten, vornehmen und umgänglichen Lächelns wurde in Versailles weit weniger geschätzt als in der Öffentlichkeit der französischen Hauptstadt. Der königliche Hof hinkte hinterher und nahm das verbesserte technische Know-how der Pariser Zahnärzte nur langsam zur Kenntnis. Im Laufe des 18. Jahrhunderts förderte Ludwig XV., wie wir gesehen haben, massiv die institutionelle Reorganisation der Medizin, was eine chirurgische Praxis von hoher Qualität begünstigte. In der Unterstützung der Zahnärzte zeigte sich die Monarchie jedoch deutlich zurückhaltender.

Ein frühes Zeichen für eine nur sehr zögerliche Reaktion auf die sich verändernden Sitten war die Tatsache, dass im medizinischen Stab des Hofes die alten zahnziehenden Operateure allmählich durch die Zahnärzte neuer Art ersetzt wurden. Am 18. November 1719 hatte Jean-François Caperon (oder Capperon) für etwa 30 000 Pfund ein *brevet d'assurance* erworben, das ihn in die Fußstapfen von Charles Dubois (des berühmten Kieferbrechers Ludwigs XIV.) treten ließ und zum *opérateur pour les dents du roi* machte. Den Posten hatte er bis zu seinem Tod im Jahr 1760 inne, aber schon lange zuvor hatte der »Operateur für die Zähne« es vorgezogen, sich als *chirurgien-dentiste* zu bezeichnen. Der genaue Zeitpunkt ist nicht ganz klar. Doch 1747 schrieb der Duc de Luynes, ein gewissenhafter Chronist am Hof Ludwigs XV., dass eine Stelle im medizinischen Gefolge der Tochter des Königs vakant geworden sei. Dabei handelte es sich, wie er schroff feststellte, »um einen sogenannten Zahnchirurgen oder, um einen geläufigeres Wort zu verwenden, um einen Zahnzieher. … Es geht um Capron [*sic*], der diesen Posten seit langem im Dienste des Königs bekleidet hat.« Der geringschätzige Kommentar des Duc zeigte, dass Fauchards neue Nomenklatur sogar in höfische Kreise Einzug hielt.

Im Jahr 1742 hatte Caperon bei der Behebung einer Zahnfehlstellung angeblich bei zwei Zähnen des Königs Frakturen verursacht (das »war nicht das erste Mal, dass man sich in solchen Fällen über ihn beklagte«). Dies konnte seinen steten Aufstieg jedoch nicht bremsen – drei Jahre später wurde er vom König in den Adelsstand erhoben. Außerdem beehrte man ihn mit einer Wohnung im Louvre und einem Grundstück in der Stadt Versailles, auf dem er ein Herrenhaus errichtete. Sein Nachfolger im Amt war Mrs. Cradocks Étienne Bourdet, ein ausgewiesener Wissenschaftler, der, wie wir gesehen haben, einiges veröffentlicht hatte. Auch er sollte erfolgreich sein und schließlich für seine Dienste geadelt werden. 1783 schloss er einen Vertrag mit dem Pariser Zahnarzt Vincent Dubois-Foucou, wodurch dieser zu seinem *survivancier* als *dentiste du roi* wurde. (Nach Bourdets Tod im Jahr 1789 avancierte Foucou tatsächlich zum Leibzahnarzt Ludwigs XVI.) Der Preis für das *brevet d'assurance*, den Dubois-Foucou im Jahr 1783 für den Posten des *dentiste du roi* entrichtete, belief sich auf 120 000 Pfund und betrug damit das Vierfache dessen, was Caperon 1719 dafür bezahlt hatte. Dies ließ auf einen beträchtlichen (wenn auch im Vergleich zu Paris verspäteten) Anstieg der Nachfrage nach zahnärztlichen Leistungen am Hofe schließen.

Die königliche Förderung Pariser Zahnärzte zeigte sich auch in der zunehmenden Zahl entsprechender Posten im königlichen Hofstaat sowie im Gefolge von Mitgliedern der königlichen Familie und des Hochadels. Nach Auskunft des Duc de Luynes pflegte der König für die Mitglieder seiner Familie nicht seinen eigenen, sondern einen anderen Arzt auszuwählen, »um durch eine Vermehrung der Stellen jeden Einzelnen in seinem Eifer anzuspornen«. Nach einer auf Nachahmung beruhenden höfischen Logik, die wir bereits in sehr vielen anderen Zusammenhängen beobachtet haben, folgten andere Aristokraten rasch dem königlichen Beispiel und beschäftigten in ihrem eigenen medizinischen Stab ebenfalls einen Zahnchirurgen. Der Posten des *chirurgien-dentiste de mesdames les filles du roi* beispielsweise ging 1747 an den Pariser Zahnarzt und Autor Robert Bunon. Als dieser kurz darauf verstarb, wurde Lord Chesterfields Claude Mouton zu seinem Nachfolger. Géraudly wurde zum Zahnarzt des Duc d'Orléans berufen, anscheinend ebenfalls in den 1740er Jahren. Ihm folgte der königliche Zahnarzt Bourdet, der auch im Dienst des Comte de Provence stand, des Bruders von Ludwig XVI. (des späteren Ludwig XVIII.).

Doch wie schnell sich bei den Höflingen von Versailles die Einstellung zu den Zähnen änderte, ist sehr strittig. Der Chronist, der Marquis d'Argenson, gab eine Geschichte über den Duc d'Aiguillon zum Besten, den Spross einer der glanzvollsten herzoglichen Familien Frankreichs; seine Mätresse war die Princesse de Conti, die Witwe des Prince de Conti (der als Prinz von Geblüt in der Thronfolge sehr weit oben stand). D'Argenson berichtete, dass der Herzog, der seiner Mätresse ebenso überdrüssig wurde wie sie seiner,

> der Prinzessin nahelegte, sich einen anderen Liebhaber zu nehmen. Er selbst zog sich auf seine Ländereien in Véretz in der Touraine zurück und ließ einen Zahnzieher kommen. Er schloss sich mit ihm ein und wies ihn an, ihm alle seine – sehr schönen – Zähne zu ziehen. Der Zahnzieher weigerte sich, doch der Herzog drohte, ihm sein Schwert in den Leib zu stoßen, und infolgedessen nahm dieser die Operation dann doch vor. Monsieur d'Aiguillon verpackte die Zähne und schickte sie an Madame la Princesse. Wie er sagte, habe er die Fluxionen, die ihm Beschwerden machten, vermeiden wollen. Jetzt sieht er furchtbar aus, spricht kaum noch und lächelt überhaupt nicht mehr.

D'Argenson, der dem Adel angehörte und als königlicher Minister gedient hatte, war auch ein strenger Kritiker der Hofpolitik und über das Verhalten d'Aiguillons offensichtlich genauso schockiert wie der Zahnzieher. Aber genau darum ging es. Höfische, aristokratische Unbekümmertheit kam noch immer in einem ernsten Fatalismus zum Ausdruck, der (trotz des sadistisch-masochistischen Elements in diesem Bericht) noch fest mit der überkommenen Zahnkultur des Ancien Régime verwachsen war. Während man in Paris über den fatalistisch hingenommenen Zahnverlust schockiert war, zuckte man in Versailles nur mit den Achseln und akzeptierte ihn.

Anscheinend machte sich Ludwig XV. über den Zustand seines Mundes keinerlei Gedanken (ein weiteres Beispiel für sein treues Festhalten an der Lebensart Ludwigs XIV.). 1742 ließ er sich einen

Zahn ziehen, der ihm einige Problem machte. Dieser Zahnverlust, schrieb der Marquis d'Argenson, »entstellt sein Gesicht, wenn er redet und wenn er lacht«. Was jedoch den Monarchen an der ganzen Angelegenheit ärgerte, war die Tatsache, dass er zu Hause bleiben und zwei ganze Tage auf die Jagd verzichten musste. Die Unbekümmertheit des Königs erstreckte sich auch auf seine Mätressen: Eine seiner Geliebten der 1740er Jahre, die Duchesse de Vintimille, war am Hof allgemein dafür bekannt, dass sie wie eine Ziege stank. Die Geschichte unterschied sich nur wenig von der von Ludwigs XV. Nachfolger. Nach Auskunft eines der Pagen von Ludwig XVI. hatte der neue König (ebenso wie Ludwig XIV.) »sehr kräftige und schöne Beine« und »ein angenehmes Gesicht«. Hingegen »waren seine Zähne sehr unregelmäßig, und das machte sein Lachen wenig anmutig«. Der Comte d'Artois wiederum, der spätere Karl X., »hielt den Mund ständig offen, was ihn nicht gerade sehr intelligent aussehen ließ«.

Dennoch zeichneten sich einige Veränderungen ab. Die königliche Familie begann, die Dienste ihrer Zahnärzte insbesondere für ihre Kinder in Anspruch zu nehmen. Wie ernsthaft die Gesundheit kleiner Kinder durch das Zahnen noch immer gefährdet sein konnte, zeigte sich 1748 bei der kleinen Marie Thérèse, der Tochter des Duc d'Orléans, die in Versailles während des Abstillens starb, nachdem sie unter einer Fluxion in der Wange sehr gelitten hatte. Der Autopsiebericht stellte unmissverständlich fest, dass die »Zähne die einzige Todesursache waren«. Luynes erzählte von einem ähnlichen, wenn auch nicht tödlich verlaufenden Vorfall im selben Jahr. Er ereignete sich nach der Entscheidung Claude Moutons, des Zahnarztes der Damen (der Töchter des Königs), der 15-jährigen Madame Victoire einen Zahn zu ziehen. Die junge Prinzessin versuchte mit allen Mitteln, die Operation hinauszuschieben, und erreichte zumindest einen Aufschub von einem Tag. Wie Luynes berichtete,

> beschloss der König, sie nach der Vesper aufzusuchen, und blieb zweieinhalb Stunden bei ihr. Monsieur le Dauphin kniete vor

> Madame Victoire nieder, und zu allen Ermahnungen, die Religion und Freundschaft ihm eingaben, fügte er noch einige rührende Bemerkungen über die Güte des Königs hinzu, der hätte befehlen können, sie festzuhalten und ihr den Zahn mit Gewalt ziehen zu lassen, und der doch aus Mitgefühl für ihre Schwäche und Unvernunft lieber warten wolle; sie solle diese Güte jedoch nicht ausnutzen. Tatsächlich konnte sich der König nicht dazu entschließen, ihr den Zahn ziehen zu lassen. Er schob die Operation immer wieder hinaus, und Madame Victoire war ihm dafür unendlich dankbar. Sie schlug dem König vor, er selbst solle ihr den Zahn ziehen. Es war, wie man sagen könnte, eine tragikomische Szene. Als die Königin … merkte, dass der König nicht imstande war, ein Machtwort zu sprechen, machte sie ihm klar, dass er dies unbedingt tun müsse. Und als Madame Victoire sah, dass sie nur noch eine Viertelstunde hatte, um sich zu entscheiden, … ließ sie sich den Zahn ziehen, wollte aber, dass der König sie auf der einen, die Königin auf der anderen Seite stützte und Madame Adélaïde (ihre Schwester) ihre Beine festhielt … Nach der Operation sagte Madame Victoire: »Der König ist sehr gütig; ich glaube nämlich, dass ich, hätte ich eine so unvernünftige Tochter wie mich, nicht so viel Geduld aufgebracht hätte …«

Dieser Konflikt um eine Zahnextraktion konfrontierte einen absoluten Monarchen mit den Trotzanfällen einer halbwüchsigen Tochter, die entweder phobisch reagierte oder vielleicht nur kapriziös und halsstarrig war. Schließlich trug der absolute Monarch (aber offenbar nur mit knapper Not) den Sieg davon. Obwohl er im Ruf stand, am liebsten über »Begräbnisse, Todesfälle und chirurgische Operationen« zu sprechen, konnte der schwermütige Ludwig XV. kein Blut sehen. Bei anderer Gelegenheit, als dem jungen Dauphin ein Milchzahn gezogen wurde, sah, wie Luynes berichtete, einer der hinzugezogenen Ärzte, »wie der König erbleichte, woraufhin er ihn an einem Flakon *Eau de Luce* (ein Spasmolytikum), den er in der Tasche hatte, riechen ließ«.

Dass sich etwas veränderte, zeigte sich 1770 auch am Beispiel der Prinzessin Joséphine von Savoyen, die kurz zuvor den Comte de Provence geheiratet hatte. Der Botschafter des Königs von Savoyen am französischen Hof erstattete seinem Herrn Bericht und kritisierte die Toilette der Prinzessin. Seine Kritik galt der Pflege ihrer Haare und Zähne. »Solche Dinge gelten andernorts als Belanglosigkeiten, sind aber wichtige Angelegenheiten in *ce pays-ci*« (das heißt am Hof von Versailles).

Ludwig XIV. hätte sich im Grabe umgedreht bei dem Gedanken, dass am Königshof die weibliche Mundhygiene zu einer »wichtigen Angelegenheit« geworden war. Doch das Beispiel zeigte, dass eine Verhaltensänderung in der Luft lag, selbst wenn sie noch sehr zaghaft war. Der Fall der Königin Marie-Antoinette bestätigte dies. Sie hatte sich, wie wir gesehen haben, vor der Heirat die Zähne richten lassen, um das Aussehen ihres Mundes zu verbessern. Außerdem weigerte sie sich, ebenso wie ihre Schwägerin, die französische Hofetikette allzu ernst zu nehmen, weshalb ihr vonseiten des Hofes eine gefährliche Welle der Feindseligkeit entgegenschlug. Sie genoss es durchaus, eine Ausnahme von der Regel zu sein, übertrieb diese Neigung aber nicht. Diese Rebellin gegen die Rituale Ludwigs XIV. mochte auf vielen Porträts gelächelt haben. Aber sie vermied es ganz entschieden, ihre Zähne zu zeigen.

Als junger Mann hatte sich Chateaubriand, der bedeutende Schriftsteller der Romantik und spätere Diplomat der Restaurationszeit, Mitte Juli 1789, kurz vor dem Ausbruch der Revolution, am Versailler Königshof aufgehalten. Königin Marie-Antoinette »warf ihm«, wie er später erzählte, einen »lächelnden Blick zu«. Er fuhr fort:

> Bei diesem Lächeln Marie-Antoinettes trat die Form des Mundes so deutlich hervor, dass die Erinnerung an dieses Lächeln (welches Entsetzen!) mich den Kiefer dieser Königstochter wiedererkennen ließ, als man bei den Exhumierungen im Jahre 1815 den Schädel der Unglücklichen entdeckte.

Es handelte sich um den charakteristischen Habsburger Kiefer, dessen prägnantes Profil auf einer Zeichnung ihres abgeschlagenen Kopfes zu sehen ist, die David zugeschrieben wird und kurz nach Marie-Antoinettes Hinrichtung im Oktober 1793 angefertigt wurde. Das Lächeln der Königin wurde durch ihre Kinnpartie bestimmt, nicht aber durch ihre Zähne, die sie mit an Sicherheit grenzender Wahrscheinlichkeit hinter fest verschlossenen Lippen strikt verbarg. Die Revolution des Lächelns, die in der Pariser Öffentlichkeit Gestalt annahm, hatte den am Königshof weiterhin geltenden Gesichtskodex noch nicht zum Einsturz gebracht.

5 Die flüchtige Revolution des Lächelns

Wenn Helena von Troja ein Schneidezahn gefehlt hätte, schrieb Louis-Sébastien Mercier 1781 in seinem *Tableau de Paris*, hätte der Trojanische Krieg vielleicht niemals stattgefunden. Dieses philosophische Bonmot über die Rolle des Zufalls in der Geschichte hebt außerdem hervor, wie viel an menschlicher Schönheit und individueller Identität nach allgemeiner Auffassung im Frankreich des ausgehenden 18. Jahrhunderts im Lächeln zum Ausdruck kam, insbesondere im »weißen Lächeln« der Empfindsamkeit. So bezeugt Merciers Äußerung die Verbreitung dieser Geste in der Pariser Gesellschaft, eine Entwicklung, die durch die neu entstehende Zahnheilkunde einerseits und die Aufwertung von Gefühlen andererseits gefördert wurde. Genau in dem Augenblick, als die große politische und gesellschaftliche Revolution von 1789 am Horizont auftauchte, schien Paris an der Schwelle zu einer Revolution des Lächelns zu stehen und den kalten Vorschriften des königlichen Hofes bezüglich des Gesichtsausdrucks ein Ende zu bereiten.

In den Jahren 1787 und 1788 kam es im politischen Leben Frankreichs zur sogenannten »Prä-Revolution«. Dabei vereitelte die französische gesellschaftliche Elite die Anstrengungen der königlichen Minister, den drohenden Staatsbankrott abzuwenden, und zwang einen unwilligen Ludwig XVI. zur Einberufung der Generalstände des Jahres 1789, was den Ausbruch der eigentlichen Revolution im Sommer jenes Jahres einleitete. Die Pariser interessierten sich jedoch nur selten ausschließlich für politische Angelegenheiten, nicht einmal in so stürmischen Zeiten. Seit den späten 1770er Jahren bis zum Jahr 1785 hatte der »Mesmerismus«, die seltsame und in sexueller Hinsicht (angeblich) verheerende Gesundheitstherapie von Franz Anton Mesmer für Aufregung gesorgt. 1783/84 begeisterten sich alle für den neumodischen bemannten Ballonflug. Und 1787 und 1788 war, wie um die Moral von Merciers beiläufiger Bemerkung zu bestätigen, anscheinend das Lächeln Stadtgespräch – insbesondere das »weiße Lächeln«. Die beiden Personen, die das Stadtgespräch beherrschten, waren ein ungleiches Paar: eine Malerin, Élisabeth-Louise Vigée Le Brun, und ein Pariser Chirurg, Nicholas Dubois de Chémant, der auch Gebisse fertigte. Auf jeweils sehr unterschiedliche Weise schienen die beiden Vorboten der französischen Revolution des Lächelns zu sein, die zusammen mit dem bevorstehenden politischen Wandel immer näher rückte. Trotz all ihrer Anstrengungen verlor das Lächeln, wie wir sehen werden, letztendlich seinen Status als kulturelles Symbol genau im Augenblick seines offenkundigen Triumphs. Die Revolution des Lächelns sollte sich als eine ätherische und vergängliche Blase erweisen, die bald platzen würde.

Die Künstlerin und der Gebisshersteller

In den frühen 1780er Jahren hatte der Stückeschreiber und Kritiker Jean-François de La Harpe in der Académie de peinture Madame Vigée Le Brun für ihr »Venus-Lächeln« gerühmt. Dabei ging es nicht um die Art ihres Lächelns, sondern um seine Darstellung auf der Leinwand. Wie oben beschrieben, löste ihr Selbstporträt, das beim Pariser Salon im Jahr 1787 ausgestellt worden war – ihr Venus-Lächeln ließ deutlich ihre weißen Zähne sehen –, in Künstlerkreisen angesichts einer solch unschicklichen Neuerung Empörung aus (Abb. 1).

Für den Schock, den dieses Gemälde hervorgerufen hatte, gab es zwei Gründe. Zunächst einmal widersprach es der aufstrebenden neoklassischen Ästhetik und den Vorstellungen von öffentlicher Kunst, die sich seit den 1760er Jahren herausgebildet hatten und denen zufolge der Gesichtsausdruck vorzugsweise ernst, reserviert und emotional verhalten sein sollte. In den 1770er und 1780er Jahren wurde dieser Ansatz besonders mit der Historienmalerei eines Jacques-Louis David verbunden, der, wie wir gesehen haben, die theatralische körperliche Geste hervorgehoben und auf den Ausdruck von Gefühlen mittels des Gesichts wenig Wert gelegt hatte. Dem naturalistischen Gesichtsausdruck in der Malerei schlug jetzt eine Welle der Skepsis entgegen: Der *encyclopédiste* Denis Diderot beanstandete beispielsweise das »affektierte Lachen« der Porträtierten, und der Künstler Carmontelle kritisierte »allzu sentimentalistische« (*sentimentaires*) weibliche Modelle, die eine »flüchtige Sensibilität« zur Schau stellten.

Die Gegner der affektierten Pose, die die ursprüngliche Reinheit des Empfindsamkeitsbegriffs verfälscht hatte, sollten zu einem späteren Zeitpunkt der Revolution noch ihre große Zeit haben. Noch waren sie den Traditionalisten gegenüber in der Minderheit; für diese verstieß das Porträt von Vigée Le Brun gegen die jahrhundertealte Norm, der zufolge die Darstellung von Zähnen auf einem Gemälde unschicklich sei und zu verstehen gebe, dass das Modell plebejisch, wahnsinnig (jedenfalls nicht im vollen Umfang rational kontrolliert) oder aber von einer besonders starken Leidenschaft beherrscht ist.

In den 1780er Jahren waren die alten Konventionen, die die Darstellung des lächelnden Mundes betrafen, bereits immer stärker unter Druck geraten. Wie wir gesehen haben, hatte das »weiße Lächeln«, das Lächeln der Empfindsamkeit, schon seit einem halben Jahrhundert Eingang in die französische Kultur gefunden, und in gewisser Weise hinkten Kunstkenner und Porträtmaler lediglich hinterher und nahmen am Festival des Lächelns der aufblühenden Aufklärung, das wir in den vorausgegangenen Kapiteln beschrieben haben, erst verspätet teil. Angeregt vom Gefallen am Flair der Empfindsamkeit und inspiriert vom »Lächeln der Seele«, das in Bestsellerromanen wie Richardsons *Clarissa* und Rousseaus *Julie, ou la Nouvelle Héloïse* zu finden war, hatte sich manch einer aus der Pariser Elite jenes Lächeln als Wesenszug seines Lebens zu eigen gemacht. Die Auswirkung des Phänomens auf das umfassendere kulturelle Leben bezeugte der neu entstehende Beruf des Pariser Zahnarztes, des Technologen der Revolution des Lächelns, der insbesondere für ein offenes, transparentes, gesundes und schönes Lächeln mit weißen, gepflegten Zähnen Sorge trug. Aus heutiger Sicht könnte man Madame Vigée Le Brun fast für das Aushängeschild der Pariser Zahnheilkunde halten. Zweifellos war nicht nur das Lächeln, sondern auch der gesamte Empfindsamkeitskult ganz nach ihrem Geschmack. Ihre Memoiren zeigen, wie tief berührt sie von der Lektüre von Richardsons *Clarissa* kurz nach ihrer Heirat war, während sie mit Julie, dem Name ihrer Tochter (die auf dem Porträt von 1787 zu sehen ist), Rousseaus *La Nouvelle Héloïse* ein schönes Kompliment machte. Später sollte sie literarische Pilgerreisen zu den Örtlichkeiten am Genfer See unternehmen, den Schauplätzen jenes Romans.

Darüber hinaus hatte das neue Lächeln sogar schon in die künstlerische Produktion Eingang gefunden. Aber dies geschah meist diskret und ohne Verstoß gegen die formalen Konventionen der renommiertesten künstlerischen Genres. Die grundlegende Veränderung, die sich während der Régence-Zeit in Jean-Antoine Watteaus verträumt lächelnden Gestalten angedeutet hatte, wurde durch den exzentrischen Gesellschaftsporträtisten Quentin de La Tour weiter fortgeführt (Abb. 30). La Tour schuf nicht nur zahlreiche subtil belebte Porträts, auf denen die Zähne auf verlockende Weise mehr oder weniger deutlich zu sehen waren, sondern er schloss sich Watteau auch insofern an, als er sich selbst als Demokrit malte, den weisen Narren, der die Torheiten der Welt verspottet, indem er über sie lacht – und dabei alle seine Zähne präsentiert. Der radikal materialistische Philosoph Julien Offray de La Mettrie hatte sich selbst ganz bewusst in der Maske Demokrits porträtieren lassen. Und ähnlich unkonventionelle Künstler wie Jean-Étienne Liotard, Joseph Ducreux und Jean-Jacques Lequeu gehörten zu denen, die sich in den folgenden Jahrzehnten auf ihren Selbstporträts ebenso darstellten. So auch der deutsche Bildhauer Franz-Xaver Messerschmidt, dessen breites Lächeln nur eine der starken Emotionen war, mit denen er sich selbst ins Bild setzte. Die demokritische Grimasse war ein symbolisches Mittel, um die gängigen höfischen Gepflogenheiten aufs Korn zu nehmen – und den langweiligen standardisierten Gesichtsausdruck, der mit ihnen verbunden war.

Das Vordringen des »weißen Lächelns« der Empfindsamkeit ins künstlerische Repertoire war jedoch mehr als ein eigenwilliges, an eine Clique exzentrischer Künstler gebundenes Spezialistentum.

Es zeigte sich auch in der Art der Genre-Malerei, die durch Jean-Baptiste Greuze populär geworden war. Wie wir gesehen haben, war Greuze in den späten 1750er und frühen 1760er Jahren auf der Bildfläche erschienen, gerade als das Lächeln der Empfindsamkeit über die Romane von Richardson und Rousseau hinaus erstrahlte und als sich im Theater die *comédie larmoyante* zum bürgerlichen Drama weiterentwickelte. Zur selben Zeit wurden Charles Le Bruns einflussreiche Vorschriften für den Ausdruck von Gefühlen in der Historienmalerei korrigiert. Künstler, Kunstkenner und die aufstrebende Gruppe von Kunstkritikern – Männer wie Étienne de La Font de Saint-Yenne und der *encyclopédiste* Denis Diderot – kritisierten Le Bruns Vorlagen für den Gesichtsausdruck als schwerfällig, künstlich, steif und undifferenziert. Wirkliche Gefühle waren, wie man betonte, normalerweise komplex und gemischt und wurden von Le Bruns Gefühlstaxonomie nur unzureichend oder überhaupt nicht erfasst. Descartes' Psychologie, auf deren Grundlage Le Brun seine Ideen entwickelt hatte, wurde im Europa der Aufklärung ebenfalls nicht länger ernst genommen. Das Hauptanliegen galt jetzt der Entwicklung von Ausdrucksstilen, die die Nerventheorie integrieren konnten, die im Zusammenhang mit Vorstellungen von Sensibilität entstand. So war es nicht erstaunlich, dass die *Conférence sur l'expression* in Bezug auf etwas so Komplexes und Facettenreiches wie das Lächeln als wenig hilfreich erschien.

Die Tatsache, dass im Jahr 1759 der Comte de Caylus, ein angesehener Kunstkenner und Kunstmäzen, in der Académie royale de peinture einen Preis für das beste Porträt eines »ausdrucksvollen Kopfes« (*tête d'expression*) auslobte, zeigte, wie weit sich dieses Interesse verbreitet hatte. Anscheinend brauchten junge Künstler Anreize, um beim menschlichen Gesicht das darstellen zu können, was später (teilweise zugegebenermaßen unter Le Bruns Einfluss) als »*physionomie*« bezeichnet wurde – d. h. ein Gesicht, das ein nuanciertes Spektrum natürlicher Emotionen in sich vereinigte, ein Spektrum, das für Le Bruns ziemlich grobe Ausdrucksskala zu subtil war. In den ersten Jahren des Preises ging Caylus – und das ist aufschlussreich – den »starken Leidenschaften« (*passions fortes*),

Abb. 30: Quentin de La Tour, *Autoportrait en rieur* (1737)

um die es Le Brun gegangen war, lieber aus dem Weg und setzte beim Wettbewerb stattdessen auf »sanfte Leidenschaften«. Diese *passions douces*, zu denen Niedergeschlagenheit, Freundlichkeit, Mitleid, Gefälligkeit und Frohsinn gehörten, waren genau die Emotionen, die den Höhen und Tiefen der Pariser Geselligkeit am besten entsprachen.

Einen gewagteren Ansatz bei der Darstellung des Gesichtsausdrucks zeigte Quentin de La Tour bei seinem Porträt der bekannten Sängerin und Opernberühmtheit Sophie Arnould anlässlich ihres Auftritts im Opernballett *Zelindor* im Jahr 1766 (das Gemälde ist leider verloren, aber in Form von Gravuren erhalten). Dabei könnte sich La Tour durchaus auf Carmontelles 1760 geschaffenes

Gouache-Porträt der Arnould gestützt haben, auf dem die Künstlerin in Francœurs und Rebels Oper *Pyrame et Thisbe* die Rolle der Thisbe singt und ihre ausdrucksvollen Augen gen Himmel hebt, eine Geste, an der sich, wie wir gesehen haben, bereits Raffael, Reni, Le Brun, Greuze und viele andere versucht hatten. La Tour übernahm den himmelwärts gerichteten Blick, malte die Sängerin aber mit geöffnetem Mund, der ihre Zähne sehen lässt. Anscheinend war es eher das Bild von La Tour (als das von Carmontelle), das der große Bildhauer Jean-Antoine Houdon 1774 als Vorlage für eine Porträtbüste der Sängerin verwendete; die Skulptur zeigt sie angeblich als Iphigenie in Glucks Oper *Iphigenie auf Tauris*, in der sie gerade einen der größten Erfolge ihrer Karriere gefeiert hatte. Ihre Zähne sind deutlich sichtbar (Abb. 31). Im Salon des Jahres 1775 wurde die Plastik, zusammen mit Houdons Gluck-Büste, öffentlich ausgestellt und ging dann sofort in den Besitz des Modells über.

Sophie Arnould hatte eine Reihe von Liebhabern aus *der crème de la crème* der französischen Aristokratie – doch das verhalf ihr kaum zu gesellschaftlicher Reputation. Das Gegenteil war der Fall. Deshalb und aufgrund der Tatsache, dass sie von Beruf Sängerin war, fiel das Zurschaustellen ihrer Zähne gerade noch unter die traditionellen Kategorien, nach denen das künstlerische *decorum* einen geöffneten Mund gestattete. Außerdem verkörperte sie keine Persönlichkeit, sondern spielte sie nur. Die Tatsache, dass die meisten Leute, die auf künstlerischen Darstellungen vor der Revolution mit einem solchen Lächeln gezeigt wurden, nicht als konkrete Person wiedererkennbar waren, machte diese Bilder auch weniger anstößig. Im Salon von 1787 beispielsweise stellte Jean-Antoine Houdon seinen »Kopf eines jungen Mädchens, in Gips« (so das Etikett) aus, der ebenfalls das Lächeln einer jungen Frau zeigte, bei dem die Zähne deutlich zu sehen waren (Abb. 32). Houdon hatte nicht bekanntgeben wollen, dass das »junge Mädchen« in Wirklichkeit seine neue Frau, Marie-Ange Langlois, darstellte, und die Büste blieb wohl in Familienbesitz. Bei derselben Ausstellung musste Madame Vigée Le Brun für ihre Kühnheit bezahlen

Abb. 31: Jean-Antoine Houdon, *Sophie Arnould* (1775)

und zog den Unmut von Kritikern auf sich, die gleichmütig an Houdons scheinbar namenloser Büste vorbeigingen. Bemerkenswert ist auch, dass die Personen, die auf den Gemälden von Jean-Baptiste Greuze ihre Gefühle zeigten, ebenfalls anonym und angeblich in ähnlicher Weise universelle Figuren (eine Mutter, eine Braut, eine Verlobte usw.) waren. Aufgrund der Tatsache, dass seine Gemälde eher der Kategorie der Genre-Malerei als der Porträtkunst angehörten, konnten sie dem Zorn der Kritiker entgehen, den Madame Vigée Le Bruns Selbstporträt des Jahres 1787 auf sich zog.

Abb. 32: Jean-Antoine Houdon, *Madame Houdon* (1787)

Madame Vigée Le Brun war so etwas wie eine modeverrückte Exzentrikerin, eine Trendsetterin, und sie liebte die Kontroverse. Bezeichnenderweise gestattete sie jedoch, obwohl sie über 30 Porträts der Königin Marie-Antoinette anfertigte, niemals den Anblick eines königlichen Zahns. Aber damals verkörperte die Königin, wie wir gesehen haben, eine Hofkultur, die sich dem Lächeln der Empfindsamkeit noch widersetzte. Der Malerin gelang es nur dadurch, die sittenstrengen Künstlerkreise zu schockieren, dass sie die Königin *en chemise* darstellte. Nach Meinung mancher Kritiker zeigte das Porträt die Königin in ihrer Unterwäsche.

Dieser Punkt ist auch in anderer Hinsicht aufschlussreich. In der Vergangenheit war bei den Porträts die Persönlichkeit häufig durch die Kleidung und die Aufmachung der dargestellten Person und nicht nur durch die physische Ähnlichkeit zum Ausdruck gebracht worden. Madame Vigée Le Bruns Selbstporträt aus dem Jahr 1787 brach mit dieser Konvention, da ihre Kleidung von vager Exotik war und die Malerin sich vor allem (wenn auch mit einem Augenzwinkern) als junge Mutter präsentierte. Dies fand später (1792) die nachdrückliche Anerkennung des Kunsttheoretikers Pierre-Charles Levesque. Französische Künstler, behauptete er, »haben sich lange Zeit eine verlogene Natur geschaffen«. Das Selbstporträt von Vigée Le Brun zeige, dass »man in allen Genres wieder den Weg des Wahren und folglich des Guten beschreite«. Der Triumph des Lächelns war ein Triumph der natürlichen Tugendhaftigkeit. Interessant ist auch Levesques weitere Feststellung, dass aufgrund dieser Lebensechtheit »die Öffentlichkeit kürzlich das Gemälde von Madame Le Brun und ihrer Tochter mit so viel Vergnügen betrachtet hat«. Denn damit erwies sich das Publikum als ein verlässlicherer Richter als aristokratische Dilettanten, Kunstkenner und Kunstkritiker: Die öffentliche Meinung, die von Denkern der Aufklärung als Apotheose der menschlichen Vernunft gepriesen wurde, erstreckte sich auch auf Geschmacksfragen. In Zuspitzung dieser Logik zeigten diejenigen, die anderer Meinung waren, eine partikulare, voreingenommene und antidemokratische Einstellung.

In der späten Phase der Aufklärung hatte sich diese Diskussion über die Grundlage künstlerischer Qualität vor allem auf das Wesen des Porträts bezogen, mit dem viele Künstler einen Großteil ihres Lebensunterhaltes verdienten. Häufig ärgerten sie sich darüber, dass ihre Modelle von ihnen in zunehmendem Maße eher ein Charakterbild erwarteten, das ihnen gefiel, als eines, das akademischen Kriterien genügte. Die Modelle, von einer Welle der Empfindsamkeit erfasst, erwarteten, dass diese Empfindsamkeit sich in ihren Porträts widerspiegelte. Ein solcher Ansatz ebnete offensichtlich den Weg für Vigée Le Bruns Revolution.

Madame Vigée Le Brun und andere gingen den im Porträt von 1787 aufgezeigten Weg weiter. Das Lächeln, bei dem die Zähne zu sehen waren, wurde zu einer charakteristischen Geste ihres Werkes. Nicht nur die oben erwähnten Personen lächelten auf diese Weise: Trotz der beim Salon von 1787 ausgelösten Diskussionen hatte Vigée Le Brun 1781 und 1782 das Lächeln auf Selbstporträts dargestellt und ebenso bei ihrem Porträt der Duchesse de Polignac im Jahr 1783. Weitere Beispiele sollten folgen (1790 der Schauspieler Paisiello, 1791/92 Emma Hamilton, 1808 Madame de Staël u. a.). Auch andere Künstler nutzten die sich jetzt bietende Freiheit: Jacques-Louis David stellte beispielsweise bei seinem Porträt von Madame de Sériziat (1795) Zähne dar; ebenso Gérard bei seiner Madame Barbier-Walbonne (1796) und Ingres bei einem »Porträt einer Frau« (1806). Vor allem dank Madame Vigée Le Brun, der lächelnden Revolutionärin, fand in der westlichen Kunst das Lächeln mit geöffnetem Mund Eingang in das Repertoire der Gesichtsausdrücke, die bei einem Porträt akzeptiert wurden. Kein anderes gemaltes Lächeln – nicht einmal das der Mona Lisa – sollte jemals so starke kulturelle Schockwellen auslösen.

Madame Vigée Le Brun war jedoch nicht die einzige Revolutionärin des Lächelns vor den Ereignissen von 1789. Gleichzeitig rückte, wenn auch aus einem ganz anderen Umfeld, ein gewisser Nicolas Dubois de Chémant in den Mittelpunkt der Aufmerksamkeit, den spätere Generationen als den Erfinder des Porzellangebisses feiern sollten. Seine weißen Gebisse ermöglichten ein »weißes Lächeln«, das zwar längst nicht so schön war wie das von Vigée Le Brun gemalte, aber auf seine Weise ebenso markant.

Die Idee zu dem, was er als »Mineralpasten-Zähne« bezeichnete, hatte sich Dubois de Chémant aufgedrängt, als er, wie er später erzählte, noch von einem Abend erschüttert war, den er in Gegenwart einer Frau verbrachte hatte, die aufgrund ihres Gebisses unter starkem Mundgeruch litt. Falsche Zähne als solche waren natürlich nichts Neues – es gab sie ja schon seit der Zeit der Pharaonen. In der Renaissance hatten hervorragende Chirurgen wie etwa Ambroise

Abb. 33: Jacques-Louis David, *Madame de Sériziat* (1795)

Paré von allen möglichen raffinierten Ersatzzähnen geträumt. Doch erst die wissenschaftliche Zahnheilkunde, die in die Arbeit Pierre Fauchards Eingang gefunden hatte, ließ das Interesse an falschen Zähnen ansteigen. Fauchard hatte eine ganze Reihe von praxiserprobten zahnärztlichen Prothesen entwickelt, darunter auch ein vollständiges Gebiss mit Federdruck.

Mit diesen und anderen Zahnersatzprodukten waren einige Probleme verbunden. Auch wenn Gebisse das Kauen erleichterten und ein Einfallen der Wangen verhinderten, sahen sie anscheinend sehr selten gut aus und rochen auch nicht gut. Denn, wie Dubois de

Chémant aus leidvoller eigener Erfahrung wusste, blieb die Nahrung in den Fäden oder Drähten, die die falschen Zähne fixierten, hängen und führte so sowohl zu üblem Mundgeruch als auch zu einem befremdlichen Aussehen. Leute ohne vollständiges Gebiss hatten außerdem das Problem, dass die falschen Zähnen farblich nicht mit den noch vorhandenen übereinstimmten.

In der Zeit der Aufklärung verwendete man für die Herstellung falscher Zähne vorzugsweise Tierknochen, die entsprechend zurechtgeschnitten wurden. Hinsichtlich der weißen Farbe, der Widerstandsfähigkeit gegenüber Verfärbungen und der Konsistenz galt der Kiefer eines Nilpferdes als das beste Material, doch man nahm auch Rinderknochen, Elfenbein und Stoßzähne von Walrossen sowie Holz (Letzteres war allerdings nur etwas für Hinterwäldler wie George Washington). Doch selbst bei Pierre Fauchards Gebissen mit Federdruck gab es Probleme. Die Gebissträger brauchten sehr starke Kiefer, um ihren Mund geschlossen zu halten. Infolgedessen stand der Mund häufig auf unschöne Weise offen. Unglückseligerweise konnten solche Gebisse, wenn man nicht aufpasste, auch plötzlich aus dem Mund springen, ein weiteres alltägliches Drama im Leben des Salons.

Nach Auskunft von Fachleuten wurden künstliche Zähne so schnell übelriechend und optisch abstoßend, dass sie unbedingt jährlich ausgetauscht werden mussten. Dubois de Chémant stellte sich ein Opernhaus mit 500 Personen vor, von denen jede ein vor sich hin faulendes Nilpferdgebiss im Mund trug – nach seiner Einschätzung so viel wie ein ganzes Nilpferdskelett. Der massive Gestank würde, wie er sagte, ein ernsthaftes Gesundheitsrisiko für die Allgemeinheit darstellen. Außerdem vermutete man, dass transplantierte Zähne, insbesondere solche, die aus Krankenhäusern, Leichenhallen, Friedhöfen und Besserungsanstalten für Prostituierte stammten, Seuchen verbreiteten. Laut Dubois de Chémant konnten solche Implantate, »wenn sie sich aufgrund des durch die Hitze des Mundes ausgelösten Gärungsprozesses« allmählich auflösten, »die Krankheit der Person, aus deren Mund sie genommen wurden, übertragen«. Er zitierte den berühmten englischen Chirurgen John Hunter, um seine Behauptung zu stützen, dass künstliche Zähne oft »venerische oder skrofulöse Krankheitserreger enthalten«. Alle, die es wagten, sich fremde Zähne in den Mund zu stecken, liefen Gefahr, sich mit Syphilis zu infizieren.

Die Zahntransplantation war zu einem überraschend populären Verfahren gegen Zahnverlust geworden. Fauchard hatte empfohlen, den kranken Zahn zu ziehen, zu reinigen, zu füllen und dann wieder in den Mund des Patienten einzusetzen. Die Tatsache, dass ein solcher Zahn sich wieder in den Mund einfügen konnte (was in Wahrheit nur begrenzt möglich war), machte man sich auch zunutze, um fehlende Zähne durch fremde zu ersetzen. Im Jahr 1685 hatte in England der erste Verfasser eines Werks über die edle Kunst des Zahnziehens darauf hingewiesen, dass sich auch die Zähne von Hunden, Schafen, Ziegen und Pavianen für diesen Zweck verwenden ließen. Glücklicherweise wurden diese Anregungen wohl nicht weiterverfolgt, aber für gebrauchte menschliche Zähne gab es tatsächlich einen Markt. Zahnärzte suchten per Anzeige nach Zähnen und dürften buchstäblich Tausende in ihrem Besitz gehabt haben. Der Bruder des französischen Schauspielers Talma praktizierte in den 1780er Jahren in London als Zahnarzt und bat seinen Bruder in Paris schriftlich darum, ihm aus städtischen Krankenhäusern mehrere Hundert Zähne zu beschaffen. Zähne von gefallenen Soldaten sollten sich als eine weitere und besonders ergiebige Nachschubquelle erweisen. »Waterloo-Zähne« und Zähne, die man den Leichen auf den Schlachtfeldern des amerikanischen Bürgerkrieges entnommen hatte, sollten in dieser Hinsicht während des gesamten 19. Jahrhunderts wohlbekannt sein.

Außerdem wurden den Armen zu ihren Lebzeiten gesunde Zähne gezogen, um sie den Reichen zur Verfügung zu stellen. Ein weiß glänzender Zahn konnte einem armen Pariser Straßenkind aus Savoyen ausgerissen und in die klaffende Wunde im Zahnfleisch eines bürgerlichen Mundes eingesetzt werden. Dieses Vorgehen war ethisch fragwürdig und wurde 1787 von dem englischen Karikaturisten Thomas Rowlandson auf einem Druck, der diesem Thema

Abb. 34: Thomas Rowlandson, *Transplantation of Teeth* (1787)

gewidmet ist, ins Bild gesetzt: Hier ersetzt ein Londoner Schornsteinfegerjunge ein savoyisches Kind (Abb. 34). Man gab auch durchaus zu, dass dies mit potenziellen medizinischen und ästhetischen sowie ethischen Problemen verbunden war. Solche Zähne wuchsen nicht immer an, und selbst wenn, konnten sie sich sehr leicht verfärben.

Vor diesem Hintergrund lässt sich die Attraktivität von Dubois de Chémants »mineralischen« Zähnen leicht ersehen. Wie wir wissen, hatte man in Paris bereits in der Mitte der 1780er Jahre damit begonnen, nach Substituten für menschliche und tierische Zähne zu suchen. Dubois experimentierte mit einer Technik, an der sich vor mehr als einem Jahrzehnt Alexis Duchâteau, ein Apotheker aus Saint-Germain-en-Laye, versucht hatte. Eines der größten technischen Probleme, vor die sich Duchâteau und später Dubois gestellt sahen, bestand darin, dass die Gebisse sich beim Brennen verformten, was ihre Anpassung an den Mund schwierig und schmerzhaft machte. Es gab auch Probleme mit der Farbstabilität, mit Oberflächenrissen und der enormen Brüchigkeit des Materials. Dubois experimentierte mit Hartporzellan, das gerade in Frankreich entwickelt wurde, nachdem man in den späten 1760er Jahren im Limousin Kaolin entdeckt hatte. Er beschloss, sich direkt an die königliche Manufaktur in Sèvres zu wenden, Frankreichs führende Produktionsstätte von hochwertigen Porzellanwaren. Die dortigen Handwerker empfahlen ihm, Wachsabdrücke vom Mundinneren des Kunden zu nehmen und dann aus Pariser Gips ein Modell anzufertigen. Sie waren ihm auch behilflich, auf dem Gelände der Manufaktur einen kleinen Brennofen zu errichten, in dem er eine Reihe von Experimenten durchführte, um die besten, natürlichsten Farben, die robusteste Porzellanerde und das überzeugendste Aussehen zu erzielen.

Im Jahr 1788 war Dubois de Chémant bereit, mit einem neuen Produkt an die Öffentlichkeit zu gehen. Er bat die Société royale de médecine, die Académie des sciences und die Pariser Faculté de médecine um ihre Genehmigung. Diese Institutionen lobten seine falschen Zähne für ihre Festigkeit, Bequemlichkeit, Verträglichkeit und Schönheit. Die letztgenannte Eigenschaft war ein unerwartetes Kompliment, doch die zahlreichen Vorzüge passten genau zur damaligen Werbung von Zahnärzten und vergleichbaren Produzenten gehobener Annehmlichkeiten wie Herstellern von Rasiermessern, Bruchbändern und Perücken. (Tatsächlich sollten manche Gebisshersteller bald behaupten, dass in der Bevölkerung Gebisse in Kürze ebenso verbreitet sein würden wie Perücken.) Mit seinen Zertifikaten in der Tasche machte sich Dubois daran, seine Produkte der Öffentlichkeit vorzustellen. Seine *Dissertation sur les avantages des nouvelles dents et râteliers artificiels, incorruptibles et sans odeur* (»Vorteile haltbarer und geruchloser neuer Zähne und künstlicher Gebisse«) erschien im Jahr 1788 (Abb. 35). Indem seine Produkte das Nützliche (*l'utile*) mit dem Angenehmen (*l'agréable*) verbanden, entsprachen sie allen Anforderungen der Aufklärung, wie ein 82-jähriger begeisterter Dichter später verkünden sollte:

Selbst hilflosen Kindern wächst, solange wir sie
In der Wiege schaukeln, der perlweise Zahn
Und erfüllt getreulich seine Pflicht
Während der sorglosen Jugendzeit.
Aber die Jahre gehen dahin, die Zähne verfallen,
So hat es die geheimnisvolle Natur beschlossen;
Doch dann schenkt CHÉMANT uns ein zweites Gebiss,
Lang lebe CHÉMANT, unser Freund in der Not.
Versiert in der Weisheitslehre, lässt er
Das *utile* und das *dulce* sich verbinden.
Sein ist der Gipfel der Kunst,
Das Nützliche mit dem Angenehmen zu verschmelzen.
Hat uns die Zeit die Zähne genommen,
gibt er uns neue Backen- und Schneidezähne.
CHÉMANT schreitet voller Zartgefühl ein.
Mit seinen Zähnen lachen und essen wir,
Lang lebe CHÉMANT, unser Freund in der Not.

In seiner Werbung betonte Dubois de Chémant das natürliche Aussehen der Zähne. Dies entsprach, wie wir gesehen haben, auch ganz der Methode der damaligen Kosmetikindustrie. Dubois vertraute den Prothesen so sehr, dass er selbst ein Gebiss trug und so zu seinem eigenen wandelnden, sprechenden und lächelnden Reklameschild wurde. Er gründete eine Geschäftsniederlassung im ultramodernen Palais Royal im Zentrum von Paris. Das Palais Royal, das dem Duc d'Orléans gehörte, war zum Inbegriff der Pariser öffentlichen Geselligkeit und zum Mekka des internationalen Tourismus geworden. So waren die Porzellangebisse im Herzen der Pariser Öffentlichkeit genau am rechten Platz. Hier, im Palais Royal, war es auch, dass am 12. Juli 1789 der junge Rechtsanwalt und Journalist Camille Desmoulins auf einem Kaffeehaustisch stand und in einer berühmten Rede seine Pariser Mitbürger zu den Waffen rief, als König Ludwig XVI. damit drohte, die Stadt zu umstellen und die Gegenrevolution auszurufen. Zwei Tage später fiel die Bastille, und mit ihr brach die absolute Monarchie der Bourbonen in sich zusam-

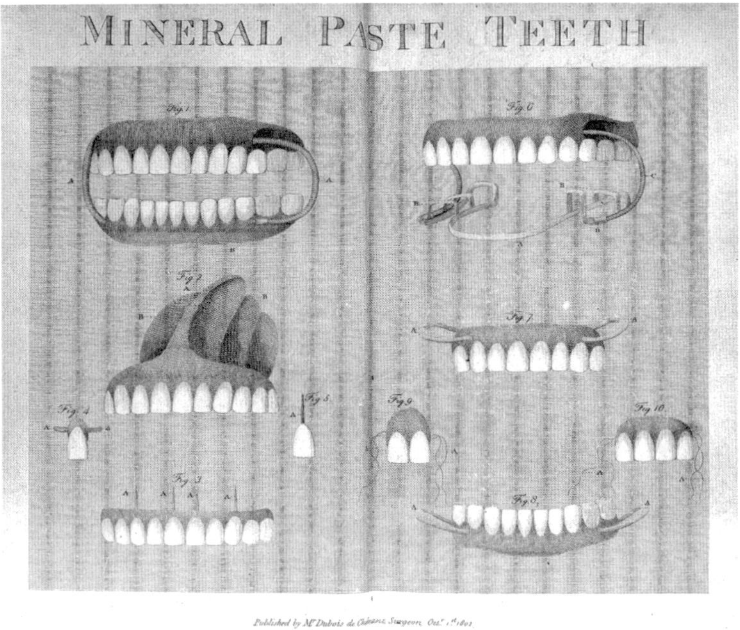

Abb. 35: Dubois de Chémant, »Mineral Paste Teeth«, aus seiner *Dissertation on Artificial Teeth in General* (1797)

men. Das Palais Royal war der Ort, wo die Pariser Revolution des Lächelns, die sich auf ihrem Höhepunkt befand, und die radikale politische und gesellschaftliche Veränderung aufeinandertrafen, in deren Gefolge das Lächeln paradoxerweise schließlich als politisch verdächtig galt.

Lächeln unter Verdacht

Im Jahr 1789 wirkte der Ausspruch Marmontels, des Dramatikers der Aufklärung, dass »das Lächeln des Volkes mehr wert ist als die Gunst der Könige«, wie eine Prophezeiung, die sich jetzt bewahrheiten sollte. Die Revolution zauberte ein spontanes Lächeln der

Freude auf die Lippen von Franzosen und Französinnen. Es erschien als die passende Geste, um eine neue Epoche in der Geschichte der Menschheit willkommen zu heißen, und als perfekte Reaktion auf eine Bewegung, die die gesellschaftliche, ökonomische und politische Ordnung im Interesse der gesamten französischen Nation verändern wollte. Einen Tag nach dem Fall der Bastille beispielsweise, als der Triumph der revolutionären Sache sicher schien, waren, wie ein Beobachter feststellte, »alle Augen von Tränen erfüllt«, und »überall herrschte eine rauschhafte Stimmung«. Einen oder zwei Tage später stellte ein anderer Beobachter fest, dass die Menschen gleichzeitig »lächelten und weinten« (»ris et pleurs«) und »sich so glücklich und empfindsam zeigten, dass man es nicht in Worte fassen konnte«. Wohin man auch blickte, überall sah man, so ein Journalist, Pariser, die angesichts des Sturzes des Ancien Régime voller »Fröhlichkeit und Freude« waren. Die neue Ära begann mit der Erklärung der Menschenrechte. Das königliche Diktat, wie man sich auszudrücken und zu präsentieren hatte, wurde nicht mehr befolgt. Natur, Fortschritt, Empfindsamkeit, zivilisierte Werte – und natürlich eine gute Zahnmedizin – hatten den Sieg über den Absolutismus von Gottes Gnaden davongetragen und schienen das Lächeln zum Symbol für eine radikale Veränderung zu erheben.

Die völlige Vernichtung des Ancien Régime und von allem, was mit ihm verbunden war, ließ den Eindruck entstehen, dass die aufklärerische Mission des gesellschaftlichen und persönlichen Fortschritts einen Höhepunkt erreicht hatte. Der Souverän war jetzt nicht mehr die Person des Monarchen, sondern die abstrakte Entität der Nation. Eine neue Gesellschaft mit einer auf die Menschenrechte gegründeten neuen Politik würde die Erneuerung der Menschheit möglich machen. Der – wie es jetzt hieß – »neue Mensch«, der dieser epochalen Veränderungen würdig war, konnte daher auf seinem Gesicht das Lächeln zeigen, das seinen Glauben an die natürliche Gemeinschaft der Menschen symbolisierte und den frommen Wunsch nach dem künftigen Glück aller zum Ausdruck brachte. Die Fröhlichkeit, die die Pariser sich im Laufe des

18. Jahrhunderts zunehmend wieder zu eigen gemacht hatten, schien nun an der Tagesordnung.

Es schien guten Grund für die Hoffnung zu geben, dass die Revolution des Lächelns und die 1789 begonnene soziale und politische Revolution sich gegenseitig verstärken würden. Die Menschen- und Bürgerrechte, die von der Nationalversammlung am 26. August jenes Jahres verabschiedet wurden, hatten einen anderen Wortlaut als in der amerikanischen Unabhängigkeitserklärung von 1776, in der »Leben, Freiheit und das Streben nach Glück« zu den fundamentalen Leitlinien für die Organisation der Gesellschaft und das Handeln des Einzelnen erklärt wurden. Doch der Kern des Dokuments war mehr oder weniger derselbe. »Glück ist ein neuer Gedanke in Europa«, erklärte ein glühender Revolutionär, und man erwartete allgemein, dass das Glück in Frankreich besser garantiert werden könne als in den Vereinigten Staaten, die von einer radikalen gesellschaftlichen Veränderung Abstand genommen hatten, indem sie an der Institution der Sklaverei festhielten. Die amerikanische Unabhängigkeitserklärung hatte, wie ein Sprecher in der Nationalversammlung gönnerhaft bemerkte, »in der neuen Hemisphäre ein bedeutendes Zeichen« gesetzt; aber jetzt oblag es den Franzosen, sich an die gesamte Menschheit zu wenden.

Die Errungenschaften der Französischen Revolution im Dienst der sozialen Gerechtigkeit und Harmonie waren so beträchtlich, dass sie keiner weiteren Erläuterung bedürfen. Davon zeugen neben der Erklärung der Menschenrechten auch eindringlich die Abschaffung des Feudalismus (und nach 1794 die Abschaffung der Sklaverei), die Durchsetzung der liberalen Freiheitsrechte, die Gleichheit vor dem Gesetz und die nur von der Begabung des Einzelnen abhängige freie Berufswahl. Die Revolution des Lächelns und die politische Revolution schienen Teil ein und desselben Projekts. Dennoch sollte diese glückliche Verbindung nicht lange dauern. Zwar hatte die politische Revolution mit einem Lächeln begonnen, aber jenes Lächeln geriet bald unter Druck, und die Fröhlichkeit verschwand schnell von der Tagesordnung. Tatsächlich wurde das Lächeln rasch zu einem politischen Zankapfel. Ein frühes Anzeichen war ein im Juni 1789 erlassenes Dekret der Nationalversammlung, das Gelächter während ihrer Debatten verbot. Das Gesetz blieb in Kraft, obwohl, wie die Versammlungsprotokolle zeigen, in den ersten beiden Jahren nach seiner Verabschiedung mehr als 400-mal dagegen verstoßen wurde (das erste Mal weniger als 48 Stunden nach seiner Einführung). Offenbar war es wichtig, dass die Repräsentanten der Nation mit Ernst und Würde auftraten und sich ganz wie die tugendhaften römischen Republikaner verhielten, die sie auf Davids neoklassischen Monumentalgemälden zu bewundern gelernt hatten.

Das Verbot öffentlichen Lachens in der Nationalversammlung konnte natürlich nicht das Lächeln unterbinden, da dieses laut den Benimmbüchern mit keinerlei Geräuschen oder Bewegungen des Körpers verbunden war. Tatsächlich hielt in der neuen politischen Kultur jetzt das Einzug, was der Journalist Joseph Cérutti als »eine lächelnde Physiognomie« bezeichnete und was von vielen noch immer für eine erfreulich demokratische Bekundung gehalten wurde. Zahlreiche Schriftsteller und Journalisten waren bestrebt, die neue Politik mit dem traditionellen Geist des französischen und besonders des Pariser Frohsinns in Einklang zu bringen. Nach Céruttis Meinung war »das ständige Lachen und die ständig gute Laune« eine nationale Charaktereigenschaft, so dass ein »wahrhaft patriotischer Frohsinn« keinen Widerspruch in sich selbst darstellte. Der revolutionäre Journalist Antoine-Joseph Gorsas versuchte auf ähnliche Weise, aus der »heiteren und gemäßigten Fröhlichkeit« der Franzosen das abzuleiten, was er als »patriotisches Lachen« bezeichnete. Man sollte »ruhig, aufrichtig und offen« sein, aber das Gesicht sollte sich »auf der ›Schönwetterseite‹ des Stimmungsbarometers« befinden.

Dennoch waren zahlreiche Revolutionäre der Meinung, dass dieser epochale Prozess vernünftiger und ernsthafter angegangen werden sollte. Zumindest die politische Elite räumte den höflichen Umgangsformen der Pariser Öffentlichkeit keinen Vorrang ein und favorisierte stattdessen die würdevollen Gesten, die Jacques-Louis Davids Gemälde ins Bild gesetzt hatten. Einem zaghaften Lächeln zog man vorgeschobene Kinnladen, ausgestreckte Arme und steife Oberlippen vor. Auf Davids unvollendetem Kolossalgemälde (von dem nur Entwürfe und Skizzen erhalten sind), auf dem der Ballhausschwur des Jahres 1789 dargestellt ist – die junge Nationalversammlung hatte geschworen, sich ihrer Auflösung durch den König zu widersetzen –, wurden alle Abgeordneten in heroischer Geste und mit ernst-gelassener, stoisch-entschlossener Miene gezeigt.

Da die *passions fortes* gegenüber den – durch die Geselligkeit der Aufklärung geweckten – *passions douces* den Vorrang hatten, wurde das Lächeln anscheinend *démodé* und geriet in die Defensive. »Diese Nation, die so fröhlich, so witzig ist und so gerne lacht«, kommentierte der Verfasser einer Flugschrift im Jahr 1789, »ist empfänglich für Ernsthaftigkeit, Nachdenklichkeit und edle Begeisterung ... Bisher hat die Nation gescherzt, weil es ein Verbrechen war, vernünftig zu reden, weil sie nur scherzen durfte und weil man ihr verboten hat, sich zu bilden und sich mit dem Wohl der Allgemeinheit zu beschäftigen.« Aus dieser Perspektive gehörten Humor, Witzigkeit und ein lächelndes Auftreten zu den zahlreichen Kinderkrankheiten, denen die Nation entwachsen musste.

Was man im öffentlichen Leben immer häufiger zu sehen bekam, war nicht die offene, freundliche, zivilisierte Attitüde der Pariser Revolution des Lächelns. Jetzt wurde das Lächeln zunehmend durch das harte, aggressive, boshafte, sarkastisch herabsetzende Lachen ersetzt. Beim Lächeln der Empfindsamkeit hatte sich alles um das rechte Maß gedreht. Nun jedoch wurde »Mäßigung« zu einem anrüchigen Wort. Im Wörterbuch der Revolution war ein »Gemäßigter« ein »falscher Freund des Volkes, ein Verfassungsfeind«, jemand, der immer stärker unter Verdacht geriet.

»Frankreich hat aufgehört zu lachen«, stellte der konterrevolutionäre Journalist Antoine de Rivarol fest. Aber das Gegenteil war der Fall, jedenfalls in Paris. Tatsächlich beteiligte sich Rivarol, ein glühender Anhänger des bedrängten Ludwig XVI., überaus aktiv an dem, was der Verfasser einer Flugschrift als die »Kriege des Gelächters« bezeichnete, die die Anfangsjahre der Revolution charakterisierten. Wortführer des Adels und der Kirche, deren Privilegien in den Wirren der Revolution hinweggefegt worden waren, nutzten die in der Erklärung der Menschenrechte von 1789 garantierte Pressefreiheit, um einen Generalangriff auf die revolutionäre Sache zu starten. Royalistische und offen konterrevolutionäre Druckereien und Zeitungen – nicht zuletzt die populistischen *Actes des apôtres* (»Apostelgeschichte«), für die Rivarol schrieb – bedachten alle Aspekte der Veränderung mit sarkastischen und satirischen Kommentaren: revolutionäre Politiker, revolutionäre Gesetze, revolutionäres Vokabular, revolutionäre Diktion, kurzum alles und jedes Revolutionäre war Wasser auf die Mühlen des Humors. Die bissigen Bemerkungen der *Actes des apôtres* trieben die Revolutionäre zur Weißglut, nicht zuletzt deswegen, weil die hundertprozentige Opposition der Zeitung häufig wirklich witzig war und eine breite Leserschaft anzog. In diesem Zusammenhang zeigte sich der Humor als eine Waffe der konterrevolutionären Propaganda. Das Lachen schien, wie ein Pamphletist es formulierte, zum »Zeichen der Konterrevolution« zu werden.

Als im April 1792 großen Teilen des europäischen Festlandes der Krieg erklärt wurde, hielten viele Revolutionäre dieses spöttische proaristokratische Lachen, das durch die Druckerpressen verbreitet wurde, für deplatziert. In den Jahren zwischen 1792 und 1794 befand sich die Revolution in einer außergewöhnlich prekären Lage, da der Krieg das gesamte revolutionäre Projekt bedrohte und den Terror heraufbeschwor, die gewaltsam-repressive Herrschaft des Wohlfahrtsausschusses des Konvents (der französischen Nationalversammlung zwischen 1792 und 1795). Eine so ernste Situation schien sogar ein gutmütiges sardonisches Lächeln als angemessene Geste auszuschließen. Bezeichnenderweise gehörten zu den ersten Maßnahmen, die von der Nationalversammlung nach dem Sturz Ludwigs XVI. am 10. August 1792 und der anschließenden Ausrufung der Republik getroffen wurde, das Verbot königstreuer konterrevolutionärer Zeitungen und die Schließung entsprechender Verlagshäuser. Das aristokratische und konterrevolutionäre Lachen war nicht länger tragbar, weder in gedruckter noch in sonstiger Form.

Abb. 36: »Maudite Révolution« / »Ah l'bon décret« (1789–90)

In der neuen Republik ließ sich das aggressive Lachen jedoch nicht ganz so leicht abstellen. Freilich stand dem aristokratischen Spott, dem herablassenden Humor der konterrevolutionären Presse das plebejische Gelächter aus voller Kehle in den Reihen der radikalen populären Bewegung in Paris bereits in nichts mehr nach. Wie Karikaturisten zeigten, sollte das Lachen der plebejischen Radikalen, der *sans-culottes*, den Aristokraten das Lächeln austreiben (Abb. 36). Dieser Trend hatte mit Zeitungsjournalisten wie Jean-Paul Marat und Camille Desmoulins im Jahr 1789 begonnen, doch der Hauptvertreter dieser Art von Humor war die für ihre Vulgarität bekannte Zeitung *Le Père Duchesne*, die von dem radikalen Pariser Politiker Jacques-René Hébert herausgegeben wurde. Hébert nahm die Identität eines rohen und exzessiven, aber stolz patriotischen *sans-culotte* an, der sich für die Revolution engagierte, begierig bestrebt war, die Konterrevolution, wo immer sie sich zeigte, zu vernichten, und immer darauf lauerte,

Zeichen der Schwäche und des Verrats in der politischen Klasse aufzuspüren.

Hébert suchte sogar unter seinen Kollegen nach Feinden – anscheinend insbesondere unter solchen, die lächelten. Am 7. Oktober 1793 wurde Gorsas, ein politischer Pamphletist, Journalist und zuletzt Mitglied des Konvents, vom Revolutionstribunal zum Tode verurteilt; das Tribunal war im März jenes Jahres gegründet worden, um Konterrevolutionäre im Schnellverfahren zu verurteilen. Gorsas wurde auf einem Schinderkarren zur Place de la Révolution (heute Place de la Concorde) zur Hinrichtung durch die Guillotine geschafft, die man errichtet hatte, um konterrevolutionäre Delinquenten zu enthaupten. Auf dem Schafott zeigte er sich ganz stoisch, beteuerte seine Unschuld, und ihm gelang sogar ein schwaches Lächeln. Mit diesem Lächeln gestand er ein, dass sein Projekt, »heitere und gemäßigte Fröhlichkeit« und »patriotisches Lachen« in Einklang zu bringen, gescheitert war. Es war eine Niederlage, und für das Lächeln hatte der *Père Duchesne* nur Spott übrig: »Der Kerl hatte sich betrunken, um vor dem Fallbeil tapfer zu erscheinen. Scheiß drauf! Das nationale Rasiermesser setzte seinem komischen Geplänkel ein schnelles Ende.«

Gorsas war natürlich nicht wegen seines Lächelns hingerichtet worden. Aber die Reaktion auf sein Lächeln bei der Hinrichtung bezeugte symbolisch eine neue und frostige Ernsthaftigkeit, die das politische und gesellschaftliche Leben seit den glücklich lächelnden Anfangstagen der Revolution erfasst hatte. Beim Lächeln war es einst um Offenheit und Transparenz gegangen. Das Lächeln der Empfindsamkeit hatte sogar etwas Fortschrittliches und Egalitäres gehabt. Jetzt aber war es verdächtig. »Ein zu fröhliches Gesicht für einen echten Republikaner« lautete der lapidare, vielsagende Kommentar des Kerkermeisters über einen politisch Verdächtigen, der in das Gefängnis Sainte-Pélagie eingeliefert wurde.

Nach Ansicht des jugendlichen Politikers Louis-Antoine Saint-Just, eines Mitglieds des Wohlfahrtausschusses und Verbündeten von dessen prominentestem Vertreter Maximilien Robespierre, bedeutete ein Lächeln eher Heuchelei als Transparenz: »Die Heuchelei lächelt, die Unschuld trauert.« Also musste man ihm systematisch misstrauen. Saint-Just griff Argumente bezüglich der Künstlichkeit des Lächelns wieder auf, die sich gegen das unechte selbstgefällige Lächeln gerichtet hatten, das vor 1789 am königlichen Hofe zu sehen gewesen war. Jetzt jedoch waren sowohl abweichlerische Plebejer als auch entartete *petits-maîtres* Zielscheibe der Kritik. Couthon, Robespierres und Saint-Justs enger Verbündeter im Wohlfahrtsausschuss, war ähnlicher Meinung: »Alle guten Bürger«, erklärte er, »müssen Physiognomiker sein.« Aber sie sollten anhand der äußeren Erscheinung nicht den Charakter und die Persönlichkeit, sondern die politische Überzeugung überprüfen. Die wahren Gesinnungen sollten mittels und trotz des äußeren Erscheinungsbildes ausfindig gemacht werden. Man musste eine große Wachsamkeit an den Tag legen, um kriminelle und konterrevolutionäre Absichten, die sich den Blicken entzogen, aufzuspüren. Bezeichnenderweise wurde der Karneval durch die Pariser Stadtverwaltung strengstens verboten, und man nahm nicht nur Anstoß an dem derben populären Spaß, der nun als unschicklich galt, sondern auch an den traditionellen Karnevalsmasken. Um nicht ihr wahres Gesicht zu zeigen, trugen Konterrevolutionäre Masken, die eine aufrichtige republikanische Gesinnung vortäuschten.

Das Misstrauen gegenüber dem Lächeln schien durch die Tatsache gerechtfertigt, dass das Lächeln auf dem Schafott zu einem Symbol des politischen Widerstands wurde. Die Fahrt auf dem Schinderkarren und das Besteigen des Schafotts lieferten ein tägliches Drama, das die Pariser stets aufmerksam verfolgten. Viele Menschen brachen völlig zusammen und boten ein entsetzliches Bild. So zum Beispiel Madame Du Barry, Ludwigs XV. letzte Mätresse. Sie klapperte vor Angst mit den Zähnen und »schrie, wie ich niemals jemanden habe schreien hören«, wie der öffentliche Henker Henri Sanson feststellte. Hysterisch flehte sie die Umstehenden um Hilfe an und brüllte so laut, dass man sie auf der anderen Seite der Seine hören konnte. Noch viel eindrucksvoller waren die zahlreichen Personen, die angesichts des Todes ganz ruhig und gelassen blieben. Der Henker Sanson war voller Respekt für die große Gruppe von Magistraten aus den Parlamenten von Paris und den Provinzen, die im Frühjahr 1794 auf die Guillotine geschickt wurden: »Es gab keine Tränen, keine Klagen, keine Vorwürfe, keine unnützen Gesten. Sie starben mit der stolzen Gelassenheit der Römer, die auf ihren Plätzen auf die Gallier warteten.« Einer von ihnen, Malesherbes, ein Freund der *philosophes* zur Zeit der Aufklärung, der aber aus einer Art moralischem Pflichtgefühl im Prozess gegen den König die Verteidigung übernommen hatte, bot sogar ein noch imposanteres Bild: Er starb »mit der lächelnden Standfestigkeit eines Weisen und der Ruhe, die einem Gewissen entstammt, das mit sich selbst im Reinen ist«.

Für den Henker Sanson war es das Lächeln der Opfer, das ihn bei seinen Pflichten am meisten irritierte. Wenn er in Kerkern erschien, in denen Revolutionäre inhaftiert waren, dachten viele Gefangene, so erzählte er, sie würden als Nächste zum Schafott gebracht, und »lächelten mich an; und dieses Lächeln«, fuhr er fort, »hatte eine eigenartige Wirkung auf mich. Ich konnte mich daran gewöhnen, dass meine Gegenwart Schrecken auslöste, aber es war weitaus schwieriger, Menschen zur Guillotine zu führen, die bereit waren, mir dafür zu danken.« Die besten Männer, berichtete er, traten so wie Malesherbes und seinesgleichen ihrem Schicksal mit beeindruckender stoischer Gelassenheit entgegen, oder aber sie lachten im Angesicht des Todes, so wie der Kaufmann, der, nachdem er ein Glas Weißwein und einen Teller mit Austern zu sich genommen hatte, »zur Guillotine schritt wie andere zu ihrer Hochzeit«. Doch was Sanson als noch bewegender empfand, war die freundliche Standhaftigkeit vieler politisch prominenter Frauen, die er zum Schafott führte. Sie lächelten so, wie Richardson und Rousseau es sie gelehrt hatten, jetzt jedoch mit einem Anflug stoischer Gelassenheit. Es mochten Tränen fließen, aber es gab auch das Lächeln unter Tränen und über sie hinaus.

Für den Comte de Beugnot, der als Gefangener einige Zeit in Pariser Kerkern verbracht hatte, aber der Guillotine entkommen war, war die Reaktion dieser Frauen überaus bewegend:

Sie behandelten das Unglück wie ein unartiges Kind, über das man nur lachen konnte; und so lachten sie sehr offen über die Göttlichkeit Marats, das Priestertum Robespierres und die Überheblichkeit Fouquiers [des öffentlichen Anklägers beim Revolutionstribunal]. Und zu allen diesen blutigen Kriechern schienen sie zu sagen: Ihr könnt uns töten, wann immer ihr wollt, aber ihr werdet uns niemals daran hindern, liebenswürdig zu sein …

Beugnot hatte gesehen, wie Manon Phlipon, besser bekannt als Madame Roland, im Oktober 1793 mit einem erhabenen Lächeln auf dem Gesicht den Weg zur Guillotine antrat. Roland stand fast im selben Alter wie Madame Vigée Le Brun (die fast ein halbes Jahrhundert länger leben sollte). Wie sie hatte Roland die *Nouvelle Héloïse* mit Begeisterung gelesen – und zwar in der Mitte der 1770er Jahre, als sie 21 Jahre alt war. »Auch wenn es mich in den Wahnsinn getrieben hätte«, so erinnerte sie sich später, »hätte ich kein anderes Buch lesen mögen.« Es bot »die Nahrung, die allein meine war, und es deutete die Gefühle, die ich hatte, bevor ich Rousseau gelesen hatte, die aber nur er mir erklären konnte«. Rousseaus Heldin Julie zeigte ihr einen aufregenden Weg, um die ganze Fülle des Lebens als liebende Ehefrau, fürsorgliche Mutter – und leidenschaftliche Geliebte – voll zu genießen. Dementsprechend bestieg sie das Schafott, indem sie Julie andächtig nacheiferte und sich zugleich einen ihrer republikanischen Helden Plutarchs ins Gedächtnis rief. Die grauenhaften verbalen Angriffe, die auf dem Weg zum Schafott auf sie herabhagelten, »hörte sie sich mit einem verächtlichen Lächeln« an. Ihre letzten Worte »Oh, Freiheit! Welche Verbrechen werden in deinem Namen begangen!« sprach sie mit »einem bitteren Lächeln«. Welche Beschreibung könnte für die letzten Augenblicke einer Frau, die in ihrem Privatleben Rousseaus »Nouvelle Héloïse« hingebungsvoll imitieren wollte, zutreffender sein als die Worte, mit denen Rousseau Julies Sterbeszene schilderte: »ein Lächeln auf den Lippen und die Augen voller Tränen«?

Madame Roland war bei weitem keine Ausnahme. Es war so, als würde eine Generation von Frauen, die Rousseau verehrten und Julie nachahmten, diesen Moment nutzen, um das Lächeln zu einem transzendenten Symbol ihrer Menschlichkeit zu erheben – ganz so wie es von Rousseau natürlich auch gemeint war. Vor dem hehren Mut von Charlotte Corday, Marats Mörderin, verneigte sich der Henker Sanson voller Respekt. In ähnlicher Weise zeigte sich Lucile Desmoulins (im krassen Gegensatz zu ihrem Ehemann, dem radikalen Journalisten und Staatsmann Camille) mit einem strahlenden Lächeln. Während des Prozesses und der Vorbereitungen zu ihrer Hinrichtung stellte Madame Élisabeth, die Schwester des Königs, ihr »immer liebliches Lächeln« zur Schau. Für Sanson »ähnelte sie darin einer dem Himmel entstiegenen Heiligen«. An der Schwelle zum Tode nutzten diese Personen die Guillotine als Bühne, um ihren Charakter und ihre echte individuelle Identität zum Ausdruck zu bringen. Und die Geste, derer sie sich um dieses Effektes willen gezielt bedienten, war das Lächeln der Empfindsamkeit, das sich in der Zeit der Aufklärung herausgebildet hatte und jetzt einen stoisch überhöhten Zug annahm.

So wurde das revolutionäre politische Leben auf dem Höhepunkt des Terrors nicht nur vom Gebrüll des populistischen Radikalismus und dem spöttisch rauen Humor der konterrevolutionären Reaktion von zwei Seiten in die Zange genommen. Es erlebte auch, dass diejenigen, die als Konterrevolutionäre eingestuft wurden, sich das Lächeln als eine angemessene Geste des Widerstands aneigneten. Das Lächeln hatte die politische Seite gewechselt, was in Anbetracht seiner früheren Geschichte und Assoziationen merkwürdig, unerwartet und überraschend war. Es war nicht länger das Symbol einer einheitlichen und egalitären revolutionären Kultur. Letztere hatte mittlerweile einen zu tödlichen Ernst angenommen, um dem Lächeln irgendeinen Platz einzuräumen. Stattdessen war das Lächeln zu einem gemeinsamen Emblem in der Freimaurerei des politischen Opfertums geworden, zu einer »Waffe der Schwachen«, so wie der Wissenschaftler James Scott den Ausdruck definiert hat, nämlich als verborgenes Transkript, mit dem die Machtlosen die Mächtigen symbolisch kritisierten und sich über sie lustig machten. Die Revolutionäre waren stolz auf ihr stoisches Engagement für die nationale Sache und sahen nun voller Ärger, dass die Waffen der Stoa sich angesichts des Fallbeils der Guillotine gegen sie selbst richteten.

Die Revolutionäre, die die Macht innehatten, reagierten auf diese Bedeutungsumkehrung des Lächelns, indem sie in einer sogar noch humorloseren, unfreundlicheren Ernsthaftigkeit erstarrten. Symptomatisch dafür war die Form der offiziellen Feierlichkeiten. Die revolutionäre Kultur feierte unablässig ihre eigenen Taten. Schlüsseltage wie der 14. Juli und der 10. August waren bekannte Daten für offiziellen Jubel, während der Tod führender Revolutionäre wie der von Mirabeau und Marat ebenfalls zu gewaltigen und aufwendigen Gedenkfeiern Anlass bot. Im Laufe der Zeit wurden die Zeremonien immer zahlreicher und zugleich auch immer ernster. Der 14. Juli 1790, der erste Jahrestag des Falls der Bastille, war unter großer Anteilnahme des Volkes begeistert gefeiert worden: »Mit unserem Singen, unserem Tanzen und unserem Lachen müssen wir dem Despotismus die letzten Atemzüge austreiben«, forderte ein Journalist. Dieser fröhliche Jubel des Volkes wurde mit der Zeit immer spärlicher. Während des Terrorregimes hatten die Festlichkeiten meist streng didaktische Ziele, so als ob ein Fest vor allem die Gelegenheit böte, durch organisierte und häufig plumpe allegorische Schauspiele die Bevölkerung zu politischer Korrektheit und Tugendhaftigkeit anzuhalten. Das Volk von Paris – das gemäß der Tradition des vor 1789 herrschenden kollektiven Pariser Frohsinns in frühere Feiern einbezogen worden war – musste sich mit der Rolle des Zuschauers und Statisten begnügen, statt sich selbst aktiv zu beteiligen, besonders als der Maler Jacques-Louis David zum offiziellen Zeremonienmeister bestellt wurde. Trotz des revolutionären Kults der Transparenz wirkten zahlreiche dieser Feste extrem künstlich.

Der große Ernst, den David den revolutionären Feierlichkeiten einflößen wollte, speiste sich aus zwei Quellen. Zum einen übermittelte der Ernst die Botschaften des Neo-Klassizismus, dem David während des Ancien Régime nahegestanden hatte, und vor allem den Gedanken, dass die Kunst eine allen zugängliche geistige Kraft sein und die Gesellschaft verbessern sollte. Zum anderen war er ein Echo auf das Temperament und die ideologische Einstellung von Davids politischem Mentor, Maximilien Robespierre; »der Unbestechliche«, wie er bezeichnet wurde, war stolz auf sein würdevolles Auftreten. Lange nach Ende des Terrorregimes behauptete seine Schwester Charlotte, er habe immer ein Lächeln auf dem Gesicht gehabt, und sein Porträt als Abgeordneter (1791) deutet immerhin leicht hochgezogene Mundwinkel an. Doch nach Auskunft vieler seiner revolutionären Kollegen hat man Robespierre nie lächeln oder lachen gesehen. Ein schlimmes nervöses Muskelzucken ließ sein Gesicht wie eine verzerrte Grimasse erscheinen, insbesondere wenn er unter Druck stand. Merkwürdigerweise war das bei David ähnlich: Aufgrund eines Tumors an der Lippe war sein Gesicht asymmetrisch angeschwollen, weshalb er klugerweise jegliches Lächeln vermied. Für die grimmigen Zwillinge der revolutionären Ernsthaftigkeit war es anscheinend physisch unmöglich, ein Lächeln zu zeigen.

Die französische Revolution des Lächelns hatte in Robespierre zumindest ein stärkeres Interesse an der Mundhygiene geweckt. Das heißt, er besaß eine Zahnbürste, das Zaubermittel der Revolution des Lächelns. Sein Kollege im Konvent, der Abgeordnete Barras, berichtete, dass er auf der Höhe des Terrors Robespierre besucht hatte, um ihn dazu zu bringen, für ein maßvolleres Vorgehen einzutreten. Dieser war gerade beim Zähneputzen. Dabei spie er das Mundwasser seinem Kollegen unbekümmert vor die Füße. Die Geste beweise, so Barras, Robespierres Mangel an Anstand und eine übermäßige Verachtung für Menschen, die er eher als Untergebene ansah denn als seine ihm ebenbürtigen Brüder. Doch hier zeigt sich auch die öffentliche Zurschaustellung privater Tätigkeiten, wie sie für den Hof der Bourbonen charakteristisch gewesen war: So legte Robespierre Verhaltensweisen an den Tag, die auf verwerfliche Weise bourbonisch wie auch hoffnungslos animalisch und unzivilisiert waren.

Trotz Robespierres Mundhygiene schien die Revolution des Lächelns jetzt in sehr weiter Ferne. Der Wohlfahrtsausschuss pflegte seine Gegner zur Linken und zur Rechten als gewissenlose und unseriöse Dilettanten mit einer Neigung zu unziemlichem Lachen zu diffamieren. Dies traf sicherlich zu auf den radikalen Journalisten Hébert, der so begierig gewesen war, über das Lächeln des sterbenden Gorsas zu lachen und zu spotten. Sechs Monate später, im April 1794, sollte Hébert auf dem Höhepunkt des Terrors wegen seiner radikalen politischen Exzesse selbst enthauptet werden. Polizeispitzel bemerkten voller Abscheu, dass er sich »wie die schwächste kleine Frau« (*femmelette*) verhielt. Dasselbe Schicksal war auch anderen, die im Ruf der Unernsthaftigkeit standen, beschieden. Robespierres Kollege im Wohlfahrtsausschuss, Hérault de Séchelles, beispielsweise wurde damals ebenfalls vor Gericht gestellt und hingerichtet. »Im Konvent war Hérault ernst«, stellte Robespierres Verbündeter Saint-Just fest, »aber anderswo spielte er den Hanswurst und lachte dauernd, um darüber hinwegzutäuschen, dass er niemals etwas zu sagen hatte.« Die Vorstellung, dass das Lachen verräterische Absichten verschleierte, spielte auch bei der Absetzung und Hinrichtung von Robespierres früherem Schulfreund, dem radikalen Journalisten Camille Desmoulins, eine Rolle; als dieser das Schafott bestieg, jammerte er, er werde dafür bestraft, dass er das Volk dazu gebracht habe, über seine Gegner zu lachen. Robespierres größter Rivale, der wilde und schwierige Georges Danton, wurde zusammen mit Desmoulins hingerichtet. In der Nacht vor seiner Exekution erging er sich im Gefängnis in wüsten Beschimpfungen und machte sich über Robespierres vermeintlich keusche Ernsthaftigkeit in unflätiger Weise lustig. Zu seinem Mitgefangenen Thomas Paine sagte er, dass er »fröhlich zur Hinrichtung« gehen werde, und auf einer Zeichnung, die ihn auf seinem Weg zur Guillotine zeigt, sieht man ihn mit einem grimmig-finsteren und offenkundig zahnlosen Lächeln. Auf den Stufen zum Schafott würde er zusammen mit seinen Leidensgenossen Witze reißen. Anscheinend konnten nur diejenigen, auf die der Tod wartete, sich den Luxus eines Lächelns erlauben.

Lavaterianische Dämmerung

Der Sturz von Robespierres Wohlfahrtsausschuss am 9. Thermidor des Jahres II (27. Juli 1794) lieferte im Vormarsch dieser entschieden unfreundlichen politischen Kultur eine Verschnaufpause. Es gab eine allgemeine Abkehr vom Terror, und in Paris wurde die Bewegung der *sans-culottes* weiter demontiert. Unter dem Regime des Thermidor und des Direktoriums (1794–99) kam es zur Wiederherstellung einer bürgerlichen Gesellschaft und zu einer hedonistischen Freibeuterei in den wohlhabenden Schichten, die ihren Reichtum jetzt nicht mehr verbergen mussten, sondern zur Schau stellen und sich ohne Schuldgefühle amüsieren konnten. Aber es gab keine Rückkehr zur Revolution des Lächelns. Im Jahr 1789 war das Lächeln anscheinend eine vereinigende und demokratische Geste und kulturell wirksam gewesen, hatte gesellschaftlich progressive Ziele verfolgt und war mit einer politischen Absicht verbunden gewesen. Im Gegensatz dazu galt das Lächeln Mitte und Ende der 1790er Jahre entweder als offen konterrevolutionär, oder es spielte in kulturellen und politischen Debatten keine Rolle. Das Lächeln im privaten Bereich war zwar unproblematisch, doch in der Öffentlichkeit hatte es das Lächeln nicht zum Symbol der neuen politischen Ära geschafft. In den heftigen Dramen, die sich in den 1790er Jahren innerhalb der revolutionären Politik und ab dem Jahr 1799 unter Napoleon abspielten, erschien ein Lächeln der Empfindsamkeit selten als eine angemessene öffentliche Geste.

Die kulturellen Auswirkungen, die das Lächeln der Empfindsamkeit seit Richardson und Rousseau gezeitigt hatte, basierten auf der Überzeugung, dass diese Geste den wirklichen Charakter zum Ausdruck bringe und ein Symbol der persönlichen Identität sei. Seit der Mitte der 1790er Jahre jedoch gelangte man wieder zu der Auffassung, dass der Gesichtsausdruck für gewöhnlich irreführend sei, häufig sogar in voller Absicht. Die wahren Gesinnungen mussten mittels und trotz des äußeren Erscheinungsbildes ausfindig gemacht werden, wie Couthon, Saint-Just und Robespierre allesamt gefordert hatten. Das Lächeln galt als die menschliche Geste, die sich am besten dazu eignete, in die Irre zu führen und zu täuschen. Man konnte ihm einfach nicht mehr trauen.

Der vielleicht ernsthafteste Angriff auf die Fähigkeit des Lächelns, den natürlichen Charakter und die Tugendhaftigkeit zu enthüllen, war damals nicht politischer, sondern vermeintlich wissenschaftlicher Natur. Die Physiognomik erlebte ihre Wiederauferstehung. Um die Mitte des 18. Jahrhunderts hatte man – unter dem Einfluss von Charles Le Bruns Arbeiten über den Ausdruck der Leidenschaften – den Begriff »physionomie« (oder »phisionomie«) zur Beschreibung vorübergehender Gesichtsausdrücke verwendet. Dies war eine von seiner ursprünglichen Bedeutung in der wissenschaftlichen Physiognomik abweichende Lesart, denn seit der Antike hatte die Physiognomik dazu geneigt, den Charakter an den Gesichtszügen statt am flüchtigen Ausdruck abzulesen. Die Überreste der antiken Physiognomik waren in der Aufklärung fast vollständig als archaisch und als purer Unsinn abgetan worden. »Ist ein Mann weniger weise, wenn er kleine Augen und einen großen Mund hat?«, hatte Buffon, der bedeutende Naturkundler, mit ostentativem Sarkasmus gefragt. Wie aus heiterem Himmel erlebte diese anscheinend überholte und anachronistische Form der Wissenschaft jedoch ein unerwartetes Revival in der europäischen Kultur, mit erheblichen negativen Folgen für das Lächeln. Das war vor allem das Werk des schweizerischen Pfarrers Johann Caspar Lavater.

Lavaters Einfluss war enorm. Als er im Jahr 1801 starb, war er eine der berühmtesten Persönlichkeiten Europas; Könige und Fürsten, Reisende auf der Grand Tour und aus allen Nationen statteten ihm in Zürich ihren Besuch ab. Dem, was Zeitgenossen als »physiognomischen Rausch« bezeichneten, war zu verdanken, dass seine *Physiognomischen Fragmente* (die 1778 publiziert worden waren) bereits um 1810 in 56 Ausgaben vorlagen, in allen wichtigen europäischen Sprachen, in allen möglichen Formaten, vom teuren und reich illustrierten Folianten bis hin zum Taschenbuch. In Frankreich zum Beispiel erschienen 1806 sowohl ein handlicher *Lavater portatif* als auch eine prächtige zehnbändige Sammlerausgabe seiner Werke, herausgegeben von Jacques-Louis Moreau de la Sarthe.

Lavater verband spirituelle mit wissenschaftlichen Ansprüchen. Für ihn war der Mensch »der Extrakt der Schöpfung, die Summe und das Zentrum aller Existenzen« sowie ein Spiegelbild des Göttlichen. Daher liefen die Bemühungen des Physiognomikers darauf hinaus, das Wirken der Hand Gottes zu entdecken und zu preisen. Wenn man das Alphabet der Natur verstand, konnte man sowohl Gottes Güte wertschätzen als auch zu gesellschaftlicher Harmonie beitragen. Doch der Physiognomiker entdeckte in der Natur auch Ordnung und Gesetzmäßigkeit, zwei Größen, denen man sich mathematisch nähern konnte. So stufte Lavater die Bedeutung des vorübergehenden Ausdrucks niedriger ein als die stabileren und unveränderlichen Merkmale des Körpers. Obwohl er in seinen Veröffentlichungen Illustrationen aus Charles Le Bruns mimischem Musterbuch entlehnte, ging Lavater kaum auf den Gesichtsausdruck ein; er tat ihn ab als reine »Pathognomie«, die er eher für irregeleitet als für aufgeklärt hielt. Le Bruns System der Leidenschaften lehnte er gänzlich ab ebenso wie dessen vermeintliche Überbewertung der Mimik. Er bestritt, dass die Augenbrauen – für Le Brun der wichtigste und sensibelste messbare Index für die Leidenschaften der Seele – eine verlässliche physiognomische Hilfe darstellten.

Bezeichnenderweise vertrat Lavater die Ansicht, dass Zähne mehr über den Charakter aussagten als ein Lächeln. »Saubere, weiße und wohlgereihte Zähne … [verweisen] auf ein freundliches Gemüt und einen gebildeten Verstand sowie auf ein gutes und ehrbares Herz«, so seine Behauptung. Wie er weiterhin erklärte, könnten in manchen Fällen allerdings auch Leute mit schlechten Zähnen auf ihre Weise achtenswert sein. Aber im Allgemeinen ließen schlechte Zähne »entweder auf Krankheit oder auf eine gewisse moralische Schwäche« schließen. Ironischerweise zeigt seine Einstellung den Einfluss der Revolution des Lächelns, insofern als er die Zurschaustellung von gesunden weißen Zähnen positiv bewertete. Doch hinter dem Lächeln der Empfindsamkeit verbarg sich für ihn nur

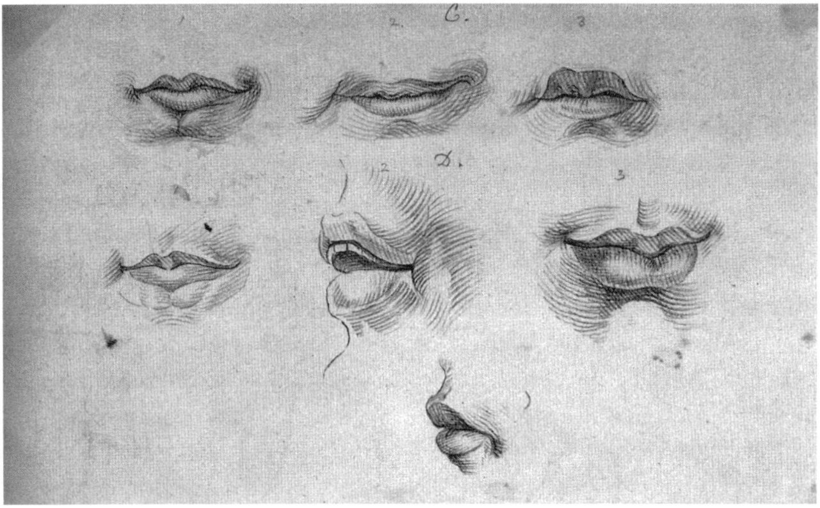

Abb. 37: Münder, aus Johann Caspar Lavater, *Essai sur la physiognomonie* (1806)

»das Spiegelbild der Höflinge und der Leute von Welt«. Trotz seiner eher positiven Konnotationen hielt Lavater das Lächeln grundsätzlich für »ein Element der Verhöhnung, des Spotts, der Verachtung und Ironie«. Alles in allem lieferten solch unstete Gesten weniger sichere Erkenntnisse über den Charakter und die Identität als die Knochenstruktur des Gesichts und des Kopfes, die er als die »einzige genuine Form der Prädestination« betrachtete (eine Formulierung, die die theologischen Aspekte seines Denkens hervorhebt). Lavater legte großen Wert auf die Morphologie von Zähnen, Lippen und Augen. In seiner Welt sagten Nasen und Ohren weit mehr über den Charakter aus als die Dynamik des Lächelns oder des Blicks (Abb. 37).

Für Lavater erforderte die physiognomische Analyse, dass das Gesicht eher wie ein Stillleben war denn wie ein *tableau vivant* der Leidenschaften. Nicht das vorübergehende Aussehen des Gesichts, sondern die Stabilität der ihm zugrunde liegenden Merkmale war die Richtschnur. Während für seine Vorgänger zur Zeit der Aufklärung die Beweglichkeit und Energie des Gesichts und des Körpers

Vorrang hatten, bevorzugte Lavater das, was der große Anatom und Chirurg Xavier Bichat etwa zur selben Zeit als »das Schweigen der Organe« bezeichnete. Die Toten ließen sich genauer analysieren als die Lebenden und die Schlafenden genauer als die Wachen. Lavater setzte unterschiedliche Verfahren ein, um zu dieser physiognomischen Essenz vorzudringen und sie zu preisen. Dem Stil der Zeit entsprechend schuf er Wachsbilder und Totenmasken und bediente sich der Technik, um sich vom Charakter des Verstorbenen ein Bild zu machen. »Der Tod beendet die Erregungen, denen der Körper ausgesetzt ist, solange er mit der Seele vereint ist«; deshalb wurde er vom Meister der Physiognomie freundlich aufgenommen. Er schätzte auch den Schattenriss als zusätzliche Methode der Analyse. In den 1760er Jahren war diese Technik als Gesellschaftsspiel, bei dem der Gesichtsausdruck offensichtlich nicht berücksichtigt werden konnte, populär geworden. Die Kraniometrie – die Schädelmesskunde – spielte in Lavaters Repertoire ebenfalls eine Schlüsselrolle.

Das Gesicht war folglich weniger wichtig als bisher, es lieferte kaum der Erkenntnis dienliche Primärdaten. Nach den Grundprinzipien der Physiognomie Lavaters ließ sich der Charakter wissenschaftlich am besten am augenlosen, physiognomisch starren Gesicht mit geschlossenem Mund (oder an Totenköpfen) ablesen (Abb. 38). Das Lächeln war für die Beurteilung des Charakters schlicht und einfach irrelevant. Als Zeichen des Charakters oder als Ausdruck der Identität konnte es nicht ernsthaft in Betracht gezogen werden. So war denn auch bei den physiognomischen Methoden, die Lavater am meisten schätzte, das Lächeln schlichtweg unsichtbar. Es hatte die *raison d'être*, die es in der Revolution des Lächelns erworben hatte, eingebüßt.

Das Lächeln der Empfindsamkeit war eine egalitäre Geste gewesen und eine Art gestische Vorleistung auf eine menschliche und fortschrittliche Zukunft. Lavaters Messtechniken führten jedoch wieder eine moralische und menschliche Hierarchie in die Gesichtsstruktur ein. Sein Interesse an der neu aufkommenden Disziplin der Kraniometrie trug zu seiner wissenschaftlichen Re-

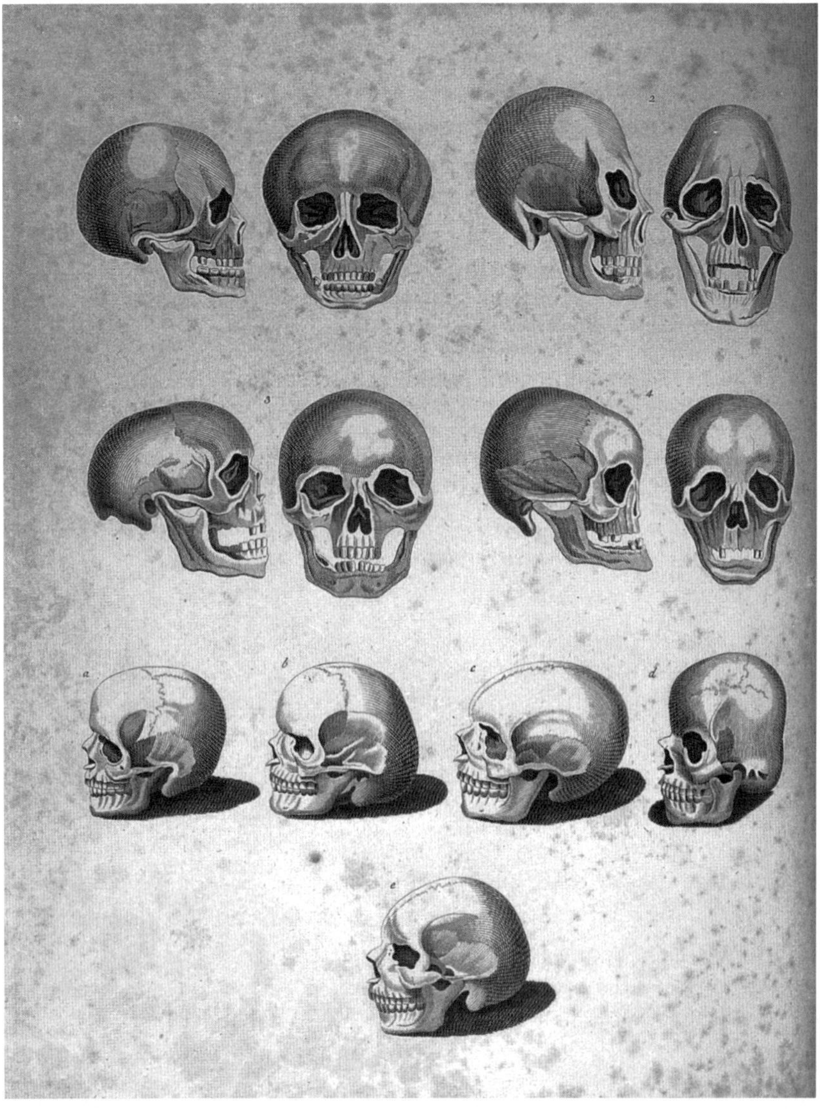

Abb. 38: Sammlung von Schädeln, aus Johann Caspar Lavater, *Essai sur la physiognomonie* (1806)

putation bei. Gegen Ende der 1780er und zu Beginn der 1790er Jahre entwickelten Wissenschaftler wie Peter Camper und Johann Blumenberg, die von Lavater beeinflusst waren (und die ihn ihrerseits beeinflussten), die Grundlagen einer Rassentheorie, deren düsteres Vermächtnis einen Schatten auf das 19. und 20. Jahrhundert werfen sollte. Lavater, Camper und Blumenbach machten zum Beispiel gemeinsam die Einteilung der menschlichen Spezies in verschiedene Rassen populär. Blumenbachs Kategorisierung in Kaukasier, Amerikaner, Mongolen, Äthiopier, Malaien und Afrikaner war besonders langlebig. Kaukasier standen an der Spitze, Afrikaner (»Äthiopier«) am Ende der gleitenden Skala des menschlichen Werts. Die gesellschaftliche Hierarchie schlug sich in Lavaters System ebenfalls nieder: Moralische Schwächen waren systematisch besser nachweisbar an den Köpfen der unteren Bevölkerungsschichten. Es gab auch eine sexuelle Prioritätensetzung: Laut eigener Aussage wurde Lavater von Frauen verwirrt (»Ich floh vor ihnen schon in sehr früher Jugend und habe mich niemals verliebt«). Aufgrund der meisten seiner Messungen glaubte er noch immer, dass Frauen zwangsläufig minderwertig seien. Trotz dieser Vorurteile erhielt die wissenschaftliche Reputation von Lavaters Physiognomie dadurch einen zusätzlichen Schub, dass seine Darlegungen von den Schülern des Irrenarztes Phillippe Pinel in die neu entstehende Wissenschaft der Psychiatrie übernommen wurden.

Lavaters Theorie lag also eine politische Botschaft zugrunde, und zwar eine deprimierende. Die Determiniertheit des Körpers begrenzte den Radius der menschlichen Freiheit. Menschen waren nur »so frei wie ein Vogel in seinem Käfig«, in den Grenzen und Schranken ihrer von Gott gegebenen Körper. Der Mensch »hat seine Sphäre, in der er wirkt und sich bewegt und die er nicht verlassen kann. So wie jeder einen nach einem besonderen Plan geformten Körper hat, so hat auch jeder seine feste, unveränderliche Bestimmung.« Dies war eine Theorie, die offenkundig gut zur Abkehr von den revolutionären Werten in den ausgehenden 1790er Jahren passte. In diesem deterministischen Universum Lavaters spielte das Lächeln keine Rolle, es hatte darin keinen Platz. Es konnte der Welt nichts mitteilen. Es konnte lügen. Der Kreis hatte sich geschlossen. Die Revolution des Lächelns war vorüber.

6 Jenseits der Revolution des Lächelns

Im Jahr 1811 schuf der englische Satiriker Thomas Rowlandson einen kolorierten Kupferstich, »Ein französischer Zahnarzt präsentiert ein Exemplar seiner künstlichen Zähne und falschen Gaumen« (Abb. 39). Unter der Überschrift »Mineralische Zähne« lesen wir:

> Monsieur de Charmant aus Paris setzt einen einzelnen Zahn bis zu einem ganzen Gebiss schmerzlos ein. Monsieur Dubois kann auch einen künstlichen Gaumen oder ein Glasauge einsetzen. Außerdem führt er Destillationen durch.

Wie so oft bei Rowlandson hat die allgemeine gesellschaftliche Satire eine konkrete Zielscheibe. Hinter »Monsieur de Charmant«, alias »Monsieur Dubois«, dessen Gebisse die englische Physiognomie

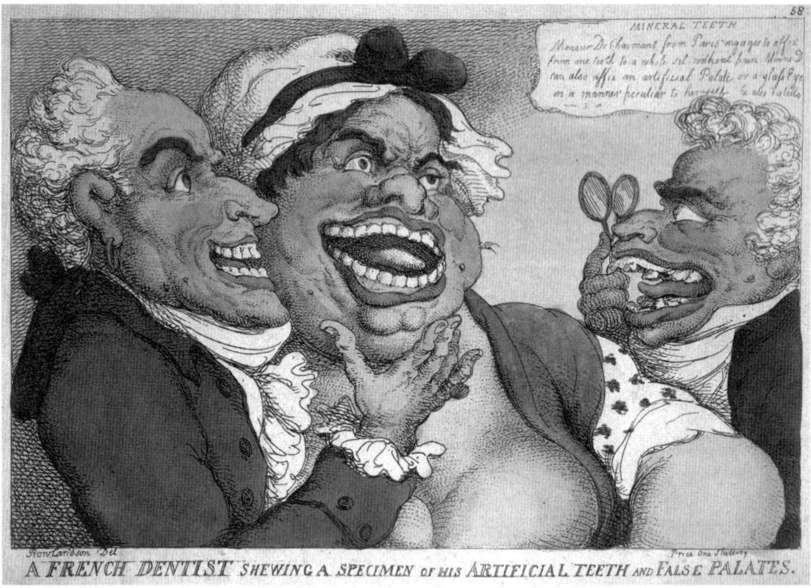

Abb. 39: Thomas Rowlandson, »A French Dentist Shewing a Specimen of His Artificial Teeth and False Palates« (1811)

so lachhaft komisch wirken lassen, kann man leicht Nicolas Dubois de Chémant erkennen. Unser Pariser Gebisshersteller war jetzt ein *émigré*, der seit den Tagen des revolutionären Terrorregimes in London lebte. Star des Kupferstichs ist sein prachtvoller Zahnersatz, den er, wie es seine Gewohnheit war, in seinem Mund ebenso wie in dem seiner vollbusigen Kundin strahlend zur Schau stellt.

Rowlandsons sarkastisches Bild deutet darauf hin, das das Lächeln in den 1790er und früheren 1800er Jahren einen düsteren Weg eingeschlagen hatte. Wahrlich beispielhaft sind in dieser Hinsicht die existentiellen und beruflichen Katastrophen derer, die einst als Vorboten der Revolution des Lächelns galten – Dubois de Chémant und Madame Vigée Le Brun. Beide flohen aus Paris, ließen die Revolution des Lächelns weit hinter sich und emigrierten aus dem revolutionären Frankreich.

Falsche Vorboten

Die Französische Revolution hatte für Dubois de Chémant vielversprechend begonnen. Im September 1791 hatte er im Zuge der von der Nationalversammlung eingeführten nationalen Gesetzgebung die Erlaubnis der Regierung erhalten, für einen Zeitraum von 15 Jahren seine »geruchlosen Gebisse aus unzerbrechlicher Keramik« herzustellen und zu vertreiben. Doch infolge der raschen Verschlechterung des Geschäftsklimas in Paris hatte er mit seinem neuen Produkt keinen Erfolg. Die hohen Preise von Chémants Gebissen – sie beliefen sich leicht auf bis zu 1000 Pfund, das dreifache Jahresgehalt eines Arbeiters – machten sie für jeden außerhalb der gesellschaftlichen Elite unerschwinglich. Die Zeit war ungünstig für den langfristigen Erfolg eines teuren neuen Produkts, das für die oberen Schichten der Pariser Gesellschaft bestimmt war. Diese Schichten befanden sich in Aufruhr. Als die Revolution eine radikalere Wendung nahm, vermieden es die Leute, sich in Schale zu werfen und nach der Mode zu richten, und man zeigte sogar eine Neigung zu nachlässiger bis schlampiger Kleidung, um nur ja jegliches

Aufsehen zu vermeiden. Reisende auf der Grand Tour mit Zahnproblemen waren jetzt selten. Paris wurde seiner wohlhabenden Elite beraubt, da viele Nutznießer des höfischen Lebens Frankreich verließen, um den sich anbahnenden politischen Umwälzungen zu entgehen.

Dubois verlegte seine Pariser Geschäftsräume aus dem Palais Royal an den etwa ebenso mondänen Quai Conti gegenüber der Île de la Cité auf dem linken Seine-Ufer. Doch die Zeiten waren angespannt, und so beschloss er, seine Aktivitäten auszuweiten. Daher gründete er im selben Jahr eine Filiale auf der Frith Street im Londoner Soho. Am 11. Mai 1791 erhielt er ein englisches Patent für die Porzellanmasse, aus der seine Gebisse gefertigt werden sollten. In gewisser Weise zog Dubois, als er sich in London etablierte, nur seinem Kundenstamm hinterher. Soho war voller Franzosen und Französinnen, die die Umwälzungen in Frankreich in die Emigration getrieben hatten. Ein Fünftel derer, die aus dem revolutionären Frankreich geflohen waren, um sich in London niederzulassen, lebte hier in einem Viertel, das dank des Zustroms von Hugenotten, die seit dem 17. Jahrhundert ins Exil gegangen waren, bereits sehr frankophon war. Wir kennen zumindest einen von Dubois' Patienten: den begüterten Aristokraten Arthur-Richard Dillon, der vor der Revolution Erzbischof von Narbonne gewesen und in den frühen 1790er Jahren nach London geflohen war. Dillon starb 1806 und wurde auf dem Friedhof Saint Pancras bestattet. Bei Erdarbeiten zum Bau des Eurostar-Terminals St Pancras entdeckte man 2006 seine Überreste; in seinem Mund befand sich noch ein ziemlich makelloses Gebiss aus Dubois de Chémants Zahnwerkstatt (Abb. 40).

Nachdem der Konvent im April 1792 fast ganz Europa den Krieg erklärt hatte, war im kulturellen Klima des revolutionären Paris kaum noch Platz für falsche Zähne. Dies war Dubois' *coup de grâce.* Am 22. August 1792 – keine zwei Wochen nach dem Sturz Ludwigs XVI. und dem Marsch der Truppen der Alliierten auf die Hauptstadt – leistete Dubois einen freiwilligen Beitrag zum Krieg, indem er dem Konvent eines seiner Pferde zur Verfügung stellte.

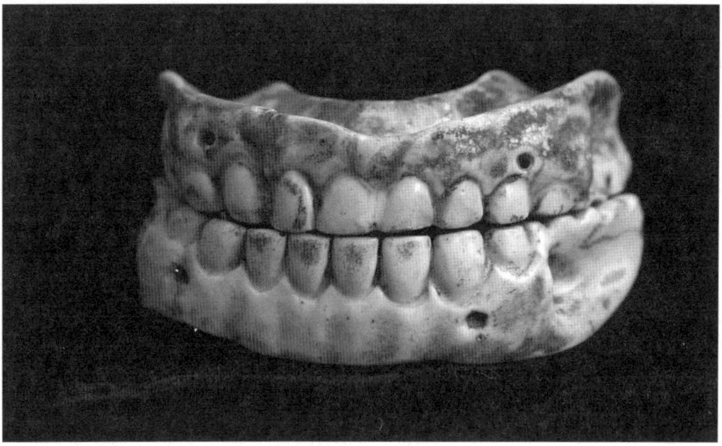

Abb. 40: Das Gebiss des Erzbischofs Dillon

Doch damit versuchte er in Paris zum letzten Mal sein Glück. Kurz danach erlebte er einen Zusammenbruch und floh im Anschluss an die Septembermorde Ende 1792 aus dem Land. Bei diesen Massakern waren – aus Sorge um das militärische Überleben der Revolution – politische Gefangene und viele gewöhnliche Insassen der Pariser Gefängnisse brutal ermordet worden. Für Gebisse hatte der Terror sogar noch weniger Zeit als für das »weiße Lächeln«.

Dubois de Chémant hatte sich durch seine Verkaufsfiliale in England politisch verdächtig gemacht. Mit seiner Ausreise nach London war er völlig ins Abseits geraten, insbesondere ab Februar 1793, als Frankreich und England Krieg gegeneinander führten. Der Makel der Anglophilie machte Dubois in Frankreich zumindest für die Dauer des Terrorregimes und/oder bis zum Kriegsende zur *persona non grata*. 1797 beschloss er, die englische Staatsangehörigkeit anzunehmen (womit er, zusammen mit den Vätern von Isambard Brunel und Augustus Pugin, zu der winzigen Minderheit französischer *émigrés* gehörte, die diesen Schritt taten). Dieser treue Schüler der Kunsthandwerker von Sèvres wandte sich später im Jahrzehnt mit der Bitte an die ebenso berühmte Firma Wedgwood, ihn mit qualitativ hochwertigsten Porzellan-Pasten zu versorgen. Der Mann, der versprach, den Mund von Millionen zahnloser Franzosen und Französinnen zum Lächeln zu bringen, betrieb sein Geschäft mit dem Lächeln nun in England statt in Frankreich – allerdings mit gemischtem Erfolg. In seiner Heimat war das Lächeln, das stärkste Verkaufsargument für sein Produkt, politisch verdächtig geworden.

Die vollmundige Behauptung, dass Gebisse bald ebenso verbreitet sein würden wie Perücken, war außerdem bereits völlig überholt. Schon in den 1780er Jahren standen Perücken in der Kritik, weil sie etwas Künstliches über das natürliche Aussehen stellten. Spätestens 1815 gerieten sie immer mehr in Vergessenheit, als nach dem Ende der Napoleonischen Kriege die meisten französischen *émigrés* in ihre Heimat zurückkehrten und den Erzbischof Dillon mit seinem Gebiss in London zurückließen. Den Gebissen wurde, so kunstvoll sie auch waren, niemals die ihnen vorausgesagte goldene Zukunft zuteil, und während des gesamten 19. Jahrhunderts sollten sie in der französischen Gesellschaft nur ein Nischendasein fristen. Im Jahr 1816 behauptete Dubois, er habe im vorausgegangenen Jahrzehnt über 12 000 vollständige Gebisse verkauft (1797, im Jahr seiner Einbürgerung, hatte sich die Zahl auf 3000 belaufen). Bis in die 1840er Jahre wurden von Dubois' Erben und Konkurrenten eine halbe Million Gebisse aus Paris exportiert. Die Industrie muss in der Stadt also weiter fortbestanden und floriert haben. Mineralische Zähne waren sogar weithin als »Pariser Zähne« bekannt.

Zu jener Zeit wurde Dubois de Chémants Anspruch auf die Erfindung der falschen Zähne aus Porzellan allgemein anerkannt. Seit 1804 enthielt seine Werbung sogar eine Empfehlung von Edward Jenner, dem Entdecker der Pockenimpfung. Obwohl der in Paris lebende italienische Zahnarzt da Fonzi 1809 Porzellanzähne individuell fertigte, die theoretisch anpassungsfähiger und praktischer als Dubois' Gebisse waren, fanden sie in der späteren Fachliteratur nur selten Erwähnung. »Mineralische Zähne«, so stellte der englische *chirurgien-dentiste* Joseph Murphy im Jahr 1811 kategorisch fest, »wurden von M. de Chémant erfunden; er ist nicht nur deren Erfinder, sondern bislang auch unerreicht in der Kunst ihrer Anfertigung und Anpassung.«

Bald jedoch wurde Kritik laut. Im Jahr 1802 schrieb Joseph Fox, dass er Dubois de Chémants Gebisse für ziemlich unnatürlich halte, und er machte sich über die Pseudowissenschaftlichkeit ihres Herstellers lustig. Wie er feststellte, »müssten wir schon sehr großzügig sein, wenn wir die parteiischen Urteile eines Autors unter die Lupe nehmen, der viel Temperament besitzt und geneigt ist zu glauben, dass seine Erfindung klar den Vorzug verdient.« Später im Jahrhundert war es John Gray, der Verfasser eines Buches mit dem Titel *Preservation of the Teeth*, der mit folgenden Worten Zustimmung bekundete:

> Was mineralische oder Juden-Zähne heißt, wird jetzt massenhaft aus Porzellan hergestellt; doch sehen sie auch immer danach aus und können niemals für echte Zähne gehalten werden …, und indem sie wie ein Schleifstein auf die natürlichen Zähne wirken, wetzen sie diese bald ab.

Wir sollten die durch Dubois de Chémants Konkurrenten herausgestellten Konstruktionsfehler seiner Porzellanzähne – unter denen seine Kunden nicht wenig gelitten haben dürften – wohl nicht unterschätzen: schlecht sitzende Prothesen mit viel Schmerz und Unbehagen; das Abwetzen gegenüberliegender Zähne; das Klicken und Klacken beim Sprechen, wenn die obere Prothese die untere berührte; und das ausgesprochen abstoßende Geräusch knirschenden Porzellans beim Kauen. In manch einem Mund verursachte wahrscheinlich auch das Gewicht des vollständigen Gebisses Beschwerden und Unannehmlichkeiten. Die Vollprothese war weit davon entfernt, ihrer vermeintlich bahnbrechenden Rolle gerecht zu werden.

Wie Rowlandsons Karikatur aus dem Jahr 1811 überdies erbarmungslos herausstellt, konnten Dubois' falsche Zähne erschreckend grotesk wirken. Allerdings knüpft der Witz an den Rabelais'schen Humor der Frühen Neuzeit an und hebt hervor, dass die

Zahnkultur des Ancien Régime nie wirklich überwunden worden war. Der Empfindsamkeitskult und der Aufstieg der Zahnchirurgie war ein auf Paris beschränkter Luxus gewesen, der an der überwiegenden Mehrheit der französischen Bevölkerung (so wie fast am gesamten restlichen Europa) spurlos vorübergegangen war. Was sich seit Beginn des 19. Jahrhunderts verändert hatte, war die Tatsache, dass die gute zahnmedizinische Versorgung, von der die Pariser Eliten in den letzten Jahrzehnten des Ancien Régime profitiert hatten, selbst diesen gesellschaftlichen Gruppen mehr und mehr entzogen wurde.

Außerdem kam auf Rowlandsons Karikatur eine ausgeprägte Frankophobie zum Ausdruck, die an den vorrevolutionären Missmut der Engländer über die Neigung der Franzosen zum Lächeln anknüpfte. In den 1790er Jahren hatte Dubois de Chémant seine Karriere in Paris wegen seiner Londoner Geschäftsverbindungen aufgeben müssen. Doch in England sollte er immer Zielscheibe des englischen frankophoben Humors bleiben. Rowlandson scheint Dubois de Chémant in der Tat bereits 1792 aufs Korn genommen zu haben. Mit seiner Karikatur »Sechs Schritte, ein Gesicht auszubessern« (Abb. 41) hatte er die Vortäuschungen mittels falscher Wimpern, Perücke, Schönheitsmitteln und eines vollständigen Gebisses verspottet, indem er eine heulende alte Vettel (oben rechts) in das reizendste junge Fräulein verwandelte, das seine überaus strahlend weißen Zähne auf verführerische Weise zu zeigen wagte.

Rowlandson widmete die Karikatur Sarah Lady Archer, einer Londoner Lebedame, die für ihre Neigung zum Glücksspiel berüchtigt war. Die letzte Figur hat jedoch tatsächlich eine nicht nur flüchtige Ähnlichkeit mit Madame Vigée Le Brun, der zweiten Vorbotin der Revolution des Lächelns am Vorabend des Jahres 1789. Rowlandson war 1787 in Paris gewesen und hätte ihr provokantes Lächeln durchaus erleben können – samt dem geöffneten Mund (Abb. 1), dem herabwallenden Haar, dem geneigten Kopf und den weißen Zähnen. Jenes Lächeln hatte, wie von uns beschrieben, der Darstellung des Lächelns in der akademischen Por-

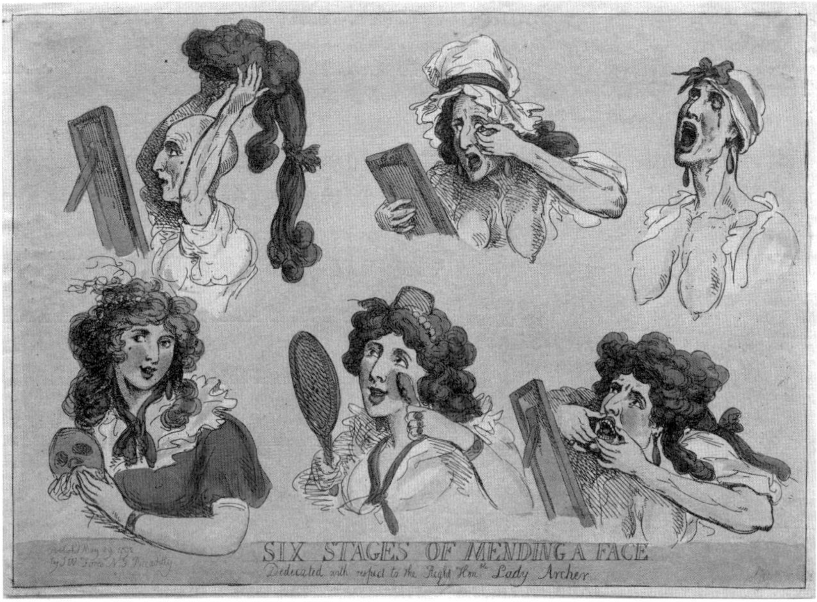

Abb. 41: Thomas Rowlandson, »Six Stages of Mending a Face« (1792)

trätkunst den Weg bereitet. Doch letztlich schaffte es Madame Vigées Le Bruns Lächeln nicht, alles Vergangene hinwegzufegen, was auch mit ihrem persönlichen Schicksal nach 1789 zusammenhing.

Wie von uns dargelegt, hatte man in den späten 1780er Jahren das neue Lächeln als Geste gewertet, die die Sitten des königlichen Hofes und des kulturellen Establishments explizit und kühn herausforderte. Trotz ihrer guten Beziehungen am Hofe – sie war die Lieblingsporträtistin von Königin Marie-Antoinette –, galt Vigée Le Brun allgemein als bürgerliche Aufsteigerin, und in der Öffentlichkeit der Hauptstadt bewahrte sie das Flair bohemienhafter Exzentrizität. Doch im Herbst 1789, fast unmittelbar nach Beginn der Revolution, verließ sie angewidert Frankreich, eine frühe Emigrantin aus einer politischen Kultur, die sie als abstoßend empfand. Seit der Kriegserklärung im Jahr 1792 wurden sie und andere *émigrés* als

Verräter der Nation gebrandmarkt. Als sie in den 1790er Jahren und am Anfang des folgenden Jahrhunderts durch Europa reiste und über die revolutionären Aktivitäten ihrer Landsleute herzog, konnte Vigée Le Brun zu Recht als eine völlig reaktionäre *émigrée* abgeschrieben werden. Ihr Lächeln des Jahres 1787 war, wie wir gezeigt haben, eine Geste, die sich gegen die steife Kultur des königlichen Hofes richtete. Von nun an aber sollte es zum sterbenden, nostalgischen Verfall einer aristokratischen *douceur de vivre* umgedeutet werden, brutal hinweggefegt vom hohen Ernst der Revolution – und vom Terror. Allenthalben war der Frohsinn einem abgebrühten Sarkasmus gewichen. »In früheren Zeiten«, erklärte Madame de Genlis, die ehemalige Mätresse des Herzogs von Orléans, »war die leichte und lebendige Fröhlichkeit voller Charme, Natürlichkeit und Naivität; jetzt ist sie im Allgemeinen hinterhältig, grimassierend, grausam oder töricht.«

Eine ähnliche Umdeutung der Geschichte des empfindsamen Lächelns können wir an der Meinungsänderung von Jacques-Louis David beobachten, der, laut eigener Aussage, vor dem Jahr 1789 nicht mit dem Herzen bei der Sache war, wenn er Menschen mit einem bestimmten Aussehen oder einer bestimmten »Physiognomie« porträtierte. »Ich würzte [sie] mit einer modernen Sauce, wie ich damals zu sagen pflegte.« Und weiter: »Ich malte die Augenbrauen ein wenig dunkler, hob die Backenknochen stärker hervor, gab [den Modellen] einen leicht geöffneten Mund [*sic*] und schließlich das, was bei den Modernen ›Ausdruck‹ heißt und was ich jetzt ›Grimasse‹ nenne.« In dieser sarkastischen und selektiven Erinnerung (freilich eines Mannes mit einer entstellten Lippe) konnte das Lächeln der Empfindsamkeit als eine ekelerregend aristokratische Grimasse diffamiert werden. Früher hatte das Lächeln der Empfindsamkeit als Zeichen persönlicher Identität und sogar als Symbol einer aufgeklärten und demokratischen Geselligkeit gegolten – eine solche Bedeutung schien jetzt wahrlich in weite Ferne gerückt.

Madame Vigée Le Bruns Lächeln hatte den geöffneten Mund als verführerisch und attraktiv erscheinen lassen. Aber während die revolutionäre Politik die politische und kulturelle Bedeutung des Lächelns abwertete, machte die Physiognomik Johann Caspar Lavaters die Vorstellung hinfällig, dass das Lächeln über den Charakter Auskunft geben oder zu einem Schlüsselelement der individuellen Identität werden könne. Für Lavater war der offene Mund lediglich ein *memento mori.* Darüber hinaus wurde in der Kunst, wie sie in den 1790er Jahren aufkam, das Lächeln als bloße Grimasse abgetan, während der offene Mund mehr und mehr in einem noch schlechteren Licht erschien, da ihm der groteske Stil einen unheimlichen Ausdruck verlieh, der lange fortwirken sollte.

Der groteske Stil war zuerst in der Mitte des 18. Jahrhunderts in England aufgekommen. Horace Walpoles antiquarische Rekonstruktion an seinem Haus in Strawberry Hill vor den Toren Londons, das sich dabei allmählich in ein bizarres gotisches Schloss verwandelte, war dafür ein frühes Zeichen. Doch vor allem verbreitete sich dieser Stil bis zum Ende des Jahrhunderts in der fiktionalen Prosa. In Walpoles *The Castle of Otranto: A Gothic Story* (1764) [dt.: *Das Schloss von Otranto: Ein Horror-Roman*] werden die wichtigsten Merkmale des Genres eingeführt: eine übertrieben dramatische Sprache, Spannung und Schrecken, verfallene Schlösser und andere exotische Örtlichkeiten, unterirdische Gänge, stickige und perverse Sexualität, junge Mädchen in Not usw. Der Roman *Vathek*, den William Beckford 1782 ursprünglich auf Französisch schrieb und der 1786/87 auf beiden Seiten des Ärmelkanals erschien, war ein weiterer Beitrag und fügte dem Genre ein orientalisches Kolorit hinzu. Andere Werke von Einfluss sind Matthew (»Monk«) Lewis' *The Monk* (1796) [dt.: *Der Mönch*] und Anne Radcliffes *The Mysteries of Udolpho* (1797) [dt.: *Udolphos Geheimnisse*].

In Frankreich hatte das Schaurige sogar schon vor der Revolution die Aufmerksamkeit auf sich gezogen und dabei auch dem Lächeln eine neue und andersartige Sensibilität gegeben. Von nun an gab es in der französischen Literatur Formen des Lächelns, die »einen frösteln ließen« und als »gespenstisch«, »schrecklich« und »nichts Gutes verheißend« beschrieben wurden. Diese besonderen Beispiele stammen zwar aus Beckfords *Vathek*, aber eine überhitzte Sensibilität zeigte sich auch in einigen genuin französischen Werken. Joseph de Loaisel de Tréogates populärer rührseliger Roman *Dolbreuse* (1783) beispielsweise ließ Richardsons und Rousseaus Sterbebettszenen aufs Schaurigste wieder aufleben. Als der Protagonist am Ende des Romans Anstalten traf, seine geliebte Frau zu verbrennen, »schien das Gesicht meiner toten Frau in eben diesem Augenblick unter einem himmlischen Licht zu erstrahlen. Ich sah, wie sich ihre Haut belebte [und] ihr Mund mir zulächelte ...« – eine wirklich schaurige Erscheinung.

Vor der Revolution hatten sehr viele Franzosen und Französinnen auf die englische Schauerliteratur mit amüsierter Abscheu reagiert, aber die Rahmenbedingungen für ihre Rezeption erfuhren in den späten 1790er Jahren eine radikale Veränderung. Der berühmt-berüchtigte Marquis de Sade spielte in den 1790er Jahren mit dem Genre, vor allem in seinen pornografischen Romanen und da insbesondere in *Justine, ou les malheurs de la vertu* (1791) [dt.: *Justine oder vom Missgeschick der Tugend*] und in *La Nouvelle Justine* (1799) [dt.: *Die neue Justine*], die zugleich auch eine schwarze, parodistische Persiflage auf die Romane der Empfindsamkeit eines Richardson und Rousseau darstellten. De Sade lieferte eine stichhaltige Erklärung für den plötzlichen Erfolg des schaurigen Genres und des *roman noir* in Frankreich, ebenso wie für die Realitätsflucht in den Romanen, die in den späten 1790er Jahren veröffentlicht wurden. Seiner Ansicht nach hatte die Realität die Fiktion schlichtweg überboten, insbesondere in Paris: »Es gab nicht einen Menschen, der in vier oder fünf Jahren nicht mehr Unglück erlebt hatte, als der berühmteste Romancier der Literatur in einem Jahrhundert hätte schildern können.« Das Schaurige wurde somit »zwangsläufig zur Frucht der revolutionären Erschütterungen, von denen ganz Europa heimgesucht wurde«. In der »Eisernen Zeit«, die auf den Terror folgte, wäre, so behauptete de Sade, die konventionelle Fiktion allzu fade gewesen. Wenn man Interesse und Aufmerksamkeit wecken wollte, »musste man also die Hölle zu Hilfe rufen, um interessante Bücher zu schreiben und Schimären im Lande zu finden«. Im frühen 19. Jahrhundert legte Charles Nodier, ein führender Vertreter der Romantik und Verfasser gruseliger Novellen, eine ähnliche Begründung vor: »Leute, die Geschichte gemacht hatten«, schrieb er, »beanspruchten nichts anderes als starke Emotionen und den Triumph des Guten über das Böse.« Menschen, die das Terrorregime erlebt hatten und die »noch das Schießpulver und das Blut riechen konnten, brauchten Emotionen, die denen entsprachen, die ihnen durch die Rückkehr zur Ordnung genommen worden waren«.

Nodiers zweite Bemerkung findet sich in der Einleitung, die er in den frühen 1840er Jahren den gesammelten Dramen von René-Charles Guilbert de Pixérécourt voranstellte, dessen *Victor, ou l'enfant de la forêt* (1798) [dt.: *Victor oder das Kind des Waldes*] gemeinhin als das erste moderne Melodrama Frankreichs gilt. In der ersten Hälfte des 19. Jahrhunderts sollte Pixérécourt etwa 100 solcher Stücke schreiben und damit ein Format schaffen, das die Grundlage für diese höchst populäre Gattung abgab. In gewisser Weise setzte das Melodrama (mit Musikbegleitung) die Tradition der *comédie larmoyante* und des bürgerlichen Dramas fort. Aber es war sehr viel emotionaler als jedes dieser beiden Genres des Ancien Régime. Die Art des Lächelns, das dort die Lippen umspielt hatte, war viel zu matt für das Melodrama, das sich auszeichnete durch starke Gefühle, extremes Pathos, psychologische Ausnahmezustände, eine morbide Sexualität und natürlich den Triumph der Tugend über das Laster. Eine Prise Schrecken kam hinzu in Form von charakteristischen Örtlichkeiten des Schauerromans (Verliese, Burgen, Ruinen, Klöster, dunkle Wälder, wilde Landschaften usw.).

Auf diese Weise verstärkte das Melodrama die Wirkung, die der *roman noir* seit den 1790er Jahren auf die französische Leserschaft ausübte. Die beiden Gattungen beeinflussten und prägten auch die Art und Weise, wie sich die Generationen nach 1794 an die Revolution und insbesondere den Terror erinnerten. Auf Effekthascherei bedachte antijakobinische Geschichten wiesen weitgehend in dieselbe Richtung. In dieser Hinsicht bemerkenswert sind nach dem Terror veröffentlichte Erzählungen von der Gefangenschaft wie etwa Honoré-Jean Riouffes überaus populäre *Mémoires d'un détenu* (1794) [dt.: *Erinnerungen eines Gefangenen*], bei denen es sich angeblich um einen wahren Bericht über das Gefängnisleben zur Zeit des Terrors handelte. Darüber hinaus fand das schaurige Lächeln von jenseits des Grabes, das die Heldin in Loaisel de Tréogates populärem Buch *Dolbreuse* (1783) zeigte, ein gruseliges Echo in den angeregten Debatten der späten 1790er Jahre, als man darüber diskutierte, ob die Gesichter derer, die während des Terrors auf der Guillotine starben, noch Gefühle zeigten, nachdem der Kopf schon vom Körper getrennt war. So erzählte man folgende Geschichte: Als der Henker den abgeschlagenen Kopf der Charlotte Corday, Marats Mörderin, der Menge präsentierte und ihm dabei einen Schlag versetzte, hätten sich die Wangen der Toten vor Empörung über diese Demütigung gerötet. Dies löste eine – über den Rest der Dekade sich hinziehende – gelehrte und (wenn auch gruselige) höchst akademische Diskussion darüber aus, wann genau der Tod eingetreten sei. Ein Autor behauptete, er sei einmal dabei gewesen, als man den Kopf eines Opfers wieder an den Körper anzunähen versucht habe, ein Experiment, das, wie er sagte, zu einigen Verzerrungen im Gesicht geführt habe – was auf unheimliche Weise Mary Shelleys berühmte Schreckensfigur Frankenstein vorwegnahm.

Es wäre nicht schwierig, zur Revolutionszeit auf Münder (wenn auch nicht gerade auf lächelnde Gesichter) zu stoßen, die, um die Beschreibungen in *Vathek* aufzugreifen, »einen frösteln ließen«, »gespenstisch«, »schrecklich« und »nichts Gutes verheißend« waren. Einige der grausamsten Formen des populären schwarzen Humors während der Revolution galten der Verstümmelung von Mund und Gesicht der Revolutionsopfer. Ein frühes Beispiel für die Gewalttaten, die das Volk nach dem Sturm auf die Bastille verübte, war der Fall des angesehenen Generalkontrolleurs der Finanzen Foulon. Sein Kopf wurde auf eine Lanze gesteckt und öffentlich zur Schau gestellt; in seinen Mund hatte man Stroh gestopft, um ihn zu

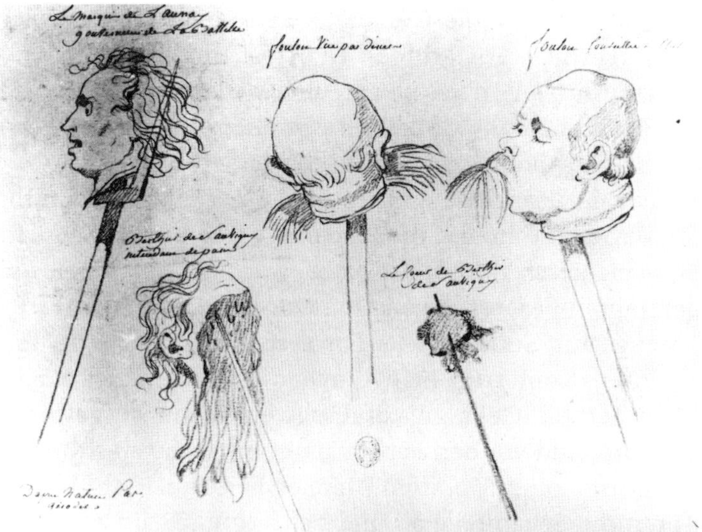

Abb. 42: Abgeschlagene Köpfe von Foulon und anderen, Zeichnung von Anne-Louis Girodet

strafen für seine angebliche Bemerkung, wenn die Armen hungrig seien, sollten sie Stroh essen – ein Anblick, den der Künstler Anne-Louis Girodet ins Bild setzte (Abb. 42).

Ebenso symptomatisch für das Eindringen des Schaurigen in die revolutionäre Erfahrung und die Art und Weise, wie man sich später daran erinnerte, sind die Schicksale einiger Personen, die Madame Vigée Le Brun in den 1780er Jahren, zu der Zeit also, als sie ihr Selbstporträt gemalt und im Salon ausgestellt hatte, Modell gesessen hatten. Von diesen starb die Duchesse de Polignac 1793 in Österreich tragisch jung, wahrscheinlich an Schwindsucht. Vor ihrem Tod hörte Polignac von der Hinrichtung ihrer Gönnerin und Busenfreundin Marie-Antoinette, Vigée Le Bruns Lieblingsmodell. Die Königin wurde vom Revolutionstribunal entsetzlich gedemütigt, da zum Vorwurf des Hochverrats auch noch Anklagen wegen inzestuöser Beziehungen mit ihrem Sohn hinzukamen – einem weiteren Modell von Vigée Le Brun. Dieser Sohn Marie-Antoinettes blieb im Pariser Temple-Gefängnis weiterhin in Haft, wo er von seinen Kerkermeistern schrecklich misshandelt wurde und 1795 starb, vermutlich an Tuberkulose. Auch Madame du Barry, die 1787 Vigée Le Brun ebenfalls Modell gesessen hatte, starb, die Menge hysterisch beschimpfend, auf der Guillotine.

Das Schicksal der Princesse de Lamballe, einer engen Freundin der Königin Marie-Antoinette, die Madame Vigée Le Brun in den 1780er Jahren mehrfach porträtiert hatte, war noch grauenhafter. Im Zuge der Septembermorde von 1792 wurde sie von einer rachsüchtigen Menge im Gefängnis La Force ausfindig gemacht und enthauptet; ihren Kopf trug man durch die Straßen der Stadt, brachte ihn ins Temple-Gefängnis und schwenkte ihn, aufgespießt auf eine Pike, drohend vor den Fenstern der inhaftierten Königin. Wie der Chronist Louis-Sébastien Mercier berichtet, schnitt der Mob der Toten die Schamteile ab und befestigte sie als widernatürlichen Bart über den Lippen des abgeschlagenen Kopfes. Dieses letzte grässlich schaurige Detail lässt sich nicht mehr überprüfen. Fest steht allerdings, dass die Geschichte in den 1790er Jahren und noch das 19. Jahrhundert hindurch mit morbider Hartnäckigkeit weithin im Umlauf war, nicht nur in Paris, sondern überall in Europa.

Nicht sehr anders war es nach dem Tod Robespierres, der am 28. Juli 1794 unter den Pfiffen und Buhrufen der Pariser Menge zur Guillotine geschleppt wurde, nachdem sie ihm einen Tag zuvor noch hörig gewesen war. In dem Durcheinander seiner Festnahme hatte er versucht, sich zu erschießen, aber nur seinen Unterkiefer getroffen. Bei seinem Prozess hielt eine starke Bandage das Gesicht zusammen. Als er sich indes dem Fallbeil näherte,

> riss ihm einer der Henker brutal die Bandage weg, die seinen armen zerschossenen Kiefer zusammenhielt. Er heulte laut auf … Man konnte sehen, wie er für einen Augenblick erbleichte, sein Gesicht zu einer Fratze verzog und wie aus seinem weit aufgerissenen Mund die Zähne zu Boden fielen … es gab einen schweren Schlag …

Während des 19. Jahrhunderts sollte diese makabre Episode in den Historiographien der Revolution immer wieder erzählt und schadenfroh ausgestaltet werden (Historiker der jüngeren Zeit sind bei den Details besonnener oder auch penibler, jedenfalls legen sie weniger Wert auf schauerliche Effekte). Der animalische Schrei hatte Robespierres unmenschliche Bestialität mit einem Schlag unter Beweis gestellt. Für viele Menschen des 19. Jahrhunderts, die sich mit der Französischen Revolution näher befassten, war dies das angemessene Ende für ein tyrannisches und bestialisches Ungeheuer. Dieser Schlusspunkt hatte eine Moral, die einer Erzählung Glanz verlieh. Was im Gedächtnis blieb, war nicht Robespierres gepflegtes Lächeln der Empfindsamkeit, an das sich seine Schwester Charlotte erinnerte, sondern eher das klaffende schaurig schwarze Loch, das sich dort auftat, wo sich einst vielleicht ein Lächeln gezeigt haben mochte. Indem man Robespierre als Ausbund der blanken Animalität, die sich in jenem letzten, bestialischen Aufheulen eines offenen Mundes offenbart hatte, jedwede Menschlichkeit absprach, vermachte man dem 19. Jahrhundert eine monströse, ideologisch überfrachtete, alptraumhafte Vision dessen, worum es bei Revolutionen letztendlich ging.

In sehr kurzer Zeit hatte man einen weiten Weg zurückgelegt, vom Lächeln der Madame Vigée Le Brun aus dem Jahr 1787 bis hin zu den schaurigen Berichten, Memoiren und Erinnerungen, die von der gewaltsamen Entstellung des Mundes während des Terrorregimes handelten. Das Ende des Weges markierte das Ende der Pariser Revolution des Lächelns.

Das Verschwinden der Zahnheilkunde …

In den 1790er und den darauffolgenden Jahren hatten Pariser Zahnärzte mit enormen Schwierigkeiten zu kämpfen. Obwohl die Revolutionsausschüsse sich daranmachten, die Organisation aller Aspekte der medizinischen Bildung und Ausbildung zu verbessern, stand das »weiße Lächeln« auf der Agenda des Gesetzgebers nicht an erster Stelle. Aus naheliegenden Gründen stand es eher ziemlich weit unten. Die französische Zahnmedizin, die einst in ganz Europa bewundert worden war, verspielte an der Wende zum 19. Jahrhundert ihr Kapital. Infolgedessen lief das nachrevolutionäre Frankreich ernstlich Gefahr, zur Zahnkultur des Ancien Régime zurückzukehren, bei dem Zahnverlust und hässliche Zahnfäule fatalistisch hingenommen wurden. Da die einstige Zunft der Techniker des weißen Lächelns in völliger Auflösung begriffen war, drohte die Zahnmedizin zu einer der verlorenen chirurgischen Kunstfertigkeiten zu werden.

Die Revolutionsausschüsse hatten die viel kritisierte medizinische Hierarchie des Ancien Régime innerhalb kürzester Zeit mit aller Entschlossenheit beseitigt. Die Universitäten, die Ärzte ausbildeten, wurden geschlossen und dann radikal neu gestaltet, insbesondere durch die Aufnahme der praktischen Fähigkeiten in die medizinische Lehre, für die Pariser Chirurgen berühmt geworden waren. Ab dem 4. Dezember 1794 wurden in Paris, Montpellier und Straßburg drei neue »Gesundheitsschulen« (*écoles de santé*) gegründet, die den Auftrag der alten chirurgischen Kollegien mit dem der medizinischen Fakultäten verbanden. Die »Geburt der Klinik« – die Entstehung der modernen wissenschaftlichen Medizin – kündigte sich an. In der sich anbahnenden glänzenden Zukunft der französischen Medizin und Chirurgie fand sich jedoch keine Nische für die Zahnheilkunde.

Zusammen mit anderen vorrevolutionären medizinischen Fächern hatte die Zahnmedizin als gesetzlich verankerter Beruf aufgehört zu existieren. Zwei Gesetzesverordnungen – die Loi d'Allarde vom 2. März und die Loi Le Chapelier vom 17. Juni 1791 – schafften alle bestehenden Körperschaften ab, von den Zünften bis zu den chirurgischen Kollegien und Gesellschaften sowie den von ihnen abhängigen Unterabteilungen von »Experten«. Die Loi d'Allarde gab jedermann die Freiheit, »ein Handwerk zu betreiben und jeden gewünschten Beruf zu ergreifen«. Jeder konnte nun eine *patente* beantragen – das heißt die Berechtigung, ein Handwerk auszuüben, selbst ein medizinisches wie das des Zahnarztes.

In einem Bericht über die medizinische Organisation zu Beginn der Revolution hieß es mit unverhohlener Schadenfreude: »Mit der Abschaffung der chirurgischen Gesellschaften wird klar, dass auch Augenärzte, Steineschneider und Zahnärzte keine berufliche Zukunft haben«. Das medizinische Establishment war offenbar zu selbstherrlich, um solch niedere Gestalten bei sich aufzunehmen. Fast ein Jahrhundert lang war es so, dass mit dem Bekenntnis zur Einheit der wissenschaftlichen Medizin eine Abwertung des Begriffs der Spezialisierung einherging. Bezeichnenderweise wurde im Lehrplan der neuen *écoles de santé* die Zahnheilkunde als Fach nicht anerkannt. Im Jahr 1800 ersuchte der Pariser Zahnarzt Louis Laforgue den Innenminister Lucien Bonaparte persönlich, die Lehre und Praxis der Zahnmedizin in Frankreich neu zu organisieren. Die Zahnbehandlung werde, wie er geltend machte, »zur Pfründe des Scharlatans und eines jeden Verkäufers von Zahnheilmitteln, der das Vertrauen der Kranken gewinnen kann«. Quacksalber, so stellte er fest, würden die Menschen ebenso effizient umbringen wie die Napoleonischen Kriege (nicht unbedingt die taktvollste Bemerkung in einem Brief an Napoleons Bruder).

Als schließlich im Jahr 1802 die Reform der medizinischen Praxis eine dauerhafte Form annahm, schuf der Staat zwei ärztliche Grundtypen. An der Spitze standen in den *écoles de santé* ausgebildete Ärzte, die jetzt die chirurgische Lehre in die Praxis umsetzten, während eine bunt zusammengewürfelte Gruppe von »Gesundheitsoffizieren« (*officiers de santé*) das untere Ende bildete. Außerhalb dieses zweistufigen Systems waren nur Hebammen gesetzlich zugelassen. Diese strukturelle Neuverteilung bedeutete, dass die elitären Chirurgen des Ancien Régime in die obere Ärztegruppe aufstiegen, während die weniger qualifizierten Chirurgen, Barbiere und ihresgleichen mit den *officiers de santé* zusammengefasst wurden. Aus Sicht des erfahrenen medizinischen Gesetzgebers Michel-Augustin Thouret gab es nun zwei Arten von Ärzten, die »außergewöhnlichen und höherrangigen« einerseits und »die gewöhnlichen und alltäglichen« andererseits. Früher ausgebildete Zahnärzte gingen nunmehr zusammen mit den »Experten« aus der Zeit nach 1699 wie die Steineschneider und Augenärzte in der undifferenzierten Masse unter, die aus diesen weitgehend ununterscheidbaren und tatsächlich nicht unterschiedenen geringqualifizierten Praktikern bestand. Und aufgrund der *patente* konkurrierten jetzt, wie Laforgue beklagt hatte, ausgebildete Zahnärzte auf einem offenen Markt mit rechtlich gleichgestellten Leuten, die ihre Lizenz lediglich gekauft hatten.

Edme-Michel Miel war ein angesehener Zahnarzt, bevor er bei der Revolution von 1830 auf den Barrikaden starb. Wegen der oben genannten Zustände richtete er im Jahr 1807 eine Petition an den Innenminister, in der er die Schaffung eines Doktorats beantragte, um nach Art der früheren *chirurgiens-dentistes* des Ancien Régime seinem Beruf nachgehen zu können. Das Ministerium teilte ihm mit, dass es keine derartige Zwischenstufe mehr gebe. Er könne als Zahnarzt tätig sein, dürfe aber keine chirurgischen Eingriffe im eigentlichen Sinne vornehmen. Der Beruf schloss definitiv die Kompetenzen aus, die vor 1789 praktiziert worden waren. Der Fortschritt der medizinischen Wissenschaft machte es notwendig, dass man, »um einen Teil [des menschlichen Körpers] zu behandeln, notwendigerweise fundamentale Kenntnisse über den gesamten Körper haben muss«. Es gab dezidierte Anstrengungen in den 1820er und dann in den späten 1840er Jahren, mithilfe einer nationalen Gesetzgebung die Zahnmedizin vor den fragwürdigen Aktionen derer, die über die *patente* verfügten, zu schützen; sie waren vergeblich.

Das wissenschaftliche Kapital, von dem die Zahnärzte des 18. Jahrhunderts dank ihrer hochrangigen chirurgischen Kollegen gezehrt hatten, schwand nun völlig dahin. Das Fach verlor seine wissenschaftliche Bedeutung. Die kommerzielle Dimension, die sich in den zahnmedizinischen Schriften bereits in den letzten Jahren des Ancien Régime immer stärker gezeigt hatte, trat noch deutlicher in Erscheinung. Das Fehlen eines gesetzlichen und institutionellen Schutzes bedeutete, dass künftig eine Spezialisierung auf die Zahnmedizin für fähige Kandidaten schlichtweg nicht mehr attraktiv war. Daher war der Mund der Franzosen von nun an fast genauso ungeschützt und ungepflegt wie in den Tagen des *Grand Thomas* und seiner Kollegen in der Zeit vor Fauchard.

Ein Rest von Frankreichs einstiger Hegemonie in der Mundbehandlung blieb allerdings erhalten und erstarkte im 19. Jahrhundert sogar wieder; dabei handelte es sich um die Produktion von alltäglichen Mundpflegeutensilien, insbesondere in Form von Zahnbürsten, Puder und Mundspülungen. Dies waren die halbluxuriösen *articles de Paris*, die sich auf dem nationalen und internationalen Markt recht gut verkauften. Die medizinischen Fakultäten legten für ihre Zulassung strenge Maßstäbe an, während die neue Patentbehörde der Regierung (das *Institut national de la propriété industrielle*) und das Innenministerium hier großzügiger waren. Seit der Jahrhundertwende ließen Erfinder sich scharenweise ihre Produkte für die Zahnerhaltung, Mundpflege und allgemeine Gesundheit patentieren. Neben Kölnisch Wasser, Schönheitscremes und -pudern, Haaröl, Perückenklebern und Anti-Falten-Cremes ging es dabei unter anderem um Rouge, Lippenstifte, Zahnbleichmittel, Mundspülungen, Zahnpuder und -pasta. Außerdem gab es neue Gebissrezepturen (wenn auch Jacques-Pierre Broussons zerriebene Seemuscheln wohl nicht so recht ankamen) sowie neue Gebisskleber. Auch das Design von Zahnbürsten erlebte einen Aufschwung. Das erste Patent auf eine Zahnbürste wurde am 14. Dezember 1818 einem gewissen Jacques-Pierre Naudin, einem Bewohner von Paris, erteilt. (1819 würde ein weiteres folgen.) Die Gegend um Beauvais nördlich von Paris sollte sich rasch zu einem Zentrum der produktivsten Zahnbürstenmanufakturen Europas mit einem großen Exportmarkt entwickeln.

Der kommerzielle Aufschwung der Pariser Zahnpflegeprodukte war jedoch nur ein armseliger Ersatz für den Verlust der internationalen Vormachtstellung in der Zahnmedizin, die Paris im Jahrhundert zuvor innegehabt hatte. Napoleon I. hatte sich seine Zähne von einem Nachfahren der Zahnheilkunde des 18. Jahrhunderts behandeln lassen, nämlich von Dubois-Foucou, dem Zahnarzt Ludwigs XVI., der ein Rivale und Kritiker des Gebissherstellers Dubois-Chémant gewesen war. Doch um die Jahrhundertmitte sollte

Napoleon III. für sich selbst und seine Familie auf zahnmedizinisches Fachwissen aus Nordamerika in Gestalt des in Philadelphia ausgebildeten Thomas Evans zurückgreifen. Dies unterstrich, wie tief das Prestige und die Kompetenz der französischen Zahnheilkunde gesunken waren. Während Frankreich vor dem Jahr 1789 die gekrönten Häupter und herrschenden Eliten Europas mit Zahnärzten versorgt hatte, sollten ab den 1840er Jahren Amerikaner ihren Platz einnehmen. Und es waren die Vereinigten Staaten von Amerika, die sich um die Mitte des 19. Jahrhundert zum neuen Weltführer der Zahnmedizin aufwarfen. Die Zahnheilkunde der Spitzenklasse hatte den Atlantik überquert, und bereits in den 1830er und 1840er Jahren sollten die Vereinigten Staaten über all die Segnungen der professionellen Zahnmedizin (zahnmedizinische Schulen/Fakultäten, Berufsorganisationen, wissenschaftliche Zeitschriften usw.) verfügen. Von da an erfreuten sich die Vereinigten Staaten der globalen Vorherrschaft im Bereich der Zahnmedizin. Im krassen Gegensatz dazu würde in Frankreich erst ganz am Ende des 19. Jahrhunderts – nämlich 1892 – die Zahnmedizin eine eigene Berufsorganisation erhalten. Fauchard war vergessen. Sein 1786 erschienenes Werk *Le Chirurgien-dentiste* musste bis 1961 auf seine Neuauflage warten! Für das nächste Jahrhundert und darüber hinaus sollte die französische Zahnmedizin der internationalen Konkurrenz hinterherhinken.

… das Verschwinden des Lächelns

So hatte die Französische Revolution zur Folge, dass die professionelle Infrastruktur für eine effiziente Mundbehandlung, wie sie im Laufe des 18. Jahrhunderts geschaffen worden war, zunichte gemacht wurde. Darüber hinaus wurde die den Mund umschwebende positive kulturelle Aura durch die Revolution – und insbesondere den Terror – völlig zerstört.

Vor der Revolution hatte das »weiße Lächeln« mit geöffnetem Mund – das Lächeln der Empfindsamkeit – für eine neue, optimistische und fortschrittliche Sicht des gesellschaftlichen und öffentlichen Umgangs und Austauschs gestanden. Es wurzelte im Empfindsamkeitskult, der in den mittleren Jahrzehnten des 18. Jahrhunderts aufkam. Was auf der Bühne (in *comédies larmoyantes* und im bürgerlichen Drama) und auf dem Papier (in den Romanen Richardsons, Rousseaus und ihrer Nachfolger) begonnen hatte, übertrug sich in das Leben von Männern und Frauen der kulturellen und gesellschaftlichen Elite von Paris; sie waren begeistert von der Aussicht auf bessere Zähne, die ihnen von der ehrgeizigen und geschäftstüchtigen Gruppe der Pariser Zahnärzte versprochen worden waren. Ein »weißes Lächeln« lieferte einen Maßstab für Identität und moralischen Wert. Das neue Lächeln der Empfindsamkeit mag anfangs der persönlichen Vervollkommnung gedient haben, doch förderte es, wie wir gesehen haben, in der bürgerlichen Öffentlichkeit dank seines Ansteckungspotenzials auch die Pariser Geselligkeit und wurde so zu einem gerühmten Emblem des Pariser Frohsinns. Die Ausstellung von Madame Vigée Le Bruns berühmtem Porträt im Jahr 1787 schien anzuzeigen, dass das Lächeln endgültig im Kanon der westlichen Kunst angekommen war, aber auch als legitime öffentliche Geste anerkannt wurde. Diese Geste hatte auch eine starke politische Ausstrahlung, denn sie richtete sich anscheinend direkt gegen den unwandelbaren, vom bourbonischen König noch immer verkörperten Gesichtskodex, dem zufolge man die Lippen geschlossen zu halten hatte.

Leider wurden schon ab dem Jahr 1789 die von der Aufklärung vertretene optimistische Auffassung der menschlichen Natur und die Idee einer möglichen Vervollkommnung des Menschen in Zweifel gezogen; beides wirkte angesichts des Terrors hoffnungslos antiquiert. Die von verstümmelnder Gewalt geprägten stürmischen Jahre von 1792 bis 1794 vertrieben das Lächeln der Empfindsamkeit von den Lippen der Franzosen (auch wenn, wie wir gesehen haben, ein solches Lächeln als heroische Waffe des moralischen und politischen Widerstands noch einige Zeit überdauerte). Dem Lächeln wurde nun misstraut, nicht nur weil es als Mittel der Verstellung galt, sondern auch weil es in das Gelächter sarkastischer

Konterrevolutionäre oder grölender radikaler *sans-culottes* umzuschlagen drohte und in beiden Fällen physische Gewalt nach sich ziehen konnte. Das Leitmotiv der Pariser Fröhlichkeit hatte einen Niedergang erlebt. Im 19. Jahrhunderts galten die Pariser lange Zeit ihrem Wesen nach nicht als fröhlich und heiter, sondern als ein bedrohlicher, gefährlicher, blutrünstiger und kannibalistischer Mob aus *classes dangereuses*, die der englische Karikaturist James Gillray mit brutaler Ironie kommentierte (Abb. 5).

Im Laufe des Jahrhunderts sollte sich der Ruf der Pariser Arbeiter als *classes dangereuses* durch sporadische Ausbrüche revolutionärer Gewalt in den Jahren 1830, 1848, 1851 und 1870/71 noch verstärken. Das Lächeln der Empfindsamkeit wurde aus dem öffentlichen Leben verbannt und selbst aus dem kollektiven Gedächtnis gelöscht. Als Symbol des Pariser Lebens wurde es durch etwas ganz anderes und sehr Unangenehmes ersetzt. Außerdem lehnten nicht nur diejenigen das Lächeln der Empfindsamkeit ab, die sich der Revolution widersetzten oder sich von ihr distanzierten, sondern selbst jene, die einen Teil der revolutionären Botschaft ins 19. Jahrhundert weitertrugen. Napoleon, der an vielen revolutionären Errungenschaften festhielt (viele andere aber wieder abschaffte), gab sich in der Öffentlichkeit steif und resolut. Allerdings konnte er auch locker sein: Als Chateaubriand ihm um das Jahr 1800 zum ersten Mal begegnete, empfand er sein Lächeln als »gewinnend und schön«. Und wie wir wissen, sorgte Napoleon auch dafür, dass es so blieb. Seine tägliche Toilette war untadelig, und er reinigte seine Zähne mit einer Zahnbürste. Die Wellcome Collection in London besitzt sogar eine seiner Zahnbürsten, geschmückt mit seiner Initiale (Abb. 43).

Es ist fraglich, ob Napoleon von seinem sorgfältigen Zähneputzen großen Nutzen hatte. Sir Henry Bunbury, der Armeeoffizier, der im Jahr 1815 den Auftrag hatte, Napoleon über seine Verbannung nach St. Helena zu informieren, berichtete: »Seine Zähne sind schlecht und schmutzig, und er zeigt sie kaum«. Auf St. Helena sollten sie ihm bald ausfallen. Wichtiger als diese unbedeutenden Details aus Napoleons Privatleben ist die Tatsache, dass zeit seiner Herrschaft das Lächeln zwar seine traditionelle Funktion als per-

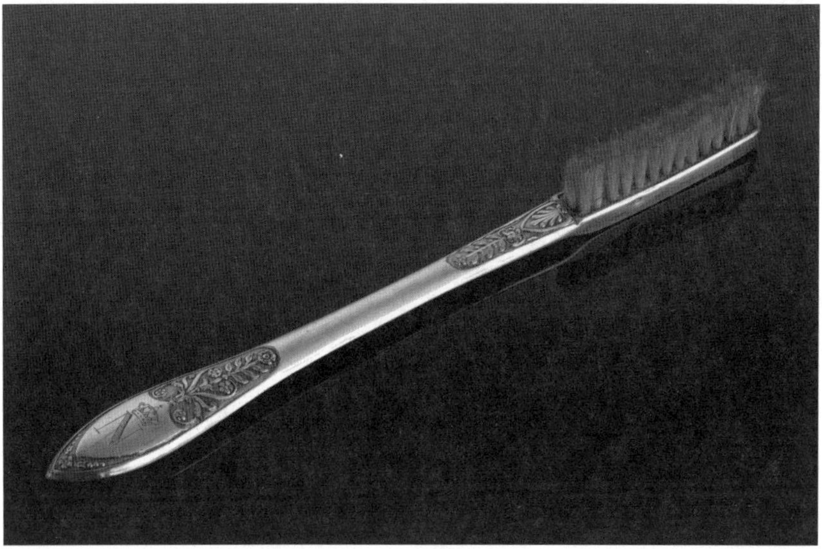

Abb. 43: Napoleons Zahnbürste

sönliche Geste behielt, aber seinen Status als kollektiver und öffentlicher Akt einbüßte. Während des napoleonischen Regimes präsentierte man sich weiterhin in neoklassischer Manier, allerdings mehr im römisch-imperialen Stil als im römisch-republikanischen. Jacques-Louis David, der anscheinend ganz problemlos von einem Parteigänger Robespierres zu einem Anhänger Napoleons geworden war, gab in dessen Regierungspropaganda den Ton an. Unter Napoleon waren die Gesten ausladend und theatralisch. Das Letzte, was man sich bei Napoleon vorstellen konnte, war ein öffentliches Lächeln. Und dem Lächeln der Vigée Le Brun wurde von nun an gerne nachgesagt, dass es eine für das Ancien Régime typische aristokratische *douceur de vivre* zum Ausdruck bringe – selbst wenn es damals alles andere gewesen war.

Napoleons Nachfolger taten nichts, um die Situation zu verändern. Als 1815 das bourbonische Herrscherhaus in der Person Ludwigs XVIII. (des Bruders und Erben von Ludwig XVI.) zurückkehrte, hieß es bekanntlich, »es habe nichts gelernt und nichts vergessen«. Diese Einstellung zeigte sich auch daran, dass große Teile des von Ludwig XIV. erlassenen steifen Hofprotokolls wieder eingeführt wurden. Zeremonielle Rituale hatten noch immer wenig Zeit für ein Lächeln. Erst sehr viel später, weit im 20. Jahrhundert, sollten sich französische Politiker das »weiße Lächeln« zu eigen machen.

Der Widerstand gegen das öffentliche Lächeln war auf Vorstellungen von Männlichkeit gegründet, die sich, wie wir gesehen haben, im späten 18. Jahrhundert herauszubilden begannen. Seriöses männliches Benehmen zeigte sich seit dem frühen 19. Jahrhundert auch bei der Kleidung in Form des sogenannten »großen männlichen Verzichts« – schmuckvolle und farbige Kleidung ersetzte man durch dunkle Geschäftsanzüge. In einem dunklen Anzug wirkte das Lächeln frivol und unmännlich. Im Zuge dessen verbannte die von Rousseau beeinflusste Ideologie der »getrennten Sphären« Frauen aus dem öffentlichen Leben und beschränkte sie auf eine Welt aus Familie, Häuslichkeit und privaten Tugenden.

Die – seit dieser Zeit zu beobachtenden – tektonischen Verschiebungen im Verhalten der Geschlechter hatten unter anderem zur Folge, dass das Lächeln im öffentlichen Leben nicht nur immer seltener wurde, sondern auch zunehmend als spezifisch weiblich galt. Natürlich war das schöne Lächeln in der westlichen Kultur stets mit den Frauen verbunden gewesen, doch war das empfindsame Lächeln der Aufklärung, wie wir gesehen haben, eine geschlechterübergreifende Geste gewesen, die sich auf die informellen Gegebenheiten der aufgeklärten Geselligkeit gründete. Als gereizte englische Touristen die Wut darüber packte, dass sie von den Franzosen unablässig angelächelt wurden, richtete sich ihr Zorn noch stärker gegen Männer als gegen Frauen. Vor der Revolution war das Lächeln die Norm in der Pariser Öffentlichkeit, nicht nur für Französinnen. Doch schon um das Jahr 1789 gab es deutliche Anzeichen für einen Wandel in den Rollen der Geschlechter und ihrem Verhalten. Aus medizinischer Sicht beispielsweise galten Frauen als sensibler (und auch hysterischer) als Männer. Die Entwicklung der Ideologie von den »getrennten Sphären« und das Aufkommen neuer, strengerer

Auffassungen von Männlichkeit schienen die Vorstellung zu bestätigen, dass Männer, die lächelten, verweichlicht seien. Unter dem Druck langsamer, aber weitreichender Veränderungen in der Geschlechterdifferenzierung erlebten die Dekaden um die Jahrhundertwende somit eine Feminisierung des Lächelns.

Diese Einflüsse schlugen sich auf düstere Weise in der Malerei und auch in der Porträtmalerei nieder. Madame Vigée Le Brun hatte ein für allemal die künstlerischen Konventionen des Schicklichen gebrochen, nach denen das Lächeln mit geöffnetem Mund nur den Armen, Schwachsinnigen und emotional Übererregten erlaubt war. Wie wir gesehen haben, nutzten andere Künstler in ihrem Gefolge diese neu gewonnene Freiheit. Wenn man jedoch das 19. Jahrhundert als Ganzes betrachtet, fällt auf, wie selten diese Freiheit genutzt wurde. Tatsächlich scheinen die alten das Lächeln betreffenden Einschränkungen, die das Lächeln der Vigée Le Brun verdrängen sollte, wieder aufgetaucht zu sein. Erst in den letzten Jahrzehnten des 19. Jahrhunderts würden Maler in großem Stil damit beginnen, das »weiße Lächeln« auf ihren Porträts darzustellen. Die düstere, ernste und häufig triste Stimmung, die im 19. Jahrhundert das öffentliche Leben beherrschte, bildete noch immer einen erbärmlichen Hintergrund für das strahlende Lächeln.

1789 hatte es einen glücklichen Augenblick gegeben, als es nämlich den Anschein hatte, als würde sich die Französische Revolution nun das im Paris des späten 18. Jahrhunderts aufgekommene neue Lächeln als Symbol für ihre innovative Wirkung zu eigen machen. Jenes Lächeln galt als Zeichen für eine im Entstehen begriffene gerechtere und glücklichere Gesellschaft. Es sollte nicht sein. Doch wenn man die Pariser Revolution des Lächelns einer Gesamtschau unterzieht, ist es wichtig anzumerken, wie ungewöhnlich dieser Zeitpunkt und dieses Zusammentreffen verschiedener Faktoren in Wahrheit waren. Zu allererst: Während im 18. Jahrhundert andere westliche Gesellschaften einem Empfindsamkeitskult huldigten, hatten nur sehr wenige eine hausgemachte politische Revolution – und keine einzige erlebte den strahlenden Aufstieg einer Zahnheilkunde wie in Frankreich und insbesondere in Paris. Wenn es irgendwo zu einer »Revolution des Lächelns« kommen sollte, dann in Paris. Zweitens: Trotz all der Verbindungen zwischen den verschiedenen Entwicklungen, denen wir in diesem Buch nachgegangen sind, waren die Phänomene, die zusammenwirkten und die Revolution des Lächelns hervorbrachten, äußerst vielfältig. Daran beteiligt waren chirurgische und wissenschaftliche Fortschritte; bedeutende gesellschaftliche, ökonomische und politische Entwicklungen; außerdem sich wandelnde Auffassungen von Gefühl, Ausdrucksverhalten, Individualität und Geschlecht. Zwangsläufig gab es in jedem dieser Bereiche unterschiedliche Richtungen und eigene Rhythmen der Entwicklung. Dass die Revolution des Lächelns nicht von Dauer war – sie war in der Tat ebenso flüchtig und vergänglich wie das Lächeln selbst –, überraschte daher vielleicht weniger als die Tatsache, dass sie überhaupt stattfand.

Sogar schon lange vor 1800 war das Lächeln aus dem öffentlichen Leben verbannt worden. Doch auch wenn es verschwunden war, war es kaum vergessen. Seit dem revolutionären Jahrzehnt galt das Lächeln immer stärker als geschlechtsspezifisch. Auf lange Sicht sollten Männer im dunklen Anzug ihre Zähne und ihr Lächeln aus ihrem Repertoire formellen Auftretens streichen; damit machten sie das freundliche »weiße Lächeln« zu einem typisch weiblichen Attribut, und diesem Lächeln konnten sich die Frauen am besten in ihrem häuslichen Umfeld hingeben. Insbesondere seit der Mitte des 20. Jahrhunderts hat sich das Lächeln seinen Platz im öffentlichen Leben zurückerobert und ist wieder Teil des männlichen wie des weiblichen Verhaltens. Doch ist es nicht mehr mit jener hellsichtigen demokratischen Verheißung verbunden, derer es sich – an der Schwelle des revolutionären Wandels von 1789 – in der Öffentlichkeit erfreute. Das Lächeln hat also die Demokratie sozusagen »eingeholt«. Aber dies geschah auf eine Weise, die nur unterstreicht, wie außergewöhnlich die Revolution des Lächelns im Paris des 18. Jahrhunderts tatsächlich war.

Postskriptum

Der Weg zur Revolution des Lächelns im 20. Jahrhundert

Die Revolution des Lächelns im Frankreich des ausgehenden 18. Jahrhunderts hatte sich als eine trügerische Hoffnung erwiesen – oder als ein Reinfall. Erst im 20. Jahrhundert sollte das Lächeln ein spektakuläres Comeback erleben. Dies ging anfangs nur langsam vonstatten, doch die Revolution des Lächelns des 20. Jahrhunderts kam in dessen mittleren Dekaden zum Abschluss. Wie bei ihrer Vorläuferin im 18. Jahrhundert handelte es sich um ein komplexes Phänomen, das sowohl mit gesellschaftlichen und kulturellen als auch mit wissenschaftlichen und technologischen Veränderungen verbunden war. Anders als damals stand Frankreich nicht mehr an der Spitze des Wandels. Jetzt, vor allem in der späteren Phase, übernahmen die USA die Führung.

Das quasi völlige Verbot des »weißen Lächelns« in der westlichen Porträtkunst war durch Madame Vigée Le Brun im Jahr 1787 aufgehoben worden. Danach wurde das Lächeln, wie von uns geschildert, auf Porträts dargestellt, doch noch fand nur eine kleine Minderheit daran Gefallen. Und es blieb sehr stark geschlechtsspezifisch. Frauen mochten gelegentlich mit einem »weißen Lächeln« porträtiert werden, aber für Männer galt es noch immer als unschickliche Geste. In Frankreich gab es keine künstlerische Richtung, die sich so vorbehaltlos zu weißen Zähnen bekannte wie etwa die Präraffaeliten in England. Die künstlerische Moderne, die dem Naturalismus und der figürlichen Darstellung generell aus dem Weg ging, räumte dem Lächeln kaum mehr als eine Nische ein. Merkwürdigerweise waren die Stilrichtungen, die – im Anschluss an Edvard Munchs *Der Schrei* (1893) – den geöffneten Mund in ihrer Kunst hochschätzten, die Expressionisten, Dadaisten und Surrealisten. Für sie waren der offene Mund und das Vorzeigen von Zähnen aber viel eher mit der Grimasse verbunden, dem höhnischen Lächeln à la Demokrit oder dem grotesk klaffenden Loch.

Die englische Königin Victoria war bekanntermaßen häufig »not amused«, und auf ihren offiziellen Porträts sieht sie zweifellos sehr mürrisch aus. Im Jahr 1843 beauftragte sie den deutschen Hofmaler Franz-Xaver Winterhalter, ein intimes Porträt von ihr zu malen, das sie ihrem neuen Ehemann, Prinz Albert, als besonderes Geschenk verehren wollte (Abb. 44). Für dieses Gemälde wählte sie eine zurücklehnende Pose und ein charmantes Lächeln, bei dem ihre Zähne zu sehen waren. Das macht sie wahrscheinlich zur ersten europäischen Monarchin, die sich mit dem Lächeln der Vigée Le Brun porträtieren ließ. Doch die Umstände des Auftrags waren bezeichnend. Victoria schenkte das Gemälde Albert und ließ es in ihren gemeinsamen Privatgemächern aufhängen. Zu ihren Lebzeiten war es niemals in der Öffentlichkeit zu sehen. Winterhalter schuf auch etliche berühmt-glamouröse Porträts von Kaiserin Eugénie, der Frau Napoleons III., die öffentlich ausgestellt wurden. Wie wir wissen, erfreute sich die Fürstin der Dienste des kaiserlichen Leibzahnarztes Thomas Evans. Doch ging es nicht mehr darum, ob man gesunde und schöne Zähne hatte, sondern vielmehr darum, ob es schicklich sei, sie öffentlich zu zeigen. Allerdings hielt die Kaiserin Eugénie ihren Mund in der Öffentlichkeit ebenso fest verschlossen wie Königin Victoria, und das taten auch ihre Nachfolgerinnen bis weit ins nächste Jahrhundert hinein.

Erst ganz am Ende des 19. Jahrhunderts fanden Zähne und das Lächeln, wenn auch zaghaft, ihren Weg in gemalte Porträts. Interessanterweise übernahmen anscheinend Künstlerinnen wie Berthe Morisot und Mary Cassatt hier eine Vorreiterrolle. In der Porträtfotografie vollzog sich der Wandel anfangs langsamer. In Anbetracht des naturalistischeren und sogar dokumentarischen Potenzials des neuen Mediums war es vielleicht seltsam, dass weiße Zähne sich in der Fotografie des 19. Jahrhunderts nicht durchsetzen konnten. Dafür gab es technische Gründe. Denn im gesamten 19. Jahrhundert, insbesondere in den Anfangstagen, waren die Posierzeiten lang (zunächst 30 Minuten). In den 1860er und 1870er Jahren trugen die Modelle häufig Halskrausen, Armbänder und Korsetts, die dafür sorgen sollten, dass sie sich nicht bewegten. Selbst als die Belich-

Abb. 44: Franz-Xaver Winterhalter, *Queen Victoria* (1843)

tungszeit sich auf eine Minute oder weniger verringert hatte, konnte man die Persönlichkeit des Modells noch immer nicht unmittelbar und spontan einfangen. Es bestand stets die Gefahr, dass ein breites Lächeln sich in ein affektiertes Grinsen oder eine hässliche Grimasse verwandelte. Nachdenklichkeit, Charakter und Sittsamkeit waren das Beste, was die Fotografie des 19. Jahrhunderts im Bemühen um die Darstellung unterschiedlicher Gefühle vermitteln konnte.

So weit die technischen Probleme, die der Fotografie beim Lächeln entgegenstanden. Sie spielten jedoch eine geringere Rolle als das kulturelle Kapital, von dem die Malerei als Form der Darstellung noch immer zehrte. Voller Respekt neigten die Fotografen eher dazu, sich streng an die traditionsreichsten Malerei-Konventionen, die sie vorfanden, zu halten als sie herauszufordern oder gar zu ersetzen. Hinsichtlich Förmlichkeit, Respektabilität und *gravitas* konnten die Fotografen auf ihre Weise die Maler übertrumpfen, die jetzt neue Wege gingen. Fotostudios waren wie ein Künstleratelier ausgestattet, und ganz nach dem Vorbild der Malerei wurden auf den Porträts Statuen, griechische Säulen, Draperien, luxuriöses Mobiliar, Quasten und ausgefallene Kleidung groß ins Bild gesetzt. Dabei zeigte sich das Lächeln vielleicht am stärksten auf erotischen und pornografischen Fotos, doch bei diesen Genres war der Gesichtsausdruck eher nebensächlich. Darwins Bild eines »lächelnden Menschenaffen« in seinem Werk *Expression of the Emotions* (1872) musste, wie von uns oben angemerkt, retuschiert werden – für einen Menschen (geschweige denn für einen Affen) gab es nämlich kein anderes verlässliches Verfahren, um mit einem echt aussehenden und aufrichtigen Lächeln aufzuwarten. Irgendwie schien das kein Problem zu sein in einer Zeit, die das Lächeln anscheinend aufgegeben hatte.

Was dem Lächeln um die Wende zum 20. Jahrhundert wirklich einen Schub gab, war eine verbesserte Kameratechnik. Eine Reihe von Innovationen von den 1880er Jahren bis um das Jahr 1900 herum veränderten die biederen und statischen Traditionen der Fotografie. Gelatine-Trockenplatten lieferten ein bis dato unvorstellbar schnelles Ergebnis und ermöglichten es der normalen Fotografie, zum ersten Mal Körper in Bewegung aufzunehmen. Infolgedessen bestand nun die reale Möglichkeit, das bewegte und ausdrucksvolle Gesicht zum Motiv zu machen. Darüber hinaus ließen sich Kameras serienmäßig produzieren, sie waren billig und konnten ohne Stativ bedient werden. Das brachte sie vollends in die Reichweite begeisterter Hobby-Fotografen.

Obwohl die Schnappschuss-Technik bereit stand, um die Art

und Weise, wie Menschen sich fotografieren ließen, völlig zu verändern, dauerte es doch erstaunlich lange, bis weniger formelle Posen üblich wurden. Ästhetische und kulturelle Konventionen wirkten noch immer als Bremse für Innovationen. Die in technischer Hinsicht fortschrittlichen Neuerer mit der Schnappschuss-Kamera waren eher die Ausnahme, wie beispielsweise Jacques-Henri Lartigue, der besonders gern Freunde und Verwandte fotografierte, etwa wenn sie ein Geländer herunterrutschten, in die Luft sprangen, im Wasser tauchten oder vom Fahrrad stürzten. Doch in dieser Phase seines Lebens war Lartigue noch unbekannt und ohne Einfluss. Von solch seltenen Lichtblicken abgesehen, war bewegungsloser, würdevoller und ausdrucksloser Ernst noch immer die Regel. Verstärkt wurde diese Tendenz noch durch die polizeiliche und forensische Fotografie, die sich in den 1880er und 1890er Jahren entwickelte. Zum Zweck der Personenidentifizierung erfand der Pariser Polizeichef Alphonse Bertillon eine sehr spezielle Form der Fotografie, die einen nachhaltigen Einfluss ausüben sollte. Gestützt auf die gängigen wissenschaftlichen Behauptungen der Rassenanthropologie und Degenerationstheorie (die noch immer unter dem Einfluss von Lavaters Physiognomik standen), war Bertillons Gesichtserkennungstechnologie darauf angelegt, das wahre Wesen einer Person zu erfassen (Abb. 45). Das Polizeifoto konnte, wie es schien, niemals lügen. Es zeigte auch kein Lächeln.

Letztlich bedurfte es des Aufkommens neuer kultureller Modelle, um eine Veränderung in Gang zu setzen. Im 18. Jahrhundert hatte der Empfindsamkeitskult als Auslöser fungiert: Die Menschen wollten weinen und lächeln, ganz so wie ihre Romanhelden und -heldinnen. Im frühen 20. Jahrhundert übernahmen neue Medien diese Vorbildfunktion und bereiteten der Veränderung den Weg. Von vorrangiger Bedeutung waren der Film und das damit verbundene Medium der Studio-Fotografie. Weit mehr noch als Romane förderte der Film den Prozess der Identifikation mit dem Lebensstil und der Selbstdarstellung von Stars oder Fantasy-Figuren. Vor dem Ersten Weltkrieg begannen Film-Studios in Hollywood damit, aus den Bildern ihrer posierenden Stars Medienprodukte mit Massen-

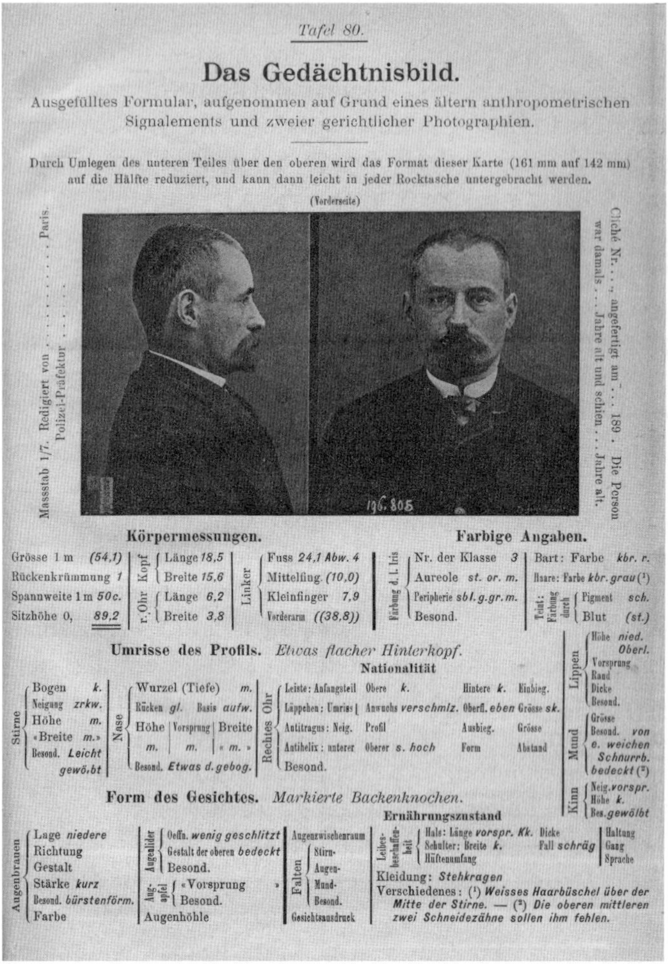

Tafel 80.

Das Gedächtnisbild.

Ausgefülltes Formular, aufgenommen auf Grund eines ältern anthropometrischen Signalements und zweier gerichtlicher Photographien.

Durch Umlegen des unteren Teiles über den oberen wird das Format dieser Karte (161 mm auf 142 mm) auf die Hälfte reduziert, und kann dann leicht in jeder Rocktasche untergebracht werden.

(Vorderseite)

Masstab 1/7. Redigiert von . . . . Paris.
Polizei-Präfektur . . . . .

Cliché Nr. . . . angefertigt am . . . 189 . Die Person war damals . . . Jahre alt und schien . . . Jahre alt.

196.805

Körpermessungen.

Grösse 1 m (54,1)
Rückenkrümmung 1
Spannweite 1 m 50c.
Sitzhöhe 0, 89,2

Kopf: Länge 18,5; Breite 15,6
r. Ohr: Länge 6,2; Breite 3,8

Linker: Fuss 24,1 Abw. 4; Mittelfing. (10,0); Kleinfinger 7,9; Vorderarm ((38,8))

Farbige Angaben.

Färbung d. l. Iris: Nr. der Klasse 3; Aureole st. or. m.; Peripherie sbl. g. gr. m.; Besond.

Bart: Farbe kbr. r.
Haare: Farbe kbr. grau (1)
Teint: Färbung durch: Pigment sch.; Blut (st.)

Umrisse des Profils. *Etwas flacher Hinterkopf.*

Nationalität

Stirne: Bogen k.; Neigung zrkw.; Höhe m.; «Breite m.»; Besond. Leicht gewölbt

Nase: Wurzel (Tiefe) m.; Rücken gl. Basis aufw.; Höhe m. | Vorsprung m. | Breite « m. »; Besond. Etwas d. gebog.

Rechtes Ohr: Leiste: Anfangsteil, Obere k., Hintere k., Einbieg.; Läppchen: Umriss, Anwuchs verschmlz., Oberfl. eben, Grösse sk.; Antitragus: Neig., Profil, Ausbieg., Grösse; Antihelix: unterer, Oberer s. hoch, Form, Abstand; Besond.

Lippen: Höhe nied. Oberl.; Vorsprung; Rand; Dicke; Besond.

Mund: Grösse; Besond. von e. weichen Schnurrb. bedeckt (2)

Kinn: Neig. vorspr.; Höhe k.; Bes. gewölbt

Form des Gesichtes. *Markierte Backenknochen.*

Ernährungszustand

Augenbrauen: Lage niedere; Richtung; Gestalt; Stärke kurz; Besond. bürstenförm.; Farbe

Augenlider: Oeffn. wenig geschlitzt; Gestalt der oberen bedeckt; Besond.
Aug-apfel: «Vorsprung»; Besond.
Augenhöhle

Augenzwischenraum
Falten: Stirn-; Augen-; Mund-; Besond.
Gesichtsausdruck

Leibesbeschaffenheit: Hals: Länge vorspr. Kk., Dicke; Schulter: Breite k., Fall schräg; Hüftenumfang
Haltung; Gang; Sprache

Kleidung: Stehkragen

Verschiedenes: (1) Weisses Haarbüschel über der Mitte der Stirne. — (2) Die oberen mittleren zwei Schneidezähne sollen ihm fehlen.

Abb. 45: Alphonse Bertillon, Persönliches Dossier

wirkung zu machen. Das Lächeln wurde allmählich zu einem wesentlichen Merkmal dieses neuen Mediums, das in den Jahren zwischen den Weltkriegen boomte, als die Großaufnahme voll zur Geltung kam. Tendenziell waren es noch immer Frauen, die auf das volle »weiße Lächeln« spezialisiert waren, während die meisten

Männer ein gequältes Lächeln mit charakterfest geschlossenem Mund vorzogen. Aber in der visuellen Kultur setzten sich strahlend weiße Zähne – die, um hyperperfekt zu sein, noch retuschiert werden konnten – schließlich auf Dauer durch, bei Männern ebenso wie bei Frauen.

Filmstars wiesen den Weg, Privatpersonen folgten ihnen, besonders in der Zeit zwischen den beiden Weltkriegen. Selbst einige Politiker begannen, mit dem Strom zu schwimmen (auch wenn diejenigen, die wie Hitler, Mussolini, Lenin und Stalin vor allem auf Charisma setzten, eine unergründliche, unbewegte und ernste Miene vorzogen). Etwa zu Beginn des Zweiten Weltkriegs hatte man damit begonnen, vor der Kamera »cheese« zu sagen. Das Zurschaustellen der Zähne in der Fotografie wurde zur Norm ebenso sehr für diejenigen, die sich Filme anschauten, wie für die, die in ihnen auftraten.

Besonders nach 1945 traten die visuelle Werbung und die Alltagspsychologie neben dem Medium Film als weitere Schrittmacher des Wandels auf. Die Unternehmen im Westen – und vor allem in den USA, der reichsten Gesellschaft der Welt – gaben riesige und immer gewaltigere Summen für die Werbung aus, da sie sich über die Bedeutung optischer Anreize für die Absatzförderung im Klaren waren. Anscheinend ließ sich mit einem Lächeln alles verkaufen. Dies schloss die eigene Person mit ein, besonders wenn man sich an die Grundsätze der Selbsthilfe-Psychologie hielt. Dale Carnegie, ein Farmerjunge aus dem Mittleren Westen, brachte es mit seinem überaus einflussreichen Buch *How to Win Friends and Influence People* [dt.: *Wie man Freunde gewinnt: Die Kunst, beliebt und einflussreich zu werden*] zum Millionär. Es war 1936 zum ersten Mal erschienen, erlebte jedoch in den USA während der 1940er und 1950er Jahre seine Blüte, und seine Botschaften verbreiteten sich weltweit in allen gesellschaftlichen Schichten. Das Lächeln gehörte zu Carnegies wichtigsten Strategien, mit denen man Leute dazu zu brachte, einen zu mögen; und Gemochtwerden war der erste Schritt, um sie zu beeinflussen (und ihnen wahrscheinlich auch etwas zu verkaufen). Personen des öffentlichen Lebens und gewöhnliche Sterbliche scheuten nicht mehr davor zurück, ihre Persönlichkeit auf eine Weise zu zeigen, die in der Vergangenheit strikt privat gewesen wäre (ein Zeichen dafür, wie rückständig Frankreich hier war: Die berühmteste Persönlichkeit des öffentlichen Lebens im 20. Jahrhundert, Charles de Gaulle, hat man wirklich nie in der Öffentlichkeit lächeln sehen – und auch nur selten im Privatleben). In zunehmendem Maße strahlte das Lächeln von den Werbeplakaten herab und drang mithilfe des Fernsehens zugleich auch in die Privatwohnungen, wo es sich in kollektiven Träumen und Albträumen fest einquartierte.

Die Sehnsucht nach dem vollkommenen »weißen Lächeln« erschloss eine gewaltige unternehmerische Nische für die kommerzialisierte Zahnmedizin. Diese hatte sich in den USA des 19. Jahrhunderts frühzeitig professionalisiert, und während fast des gesamten folgenden Jahrhunderts waren die USA darin führend. Gute, gesunde, vor allem aber attraktive Zähne und ein ebensolches Lächeln wiesen der zahnärztlichen Kundschaft, wie ihr suggeriert wurde, den Weg zu Reichtum, Anerkennung und Glück. Mit Sicherheit verhalfen sie mehr als nur einigen wenigen geschäftstüchtigen Zahnärzten zu Wohlstand. Die US-amerikanische Zahnheilkunde war Weltspitze und wurde rasch zum Vorbild für andere Nationen. Amerikanische Zähne, bei denen – hinsichtlich Gleichmäßigkeit, Symmetrie, Ebenmäßigkeit und außergewöhnlicher Weiße – zunehmend kosmetisch nachgeholfen wurde, bildeten mitsamt dem amerikanischen Lächeln einen keineswegs unbedeutenden Sektor der US-amerikanischen Soft Power, insbesondere in der Zeit nach dem Kalten Krieg.

Der Triumph, der der Revolution des Lächelns im 20. Jahrhundert zuteil wurde, forderte in den frühen 1960er Jahren eine postmoderne Reaktion heraus. Andy Warhols ironisch platte Darstellung von 32 (bald Kult werdenden) Campbell-Suppendosen im Jahr 1962 war eine Satire auf die Kunstpraxis und den Kunstgeschmack ebenso wie auf die geistlose Reproduzierbarkeit von Werbeplakaten. Seinem Marilyn-Monroe-Diptychon gab er, ebenfalls im Jahr 1962, einen besonderen Dreh (Abb. 46). Als witziger Kommentar

Abb. 46: Andy Warhol, *Marylin Monroe, Dyptych* (Ausschnitt) (1962)

zu den Zeitläuften machte das Werk deutlich, dass das Lächeln dieses sehr individualistischen und charismatischen Filmstars genauso reproduzierbar war wie eine Suppendose. Was an dieser Art von Porträt befremdet, ist das Fehlen jeglichen Gefühls für das Modell. Das Kunstwerk feierte sowohl die Berühmtheit von Banalität als auch die Banalität von Berühmtheit – und die mythische Allgegenwärtigkeit des Lächelns.

Die westliche Moderne tat Warhols implizite Kritik an ihren Praktiken mit einem Achselzucken ab, und zu Beginn des 21. Jahrhunderts ist das Lächeln in der modernen Kultur weithin akzeptiert. Die Geste scheint so allgegenwärtig wie eh und je und ihr Platz im modernen Leben allgemein anerkannt – und sie scheint ebenso banal. Das Ende des 20. Jahrhunderts war Zeuge des Aufkommens einiger gesellschaftlicher Gepflogenheiten, die das Lächeln entweder verkomplizierten (Piercing, Tattoos, Mundschmuck, Zähne aus Metall und andere Dentalprothesen) oder es sogar verbargen (besonders der muslimische Schleier). Dennoch wäre es geradezu töricht zu behaupten, dass diese Veränderungen das Ende der modernen Liebesbeziehung mit dem »weißen Lächeln« ankündigen. De facto könnten sie seinen Reiz sogar noch erhöhen. Zur Entstehungszeit dieses Buches scheint das Lächeln Bestand zu haben. Freilich dachten Madame Vigée Le Brun und der Gebisshersteller Dubois de Chémant in den späten 1780er Jahren wahrscheinlich genau dasselbe.

Danksagung

Ich habe einige Jahre über dieses Thema gearbeitet und hatte manchmal den Eindruck, dass das Buch schließlich wie das Lächeln von Lewis Carrolls berühmter Grinsekatze war, die am Ende des Weges immer wieder auftaucht und verschwindet. Die Beschäftigung mit einem solchen Thema, die sich über eine längere Zeit hinzieht, bietet indes einen großen Vorteil: So konnte ich im Laufe meiner Forschungen ständig neue Anekdoten, Geschichten und Perspektiven hinzufügen, da ich in verstreuten und oft ungewöhnlichen Quellen auf wichtige Informationen gestoßen bin. Bei Vorträgen, Seminaren und vielen Round-Table-Konferenzen sowie in zahlreichen Cafés und Lokalen entwickelten viele Menschen immer wieder ein echtes Interesse an dem Thema, und ich danke ihnen von Herzen für ihre zahlreichen, fruchtbaren und hilfreichen Anregungen. (Im Gegenzug habe ich bisweilen mehr über die Zahnprobleme eines Zuhörers erfahren, als ich eigentlich hätte wissen wollen – eine der Merkwürdigkeiten und Faszinationen meines Themas.) Freunden und Kollegen möchte ich ebenso wie den immer freundlichen und hilfreichen Mitarbeitern zahlloser Archive, Bibliotheken, Museen und Kunstgalerien für ihre Unterstützung meine Anerkennung zollen. Es gibt so viele Personen, die mir auf die eine oder andere Weise geholfen haben, dass ich sie einfach nicht alle aufführen kann. Dies ist ein Zeichen meines Dankes an all jene, die hier nicht erwähnt werden: Sie sollen wissen, wie sehr ich ihnen verpflichtet bin.

Die Idee zu diesem Buch entstand bei einem Gedankenaustausch mit Richard Wrighley, der mir von dem auf einem Gemälde dargestellten Lächeln von Madame Vigée Le Brun erzählte, als ich mich gerade mit den Pariser Zahnziehern beschäftigte. Ich sah sofort den Stoff für ein Buch und danke Richard herzlich für seine Anregung und seine über Jahre hinweg anhaltende Unterstützung. An den beiden Universitäten, an denen ich während der Arbeit an diesem Thema beschäftigt war, hatte ich das Glück, mit Wissenschaftlern Kontakt zu haben, die mir – wahrscheinlich ohne sich dessen bewusst zu sein – mehr intellektuelle Stimulation, Inspiration und Kollegialität schenkten, als ein Hochschullehrer gemeinhin erwarten darf. Aus der Zeit an der Warwick University gilt mein besonderer Dank Maxine Berg, Margot Finn, Sarah Hodges, Gwynne Lewis, Roger Magraw, Hilary Marland, Carolyn Steedman, Claudia Stein, Mathew Thomson und Stephane Van Damme; und an der Queen Mary University of London Richard Bourke, Thomas Dixon, Rhodri Hayward, Julian Jackson, Miri Rubin, Quentin Skinner, Amanda Vickery und der Arbeitsgruppe »History of the Emotions«. In Paris haben mich Daniel Roche und Jean-Jacques Courtine immer wieder inspiriert und unterstützt. Danken möchte ich auch dem Leverhulme Trust für ein Forschungsstipendium, das es mir ermöglichte, mich mit der Geschichte der Physiognomie und des Gesichtsausdrucks näher zu befassen. Meine an dem Projekt beteiligten Kollegen – Nadeije Laneyrie-Dagen, Lina Bolzoni, Thomas Kirchner und Martial Guedron – waren ein hervorragendes Team, mit dessen Hilfe ich meine Ideen weiterentwickeln konnte.

Auch bin ich jenen Freunden und Kollegen – Emma Barker, Thomas Dixon, Roger King, Melissa Percival, Richard Taws, Charles Walton – besonders dankbar, die freundlicherweise eine frühere Fassung des Manuskripts gelesen und kompetente Verbesserungsvorschläge gemacht haben. Desgleichen mein Freund Michael Sonenscher: In den letzten 40 Jahren hat er mir, wie mir jetzt bewusst ist, mit seinem Rat geholfen, wann immer ich eine verlässliche intellektuelle Unterstützung brauchte. Ich verdanke ihm außerordentlich viel. Auch habe ich das große Glück, mit der unvergleichlichen Felicity Bryan eine Agentin zu haben, die mir mit ihrem Team, vor allem Michele Topham und Jackie Head, mit Rat und Tat zur Seite steht. Außerdem danke ich den Mitarbeitern bei Oxford University Press sowie meinem Lektor Jeremy Langworthy für ihre Unterstützung bei der Herausgabe meines Buches.

Ich bin jemand, der beim Schreiben und Überarbeiten leicht zwanghaft ist, und ich bin mir bewusst, dass sich einige Gedanken in meinem Buch, auch wenn sie sich seitdem verändert haben, mit denen in früheren, an anderer Stelle publizierten Schriften überschneiden. Dazu gehören: »French Dentists and English Teeth in the Long Eighteenth Century« in: John Pickstone u. a. (Hrsg.): *Medicine, Madness and Social History: Essays in Memory of Roy Porter* (Basingstoke 2007), S. 73–89,« 247–50; »Bouche et dents dans L'*Encyclopédie*: une perspective sur l'anatomie et la chirurgie des Lumières«, in: R. Morrissey und P. Roger (Hrsg.), *L'Encyclopédie: du réseau au livre et du livre au réseau* (Paris 2001), S. 73–91; »Pulling Teeth in Eighteenth-century Paris«, in: *Past and Present* 166 (2000), S. 100–45; und »The King's Two Teeth«, in: *History Workshop Journal* 65 (2008), S. 79–95. Das Thema wird auch gestreift in meinen Presidential Lectures für die Royal Historical Society, vor allem in »French Crossings II: Laughing over Boundaries«, in: *Transactions of the Royal Historical Society* 21 (2011), S. 3–38, und »French Crossings III: The Smile of the Tiger«, in: *Transactions of the Royal Historical Society* 22 (2012), S. 3–35.

Gegen Ende der Fertigstellung des Manuskripts kam ich der freundlichen Einladung von Simon Chaplin und Quentin Skinner nach, 2013 in der Londoner Wellcome Library im Rahmen der Roy Porter Lecture[1] ein Referat über einige meiner Überlegungen zu halten. Ich hatte immer den Eindruck, dass beim Schreiben des Buches der Geist von Roy Porter über ihm schwebte, und es betrübt mich, dass er es nicht mehr lesen kann.

Mein größter Dank schließlich gilt meiner Frau Josephine McDonagh für all ihre Hilfe beim Entstehen dieses Buches. Beim Forschen und Schreiben war sie immer an meiner Seite oder in meinen Gedanken. Das Buch ist mit viel Liebe und mehr als nur einem Lächeln unseren Enkelkindern gewidmet.

1 Roy Porter Lecture ist ein seit 2003 jährlich stattfindender Vortrag in Erinnerung an den Geschichtsprofessor Roy Porter (1946–2002). (Anm. d. Übers.)

Anmerkungen

Abkürzungen

AB	Archives de la Bastille
AN	Archives Nationales (Paris)
ARTFL	ARTFL / Frantext Database (*)
BIUM	Bibliothèque Inter-Universitaire de Médecine (**)
BN	Bibliothèque Nationale de France
DDAD	*Dents, dentistes et art dentaire: histoire, pratiques et représentations*, hrsg. von Franck Collard und Evelyne Samama (Paris 2012)
ET	Étude (notarielle Kanzlei)
MC	Minutier Central
o. J.	ohne Jahr
o. S.	ohne Seitenzahl
INPI	Institut national de la propriété industrielle

(*) Die Datenbank ARTFL/Frantext verfügt über mehr als 3500 französische Texte vom 12. Jahrhundert bis zur Gegenwart. Besonders stark vertreten sind kanonische Werke der französischen Literatur und Kultur. Die Datenbank ist zugänglich unter: https://artfl-project.uchicago.edu/. Die Website ARTFL enthält unter »Dictionnaires d'autrefois« auch französische Wörterbücher vom 16. Jahrhundert bis heute (zugänglich unter: https://artfl-project.uchicago.edu/content/dictionnaires-dautrefois) und Diderots *Encyclopédie* (zugänglich unter: https://encyclopedie.uchicago.edu/).

(**) Die Website Bibliothèque Inter-Universitaire de Médecine beherbergt eine riesige Menge medizinischer Texte, vor allem auf Französisch. Besonders nützlich ist die Bibliothèque medica@. Die Website-Adresse ist: www.bium.univ-paris5.fr/histmed/medica.htm. Unter dem Stichwort »Odontologie« finden sich über 100 historische Texte der Zahnheilkunde. In der Abteilung »Sources de l'odontologie« gibt es unter www.bium.univ-paris5.fr/histmed/medica/odonto.htm auch Kommentare zu vielen Schlüsseltexten des 18. und frühen 19. Jahrhunderts.

Einführung

7 **stellte ... im Pariser Salon ein Selbstporträt aus:** [Moufle d'Angerville], *Mémoires secrets*, Bd. 26 (18. September 1787), S. 351 f. Der Abschnitt ist wiedergegeben in: Bernardette Fort, *Les Salons des »Mémoires secrets«, 1767–87* (Paris 1999), S. 321. Für eine ausführlichere Erörterung dieses Ereignisses vgl. Kap. 5.

9 **Die Liste der Bücher, die sich mit seiner Geschichte befassen, ist äußerst kurz:** Angus Trumble, *A Brief History of the Smile* (New York 2004) [dt.: *Eine kleine Geschichte des Lächelns*, München/Heidelberg 2006], ist das beste allgemeine Werk und enthält eine sehr nützliche Bibliographie. Knappe bebilderte Abhandlungen über das Gesicht und das Lächeln bieten Marina Vaizey, *Smile* (London 2002) und Alexander Sturgis, *Faces* (London 2005). Sie stützen sich auf die Bestände des British Museum beziehungsweise der National Portrait Gallery. Zur *Mona Lisa* vgl. vor allem Donald Sassoon, *Mona Lisa: The History of the World's Most Famous Painting* (London 2001). Die Literatur über das Lachen, auf die ich mich beziehen werde, ist weitaus umfangreicher. Ein hervorragendes Sammelwerk zu einem nahe verwandten Thema ist DDAD.

10 **Die große *Encyclopédie*:** Vgl. Denis Diderot und Jean d'Alembert (Hrsg.), *Encyclopédie, ou Dictionnaire raisonné des sciences, des arts et des métiers*, 17 Bde. + 11 Bde. mit Bildtafeln (Paris 1751–72). Vgl. dazu ARTFL; zu Wörterbuch-Definitionen siehe ARTFL, »Dictionnaires d'autrefois«.

schreckte die Künstler seit der Renaissance davon ab, auch nur einen Versuch zu wagen: Bezüglich der Fotografie siehe bes. S. 254–57 in diesem Buch. Ähnliche Probleme gab es bei gemalten Porträts. Édouard Pommier, *Théories du portrait de la Renaissance aux Lumières* (Paris 1998), bietet eine nützliche Diskussion über den Wert und die Problematik lebensechter Porträts. Vgl. auch A. Niderst, »La ressemblance au XVIIe siècle«, in: J. M. Bailbe (Hrsg.), *Le Portrait* (Rouen 1987). Diesen Fragen wird weiter nachgegangen in: Richard Brilliant, *Portraiture* (London 1991); Shearer West, *Portraiture* (Oxford 2004); Joanna Woodall, »Introduction: Facing the Subject«, in: Dies. (Hrsg.), *Portraiture: Facing the Subject* (Manchester 1997).

Wie der Psychologe Paul Ekman in der heutigen Zeit gezeigt hat: Ekman ist auf besagtem Gebiet führend. Ich stütze mich besonders auf sein *Telling Lies: Clues to Deceit in the Marketplace, Politics and Marriage* (New York 1985); Paul Ekman und Wallace V. Friesen, »Felt, False and Miserable Smiles«, *Journal of Nonverbal Behavior* 6 (1982); Paul Ekman und Willibald Ruch, »The Expressive Pattern of Laughter«, in: A. W. Kaszniak (Hrsg.), *Emotion Qualia and Consciousness* (Tokio 2001). Zur Kritik an Ekmans »anti-kulturalistischem« Ansatz vgl. Robert J. Barrett und Mary Katsikitis, »Foreign Faces: A Voyage to the Land of Eepica«, in: Mary Katsikitis, *The Human Face: Measurement and Meaning* (Boston 2003). Vgl. auch Vicky Bruce, *Recognising Faces* (Hillsdale, NJ, 1988), sowie Vicky Bruce und Andy Young, *In the Eye of the Beholder: The Science of Face Perception* (Oxford 1998).

11 **das »Duchenne-Lächeln«:** Vgl. François Delaporte, *Anatomy of the Passions* (Stanford 2008); François Delaporte u. a. (Hrsg.), *La Fabrique du visage: de la physiognomonie antique à la première greffe* (Turnhout 2010); M. Gervais und D. S. Wilson, »The Evolution and Function of Laughter and Humor: A Synthetic Approach«, *Quarterly Review of Biology* 80 (2005), besonders nützlich; Paul Ekman,

Richard J. Davidson und Wallace V. Friesen, »The Duchenne Smile: Emotional Expression and Brain Physiology II«, *Journal of Personality and Social Psychology* 58 (1990).

Heutige Untersuchungen über das Lächeln und Lachen: Neben einigen Ausführungen zur frühkindlichen Entwicklung in den oben erwähnten Arbeiten von Ekman und Bruce vgl. auch M. K. Rothbart, »Emotional Development: Changes in Reactivity and Self-regulation«, in: Paul Ekman und R. J. Davidson (Hrsg.), *The Nature of Emotion: Fundamental Questions* (Oxford 1994), und Pierre Rousseau, »Les Premières Expressions du visage du bébé à la naissance«, in: Delaporte u. a. (Hrsg.), *La Fabrique du visage*, S. 159 ff.

13 **dem Spielgesicht einer Reihe von Menschenaffen:** Hier stütze ich mich besonders auf die Ausführungen in: Marina Davila Ross, Michael J. Owren und Elke Zimmermann, »Reconstructing the Evolution of Laughter in Great Apes and Humans«, *Current Biology* 19 (2009).

Darwin beschrieb diese Übereinstimmung ... aus dem Jahr 1872: Charles Darwin, *The Expression of the Emotions in Man and Animals* (1872), hrsg. v. Paul Ekman (London 1999) [dt.: *Der Ausdruck der Gemüthsbewegungen bei dem Menschen und den Thieren*, Nachdruck der Ausgabe Stuttgart 1877, Bremen 2009]. Der lächelnde Affe ist auf S. 135 abgebildet.

in der Renaissance von Rabelais wieder aufgegriffen: »Rire est le propre de l'homme«: François Rabelais, *Gargantua* (1534), »Avis aux lecteurs«. Er übernahm einen Satz des Aristoteles: »Der Mensch ist das einzige Tier, das lachen kann.«

14 **späteren Datums sein als das Spielgesicht:** Man vermutet, dass es sich vor vier bis zwei Millionen Jahren entwickelt hat.

16 **Feedback-Schleife:** Zum Lächeln und zur »emotionalen Ansteckung« im Allgemeinen vgl. neben den bereits zitierten Werken (S. 16 in diesem Buch) Elaine Hatfield, John L. Cacioppo und Richard L. Rapson, »Emotional Contagion«, *Current Directions in Psychological Sciences* 2 (1993), und James Fowler und Nicholas Christakis, »Dynamic Spread of Happiness in a Large Social Network: Longitudinal Analysis over 20 Years in the Framingham Heart Study«, *British Medical Journal* (December 2008 [a2338]). Zum Lächeln als Verkaufstechnik vgl. S. Douglas Pugh, »Service with a Smile: Emotional Contagion in the Service Encounter«, *Academy of Management Journal* 44 (2001).

was der Historiker William Reddy als »emotive« Äußerungen bezeichnet: William M. Reddy, *The Navigation of Feeling: A Framework for the History of the Emotions* (Cambridge 2001).

17 **der amerikanische Anthropologe Clifford Geertz:** Clifford Geertz, »Thick Description: Toward an Interpretive Theory of Culture«, in: Geertz, *The Interpretation of Cultures: Selected Essays* (New York 1973) [dt. in: *Dichte Beschreibung. Beiträge zum Verstehen kultureller Systeme*, Frankfurt a. M. 2003].

zu einem Grinsen verzogener Mund (»cheese«): Die Aufforderung, »cheese«

zu sagen, damit sich ein Lächeln einstellt, scheint in den 1940er Jahren aufgekommen zu sein.

18 **im ausgehenden 18. Jahrhundert unter besonders schlechten Zähnen litten:** Zucker spielt den großen »Bösewicht in der Ätiologie von Karies« *à la longue durée*; einen Überblick dazu geben Luis Pezo Lanfranco und Sabine Eggers, »Caries through Time: An Anthropological Overview«, in: Ming-yu Li (Hrsg.), *Contemporary Approach to Dental Caries* (Online-Publikation 2012). Einige spezielle Beispiele dazu finden sich in: Philip A. Evans und Kevin Wooldridge, *Saint Pancras Burial Ground Excavations for Saint Pancras International, the London Terminus of High Speed 1 (2002–3)* (London 2011), bes. S. 127 ff.; D.K. Whittaker und T. Molleson, »Caries Prevalence in the Dentition of a Late Eighteenth-century Population«, *Archives of Oral Biology* 41 (1996); K.W. Alt, »Practical Dentistry in the Eighteenth Century: Historical Grave Findings from Saint-Hippolyte, Le Grand Sacconex«, *Schweizer Monatschrift für Zahnmedizin* (1993); David Henderson u.a., »Archaeological Evidence for Eighteenth-century Medical Practice in the Old Town of Edinburgh«, *Proceedings of the Society of Antiquaries of Scotland* 126 (1996); K. Rönnbäck, »From Extreme Luxury to Everyday Commodity: Sugar in Sweden, Seventeenth to Twentieth Century«, *Göteborg Papers in Economic History* 11 (2001); Z. Palubackaite u.a., »Dental Status of Napoleon's Great Army (1812): Mass Burial of Soldiers in Vilnius«, *International Journal of Osteoarchaeology* 16 (2006).

Kapitel 1

27 **Das berühmte Staatsporträt von Hyacinthe Rigaud, das Ludwig XIV. ... präsentiert:** Eine kurze, aber hervorragende Besprechung dieses Gemäldes findet sich in: Michael Levey, *Painting and Sculpture in France, 1700–1800* (London 1971), S. 4. Das Porträt spielt mit den beiden Körpern des Königs – dem biologischen und dem ewigen –, eine Auffassung, mit der sich Ernst Kantorowicz in seinem klassischen Werk *The King's Two Bodies: A Study in Medieval Political Theology* (Princeton, NJ, 1957) auseinandersetzt [dt.: *Die zwei Körper des Königs. Eine Studie zur politischen Theologie des Mittelalters*, München 1994].

wohlgeformten Beine ... als die schönsten bezeichnete, die er je gesehen habe: Der Duc de Saint-Simon, zitiert in: Dirk Van Der Cruysse, *Le Portrait dans les Mémoires du duc de Saint-Simon* (Paris 1971), S. 168. Zu Ludwig als Tänzer vgl. Régine Astier, »Louis XIV, Premier Danseur«, in: David L. Rubin (Hrsg.), *Sun King: The Ascendancy of French Culture during the Reign of Louis XIV* (London 1992).

29 **»Zähne, Sire?«, antwortete der Kardinal. »Ah! Wer hat denn welche?«:** Saint-Simon, *Mémoires*, Grands Écrivains de France, 43 Bde. (Paris 1879–1928), Bd. 25, S. 182.

»Personen, deren Zähne ... gesund ... sind, ... selten«: Pierre Fauchard, *Le*

Chirurgien-dentiste, ou traité des dents, 2 Bde. (Paris 1728), Preface, o. S. Zu Fauchard siehe unten, bes. Kap. 3.

29 f. **demographische Krisen ..., von denen das frühneuzeitliche Europa heimgesucht wurde:** Vgl. bes. Marcel Lachivier, *Les Années de misère: la famine au temps du Grand Roi* (Paris 1991).

30 **»Die Zahnschmerzen sind oft so schlimm ... lässt er sich den Zahn lieber gleich ziehen«:** Jacques Guillemeau, *La Chirurgie française* (1594), zitiert in: Georges Dagen, *Documents pour servir à l'histoire de l'art dentaire en France, principalement à Paris* (Paris 1925), S. 48. Siehe auch Micheline Ruel-Kellerman, »›Douleur des dents‹: du vécu au commentaire. De Vésale à Fauchard«, in: DADD.

31 **in einem zeitlosen Aufputz:** Zu diesem Thema vgl. bes. Jean-Marie Apostolides, *Le Roi machine: spectacle et politique au temps de Louis XIV* (Paris 1981), und Peter Burke, *The Fabrication of Louis XIV* (Cambridge 1992) [dt.: *Ludwig XIV. Die Inszenierung des Sonnenkönigs*, Berlin 2001].

bereits zwei Zähne aufzuweisen hatte: Zu allem, was Ludwigs XIV. Gesundheit und körperliche Verfassung betrifft, vgl. Stanis Perez, *La Santé de Louis XIV: une bio-histoire du roi-soleil* (Paris 2007); zu den Zähnen bei seiner Geburt vgl. S. 31 f. Dieses Werk ersetzt frühere Studien über die Gesundheit des Königs, unter denen Michelle Caroly, *Le Corps du roi soleil: grandeurs et misères de sa majesté Louis XIV* (Paris 1990) die beste ist. Zu den Zähnen des Königs siehe auch Colin Jones, »The King's Two Teeth«, *History Workshop* 65 (2008).

Während des Spanischen Erbfolgekrieges (1701–14) ... holländische antifranzösische Pamphletisten: Burke, *The Fabrication of Louis XIV*, S. 135–49 und 211 f.; Perez, *La Santé de Louis XIV*, S. 366.

32 **»die Zähne des Königs von Natur aus mangelhaft« seien:** *Journal de santé de Louis XIV*, hrsg. v. Stanis Perez (Grenoble 2004), S. 199 f. Vgl. Perez, *La Santé de Louis XIV*, S. 73–6,187.

ein weiterer Zeuge beobachtete: Perez, *La Santé de Louis XIV*, S. 187.

40 solcher Männer: [Jean Pinson de La Martinière], *Estat de la France, comme elle estoit gouvernée en l'An MDCXLVIII* (Paris 1970 [1649]), S. 85 f. Zum »medizinischen Hofstaat des Königs« vgl. Laurence Brockliss und Colin Jones, *The Medical World of Early Modern France* (Oxford 1997), bes. S. 241 ff., sowie Alexandre Lunel, *La Maison médicale du roi: le pouvoir royal et les professions de santé (XVIe–XVIIIe siècles)* (Paris 2008).

das *Lever* und das *Coucher*: Zum Hofprotokoll und zur Hofetikette vgl. Jean-François Solnon, *La Cour de France* (Paris 1987), S. 356 ff.; Frédérique Laferme-Falguières, *Les Courtisans: une société de spectacle sous l'ancien régime* (Paris 2007).

den Mund mit Wasser ausspülen: Wie beispielsweise in den wenigen der Mundpflege gewidmeten Texten empfohlen; vgl. dazu Urbain Hémard, *Recherche sur la vraye anathomie des dents, nature et propriété d'icelles* (Lyon 1581); Bernardin

Martin, *Dissertation sur les dents* (Paris 1679); Sieur de Fleurimont, *Moyens de se conserver les dents belles et bonnes* (Paris 1682). Zu diesen frühen Texten vgl. BIUM.

Rosmarin oder dem einer anderen Aromapflanze: *Journal de santé de Louis XIV*, S. 226 f.; Pierre Dionis, *Cours d'opérations de chirurgie démontrées au Jardin royal* (Paris 1708), S. 418.

33 **Aderlässe, ... die sie dem königlichen Körper angedeihen ließen:** Vgl. die guten Gesamtdarstellungen sowohl in Perez, *La Santé de Louis XIV*, als auch in Caroly, *Le Corps du roi soleil.*

Galens Theorie der Körpersäfte: Vgl. Kap. 2, S. 95 f. in diesem Buch.

die große Menge von Konfitüren ... Imbiss: Perez, *La Santé de Louis XIV*, S. 186 f. Martin, *Dissertation sur les dents*, und ähnliche Texte befassen sich nur gelegentlich mit den schädlichen Auswirkungen von klebrigen Nahrungsmitteln auf die Zähne. Honig war eines der gängigen Mittel gegen Zahnschmerzen.

Seit dem Mittelalter ... jeglichen Operationen: Brockliss und Jones, *The Medical World*, bes. Kap. 2 und 3.

34 **Chirurg später keine ... Operationen mehr durchführen konnte:** Dionis, *Cours d'opérations*, S. 417.

»Operateure für die Zähne«: Allgemeine Berichte über Zahnheilkunde bieten einen ausführlichen europaweiten Überblick über diese Gruppe. Siehe etwa Walter Hoffmann-Axthelm, *History of Dentistry* (Chicago 1981) [dt.: *Die Geschichte der Zahnheilkunde*, Berlin u. a. 1985]; Malvin E. Ring, *Dentistry: An Illustrated History* (New York 1985) [dt.: *Geschichte der Zahnmedizin*, Köln 1997]; Michel Dechaume und Pierre Huard, *Histoire illustrée de l'art dentaire: stomatologie et odontologie* (Paris 1971); Dagen, *Documents pour servir à l'histoire de l'art dentaire.* Vgl. auch Roger King, *The Making of the Dentiste, c. 1650–1760* (Aldershot 1998).

die wenigen noch vorhandenen Zähne des rechten Oberkiefers: Die Episode findet sich im *Journal de santé*, S. 225; vgl. Perez, *La Santé de Louis XIV*, S. 73–6; King, *Making of the Dentiste*, S. 68–70, und, allgemeiner, Toby Gelfand, *Professionalizing Modern Medicine: Paris Surgeons and Medical Science and Institutions in the Eighteenth Century* (Westport, CT, 1984), S. 34.

35 **»... ich möchte so kuriert werden, als wäre ich ein Bauer«:** Zitiert in: *Perez, La Santé de Louis XIV*, S. 83 Anm.

nicht ungewöhnlich, dass man sich selber die Zähne zog: Ein Beispiel findet sich in: Philip Riedler, *La Figure du patient au XVIIIe siècle* (Genf 2010), S. 147.

35 f. **suchte man vor allem den Beistand der heiligen Apollonia:** Siehe Véronique Boucherat, »Une dent contre elle: l'iconographie du martyre et du personnage de sainte Apolline à la fin du moyen âge«, in: DDAD (auf Spanien bezogen, doch von allgemeinem Interesse).

36 **In dem frühesten französischen chirurgischen Werk, das speziell den Zähnen gewidmet war:** Hémard, *Recherche*, S. 60; *Recueil et suite de remèdes faciles*

et domestiques recueillis par Madame Fouquet (Amsterdam [6]1704), S. 266, 338 f. Diese Ausgabe ist besonders ergiebig.

***cris de Paris*:** Vincent Milliot, *Les Cris de Paris ou le peuple travesti: les représentations des petits métiers parisiens (XVIe–XVIIIe siècles)* (Paris 1995). Vgl. auch Laurent Vissière, »Des cris pour rire? Dérision et auto-dérision dans les cris de Paris (XIIIe–XVIe siècles)«, in: Elisabeth Crouzet-Pavan und Jacques Verger (Hrsg.), *La Dérision au moyen âge: de la pratique sociale au rituel politique* (Paris 2007).

38 **Rabelais'sche Körperöffnung:** Die klassische Studie zum Autor von *Gargantua* und *Pantagruel* ist Mikhail Bakhtin, *Rabelais and his World* (Bloomington, IN, 1984) [dt.: Michal M. Bachtin, *Rabelais und seine Welt*, Frankfurt a. M. 1995]. Für eine kurze, aber auf den Punkt gebrachte Kritik siehe Aron Gurevich, »Bakhtin and his Theory of Carnival« in: Jan Bremmer und Herman Roodeburg (Hrsg.), *A Cultural History of Humour from Antiquity to the Present* (Cambridge 1997). Vgl. auch Georges Minois, *Histoire du rire et de la déraison* (Paris 2000); Daniel Ménager, *La Renaissance et le rire* (Paris 1995); Carol Clark, »›The Onely-languag'd Men of All the World‹: Rabelais and the Art of the Mountebank«, *Modern Language Review* 74 (1979). Das Zitat entstammt: François Rabelais, *Gargantua. Pantagruel*, Stuttgart 2013, S. 119.

italienischen Schauspielertruppen ... seit den Religionskriegen: M. A. Katrizky, »Was *Commedia dell'Arte* Performed by Mountebanks? *Album Amicorum* Illustrations and Thomas Platter's Description of 1598«, und Jonathan Marks, »The Charlatans of the Pont-Neuf«, beide in der von M. A. Katritzky herausgebenen Sonderausgabe »The Commedia Dell'Arte«, *Theatre Research International* 23 (1998).

39 **Orvietan:** Siehe bes. Claude-Stéphen Le Paulmier, *L'Orviétan: histoire d'une famille de charlatans du Pont-Neuf aux XVIIe et XVIIIe siècles* (Paris 1893); David Gentilcore, »›Sole Secret of the Orviétan‹: Charlatans and Medical Secrets in Early Modern Italy«, *Medical History* 38 (1994).

»Lügen wie ein Zahnzieher«: Die Wendung erscheint im Wörterbuch der Académie française aus dem Jahr 1694. Siehe ARTFL, *Dictionnaires d'autrefois.*

Lieutenant-Général de Police ... mit weitreichenden Befugnissen zum Schutz der öffentlichen Ordnung: Zur allgemeinen Geschichte dieser Institution im ausgehenden 18. Jahrhundert siehe Vincent Milliot, *Un Policier des Lumières: suivi de »Mémoires de J. C. P. Lenoir«* (Paris 2011).

ohne sich den normalen Ausbildungs- und Zulassungsverfahren unterziehen zu müssen: Vgl. bes. Jean Verdier, *La Jurisprudence de la médecine en France*, 2 Bde. (Alençon 1762/63), Bd. 1, S. 497, und Bd. 2., S. 75 ff. Zur Lizenzvergabe im Allgemeinen siehe auch Brockliss und Jones, *The Medical World*, S. 238 ff.

***artisans suivant la cour*:** Zu diesem System siehe Verdier, *Jurisprudence de la médecine*, Bd. 2, S. 144 ff. Für fast das gesamte 17. und 18. Jahrhundert informieren die Register der *Prévôté de l'hôtel du roi* in AN V3/191–8 über diesen Personenkreis. Vgl. Brockliss und Jones, *Medical World*, S. 628 f.

40 **vom König das Privileg erhalten, anerkannte medizinische Behandlungen anzubieten:** Verdier, *Jurisprudence de la médecine*, Bd. 2, S. 144 ff., sowie Brockliss und Jones, *Medical World*, bes. S. 627–9.

41 **Pont-Neuf:** Edouard Fournier, *Histoire du Pont-Neuf* (Paris 1862); Michel Sélimonte, *Le Pont-Neuf et ses charlatans* (Paris 1980). Siehe Joel Coste, »Théâtre et Pont-Neuf. Charlatans et arracheurs de dents à Paris, 1580–1620«, in: DADD; Robert M. Isherwood, »The Singing Culture of the Pont-Neuf«, in: Robert M. Isherwood, *Farce and Fantasy: Popular Entertainment in Eighteenth-century Paris* (Oxford 1986), Kap. 1. Allgemein zum Paris des späten 17. Jahrhunderts siehe Colin Jones, *Paris: Biography of a City* (London 2004); René Pillorget, *Paris sous les premiers Bourbons, 1594–1660* (Paris 1988); Georges Dethan, *Paris au temps de Louis XIV* (Paris 1990); Leon Bernard, *The Emerging City: Paris in the Age of Louis XIV* (Durham, NC, 1970).

Ein Besucher des ausgehenden 17. Jahrhunderts: [Jean-Paul Marana], *Lettre d'un Sicilien à un de ses amis*, hrsg. von Valentin Dufour (Paris 1883), S. 57.

Tabarin: Sara Beam, *Laughing Matters: Farce and the Making of Absolutism in France* (Ithaca, NY, 2007), bes. S. 147–50, 168–72.

43 **Für solche Gestalten war es typisch ... sowohl der Oberschicht als auch des einfachen Volkes:** Vgl. Tabarin, *Œuvres complètes*, hrsg. von Gustave Aventin (Paris 1858). Siehe auch Molière, »L'Amour médecin«, »Le Malade imaginaire« etc.

»Mazarinaden«: Die Carmelina-Episode findet sich in *Agréable récit de ce qui s'est passé aux dernières barricades de Paris* (Paris 1649), S. 13. Carmelina, Contugi und ein weiterer Operateur namens Cormier erscheinen auch in einer anderen Mazarinade, *Le Ministre d'Estat flambé, en vers burlesques* (Paris 1649), S. 11. Zu Barry siehe Dancourt, *L'Opérateur Barry* (1700).

44 **Der Chirurg Bernardin Martin ... schlechteren Zustand ... als der eines Bauern:** Martin, *Dissertation sur les dents*, S. 62. Siehe BIUM.

45 **Castigliones *Il Libro del cortegiano*:** Ich benutze die Ausgabe Baldesar Castiglione, *The Book of the Courtier: The Singleton Translation* (London 2002). Siehe C. H. Clough, »Francis I and the Courtiers of Castiglione's Courtier«, *European Studies Review* 8 (1978); Peter Burke, *The Fortunes of »The Courtier«* (Oxford 1995). Die wichtigsten Texte zum Thema Anstand im Allgemeinen und seiner Ausformung in Zivilität und Höflichkeit sind noch immer Norbert Elias' *The Court Society*, hrsg. von Stephen Mennell (Dublin 2006), und sein *The Civilizing Process* (Oxford 1994). Vgl. auch Roger Chartier, »From Texts to Manners: A Concept and its Books: *Civilité* between Aristocratic Distinction and Popular Appropriation«, in: Norbert Elias, *The Cultural Uses of Print in Early Modern France* (Princeton 1987); Jacques Revel u. a., »Forms of Privatization« in: Roger Chartier (Hrsg.), *A History of Private Life*, Bd. 3: *Passions of the Renaissance* (London 1989).

»nach Art der Narren ... Tölpel oder Gaukler«: *Der Hofmann des Grafen Baldesar Castiglione*, München 1907, S. 177.

worüber gelacht werden konnte: Siehe die hervorragende Erörterung in Quentin Skinner, »Hobbes and the Classical Theory of Laughter«, in: Quentin Skinner, *Visions of Politics*, Bd. 3: *Hobbes and Civil Science* (Cambridge 2002). Natürlich lieferte auch Rabelais selbst einen Beitrag zu diesem Thema. Vgl. Gregory David de Rocher, *Rabelais's Laughers and Joubert's »Traité du Ris«* (Alabama 1979). Siehe auch Michael A. Screech und R. Calder, »Some Renaissance Attitudes to Laughter«, in: Anthony H. T. Levi (Hrsg.), *Humanism in France at the End of the Middle Ages and in the Early Renaissance* (Manchester 1970).

46 **Knabbern eines Schafes:** Zitiert in: Ménager, *La Renaissance et le rire*, S. 174.

»sourire« oder »souris«: Die Wörterbuch-Definitionen lassen sich in ihrer Entwicklung anhand ARTFL, *Dictionnaires d'autrefois*, verfolgen.

47 ***Traité du ris*:** Laurent Joubert, *Traité du ris, contenant son essance, ses causes, et mervelheus essais, curieusement recherchés, raisonnés et observés* (Paris 1579). Siehe die kommentierte englische Übersetzung Laurent Joubert, *Treatise on Laughter*, hrsg. und übers. von Gregory David de Rocher (Alabama 1980). Das Joubert-Zitat im französischen Text steht auf S. 20. Siehe auch Colin Jones, »Laughing over Boundaries«, *Transactions of the Royal Historical Society* 21 (2011).

In der Widmung ... reizvolles Bild des lachenden Gesichts: Das Zitat über das lächelnde Gesicht steht in der Widmung (o. S.) eingangs des Buches; zur negativen Darstellung des Lachens siehe S. 160 f.

48 **eine gesellschaftliche Klassifizierung des Lachens:** Siehe Dominique Bertrand, *Dire le rire à l'âge classique: représenter pour mieux contrôler* (Aix-en-Provence 1995), S. 71. Zu den Tiervergleichen siehe Joubert, *Traité du ris*, S. 221. Vgl. auch Marin Cureau de La Chambre, *Charactères des passions* (Paris 1663). Zu diesem Punkt siehe Skinner, »Hobbes and the Classical Theory of Laughter«, bes. S. 146, 156 f., 162 f.

49 **»Das Lachen variiert je nach gesellschaftlicher Stellung«:** Bertrand, *Dire le rire*, S. 71; René Demoris, »Le Langage du corps et l'expression des passions de Félibien à Diderot«, in: J. P. Guillerm (Hrsg.), *Mots et couleurs* (Lille 1986), S. 11; Adrien de Montluc de Cramail, *Discours académique du rire* (Paris 1630), S. 35; Jean-Jacques Courtine und Georges Vigarello, »La Physiognomonie de l'homme impudique«, in: Olivier Burgelin und Philippe Perrot (Hrsg.), *Parure, pudeur et étiquette* (Paris 1987; bes. zum Vagina-Vergleich); Jean Verdon, *Rire au moyen âge* (Paris 2001), S. 69 (zum *Roman de la rose*); Ménager, *La Renaissance et le rire*, S. 188; Bertrand, *Dire le rire*, S. 161 (Henri Étienne).

50 f. **Der englische Philosoph Thomas Hobbes ... das Unglück anderer:** Skinner, »Hobbes and the Classical Theory of Laughter«; das Zitat steht auf S. 142; Cureau de La Chambre, *Charactères des passions*, S. 231 f.

51 **Erasmus' pädagogischer Bestseller *De civilitate morum puerilium*:** Siehe Chartier, »From Texts to Manners«, S. 76 ff.; H. de La Fontaine Verwey, »The First ›Book of Etiquette‹ for Children, Erasmus' *De civilitate morum puerilium*«, *Quaerendo* 1 (1971).

***Bibliothèque bleue*:** Vgl. Lise Andries, *La Bibliothèque bleue au XVIIIe siècle: une tradition éditoriale* (Oxford 1989).

Jean-Baptiste de La Salle: De La Salles' pädagogische Texte liegen in zahlreichen Ausgaben vor (z. B. *Œuvres* [Rome 1993]), aber es herrscht ein erstaunlicher Mangel an guten historischen Studien über den Heiligen. Vgl. Yves Poutet, *Saint Jean-Baptiste de La Salle: un saint au XVIIe siècle* (Paris 1992); Chartier, »From Texts to Manners«, S. 88 ff.

52 **»Den Weisen ... hört man kaum einmal lachen«:** Vgl. die Ausgabe von Erasmus, *La Civilité puérile*, lat.-frz., hrsg. von Alcide Bonneau (Paris 1877), S. 23.

***Nouveau traité ... parmi les honnestes gens*:** Die erste Ausgabe ist 1671 in Brüssel erschienen. Ich benutze die Amsterdamer Ausgabe von 1679. Das Zitat entstammt dem »Premier Avertissement«, o. S. Vgl. auch Kamal Farid, *Antoine de Courtin (1622–85): étude critique* (1969).

53 **»er einen bedeutenden Fürsten nachahmen solle ... Regeln der Schicklichkeit«:** Courtin, *Nouveau Traité*, S. 115.

zeigte sich die katholische Kirche der Gegenreformation sehr daran interessiert, an dem Kampf teilzunehmen: Minois, *Histoire du rire*, bes. Kap. 9 (»Fini de rire«).

54 **Das Karnevaleske in all seinen Formen geriet nun unter Beschuss:** Beam, *Laughing Matters*, S. 125 ff., Attacken auf geselliges Treiben einschließlich der Festgesellschaften selbst. Siehe Minois, *Histoire du rire*, S. 288 ff.

dass Jesus in der Bibel niemals gelacht ... habe: Siehe J. Le Goff, »Jésus, a-t-il-ri?«, *L'Histoire* 158 (1992); Minois, *Histoire du rire*, S. 103 ff.

55 ***Traité des Jeux* ... des ... Jean-Baptiste Thiers:** Der vollständige Titel lautet *Traité des jeux et des divertissements qui peuvent être permis, ou qui doivent être défendus aux chrétiens selon les règles de l'Église et le sentiment des Pères* (Paris 1686). Vgl. Minois, *Histoire du rire*, S. 303. Vgl. dazu auch Courtin, *Nouveau Traité*, S. 150 ff. Thiers' bekannteres Werk *Traité des superstitions* (1679) war ein ebenso scharfer Angriff auf die Reste des Heidentums und stimmte damit überein mit der post-tridentinischen Kritik an den vermeintlichen Exzessen der Volkskultur.

der Bischof Bossuet von Meaux schloss sich dem Kampf an: *Maximes et réflexions sur la comédie* (1694); *Politique tirée des propres paroles de l'écriture sainte*, hrsg. von A. Philolenko (Paris 2003), S. 81 f. Siehe Minois, *Histoire du rire*, S. 321 ff.

56 **Kardinal Richelieu:** Richelieu, *Testament politique*, hrsg. von Françoise Hildesheimer (Paris 1995), S. 214, 197 (siehe auch S. 195–8, 248).

hatte der König ... nur selten gelächelt: Madame de Motteville, zitiert in: Perez, *La Santé de Louis XIV*, S. 66, Anm. 4. Visconti, zitiert in: Jérôme Duindam, *Vienna and Versailles: The Courts of Europe's Dynastic Rivals, 1550–1750* (Cambridge 2003), S. 164.

57 **»ein seriöses Auftreten und einen ernsten Blick«:** Georges Giraud (Hrsg.), *Mémoires du curé de Versailles François Hébert (1686–1704)* (Paris 1927), S. 40.

das Schicksal des Amts des Hofnarren bewies: Maurice Lever, *Le Sceptre et la* *marotte: histoire des fous de cour* (Paris 1983), bes. S. 238 ff. [dt.: *Zepter und Schellenkappe. Zur Geschichte des Hofnarren*, Frankfurt a. M. 1992].

»Es ist ein seltsames Geschäft, hochgestellte Leute zum Lachen zu bringen«: Molière, *Critique de l'École des femmes* (1663).

58 **genauso zahnlos ... wie ihr Gatte:** Vgl. ihre Klagen über ihre Artikulation, denn »la prononciation s'en est allée avec les dents« (»die Aussprache verschwand mit den Zähnen«), zitiert in: Roger King, *The Making of the Dentiste, c.1650–1760* (Aldershot 1998), S. 164.

»alte Hutzel«: Übersetzung von »vieille ratatinée«. Es handelte sich um die Princesse Palatine, die Mutter des Duc d'Orléans. »Alter Dreck«, »alte Hexe« und »alter Abschaum« (*vieille ordure, vieille sorcière, vieille ripopée*) waren andere ihrer Lieblingsausdrücke für Maintenon. *Lettres de madame la duchesse d'Orléans, née Princesse Palatine*, hrsg. von Olivier Amiel (Paris 1981), S. 26, 52, 244 u. ö.

Norbert Elias: Siehe die Anmerkung zu S. 45 in diesem Buch.

59 **Analfistel:** Toby Gelfand, *Professionalizing Modern Medicine*, S. 34; *Journal de santé de Louis XIV*, S. 76–9; Perez, *La Santé de Louis XIV*, S. 76–89.

»sehr modern«: Dionis, *Cours d'opérations*, S. 281.

»der Nachäffer des Hofes«: De La Bruyère, »De la ville«, in: ders., *Les Caractères* (Paris 1696), S. 302.

»Die Wörter ›höflich‹ und ›Höflichkeit‹ ...«, schrieb Père Bouhours im Jahr 1675: [Dominique Bouhours], *Remarques nouvelles sur la langue française* (Paris 1675), S. 36; Courtin, *Nouveau Traité de la civilité*, »Avertissement«, o. S.

59 f. **Manche Autoren glaubten noch immer ... für einen Gentleman:** Siehe Nicolas Faret, *L'Honneste Homme, ou l'Art de plaire à la cour* (Paris 1630), Einleitung (o. S.). Zu hofkritischen Betrachtungen siehe unten S. 138–40 in diesem Buch.

60 **Einer von Courtins Mitstreitern:** [Bouhours], *Remarques nouvelles*, S. 33.

61 ***risus sardonicus*:** Eine gute Abhandlung darüber findet sich in Ménager, *La Renaissance et le rire*, S. 57 ff.

»ein Lächeln voller Anmut und Würde«: Diese Beispiele entstammen ARTFL/Frantext.

62 **hart und glatt:** La Bruyère, »De la cour«, S. 311, 308. La Bruyère spielt mit dem Wort »poli«, das sowohl »glatt« als auch »höflich« bedeuten kann.

das Gesicht weiß schminkte: Siehe Patricia Philippy, *Painting Women: Cosmetics, Canvases and Early Modern Culture* (Baltimore, MD, 2006); Catherine Lanoë, *La Poudre et le fard: une histoire des cosmétiques de la Renaissance aux Lumières* (Paris 2008).

63 **den traditionellen Lehren der Physiognomie:** Vgl. die Ausführungen unten S. 76 und 219–25; Jean-Baptiste Morvan de Bellegarde, *Réflexions sur le ridicule* (Paris ^{4}1699).

Für Höflinge schien dies der beste Rat: Siehe Bernard, *Dire le rire* (auch zu La Rochefoucauld).

64 **Madame de Sévigné ... »seit einigen Jahren niemand mehr lacht«:** Madame de Sévigné, *Lettres*, Grands Écrivains de France, 14 Bde. (Paris 1862–8), Bd. 4, S. 494 (18. Juni 1676).

Kapitel 2

66 **»die Studienblätter von Watteau ... überall, in alle Richtungen blickend«:** Marcel Proust, *À la recherche du temps perdu*, Bd. 1: *Du côté de chez Swann*, hrsg. von Pierre Clarac und André Ferré, 3 Bde. (Paris 1954), S. 240. Die Zeichnungen (Abb. 9) wurden um das Jahr 1716 angefertigt und befinden sich im Louvre (der sie 1858 erwarb). Im 19. Jahrhundert immer wieder ausgestellt, wurden sie 1863 von den Brüdern Goncourt kommentiert, bevor Proust sie sah: Pierre Rosenberg und Louis-Antoine Prat, *Antoine Watteau, 1684–1721: catalogue raisonné des dessins*, 3 Bde. (Paris 1996), Bd. 2, S. 806 f., zu dieser Zeichnung. Siehe auch François Moureau und Margaret Morgan Grasselli (Hrsg.), *Antoine Watteau (1684–1721): le peintre, son temps et sa légende* (Paris 1981). Weiteres zur Beziehung zwischen der Régence-Zeit und dem Lächeln: Verdun-Louis Saulnier, *La Littérature du siècle philosophique* (Paris [9]1970), S. 16: Die Régence-Zeit war »un temps de critique souriante dans le goût de Shaftesbury et de Fontenelle«.

Nach ... der Aura des Scheiterns, die in den letzten Jahren über ihr schwebte, war Paris ... für einen Wandel bereit: Colin Jones, *The Great Nation: France from Louis XV to Napoleon, 1715–99* (London 2002), bes. Kap. 2 (und S. 38, 74 über die anfängliche Beliebtheit Ludwigs XV. in Paris). Zu den kulturellen Auswirkungen der Régence vgl. Jay Caplan, *In the King's Wake: Post-Absolutist Culture in France* (Chicago 1999); Roland Mortier und Hervé Hasquin (Hrsg.), *Études sur le XVIIIe siècle* 26: *Topographie du plaisir sous la Régence* (Brüssel 1998); Denis Reynaud und Chantal Thomas (Hrsg.), *Le Régent entre fable et histoire* (Paris 2003). Allgemeiner zum Paris des 18. Jahrhunderts: Colin Jones, *Paris: Biography of a City* (London 2002); Jean Chagniot, *Nouvelle histoire de Paris: Paris au XVIIIe siècle* (Paris 1988); David Garrioch, *The Making of Revolutionary Paris* (London 2002).

69 **als Régiment de la Calotte bekannte Trinkgesellschaft:** Antoine de Baecque, *Les Éclats du rire: la culture des rieurs au XVIIIe siècle* (Paris 2000), Kap. 1, »Le Régiment de la Calotte, ou les stratégies aristocratiques du rire bel esprit (1702–52)«.

»während der Régence-Zeit ... in Fröhlichkeit und Spaß«: Voltaire zitiert in: Jean Meyer, *La Vie quotidienne des Français au temps de la Régence* (Paris 1979), S. 18.

Shaftesbury: Ich benutze Comte de Shaftesbury, *Œuvres*, hrsg. von Françoise Badelon (Paris 2002, nach der Genfer Ausgabe von 1769), S. 381 (»besitzt einen moralischen Sinn«); S. 64 (»freundschaftlicher Zusammenstoß«). Siehe Vic Gatrell, *City* *of Laughter: Sex and Satire in Eighteenth-century London* (London 2000), bes. S. 163–71. Zur *jocositas* und *hilaritas* vgl. Georges Minois, *Histoire du rire et de la dérision* (Paris 2002), S. 409.

70 ***fête galante*:** Zu Watteau siehe bes. Julie-Anne Plax, *Watteau and the Cultural Politics of Eighteenth-century France* (Cambridge 2000), sowie Thomas E. Crow, *Painters and Public Life in Eighteenth-century Paris* (London 1985).

71 **Die alten Zeremonienvorschriften ... reaktiviert und in allen Punkten angewendet:** Michel Antoine, *Louis XV* (Paris 1989), S. 162, 435. Zum Hofprotokoll über das Jahrhundert hinweg siehe Frédérique Laferme-Falguières, *Les Courtisans: une société de spectacle sous l'ancien régime* (Paris 2007).

72 **der Künstler Jean-Marc Nattier:** Xavier Salmon, *Jean-Marc Nattier, 1685–1766* (Versailles 1999), S. 26–8.

73 **hochnäsig und überlegen:** Das »überhebliche Grinsen« auf vielen französischen Porträts wurde 1711 von Joseph Addison im *Spectator* missbilligend kommentiert: Melissa Percival, *The Appearance of Character: Physiognomy and Facial Expression in Eighteenth-century France* (London 1999), S. 86. Ähnlich entrüstet zeigt sich Diderot in seinem »Essai sur la peinture« über solch »affektiertes Lachen«. Vgl. S. 187f. in diesem Buch.

Madame de Pompadour ... beim Schmink-Zeremoniell: Zur Pompadour und ihrer Toilette siehe Melissa Hyde, »The Make-up of the Marquise: Boucher's Portrait of Pompadour at her Toilette«, *Art Bulletin* 82 (2000); Ewa Lajer-Burcharth, »Pompadour's Touch: Difference in Representation«, *Representations* 73 (2001); Alden Gordon und Teri Hensick, »›The Picture within the Picture‹: Boucher's 1750 Portrait of Madame de Pompadour Identified«, *Apollo* 480 (2002).

Charles Le Brun: Le Bruns Werk analysiert Jennifer Montagu in ihrem klassischen Text *The Expression of the Passions: The Origin and Influence of Charles Le Brun's »Conférence sur l'expression générale et particulière«* (London 1994). Neben Percival, *The Appearance of Character*, bes. Kap. 2–3, siehe auch Stephanie Ross, »Painting the Passions: Charles Le Brun's *Conférence sur l'expression*«, *Journal of the History of Ideas* 45 (1984); Thomas Kirchner, *L'Expression des passions: Ausdruck als Darstellungsproblem in der französischen Kunst und Kunsttheorie des 17. und 18. Jahrhunderts* (Mainz 1991); Louis Marin, »Grammaire royale du visage«, in: *À visage découvert*, Ausstellungskatalog (Paris 1992); Paolo Bonvecchio, »Il corpo come luogo dell'espressione«, in: Paola Giacomoni (Hrsg.), *Immagini del corpo in età moderna* (Trient 1994).

74 **die kryptischen Codes der ... Physiognomik:** Martin Porter, *Windows of the Soul: The Art of Physiognomy in European Culture, 1470–1780* (Oxford 2005), sowie Jean-Jacques Courtine und Claudine Haroche, *Histoire du visage: exprimer et taire ses émotions, XVIe–début XIXe siècle* (Paris 1988).

76 **Die wissenschaftliche Revolution ... ließ die okkulte physiognomische Lehre als überholt erscheinen:** Einen Überblick gibt John Henry, *The Scientific*

Revolution and the Origins of Modern Science (Basingstoke 2001). Zu Descartes und der Seele: Montagu, *The Expression of the Passions*, S. 17–19.

»der Motor des Gesichts«: *À visage découvert*, S. 9, und bes. das Kapitel von Louis Marin, »Grammaire royale du visage«.

Rigauds Porträt … aus dem Jahr 1701 … im vorigen Kapitel befasst haben: Vgl. ab S. 27 in diesem Buch.

77 **eine eindrucksvolle Reihe von Gesichtern … nach diesem cartesianischen Grundprinzip:** Siehe Percival, *The Appearance of Character*, S. 42, 120.

80 **lächelte wie Leonardo da Vincis *Mona Lisa*:** Donald Sassoon, *Mona Lisa: The History of the World's Most Famous Painting* (London 2001). Tatsächlich wurde die Mona Lisa erst im 19. Jahrhundert zur Ikone eines Schönheitsideals.

Gesetze der Zivilität und der Schicklichkeit: Zu Castiglione und der Tradition der Zivilität vgl. S. 45 f. in diesem Buch. Zum decorum als Vorbedingung französischer Kunstkonventionen siehe Édouard Pommier, *Théories du portrait: de la Renaissance aux Lumières* (Paris 1998), bes. S. 376 ff. Natürlich gibt es einige bekannte Ausnahmen von dieser Regel. Sie erscheinen wirklich als Ausnahmen zu Regeln, die sehr konsequent hochgehalten wurden. Zustimmung erfährt diese Argumentation durch Étienne Jollet, »›Cachez ces dents que je ne saurais voir‹: la représentation des dents dans les arts visuels en France au XVIIIe siècle«, in: DADD.

eines spanischen Bauernknaben: Weitere satirische Gemälde grobschlächtiger Bauern zeigt insbesondere die niederländische Kunst des 16. und 17. Jahrhunderts. Siehe Catherine Veron-Issad, »Dents et soins dentaires dans la peinture néerlandaise du XVIIe siècle«, in: DADD. Vgl. auch Guillaume Kientz, »Cris, rires, rictus chez Caravage et les caravagesques«.

80–82 **von Caravaggio, Georges de la Tour, Velázquez und anderen … wirken gelegentlich durchaus bedrohlich:** Caravaggios *I Cavadenti* befindet sich in Florenz, das Gemälde von La Tour im Getty Museum, Los Angeles. Siehe Kientz, »Cris, rires, rictus«. Froheren Gesang zeigt Piero della Francescas *Natività* in der National Gallery, London.

82 **In der westlichen Malerei ist der offene Mund außerdem mit Torheit konnotiert:** Der Hofnarr Don Juan Calabazas wurde von Velázquez 1637–39 gemalt. Das Werk befindet sich im Prado. Zur niederländischen Genre-Malerei siehe Veron-Issad, »Dents et soins dentaires«, sowie Mariet Westermann, »How Was Jan Steen Funny? Strategies and Functions of Comic Painting in the Seventeenth Century«, in: Jan Bremmer und Herman Roodeburg (Hrsg.), *A Cultural History of Humour from Antiquity to the Present* (Cambridge 1997) [dt.: *Kulturgeschichte des Humors. Von der Antike bis heute*, Darmstadt 1999]. Hals' sogenannter *Lachender Kavalier* befindet sich in der Wallace Collection, London. Ein Gemälde von François Boucher zeigt einen Jungen mit einer Karotte in der Hand (Art Institute, Chicago). Andere offene Kindermünder finden sich bei Hals (*Lachender Junge*), Murillo (*Junger Bauer, lachend; Lachendes Kind*) u. ö. Im Falle von

Schwarzen wie zum Beispiel bei Rubens scheint das Lächeln mit Infantilismus einherzugehen.

83 **der griechische Philosoph Demokrit … mit einem Lächeln …, bei dem er die Zähne sehen lässt:** Michel Montaigne, *Essais*, 2 Bde. (Paris 1992), Bd. 1, Kap. 50. Zu bekannten frühneuzeitlichen Darstellungen gehören die von Rubens (1603), Rembrandt (1669: Wallraf-Richartz-Museum und Fondation Corboud, Köln) und Antoine Coypel (1692: Musée du Louvre). Ein überraschender weiblicher Demokrit scheint auf Judith Leysters Selbstporträt (1630) dargestellt. Zu Watteau siehe Rosenberg und Prat, *Antoine Watteau*, Bd. 3, S. 1390 f. Zum 18. Jahrhundert allgemein: Anne Richardot, »Un philosophe au purgatoire des Lumières: Démocrite«, *XVIIIe siècle*, Sonderausgabe: *Le Rire* (Paris 2000). Vgl. auch die Darlegungen in: Quentin Skinner, »Hobbes and the Classical Theory of Laughter«, in: ders., *Visions of Politics*, Bd. 3: *Hobbes and Civil Science* (Cambridge 2002), S. 153 ff.; Dominique Bertrand, *Dire le rire à l'âge classique: représenter pour mieux contrôler* (Aix-en-Provence 1995), S. 67–71; Minois, *Histoire du rire*, S. 49 ff. Darstellungen von Demokrit überschneiden sich gelegentlich mit denen von Diogenes.

85 **Darstellungen aus der *Conférence*:** Montagu, *The Expression of the Passions*, bes. S. 85 ff., und Percival, *The Appearance of Character*, bes. Kap. 2.

der Artikel »Leidenschaft« … in Diderots großer *Encyclopédie*: *Encyclopédie*, Bd. 12, S. 150–2. Zugehörige Abbildungen liefert Bd. 20, Tafeln XXIV–VI (Tafel XXV enthält »le ris«).

Handbücher für Schauspieler sind voller Hinweise von Le Brun in Sachen Anmut: Dene Barnett, *The Art of Gesture: The Practices and Principles of 18th-century Acting* (Heidelberg 1987); Shearer West, *The Image of the Actor: Verbal and Visual Representation in the Age of Garrick and Kemble* (New York 1991), bes. S. 91 ff.

87 **»man sein Gesicht abwendet … in Gegenwart Ludwigs des Großen«:** La Bruyère, *Les Caractères* (Paris 1696), »Des ouvrages de l'esprit«, S. 145.

In den 1770er Jahren … Denis Diderot: Den Vorfall und seine Folgen beschreibt Anne Vincent-Buffault, *Histoire des larmes (XVIIIe–XIXe siècles)* (Paris 1986), S. 66 ff. Marivaux, *Journaux et œuvres diverses*, hrsg. von Frédéric Deloffre und Michel Gilot (Paris 1988), überliefert S. 617 die Meinung Voltaires, auf S. 620 finden sich Reaktionen anderer. Montesquieus Ansicht wird referiert und kommentiert in: Jean Ehrard, *L'Idée de la nature en France dans la première moitié du XVIIIe siècle* (1963), S. 277.

88 ***comédie larmoyante*:** Félix Gaiffe, *Le Drame en France au XVIIIe siècle* (Paris 1910); Félix Gaiffe, *Le Rire et la scène française* (Paris 1931), S. 135; Gustave Lanson, *Nivelle de La Chaussée et la comédie larmoyante* (Paris 1903). Das Voltaire-Zitat steht in: Vincent-Buffault, *Histoire des larmes*, S. 68.

89 **»Das Theater ist verlassen, wenn seine Komödien gespielt werden«:** Gaiffe, *Le Rire*, S. 137 ff.

»Die peinlich genaue Einhaltung der Schicklichkeit«: Gaiffe, *Le Rire*, S. 137 ff.

90 **»drei Komödien dieser Art den sicheren Tod der Tragödie bedeuten werden«:** Gaiffe, *Le Drame*, S. 160. Allgemeines dazu in: Scott S. Bryson, *The Chastised Stage: Bourgeois Drama and the Exercise of Power* (Stanford, CA, 1991); David J. Denby, *Sentimental Narrative and the Social Order in France, 1760–1820* (Cambridge 1994). Das Mercier-Zitat entstammt seinem *Du théâtre* (Amsterdam 1773), S. 103.

Ludwig XV. verabscheute *comédies larmoyantes*: Lanson, *Nivelle de La Chaussée*, S. 282.

»der Nachäffer des Hofes«: La Bruyère, *Les Caractères*, »De la ville«, S. 302.

91 **diese Kaskade öffentlicher Tränen:** Collé wird zitiert in: Gaiffe, *Le Drame*, S. 295, Voltaire in: Vincent-Duffault, *Histoire des larmes*, S. 72; »ein anderer Autor« ist Bachaumont mit seinem Zitat aus dem Jahr 1764 in: Gaiffe, *Le Rire*, S. 138.

Bei der Gattung des Stücks ... keine der Personen legt es darauf an, pathetisch zu sein: Voltaire, *L'Écossaise*, Vorwort, o. S.

»sourire« in der französischen Literatur jener Zeit: Die Beispiele entstammen der Datenbank kanonischer literarischer Werke ARTFL/Frantext. Zwischen 1650 und 1720 lag die jeweils auf einen Zeitraum von zehn Jahren bezogene durchschnittliche Verwendungshäufigkeit zwischen 0,0001 und 0,0007 Prozent, wobei das Wort zwischen 1700 und 1710 gar nicht auftaucht. Während der 1740er Jahre stieg die Verwendung dann um das Vier- bis Sechsfache an. In den Jahrzehnten zwischen 1750 und 1790 lag sie durchschnittlich zwischen 0,00021 Prozent (1750er, 1770er Jahre) und 0,00033 Prozent (1780er Jahre). Das n-Gram von Google (»sourire«, 1650–1800) zeigt eine vergleichbare Zunahme im Gebrauch des Wortes. Der Anstieg ab 1750 ist nicht ganz so stark, was wahrscheinlich damit zu erklären ist, dass weniger literarisches Material als bei ARTFL/Frantext zugrunde lag. Vgl. S. 267 in diesem Buch.

92 **die großen Romane des englischen Schriftstellers Samuel Richardson:** Richardsons Œuvre förderte den Empfindsamkeitskult in England und verbreitete ihn von dort aus in ganz Europa. Zwei nützliche Einführungen in das Studium des Phänomens sind Janet Todd, *Sensibility: An Introduction* (London 1986), und John Mullan, *Sentiment and Sociability: The Language of Feeling in the Eighteenth Century* (Oxford 1988). Ebenfalls auf England bezogen ist G. J. Barker-Benfield, *The Culture of Sensibility: Sex and Society in Eighteenth-century Britain* (Chicago 1992) – vgl. aber G. S. Rousseau, »Sensibility Reconsidered«, *Medical History* 39 (1995), S. 375–7. Zu Frankreich siehe bes. Anne C. Vila, *Enlightenment and Pathology: Sensibility in the Literature and Medicine of Eighteenth-century France* (Baltimore, MD, 1998), und Jessica Riskin, *Science in the Age of Sensibility: The Sentimental Empiricists of the French Enlightenment* (Chicago 2002). Beide Werke informieren vorzüglich über die wissenschaftlichen sowie literarischen und kulturellen Aspekte des Phänomens.

93 **»Man kann kein Haus betreten, ohne eine *Pamela* vorzufinden«:** Lynn Hunt,

Inventing Human Rights: A History (New York 2007), S. 42; Daniel Mornet, »Enseignements des bibliothèques privées, 1750–80«, *Revue d'histoire littéraire de la France* (1910).

Diderot, der engagierte Vertreter des bürgerlichen Dramas: Das Zitat stammt aus seiner »Éloge de Richardson«, in: Denis Diderot, *Contes et romans*, hrsg. von Michel Delon (Paris 2004), S. 900 [dt. Übers. in: Wilhelm Oncken, *Das Zeitalter Friedrichs des Großen*, Bd. 2, Berlin 1882, S. 396 f.]. Der Vergleich mit Moses, Homer, Sophokles und Euripides steht auf S. 901.

Jean-Jacques Rousseaus *Julie, ou la Nouvelle Héloïse*: Die Literatur zu Rousseaus Roman ist immens. Über Beziehungen zu Richardson in Fragen der Empfindsamkeit siehe Hunt, *Inventing Human Rights*, bes. Kap. 1, »Torrents of Emotion«, S. 35 ff. Zur Briefliteratur des 18. Jahrhunderts vgl. Dena Goodman, *The Republic of Letters: A Cultural History of the French Enlightenment* (Ithaca, NY, 1994).

94 **Nach Ansicht des englischen Theologen William Warburton ... nach der Régence-Zeit:** Warburton schrieb im Jahr 1748. Siehe Michael Sonenscher, *Sans-culottes: An Eighteenth-century Emblem in the French Revolution* (Princeton, NJ, 2008), S. 72.

»Ihr Menschen«, rief Diderot aus: Diderot, »Éloge de Richardson«, S. 900 [dt. Übers. in: François Genton, »Weinende Männer. Zum Wandel der Empfindsamkeit im 18. Jahrhundert«, in: *Gefühlskultur in der bürgerlichen Aufklärung*, hrsg. von Achim Aurnhammer, Dieter Martin und Robert Seidel, Tübingen 2004, S. 211–216, hier S. 215, Anm. 14].

95 **der Begriff »Empfindsamkeit«:** Zu den medizinischen und wissenschaftlichen Finessen der Empfindsamkeit siehe bes. Vila, *Enlightenment and Pathology*, und Riskin, *Science in the Age of Sensibility*.

96 **»Was ist Empfindsamkeit? ... Die lebendige Wirkung, die eine Unzahl sublimer Wahrnehmungen auf unsere Seele ausüben«:** In einem Brief an seine Geliebte Sophie Volland im Jahr 1760, zitiert in: Riskin, *Science in the Age of Sensibility*, S. 1. Vgl. auch Diderot, »Éloge de Richardson«, S. 898.

der klassischen Theorie des Lachens: Siehe S. 45 f.

97 **Philanthropie und *bienfaisance*:** Catherine Duprat, *»Pour l'amour de l'humanité«: le temps des philanthropes. La philanthropie parisienne des Lumières à la monarchie de Juillet* (Paris 1993); Emma Barker, *Greuze and the Painting of Sentiment* (Cambridge 2005), Kap. 7.

liest sich die Handlung von *Clarissa* mitunter wie ein Wettstreit des Lächelns: *Lettres anglaises*. Zu den Zitaten: Brief 154, Bd. 1, S. 481 (»trügerische Anmut«); Brief 27, Bd. 1, S. 280 (»eines Verrückten oder Wahnsinnigen«); Brief 147, Bd. 3, S. 408 (»der alte Satan und ich«); Brief 304, Bd. 6, S. 79 (»Zärtlichkeit und Teilnahme«); Brief 347, Bd. 6, S. 433 (»ein glückliches Lächeln ihr Gesicht überstrahlte«; und 433 ff. zur Totenbettszene im Allgemeinen). Diese Liste habe ich nach ARTFL zusammengestellt.

100 **»Fröhlichkeit nicht erzwungen … mußte man weinen«:** Rousseau, *Julie oder die neue Héloïse. Briefe zweier Liebenden aus einer kleinen Stadt am Fuße der Alpen* (München 1978 [1761]), S. 766.

massenweise Briefe von Verehrern: Dieser Abschnitt stützt sich weitgehend auf Robert Darnton, »Readers Respond to Rousseau«, in: ders., *The Great Cat Massacre and Other Episodes in French Cultural History* (New York 1985). Die Zitate stehen auf S. 242 f. [dt.: *Das große Katzenmassaker. Streifzüge durch die französische Kultur vor der Revolution*, München/Wien 1989.]

101 **»Ich weine und bin mir voller Wonne bewusst, dass ich ein Mensch bin«:** Louis-Sébastien Mercier, *Du théâtre* (Paris 1773), S. 133.

102 **Psychologen des 21. Jahrhunderts:** Siehe Einführung, Anmerkungen zu S. 10 f. in diesem Buch.

Julies Liebhaber, Saint-Preux, sie streng dafür tadelt, dass sie ihr Porträt malen ließ: *Julie oder die Héloïse*, S. 299 f.

103 **»Lächeln der Seele«:** Zu Voltaire siehe S. 91 in diesem Buch; Louis-Sébastien Mercier, *Mon Bonnet de nuit, suivi »Du théâtre« et de textes critiques*, hrsg. von Jean-Claude Bonnet (Paris 1999), S. 1237.

»Dem Gesicht einer schönen Person wird die Anmut fehlen … kein Lächeln«: Das Zitat entstammt dem Eintrag »Grace« in Voltaires *Dictionnaire philosophicque*.

***Sir Charles Grandison*:** Die Zitate entstammen den *Nouvelles lettres anglaises* (1755): Brief 31, S. 309 (»Bei ihrem ersten Lächeln«); Brief 98, S. 416 (»Jeden zuvorkommenden Blick«); Brief 94, S. 372 (»Das bezaubernde Mädchen!«); Brief 2, S. 12 f. »Ihr Teint«). Die Liste ist mithilfe von ARTFL erstellt.

105 **Buffon, der große Naturkundler:** Georges-Louis Leclerc, comte de Buffon, *Histoire naturelle, générale et particulière*, 44 Bde. (Paris, 1749–1804), Bd. 2 (1749), S. 527.

Greuze war auf die Genre-Malerei spezialisiert: Vgl. bes. Tom Crow, *Painters and Public Life*, bes. Kap. 5; Barker, *Greuze and the Painting of Sentiment*. Das Gemälde *L'Accordée de village* befindet sich im Louvre, *La Piété filiale* in der Eremitage von St. Petersburg, und *La Mère bien-aimée* ist in Privatbesitz.

»Ereignisse auf eine Weise miteinander verknüpfte, dass man darüber einen Roman schreiben könnte«: Diderot, »Éloge de Richardson«, S. 898. Condillacs Ansicht ist zitiert in: René Demoris, »Les Passions en peinture au XVIIIe siècle«, in: Christiane Mervaud und Sylvain Menant (Hrsg.), *Le Siècle de Voltaire* (Oxford 1987), S. 381.

106 **Greuzes' Virtuosität:** *Le Gâteau des rois* befindet sich im Musée Fabre, Montpellier. Einen Vergleich mit Rubens' *Marie de Médici* enthält Percival, *The Appearance of Character*, S. 59, 115. Meine Interpretation unterscheidet sich von der Percivals. Siehe auch S. 193 in diesem Buch.

Kapitel 3

109 ***Le Grand Thomas*:** Vom Leben und der Zeit des Grand Thomas handeln Colin Jones, »Pulling Teeth in Eighteenth-century Paris«, *Past and Present* 166 (2000), und A. Chevalier, »Un charlatan du XVIIIe siècle: le Grand Thomas«, *Mémoires de la Société de l'histoire de Paris et de l'Île-de-France* 7 (1880). Ich habe mich auf die von Chevalier zitierten Quellen bezogen und sie ergänzt. Die in diesem Kapitel beschriebene Mikrogeschichte seines Lebens stützt sich auf zeitgenössische Quellen, vor allem: *Avis salutaire au public* (Paris 1729); *Harangue du Grand Thomas, opérateur pour les dents sur le Pont-Neuf en réjouissance de l'heureux accouchement de la reine et de la naissance du Dauphin* (Paris 1729); *Désolation du festin du Grand Thomas* (Paris 1729) (dieser und die beiden vorherigen Texte können in BN, Collection Clairambault, 1159, eingesehen werden); *L'Ordre et la marche de l'entrée du Grand Thomas en habit de cérémonie* (Paris 1729: BN, Cabinet des Estampes, Collection Hennin 57, 5066); *À Monsieur Thomas: des empyriques du siècle le plus illustre et le seul charitable* (Paris 1736: dieses undatierte, eine Seite umfassende Flugblatt [ohne Erscheinungsort] ist als Faksimile abgedruckt in: Georges Dagen, *Documents pour servir à l'histoire de l'art dentaire en France* [Paris 1925], S. 107); *Apothéose du Docteur Gros Thomas* (Paris 1760: als Faksimile-Kopie in: *Le Chansonnier français: recueil de chansons, ariettes, vaudeveilles et autres couplets choisis. XIIe Recueil.* 2 Bde. [Nachdruck Genf 1971], Bd. 2, S. 117–22). Außer den beiden hier gezeigten Kupferstichen siehe auch *La Véritable Figure du superbe bonnet du Grand Thomas, opérateur sans-pareil*, BN, Collection Clairambault, 1159; sowie *Le Grand Thomas en son académie d'opérations* (Paris [?] 1730: BN, Collection Hennin 58, 13939). Auf anderen Kupferstichen erscheint Thomas als Figur in der Szenerie des Pont-Neuf, vgl. zum Beispiel *Vue particulière du Pont-Neuf, regardant vers le Pont Neuf*, wie schon erwähnt in Chevalier, »Un charlatan«, S. 77 f.

ein würdiger Erbe: Vgl. S. 39–44 in diesem Buch.

111 **Thomas' Sprechzimmer:** Die Unterschrift zu Abb. 24 lautet weiter: »Le Grand Thomas en son Hôtel Rue de Tournon donne aussi des Audiances [*sic*] au Public.«

113 **»... meine Muse nun schweigt, dabei soll es bleiben«:** *À Monsieur Thomas.*

In einem Theaterstück, *Le Vaudeville*: Eine Zusammenfassung und Auszüge aus dem von Panard verfassten Stück finden sich in: [Parfaict], *Dictionnaires des théâtres de Paris*, 7 Bde. (Paris 1756), Bd. 6, S. 46.

Als 1729 ein Dauphin ... auf die Welt kam: Für diese Episode ist der *Avis salutaire* besonders nützlich und lässt sich durch Polizeiberichte über die Vorfälle in der Bibliothéque de l'Arsenal, Paris: AB, 10160, ergänzen; vgl. auch den Bericht in: Edmond J. F. Barbier, *Journal historique et anecdotique du règne de Louis XV*, hrsg. von Arthur de la Villegille, 4 Bde. (Paris 1847–56), Bd. 1, S. 297. *L'Impromptu du Pont Neuf* ist vollständig nachzulesen in: *Histoire de l'auguste naissance de Mon-*

seigneur le Dauphin, hrsg. von Chevalier Daudet, 3 Bde. (Paris 1731). Das Theaterstück war populär und wurde 1730 und 1736 in Gegenwart des Herzogs von Lothringen wieder aufgeführt: *Mémoires pour servir à l'histoire des spectacles de la Foire, par un Acteur romain*, 2 Bde. (Paris 1743), Bd. 2, S. 56, 115, 224.

115 **... Der Gastgeber verbrachte den Tag damit, zuzusehen, wie seine Fenster eingeschlagen wurden ...:** Zeuge war der Dichter Alexis Piron: Siehe seine *Œuvres*, hrsg. von Édouard Fournier (Paris 1870), Brief 40 sowie 71 f.

116 **» ... bey der Menge derer umstehenden Leute ein großes Gelächter verursachet«:** Zitiert in: Walter Hoffman-Axthelm, *Die Geschichte der Zahnkeilhunde* (Berlin 1985), S. 223.

»der Zahnschmerz schien näherzukommen, doch nur um zu seinen Füßen sein Ende zu finden«: Louis-Sébastien Mercier, *Le Tableau de Paris*, 12 Bde. (Amsterdam 1788), Bd. 1, Kap. 50, S. 160 f.

Ein anonymer Nachruf in Gedichtform versetzte Thomas: *Apothéose*, S. 121.

in der Inventarliste seiner Besitztümer, die nach seinem Tod ... erstellt wurde: AN, Châtelet de Paris Y15808. Siehe auch AN, MC ET/XCVII 361, 362 zu Dokumenten, die sich auf die Hinterlassenschaften beziehen. Annik Pardailhé-Galabrun, *La Naissance de l'intime: 3000 foyers parisiens, XVIIe–XVIIIe siècles* (Paris 1988) enthält insgesamt 884 Listen einer von der Autorin für die Zeit zwischen 1727 und 1789 geführten Inventarschätzung. Nur 12 Dokumente (bezogen auf acht Adlige oder hohe Beamte, einen Bankier und drei Kaufleute) erreichten eine Notierung von 50 000 Pfund. Offenbar ist dieser Vergleich insofern ziemlich grob, als er den Grundbesitz nicht einschließt. Doch bleibt festzuhalten, dass Thomas bei seinem Tod über ein beträchtliches liquides Vermögen verfügte.

117 **von Pierre Fauchard verkörpert:** Zum allgemeinen Hintergrund der Entstehung der Zahnheilkunde vgl. die in den Anmerkungen zu S. 34 zitierten Werke. Zu Fauchard siehe bes. André Besombes und Georges Dagen, *Pierre Fauchard, père de l'art dentaire moderne (1678–1761) et ses contemporains* (Paris 1961), und Dagen, *Documents pour servir.* Dies sind die Hauptquellen, die von Historikern der Zahnheilkunde genutzt werden und die Fauchards Leben stets wie das eines Heiligen darstellen. Einen guten Bericht, der Fauchard in einen größeren Kontext stellt, bietet Roger King, *The Making of the Dentiste*, 1650–1780 (London 1999). King ist in technischer Hinsicht hervorragend – er ist selbst Zahnarzt. Diese Quellen liefern fast alle Einzelheiten, die uns von Fauchards Biographie bekannt sind: Sie stützen sich auch stark auf Fauchards eigenes Werk *Le Chirurgien-dentiste, ou traité des dents*, 2 Bde. (Paris 1728). Weitere Ausgaben sind 1746 und 1786 (die Ausgabe von 1746 geringfügig erweitert gegenüber der Erstausgabe) erschienen. Vgl. Julien Philippe, »*Le Chirurgien-dentiste ou traité des dents* de Pierre Fauchard: une comparaison des trois éditions«, *Actes de la Société française d'histoire de l'art dentaire* 16 (2011). Eine englische Übersetzung Fauchards liegt erst seit dem 20. Jahrhundert vor: Pierre Fauchard, *The Surgeon Dentist, or Treatise on the Teeth*,

übers. von Lillian Lindsay (London 1946). Der Begriff »dentiste« scheint zwar neu zu sein, doch im 16. Jahrhundert benutzte der Chirurg Ambroise Paré bereits das Wort »dentateur« (»dentator« in der lateinischen Ursprungsfassung): *Œuvres* (Lyon [11]1652), S. 393.

119 **zwei Schriften aus der Zeit nach der Renaissance ..., die ... etwas taugten:** Nämlich Hémard und Martin, vgl. dazu die Anmerkung zu S. 32 in diesem Buch. Der anschließende Verweis und das Zitat stammen aus dem unpaginierten Vorwort zu Fauchards Werk aus dem Jahr 1728. Vgl. BIUM. Zum mittelalterlichen und frühneuzeitlichen Hintergrund siehe DDAD (bes. die Artikel von Danielle Jacquart, Susan Baddley, Franck Collard, Laurence Moulinier-Brogi und Bertha Gutierrez Rodilla).

***Cours d'opérations chirurgicales*:** Siehe oben, Kap. 1, S. 34 in diesem Buch. Vgl. auch René-Jacques Croissant de Garengeot, *Traité des opérations de chirurgie* (Paris 1720; zahlreiche spätere Ausgaben in den 1720er und 1730er Jahren); Guillaume Mauquest de La Motte, *Traité complet de chirurgie* (Paris, 1722). In der zweiten Auflage seines Werks (1746) ist Fauchard mit Garengeot besonders streng.

120 **Zusammenhang mit institutionellen Streitigkeiten:** Dies lässt sich nachverfolgen in: Toby Gelfand, *Professionalizing Modern Medicine: Paris Surgeons and Medical Science and Institutions in the Eighteenth Century* (Westport, CT, 1980), bes. Kap. 1–3. Zum hervorragenden Ruf der Pariser Chirurgie vgl. Dionis, *Cours d'opérations*, Preface, o. S. Ein synoptischer Überblick auf die Welt der Chirurgie und Medizin findet sich in: Laurence Brockliss und Colin Jones, *The Medical World of Early Modern France* (Oxford 1997), bes. Kap. 3–4.

121 **»guten anatomischen Chirurgen«:** Dionis, *Cours d'opérations*, Preface (o. S.).

Pariser Perückenmachermeister: Siehe den Überblick in: Michael Kwass, »Big Hair: A Wig History of Consumption in Eighteenth-century France«, *American Historical Review* 111 (2006). Vgl. Gelfand, *Professionalizing Modern Medicine*, S. 38.

122 **gaben sich die Pariser Chirurgen in ihren eigenen Reihen eine neue Hierarchie:** Gelfand, *Professionalizing Modern Medicine*, S. 31 ff.; Dagen, *Documents pour servir*, S. 21 ff. Während es in Fauchards Ausgabe von 1728 heißt »ce n'est que depuis peu que dans la ville de Paris on a ouvert les yeux sur cet abus« (unpaginiertes Vorwort), ist in der Ausgabe von 1746 »depuis peu« durch »environ 1700« ersetzt (S. XIII f.). Zu den Herstellern von Bruchbändern siehe Liliane Pérez und Christelle Rabier, »Self-machinery: Steel-trusses and the Management of Hernias in Early Modern Europe«, *Technology and Culture* 43 (2013).

123 **Fauchard reagierte ... eine theoretische Unterscheidung ... vornahm:** *Le Chirurgien-dentiste*, Bd. 2, S. 192 f.; Vorwort, o. S. (zu Carmelina: Anscheinend handelte es sich hier nicht um den Frondeur Carmelina, vgl. S. 44 in diesem Buch, sondern um seinen – häufig als Carmelina Quarante bezeichneten – Nachfolger).

»Manche behaupten, Zahnschmerzen ... zu kurieren ... an den Zähnen na-

gen und Schmerzen verursachen«: Fauchard, *Le Chirurgien-dentiste*, Bd. 1, S. 123; zum folgenden Zitat vgl. Bd. 2, S. 178 f. Zur Glocke siehe Abb. 10, die tatsächlich eine solche Glocke zeigt.

124 **Fauchard äußerte sich besonders vernichtend:** Fauchard, *Le Chirurgien-dentiste*, Bd. 2, S. 178–81.

Auf den vorderen Seiten von *Le Chirurgien-dentiste*: Neben Pariser Chirurgen gehörten zu den medizinischen Koryphäen, die Fauchards Qualitäten bezeugten, Winslow, Silva, Hecquet und Helvétius. Späteren Ausgaben verlegten die Zeugnisse an das Ende des Buches.

125 **Wissenschaftler und Gentleman:** Dies ist ein zentrales Konzept in der Historiographie frühneuzeitlicher Wissenschaft. Ernsthaft behandelt wurde es zum ersten Mal in: Simon Schaffer und Steve Shapin, *Leviathan and the Air-Pump: Hobbes, Boyle, and the Experimental Life* (Princeton, NJ, 1985).

127 **»Der Autor verfügt auch über feine Schwämme ... Munderkrankungen«:** Fauchard, *Le Chirurgien-dentiste* (^{2}1746), S. 368 f.

Eine gute Partie: Die Einzelheiten zu Fauchards Privatleben findet man in: King, *The Making of the Dentiste*, S. 98 f., und Dagen, *Pierre Fauchard, passim.*

128 **der gesamteuropäischen Aufklärung:** Stephane Van Damme, *Paris, capitale philosophique de la Fronde à la Révolution* (Paris 2005), und, zum allgemeinen Hintergrund, David Garrioch, *The Making of Revolutionary Paris* (Berkeley, CA, 2002), sowie Colin Jones, *Paris: Biography of a City* (London 2004), Kap. 6: »The Kingless Capital of the Enlightenment«.

129 **eine alles in allem optimistische Schilderung des menschlichen Fortschritts:** *Locus classicus* ist d'Alemberts »Discours préliminaire« zur *Encyclopédie*, nachzulesen in: ARTFL, *Encyclopédie.* Zu den in unserem Zusammenhang nützlichen allgemeinen Werken über die Aufklärung gehören Dena Goodman, *The Republic of Letters: A Cultural History of the French Enlightenment* (Ithaca, NY, 1994); Daniel Roche, *La France des Lumières* (Paris 1993), sowie Dan Edelstein, *The Enlightenment: A Genealogy* (Chicago, 2010).

130 **»Man muss über alles lachen«:** Voltaire zitiert in: M. H. Cotoni, »Le rire, la plainte et le cri dans les dernières années de la correspondance de Voltaire« in: C. Biondi u. a. (Hrsg.), *La Quête du bonheur et l'expression de la douleur dans la littérature et la pensée françaises* (Genf 1995), S. 462; zum *perfidium ridens*: Liese Andries, »État des recherches«, »Le Rire«, Sondernummer *XVIIIe siècle* 32 (2002). Zum französischen Frohsinn: De Baecque, *Les Éclats du rire*, sowie Anne Richardot, *Le Rire des Lumières* (Paris 2002), bes. S. 129 ff.

131 **Literatur der Empfindsamkeit:** Vgl. oben S. 92 f. in diesem Buch. Zu Voltaire siehe Goodman, *Republic of Letters*, S. 4.

Shaftesburys Theorien über Sittlichkeit und Höflichkeit: Vgl. S. 69 f. in diesem Buch.

»Frohsinn, Aktivität, Höflichkeit und Geselligkeit«: D'Holbach zitiert in:

David A. Bell, *The Cult of the Nation in France. Inventing Nationalism, 1680–1800* (Cambridge, MA, 2001), S. 147.

»besteht darin, heiter zu sein«: Louis-Antoine Caraccioli, *Paris, le modèle des nations étrangères* (Paris 1777), S. 317. Zu Paris als Hauptstadt von Philosophie und Wissenschaft siehe Van Damme, *Paris, capitale philosophique.*

»die Heimat des Lachens«: Caraccioli, *Paris, le modèle des nations étrangères, ou l'Europe française*, S. 295 (über Bettler), S. 338; Joseph Cérutti zitiert in: Antoine de Baecque, *Les Éclats du rire: la culture des rieurs au XVIIIe siècle* (Paris 2000), S. 155; David Bindman, *Ape to Apollo: Aesthetics and the Idea of Race in the Eighteenth Century* (Ithaca, NY, 2002), S. 76 (zu Kant und der französischen Vorliebe für das »lächelnd Schöne«); Johann-Caspar Lavater, *L'Art de connaître les hommes par la physiognomonie*, hrsg. von Jacques-Louis Moreau de la Sarthe, 10 Bde. (Paris 1806), Bd. 4, S. 47; Voltaire wird zitiert in: Anne Richardot, *Le Rire des Lumières* (Paris 2002), S. 129.

132 **»Revolution im Denken der Menschen«:** Mercier, *Tableau de Paris*, Bd. 4, S. 264 (»Revolution«); Bd. 4, S. 1–7 (»sehr anders«).

Englische Touristen: Tobias Smollett, *Travels through France and Italy*, hrsg. von F. Felsenstein (Oxford 1979), bes. Briefe 6 und 7. Allgemeiner: Jeremy Black, *France and the Grand Tour* (Basingstoke 2003), bes. Kap. 2 (»Paris«: Pulteney wird auf S. 25 zitiert); John Lough, *France on the Eve of Revolution: British Travellers' Observations,1763–1788* (London 1987).

133 **in England ... ein Gesetz, das ... zur Ernsthaftigkeit verpflichtete:** Ange Goudar im Jahr 1779, zitiert in: Josephine Grieder, *Anglomania in France, 1740–89: Fact, Fiction and Political Discourse* (Genf 1985), S. 61 (Ernsthaftigkeit), S. 62 (Geländer). Der Schweizer Besucher war Béat de Murault. Er und John Andrews werden zitiert in: Anne S. Hargreaves, *White as Whales Bone: Dental Services in Early Modern England* (Leeds 1998), S. 9.

134 **Begegnungen und Begrüßungen am königlichen Hof:** Vgl. Colin Jones, »Meeting, Greeting and Other ›Little Customs of the Day‹ on the Streets in Pre-Revolutionary Paris«, *Past and Present* 2003, Supplement 4 (2009), bes. S. 154–61.

Es hatte sich eine Öffentlichkeit entwickelt, die aus Gruppen bestand, die sich informell und freiwillig zusammenfanden: Jürgen Habermas, *Strukturwandel der Öffentlichkeit. Untersuchungen zu einer Kategorie der bürgerlichen Gesellschaft*, Frankfurt a. M. [3]1993; Roger Chartier, *The Cultural Origins of the French Revolution* (Durham, NC, 1991) [dt.: *Die kulturellen Ursprünge der Französischen Revolution*, Frankfurt a. M. / New York 1995].

135 **der damals zunehmenden Kommerzialisierung der Pariser Gesellschaft:** Daniel Roche, *Le Peuple de Paris: essai sur la culture populaire au XVIIIe siècle* (Paris 1981); Cissie Fairchilds, »The Production and Marketing of Populuxe Goods in Eighteenth-century Paris«, in: John Brewer und Roy Porter (Hrsg.), *Consump-*

tion and the World of Goods (London 1993); Colin Jones, »The Great Chain of Buying: Medical Advertisement, the Bourgeois Public Sphere and the Origins of the French Revolution«, *American Historical Review* 101 (1996); William H. Sewell, Jr, »The Empire of Fashion and the Rise of Capitalism in Eighteenth-century France«, *Past and Present* 206 (2010). Zu den inneren Mechanismen der Verbrauchernachfrage in dieser Zeit siehe auch Jan de Vries, *The Industrious Revolution: Consumer Behaviour and the Household Economy, 1650 to the Present* (Cambridge 2008).

Die Mode erfasste auch die unteren Stände: Neben den in der vorherigen Anmerkung genannten Werken siehe bes. Daniel Roche, *The Culture of Clothing: Dress and Fashion in the Ancien Régime* (Cambridge 1994).

136 **»ist das Theater nicht mehr im Theater«, wie Mercier meinte:** Mercier, *Le Tableau de Paris*, Bd. 4, S. 191.

»um nicht Auge und Nase der Leute zu beleidigen«: So der Earl of Chesterfield: *Letters to his Son*, 3 Bde. (London 1774), Bd. 2, S. 82; Beaupréau, *Dissertation sur la propreté et la conservation des dents* (Paris 1764), S. 15.

»Zonen der emotionalen Zuflucht«: William Reddy, *The Navigation of Feeling: A Framework for a History of Emotion* (Cambridge 2001), S. 145.

137 **Neue Regeln der *politesse*:** Zu älteren Formen der *honnêteté* siehe S. 52 f. in diesem Buch.

138 **»Überlassen wir den Status eines *honnête homme* … Die Tugend hat damit nichts zu tun«:** *Les Mœurs*, zitiert in: Emmanuel Bury, *Littérature et politesse: l'invention de l'honnête homme, 1580–1750* (Paris 1996), S. 200; *Encyclopédie*, Bd. 8, S. 287.

***petit-maître*:** Marivaux' *Le Petit-maître corrigé* (1734) ist ein Beispiel für das Genre; ein Überblick über die Gattung im Laufe des Jahrhunderts findet sich in der Einleitung zu Frédéric Deloffre (Hrsg.), *Marivaux: le petit-maître corrigé* (Genf 1995). Siehe auch Richardot, *Le Rire des Lumières*, S. 97 ff. Barère wird zitiert in: André Monglond, *Le Pré-romantisme* (Paris 1930), S. 334.

139 **»das Lachen niemals echt und Liebkosungen falsch sind«:** Mercier, *Le Tableau de Paris*, Bd. 1, S. 310, und Bd. 5, S. 297. Zur »allgemeinen Verderbtheit«: Mercier, *Du théâtre*, S. 81; Genlis, *Adèle et Théodore*, Brief 36, S. 282. Zu diesen und anderen Quellen vgl. ARTFL.

Das wünschenswerte und begehrte Lächeln: Ich stütze mich hier auf ARTFL/Frantext. Vgl. S. 267 und Anmerkung zu S. 91 in diesem Buch.

140 **»Das Lächeln des Volkes«:** Mercier, *Le Tableau de Paris*, Bd. 2, S. 139.

Die »öffentliche Meinung« nahm allmählich Gestalt an: Siehe bes. Chartier, *Cultural Origins*, S. 20 ff. Eine irreführende Übersetzung wird angemahnt durch Keith Baker in seinem Aufsatz in: Craig Calhoun (Hrsg.), *Habermas and the Public Sphere* (London 1992).

ein beträchtlicher Teil des Hochadels in der Pariser Öffentlichkeit: Wie überzeugend nachgewiesen wurde in: Antoine Lilti, *Le Monde des salons: sociabilité et mondanité à Paris au XVIIIe siècle* (Paris 2005).

»Auffangen des Federballs, wenn er vom Schläger fällt«: Zitiert in: Goodman, *Republic of Letters*, S. 110.

140 f. **Mercier mochte zwar Paris als die Heimat »wahrer Höflichkeit« rühmen:** *Tableau de Paris*, Bd. 4, S. 109 »wahre Höflichkeit«); Bd. 5, S. 245 (»über unflätige Dinge spricht«).

141 **»Was eine zivilisierte Nation ... charakterisiert ... Zurückhaltung, die die Menschen ... üben«:** Claude-Henri Watelet, *L'Art de peindre* (Paris 1770), S. 390. Zu Mercier siehe S. 103 in diesem Buch.

»Da ich des Lachens gedacht habe«: Chesterfield, Letters... to his Son, 3 Bde. (London 1776), Bd. 1, S. 372 [dt. Übers.: *Lord Chesterfields Briefe an seinen Sohn*, Bd. 1, München/Leipzig 1912, S. 158]. Zur »Fröhlichkeit des Pöbels« siehe Bd. 2, S. 72.

Kapitel 4

143 **weil er immer mehr Zähne verlor:** Die Geschichte lässt sich Schritt für Schritt nachverfolgen in: Abbé Fernando Galiani und Louise d'Épinay, *Correspondance*, 4 Bde. (Paris 1992–95); siehe bes. ihren Briefwechsel der Jahre 1770 und 1771. 1775 verlor Madame d'Épinay dann ihre eigenen Zähne.

eines Goldenen Zeitalters der Zahnmedizin: Zu Marie-Antoinette siehe Maurice Boutry, *Le Mariage de Marie-Antoinette* (Paris 1904), S. 39. Zu Laverand vgl. auch Pierre Baron, »Dental Practice in Paris«, in: Christine Hillam (Hrsg.), *Dental Practice at the End of the Eighteenth Century* (Amsterdam und New York 2003), S. 130. Zu George Washington: Bernhard W. Weinberger, *An Introduction to the History of Dentistry in America*, 2 Bde. (Saint-Louis, OH, 1948), Bd. 2, S. 171. Zu Casanova siehe George S. Rousseau, »The Consumption of Meat in an Age of Materialism«, in: Robert C. Leitz und Kevin L. Cope (Hrsg.), *Imaging the Sciences: Expressions of New Knowledge in the »Long« Eighteenth Century* (New York 2004), S. 249.

144 **Reisende auf der Grand Tour:** Chesterfield, *Letters ... to his Son*, 3 Bde. (London 1776), Bd. 3, S. 73 f.; O. Delphin (Hrsg.), *Journal de Madame Cradock: Voyage en France* (1783–6), S. 330.

145 **Voltaires »Lächeln der Seele«:** Siehe S. 91 in diesem Buch.

146 **eine Gruppe von Zahnspezialisten:** Nach Jèze, *Tableau de Paris* (Paris 1761), S. 6, gab es 1761 davon 33; es waren 36 im Jahr 1776 laut *État de médecine, chirurgie et pharmacie en Europe pour l'année 1776* (Paris 1776) und 43 im Jahr 1777 laut *État de la médecine, chirurgie et pharmacie en Europe et principalement en France pour l'année 1777* (Paris 1777).

des vermeintlichen Wundermittels Orvietan: Claude-Stéphen Le Paulmier, *L'Orviétan: histoire d'une famille de charlatans du Pont-Neuf aux XVIIe et XVIIIe siècles* (Paris 1893). Siehe auch S. 39 f. in diesem Buch. Zu Étienne Bourdet vgl. Hillam (Hrsg.), *Dental Practice in Europe*, S. 117 f., 472. Zur Orvietan-Episode vgl. auch AN V3 193 (19. Mai 1764). Bemerkenswerterweise bezeichnete sich in den 1730er Jahren der *Grand Thomas* vom Pont-Neuf selbst als »héros dentiste«.

147 **Posten eines »Inspektors der Operateure«:** Zur Episode um den »Inspektor der Operateure« siehe Pierre Baron, »Louis Lécluze 1711–92: acteur, auteur poissard, chirurgien-dentiste et entrepreneur de spectacle«, Diss. Paris (Université de Paris-IV) 2008, S. 28.

Jean-Baptiste Ricci ... exotische Tiere zur Schau stellte: Vgl. Baron, »Dental Practice in Paris«, S. 141–3. Zur Bitte um exotische Tiere siehe AN, MC ET/XXIV 728 (20. September 1751). Es ist unwahrscheinlich, dass Riccis Ersuchen um Tiger aus Afrika von Erfolg gekrönt war.

keine andere Stadt in Europa: Vgl. die verschiedenen Aufsätze über Frankreich, Großbritannien, die Niederlande, Ungarn und Deutschland in: Hillam, *Dental Practice, passim.* Die Engländer waren für den Charme der Zahnmedizin besonders unempfänglich: Vgl. Colin Jones, »French Dentists and English Teeth in the Long Eighteenth Century: A Tale of Two Cities and One Dentist«, in: Roberta Bivins und John V. Pickstone (Hrsg.), *Medicine, Madness and Social History: Essays in Honour of Roy Porter* (Basingstoke 2007).

hohen wissenschaftlichen Standard: Siehe Roger King, *The Making of the Dentiste in France, c. 1650–1760* (Aldershot 1998), bes. S. 131–45; Robert Bunon, *Expériences et démonstrations faites à l'Hôpital de La Salpêtrière et à S. Côme en présence de l'Académie de Chirurgie* (Paris 1746), S. 345.

die Pariser Chirurgie sogar in noch stärkerem Maße zur Weltspitze gehörte: Siehe bes. Toby Gelfand, *Professionalizing Modern Medicine: Paris Surgeons and Medical Science and Institutions in the Eighteenth Century* (Westport, CT, 1980), bes. S. 9 f., 94 f., sowie Laurence Brockliss und Colin Jones, *The Medical World of Early Modern France* (Oxford 1997), bes. Kap. 9: »The Rise of Surgery«.

148 **der Öffentlichkeit zur Verfügung:** Pierre Fauchard, *Le Chirurgien-dentiste ou traité des dents*, 2 Bde. (Paris 1728), Vorwort, o. S.; Bunon, *Expériences et démonstrations*, »Avertissement«, o. S.

149 **neue zahnchirurgische Schriften:** Alle zitierten Texte werden auf der Website der BIUM im Einzelnen kommentiert.

Binnen weniger Jahre ..., so Bourdet: [Étienne] Bourdet, *Recherches et observations sur toutes les parties de l'art du dentiste*, 2 Bde. (Paris 1746), Bd. 1, S. VII; Jacques-René Duval, *The Dentiste de la Jeunesse, or the Way to Have Sound and Beautiful Teeth* (London 1820), S. VIII.

eine Reihe nützlicher Werke: Diese werden in den meisten konventionellen Historiographien der Zahnmedizin berücksichtigt. Vgl. auch Carlos Gysel, *L'His-*

toire de l'orthodontie: ses origines, son archéologie et ses précurseurs (Brüssel 1997), Kap. 23–30. Zu den englischen Werken siehe Jones, »French Dentists and English Teeth«.

150 **die Behandlungsmethoden eines Zahnarztes:** Pierre Dionis, *Cours d'opérations*, Vorwort, o. S., und S. 417; sowie Fauchard, *Le Chirurgien-dentiste*, Bd. 1, Vorwort, o. S. Vgl. King, *The Making of the Dentiste*, S. 139 f.

fünf militärische Feldzüge: Zu Lécluzes Leben und Wirken siehe Baron, »Louis Lécluze«, *passim*.

151 **des rhetorischen Stils der Naturwissenschaften ..., wie er von Chirurgen und Ärzten gepflegt wurde:** Vgl. Baron, »Louis Lécluze«, S. 896. Siehe Claude Mouton, *Essay d'Odontotechnie, ou dissertation sur les dents artificielles* (Paris 1746), S. 42.

Die neue Zahnheilkunde drehte sich vor allem um die Zahnerhaltung: Vgl. King, *The Making of the Dentiste*, S. 138 f. Zur Hygiene siehe auch James C. Riley, *The Eighteenth-century Campaign to Avoid Disease* (London 1987); Brockliss und Jones, *The Medical World of Early Modern France*, »The Invention of Hygiene«, S. 459 ff.

»Erhaltung statt Zerstörung«: Robert Bunon, *Expériences et démonstrations*, S. 9 (»Je veux conserver au lieu de détruire«); Fauchard, *Le Chirurgien-dentiste*, Bd. 1, bes. Vorwort, o. S., und Kap. 3.

154 **allgemeine Lebensweise:** Fauchard, *Le Chirurgien-dentiste*, Bd. 1, bes. Kap. 3: »Le régime et la conduite que l'on doit tenir pour conserver les dents«, S. 41 ff., 69.

155 **konnte Mercier sich noch ... an *le Grand Thomas* erinnern, wie er auf dem Pont-Neuf ... seine Waren anpries:** Louis-Sébastien Mercier, *Tableau de Paris*, 12 Bde. (Amsterdam 1788), Bd. 1, S. 160 f.; Bd. 5, S. 74 f. Zum *Grand Thomas* siehe S. 109–17 in diesem Buch.

zahlreiche Plagiate: Vgl. Baron, »Louis Lécluze«, bes. S. 866 ff.

war die Annehmlichkeit jetzt höflich verpackt: Fauchard, *Le Chirurgien-dentiste* (Paris ^{2}1746), Bd. 2, S. 346.

156 **bürgerlichen Kunden sich wie zu Hause fühlen konnten:** Zu Bourdet vgl. S. 144 in diesem Buch. Die dortigen Informationen beruhen auf den postum erstellten Inventarlisten von Personen aus dem Minutier Central der Archives Nationales in Paris, AN MC ET/XL 303, 17. November 1751 (Claude Jacquier de Géraudly); AN MC ET/XCII, 19. August 1786 (Le Roy de la Faudignière); AN MC ET/IX 824, 16. Oktober 1789 (Étienne Bourdet); und AN MC ET/XLI 848, 13. Juli 1819 (Jules Ricci). Claude Mouton betrifft das Dokument über den postumen Verkauf eines Großteils seines Vermögens: AN MC ET/XXXIII 508, 8. April 1751. Biographische Informationen über einige dieser Personen finden sich in: Baron, »Dental Practice in Paris«, S. 132–8, 117 f., 141–3. Zu Greuzes »Épiphanie« siehe S. 106 in diesem Buch.

158 **der neuen Nerventheorie:** Vgl. S. 96 in diesem Buch. Zu den besonders Emp-

findsamen siehe Lindsay B. Wilson, *Women and Medicine in the French Enlightenment: The Debate over »Maladies des Femmes«* (Baltimore, MD, 1993).

Waffenarsenal des neuen Zahnarztes: Fauchard, *Le Chirurgien-dentiste*, Bd. 1 S. 184, Bd. 2 über Instrumente; Louis Laforgue, *Dix-sept articles relatifs aux maladies des dents* (Paris, Jahr VIII [= 1800]), Bd. 2, S. 200. Laforgue wurde 1785 als Zahnarzt zugelassen: Siehe Baron, »Dental Practice in Paris«, S. 128 f.

160 **Indem er die Extraktion ... hinauszögerte:** Fauchard, *Le Chirurgien-dentiste*; Anselme Jourdain, *Traités des maladies et des opérations réellement chirurgicales de la bouche*, 2 Bde. (Paris 1778), Bd. 2, S. 4 f. Zu diesen Sorgen um das Wohl des Patienten (einschließlich des Sofas) siehe bes. Fauchard, *Le Chirurgien-Dentiste*, bes. Bd. 1, S. 144 ff.

»intuitives Feingefühl, Takt, große Geschicklichkeit und wirkliche Sensibilität«: Mahon, *Le dentiste observateur* (Paris, Jahr VI [= 1798]), S. 185. Seit den 1790er Jahren praktizierte Mahon in Paris, und er malt S. 182–6 ein nostalgisches Bild der vorrevolutionären Zahnmedizin. Zu einer Aktualisierung von Fauchards Rat (*Le Chirurgien-dentiste*, Bd. 1, S. 144 ff.) siehe F. Maury, *Traité complet de l'art du dent, d'après l'état actuel des connaissances* (Paris [3]1841) – einschließlich des Rates zur Praxis im zweiten Stock. Wegen der Lage im Erdgeschoss vgl. Dionis, *Cours d'opérations*, S. 425, und wegen des Kopfes unterm Arm: Louis Lécluze du Thilloy, *Nouveaux Éléments d'odontologie, contenant l'anatomie de la bouche ou la description de toutes les parties qui la composent et de leur usage* (Paris 1754), S. 124 f.

162 **sich ihren Kundenstamm ... aufzubauen, die über das meiste Geld verfügten:** Die Schätzungen beruhen auf Adressen aus Baron, »Dental Practice in Paris«, im Vergleich mit denen aus seinen beiden Werken von 1776/77 des Titels *État de la médecine* (siehe Anmerkug zu S. 146 in diesem Buch). Zur sozialen Zusammensetzung der betreffenden Stadtteile siehe *Atlas de la Révolution française: XI. Paris*, hrsg. von Emile Ducoudray, Raymonde Monnier und Daniel Roche (Paris 2000), S. 30.

163 **als er ... Zahnprobleme hatte ... Jean-Baptiste Ricci:** *Journal of My Life by Jacques-Louis Ménétra*, hrsg. von Daniel Roche (New York 1986), S. 21. Zu Fallstudien siehe etwa Fauchard, *Le Chirurgien-dentiste*; zur Werbung vgl. die Anmerkung zu S. 165 in diesem Buch.

Archäologische Funde: Vgl. die Werke, die in der Anmerkung zu S. 18 in diesem Buch zitiert werden.

***mal du siècle*:** Philip Riedler, *La Figure du patient au XVIIIe siècle* (Genf 2010), S. 97.

163 f. **Isabelle de Charrière:** Zitiert in: Riedler, *La Figure du patient*, S. 97.

164 **Befürchtungen hinsichtlich des Lächelns:** Ricci, *Réflexions sur la conservation des dents, les maladies qui les affectent et les Remèdes qui leur conviennent* (Reims, o. J.), S. 3.

165 **Druckerzeugnisse brachten … Anbieter und Kunden … zusammen:** Zur Werbung siehe Colin Jones, »The Great Chain of Buying: Medical Advertisement, the Bourgeois Public Sphere and the Origins of the French Revolution«, *American Historical Review* 101 (1996). Vgl. auch Pierre Baron und Xavier Deltombe, »Dental Products in France in the Eighteenth Century: Their Production, Distribution, Commercialisation«, *Dental Historian* 32 (1997). Unter den zahnmedizinischen Werken, die in den nachfolgenden Paragraphen als Beiträge zur Zahnheilkunde zitiert werden, finden sich auf der Website der BIUM bezeichnenderweise nur die von Bourdet und Hébert. Bourdets Werk trägt den Titel *Soins faciles pour la propreté de la bouche et pour la conservation des dents, suivi de l'art de soigner les pieds* (Lausanne 1782).

166 **in einem großen System des Konsums:** Jones, »Great Chain of Buying«.

167 **»ihrem Lächeln Anmut verleiht«:** Jean-Louis Colondre, *Essai sur les plus fréquentes maladies des dents et des moyens propres à les prévenir et à les guérir* (Genf 1791), S. VII.

»ist die Schönheit der Zähne keine Frage der Koketterie«: Étienne Bourdet, *Soins faciles pour la propreté de la bouche et pour la conservation des dents* (Paris 1759), S. VI; Anselme Jourdain, *L'Art de se conserver en santé* (Paris, Jahr IV [= 1796]), S. 275 (Jourdain war auch der Verfasser von *Traité des maladies… de la bouche*, veröffentlicht im Jahr 1778).

Annehmlichkeit, Komfort und gute Gesundheit: Claude Géraudly, *L'Art de conserver les dents* (Paris 1737), S. VIII f. Michael Kwass stellt eine Gemeinsamkeit mit Perücken her, insofern als auch diese häufig als ein auf Nachahmung basierendes Trickle-down-Phänomen betrachtet werden: Siehe seine Schrift »Ordering the World of Goods: Consumer Revolution and the Classification of Objects in Eighteenth-century France«, *Representations* 82 (2003), und ders., »Big Hair: A Wig History of Consumerism in Eighteenth-century France«, *American Historical Review* 111 (2006). Zu Bruchbandherstellern vgl. Liliane Pérez und Christelle Rabier, »Self-machinery: Steel-trusses and the Management of Hernias in Early Modern Europe«, *Technology and Culture* 54 (2013). Zum redaktionellen Sprachgebrauch siehe Jones, »Great Chain of Buying«, bes. S. 19–25.

168 **einen mühseligen, aber patriotischen Kampf:** Befürchtungen hinsichtlich der Zähne von Kindern werden erörtert in der *Encyclopédie*, zitiert in: Colin Jones, »Bouches et dents dans l'*Encyclopédie*: une perspective sur l'anatomie et la chirurgie des Lumeres«, in: Robert Morrissey und Philippe Roger (Hrsg.), *L'Encyclopédie: du réseau au livre et du livre au réseau* (Paris 2001), S. 81 f.; Louis Lécluze, *Eclaircissements essentiels pour parvenir à préserver les dents de la carie et à les conserver jusqu'à l'extrême vieillesse* (Paris 1755), S. 5, 20.

dem Problem von Sprache und Artikulation: Zur *Encyclopédie* siehe Jones, »Bouche et dents«, *passim*. Über Galiani vgl. S. 143 in diesem Buch. Bourdet, *Recherches et observations*, Bd. 2, S. 211 f.

169 **Zahnverlust ... ins gesellschaftliche Abseits und zu Schlimmerem:** Lécluze, *Nouveaux Éléments*, S. 22 f.; Honoré Gaillard Courtois, *Le Dentiste observateur* (Paris 1775), S. 44 f.

171 **Man hielt es für ratsam, mit der Erhaltung und Verschönerung der Zähne schon zu Hause zu beginnen:** Zum Zungenkratzer (mit Abbildung) siehe Lécluze, *Nouveaux éléments*, S. 217. Zur Zahnbürste vgl. Sacha Bogopolsky, *La Brosse à dents ou l'histoire de la »mal aimée«* (Paris 1995), und ders., *Itinéraire culturel et technologique de la brosse à dents* (Paris 1999), bes. S. 19–23. Der Autor unterschätzt die weit verbreitete Verwendung der Zahnbürste im Frankreich des 18. Jahrhunderts. Siehe Beispiele in Riedler, *La Figure du patient*, z. B. S. 53.
ihren »eigenen Ärzten«: Jean A. Hébert, *Le Citoyen dentiste, ou l'art de seconder la nature pour se conserver les dents, et les entretenir propres* (Lyon 1778), S. 31.
mochte ... wie beruflicher Selbstmord erscheinen: Interessanterweise liegen ähnliche Argumente zum Verhältnis von Selbsthilfe und professioneller Hilfe auch im Falle von Klinge und Rasur nahe; vgl. dazu Alun Withey, »Shaving and Masculinity in Eighteenth-century Britain«, *Journal of Eighteenth-century Studies* 36 (2012). Zu Frankreich siehe bes. Jean-Jacques Perret, *La Pogotonomie, ou l'art d'apprendre à se raser soi-même* (Paris 1769).

172 **alles, was für die persönliche Mundhygiene nötig war:** Géraudly, *L'Art de conserver les dents*, S. 157–60. Viele andere zahnmedizinische Schriften machten entweder implizit oder explizit Werbung. Offene Werbung fand sich häufig am Buchende. Siehe S. 127 in diesem Buch. Das Anzeigenblatt *Affiches de Paris* war voller Reklame für zahnärztliche Produkte. Vgl. Jones, »Great Chain of Buying«, S. 27–30.

173 **Allein im Jahr 1781 wurden in Frankreich zwei Millionen Tiegel Rouge verkauft:** Zu *le fard*, Schönheitsmitteln und Rouge vgl. Lanoë, *La Poudre et le fard*, bes. S. 293.
einen größeren Teil ihres Einkommens: Pierre Baron, »Dental Practice in Selected Areas of France«, in: Hillam (Hrsg.), *Dental Practice*, S. 60–3; zu Le Roy de la Faudignières Geschäft siehe S. 132–8. Zum Lagerbestand gemäß postum erstellter Inventarlisten: Le Roy de la Faudignière AN MC ET/XCII, 19. August 1786 (bes. Medizinflaschen), und zu Billard, AN MC ET/I 117, 4. Juni 1751. In Sachen falsche Zähne und Nilpferdgebiss vgl. S. 198 in diesem Buch.

174 **zu einem »Satelliten« ..., der von einem »Wirbelwind« mitgerissen wurde:** Mercier, *Tableau de Paris*, Bd. 4, S. 258.

175 **die bestehenden Verhaltensweisen am Hofe:** Zu Perücken siehe Kwass, »Big Hair«. Zu *le fard*, Schönheitsmitteln und Rouge siehe Lanoë, *La Poudre et le fard*, bes. S. 293.
***crème de beauté*:** Martin, *Selling Beauty*, S. 123.

176 **eine gewisse Abkehr von den Vorgaben Ludwigs XIV.:** Jean de Viguerie, »Le Roi et le ›public‹: l'exemple de Louis XV«, *Revue historique* 278 (1987). Der Höfling

war der Duc de Croy, zitiert in: Colin Jones, *Madame de Pompadour: Images of a Mistress* (London 2002), S. 51.

177 **einer der wenigen Aufklärer, die sich für den Bart begeisterten:** J. A. D[ulaure], *Pogonologie, ou histoire philosophique de la barbe* (Konstantinopel und Paris 1769), S. XI f.

Höflingen und *petits-maîtres*: Vgl. S. 138 in diesem Buch.

Rousseaus Schriften mit ihrer Betonung der Geschlechterrollen: Zu Rousseau und Gender siehe bes. Dena Goodman, *The Republic of Letters: A Cultural History of the French Enlightenment* (Ithaca, NY, 1994); Joan Landes, *Women and the Public Sphere in the Age of Democratic Revolution* (Ithaca, NY, 1988).

neue idealisierte Formen von Männlichkeit: Zu Winckelmann: Édouard Pommier, »La Vision de l'antiquité classique dans la France des Lumières et de la Révolution«, *Revue de l'Art* 83 (1989); ders., *Winckelmann: naissance de l'histoire de l'art* (Paris 2003); zu David: Thomas E. Crow, *Painters and Public Life in Eighteenth-century Paris* (London 1985). Zum Neoklassizismus allgemein: Guillaume Faroult, Christophe Leribault und Guilhem Scherf (Hrsg.), *L'Antiquité rêvée: innovations et résistances au XVIIIe siècle* (Paris 2011).

178 **stellte er seine Fähigkeiten in den Dienst des französischen Republikanismus:** Siehe S. 215 f. in diesem Buch.

179 **institutionelle Reorganisation der Medizin:** Die Unterstützung der Chirurgen durch Ludwig XV. betont bes. Gelfand, *Professionalizing Modern Medicine.* Vgl. S. 120 in diesem Buch.

im medizinischen Stab des Hofes ... die Zahnärzte neuer Art: AN O1 63 (18. November 1719); 68 (14. Januar 1724). Siehe auch AN O1 79 (13. Dezember 1735) sowie King, *The Making of the Dentiste,* S. 183 f. Man beehrte Caperon mit einer Wohnung im Louvre und einem Grundstück in der Stadt Versailles, auf dem er ein Herrenhaus errichtete; außerdem wurde er 1745 in den Adelsstand erhoben: AN O1 80 (30. Januar 1740), 92 (1. März 1748), 94 (19. Juli 1750), 99 (12. Februar 1755). AN O1 89 (Dezember 1745). Charles-Philippe Albert, duc de Luynes, *Mémoires sur la cour de Louis XV*, 17 Bde. (Paris 1908), Bd. 8, S. 303.

bei der Behebung einer Zahnfehlstellung: Vgl. das anonyme »Journal de police sous Louis XV (1742–3)«, in: Edmond-Jean-François Barbier, *Chronique de la Régence et du règne de Louis XV (1718–63),* 8 Bde. (Paris 1857–66), S. 199. Siehe Luynes, *Mémoires,* Bd. 4, S. 282 f.

180 **Sein Nachfolger im Amt war Mrs. Cradocks Étienne Bourdet:** Zu Bourdet siehe *passim* und Baron, »Dental Practice in Paris«, S. 117 f. Auch er wurde geadelt: AN O1 111 (November 1757). Vgl. AN O1 105 (5. December 1761). Seine postum erstellte Inventarliste steht in: AN MC ET/IX/824 (19. Oktober 1789). Zu Dubois-Foucou siehe King, *The Making of the Dentiste,* S. 186; Baron, »Dental Practice in Paris«, S. 123. Der Kaufvertrag zur Übereignung des Postens findet sich in AN MC ET/IX/827 (27. März 1783).

Die königliche Förderung Pariser Zahnärzte: Luynes, *Mémoires*, Bd. 8, S. 303. Veränderungen bei anderen Posten im medizinischen Hofstaat des Königs lassen sich nachverfolgen in den jährlichen Ausgaben des *Almanach Royal*. Siehe auch AN MC ET/LXXXIX 596 (Mouton »opérateur ordinaire du roi et son dentiste«, 16. Februar 1761); AN MC ET/XL/303 (Géraudlys Testament, 17. November 1751); allgemeiner dazu Jones, »The King's Two Teeth«, *passim*.

181 **der seiner Mätresse ... überdrüssig wurde:** René Louis de Voyer de Paulmy, marquis d'Argenson, *Journal et mémoires*, hrsg. von Edme J. B. Rathery (Paris 1859–67), Bd. 2, S. 179.

machte sich Ludwig XV. über den Zustand seines Mundes keinerlei Gedanken: Zum Vorfall von 1742 siehe d'Argenson, *Journal et mémoires*, Bd. 3, S. 260. Zu Mme de Vintimille vgl. Bd. 2, S. 392; Bd. 4, S. 386. Zu Ludwigs XVI. Beinen und Artois' Mund siehe Félix, comte d'Hézeques, *Souvenirs d'un page à la cour de Louis XVI* (Paris 1873), S. 6, 60.

182 **insbesondere für ihre Kinder:** Zu Marie-Thérèse: Luynes, *Mémoires*, Bd. 9, S. 26; zu Madame Victoire: ders., Bd. 9, S. 11 f.

183 **»Begräbnisse, Todesfälle und chirurgische Operationen«:** So das Urteil von Ludwigs langjährigem Minister, dem Duc de Choiseul, *Mémoires*, hrsg. von Jean-Pierre Guicciardi und Philippe Bonnet (Paris 1987), S. 192 f.; zum Vorfall mit dem *Eau de Luce* siehe Luynes, *Mémoires*, Bd. 2, S. 29.

184 **»Solche Dinge ... sind ... wichtige Angelegenheiten in *ce pays-ci*«:** Vicomte de Reiset, *Joséphine de Savoie, comtesse de Provence* (Paris 1913), S. 58 f. In Versailles war der Ausdruck *ce pays-ci* klassischer Insiderjargon und bezeichnete den Hof.

Der Fall der Königin Marie-Antoinette bestätigte dies: Boutry, *Le Mariage de Marie-Antoinette*, S. 36; Chateaubriand, *Mémoires d'outre-tombe*, hrsg. von Maurice Levaillant und Georges Moulinier, 2 Bde. (Paris 1951), Bd. 1, S. 167.

185 **kurz nach Marie-Antoinettes Hinrichtung:** Der französische Senat besitzt eine bemerkenswerte – angeblich von Jacques-Louis David verfertigte – Zeichnung vom abgeschlagenen Kopf der Königin.

Kapitel 5

186 **schrieb Louis-Sébastien Mercier 1781 in seinem *Tableau de Paris*:** Louis-Sébastien Mercier, *Tableau de Paris*, 12 Bde. (Amsterdam 1788), Bd. 5, S. 74. Die ersten Bände dieses Werks waren 1781 erschienen.

zur sogenannten »Prä-Revolution«: Einen knappen Überblick gibt Colin Jones, *The Great Nation: France from Louis XV to Napoleon (1715–99)* (London 2002), Kap. 8. Zum Mesmerismus siehe Robert Darnton, *Mesmerism and the End of the Enlightenment in France* (Cambridge, MA, 1968); zum Ballonflug: Marie Thébaud-Sorger, *L'Aérostation au temps des Lumières* (Rennes 2009).

187 **In den frühen 1780er Jahren ... in der Académie de peinture:** Die La-Harpe-Episode steht in Vigée Le Bruns Memoiren: *Souvenirs*, 3 Bde. (Paris 2011), Bd. 1, S. 36. Siehe allgemein Melissa Percival, »The Expressive Heads of Élisabeth Louise Vigée Le Brun«, *Gazette des Beaux-Arts* (November 2001); vgl. auch S. 7 in diesem Buch.

neoklassischen Ästhetik: Denis Diderot, *Salons*, hrsg. von Jean Seznec, 4 Bde. (Oxford 1957–66), Bd. 3, S. 338; Carmontelle wird zitiert in: André Monglond, *Le Préromantisme* (Paris 1930), S. 328. Zu traditionellen Ansichten über den offenen Mund auf Porträts siehe S. 80 ff. in diesem Buch.

188 **vom »Lächeln der Seele«:** Siehe S. 103 in diesem Buch. Vigée Le Brun, *Souvenirs*, Bd. 1, S. 22 (Clarissa); Bd. 3, S. 137 (Pilgerreisen).

189 **zahlreiche subtil belebte Porträts:** Zu La Tour siehe Xavier Salmon, *Le Voleur d'âmes: Maurice Quentin de La Tour* (Paris 2004), bes. »L'Image de soi: auto-portraits et portraits«, S. 47 ff. Obwohl lebhafte Gesichtszüge ein besonderes Merkmal von La Tours Werk sind, erscheinen auf seinen Porträts nur sehr selten Zähne. Siehe besonders die Bildnisse des Musikers Manelli und der Marguerite Lecomte (beide 1753). Mechtild Fend danke ich für den Hinweis auf das zweite Gemälde.

als Demokrit: Siehe dazu S. 83 f. in diesem Buch. Einen Überblick über das Sujet »Demokrit« bietet Anne Richardot, »Un philosophe au purgatoire des Lumières«, *Dix-huitième siècle: numéro spécial, Le Rire* 32 (2000). Zu Watteau als Demokrit vgl. S. 84 in diesem Buch. Von La Mettrie gibt es Georg Friedrich Schmidts bekannten Kupferstich (um 1760), der häufig kopiert wurde. Zu Lequeu: Philippe Duboy, *Jean-Jacques Lequeu: une énigme* (Paris 1977). Zu Ducreux: Martial Guédron, *L'Art de la grimace: cinq siècles d'excès de visage* (Paris 2011), S. 121 ff. (auch äußerst aufschlussreich für das Wiedererscheinen der Grimasse in der französischen Kultur jener Zeit). Messerschmidts Köpfe werden analysiert in: Maraike Buckling (Hrsg.), *The Fantastic Heads of Franz Xaver Messerschmidt* (Frankfurt 2004); siehe bes. S. 106–15 »The Artist as He imagined Himself Laughing«. (Eigentlich scheint er zu lächeln, lässt jedoch seine Zähne sehen.)

190 **Genre-Malerei:** Siehe S. 105 f. in diesem Buch. Zum Aufkommen der Kunstkritik siehe Richard Wrigley, *The Origins of French Art Criticism from the Ancien Régime to the Restoration* (Oxford 1993), sowie Diderot, *Salons*. Le Bruns Schwächen hinsichtlich der Subtilität im emotionalen Ausdruck erörtert Melissa Percival, *The Appearance of Character: Physiognomy and Facial Expression in Eighteenth-century France* (London 1999), bes. Kap. 3; außerdem Linda Walsh, »The Expressive Face: Manifestations of Sensibility in Eighteenth-century French Art«, *Art History* 19 (1996). Percival und Walsh befassen sich auch mit dem Wettbewerb, den Caylus um die beste *tête d'expression* ausschrieb. Zu den *passions douces*: Percival, *The Appearance of Character*, S. 104.

191 **Sophie Arnould:** Zu Sophie Arnould siehe Colin Jones, »French Crossings IV:

Vagaries of Passion and Power in Enlightenment France«, *Transactions of the Royal Historical Society* 23 (2013). Zu ihrem Porträt vgl. Anne Poulet, Guilhem Scherf und Ulrike Mathies, *Jean-Antoine Houdon, Sculptor of the Enlightenment* (Washington, DC, 2003), S. 96–103 und S. 104–9, die sich mit Gluck befassen.

192 **ausdrucksvollen Augen gen Himmel hebt:** Siehe S. 106 in diesem Buch.

die traditionellen Kategorien, nach denen das künstlerische *decorum* einen geöffneten Mund gestattete: Vgl. Vigée Le Bruns Porträt des neapolitanischen Komponisten Paisiello (1791), auf dem ebenfalls seine Zähne zu sehen sind.

»Kopf eines jungen Mädchens, in Gips«: Poulet u. a., *Jean-Antoine Houdon*, S. 133–6. Zu Greuze siehe S. 105 f. in diesem Buch.

194 **sie liebte die Kontroverse:** Neben Vigée Le Bruns eigenen *Souvenirs* siehe die biographischen Analysen in: Sheriff, *The Exceptional Woman: Elisabeth Vigée Le Brun and the Cultural Politics of Art* (Chicago 1996), sowie Angelica Goodden, *The Sweetness of Life: A Biography of Elisabeth-Louise Vigée Le Brun* (London 1997). Zur Episode mit der *chemise* vgl. Vigée Le Brun, *Souvenirs*, Bd. 1, S. 65 f., und Sheriff, *The Exceptional Woman*, S. 143–5.

195 **Pierre-Charles Levesque:** Aus der *Encyclopédie méthodique. Beaux-Arts*, Bd. 2, zitiert in: Tony Halliday, *Facing the Public: Portraiture in the Aftermath of the French Revolution* (Manchester 1999), S. 18.

ärgerten sie sich darüber ... in zunehmendem Maße ... als eines, das akademischen Kriterien genügte: Zum Ärger über die Porträt-Sucht bürgerlicher Auftraggeber siehe Halliday, *Facing the Public*, S. 5 ff. Zum Anwachsen des Pariser Publikums im 18. Jahrhundert vgl. S. 134 in diesem Buch.

andere gingen den im Porträt von 1787 aufgezeigten Weg weiter: Die Porträtkunst der späten 1790er Jahre ist ein Thema in: Halliday, *Facing the Public*.

196 **Nicolas Dubois de Chémant:** Die Hauptquelle für Dubois de Chémants Leben ist Georges Dagen, »Dubois de Chémant«, in: ders., *Documents pour servir à l'histoire de l'art dentaire en France, principalement à Paris* (Paris 1925), »Nicolas Dubois de Chémant«. Siehe auch Pierre Baron, »Dental Practice in Paris«, in: Christine Hillam (Hrsg.), *Dental Practice in Europe at the End of the Eighteenth Century* (Amsterdam 2003), S. 120–2. Zu falschen Zähnen allgemein vgl. J. Woodforde, *The Strange Story of False Teeth* (London 1968), bes. Kap. 7–9 (die fast ganz auf Dagen basieren) [dt.: *Die merkwürdige Geschichte der falschen Zähne*, München 1969]. Von unschätzbarem Wert sind Dubois' eigene Schriften, vor allem seine *Dissertation sur les avantages des nouvelles dents et râteliers artificiels incorruptibles et sans odeur* (Paris 1788). Sie wurde in Form ergänzender Ausgaben ins Englische übersetzt: *A Dissertation on Artificial Teeth in General* (London 1797; Neuausgabe 1816). Abb. 35 stammt aus der englischen Ausgabe; siehe dort, S. 2, zu der Geschichte, wie der Grundgedanke zu dieser Art Zähne entstand. Zu Fauchard: Pierre Fauchard, *Le Chirurgien-dentiste, ou traité des dents*, 2 Bde. (Paris 1728), bes. Bd. 2, Kap. 13–19.

seit der Zeit der Pharaonen: Siehe allgemeine Historiographien der Zahnmedizin sowie Thierry Bardinet, »Dentistes et soins dentaires à l'époque des pharaons«, in: DDAD.

199 **der erste Verfasser eines Werks in England über die edle Kunst des Zahnziehens:** Charles Allen, *The Operator for the Teeth*, hrsg. von Robert A. Cohen (London 1964 [1685]), S. 11. Zu Talma und seiner Familie siehe Robert A. Cohen, »The Talma Family«, in: Cohen, *Selected Papers* (London 1997); Baron, »Dental Practice in Paris«, S. 143 f. Zu »Waterloo-Zähnen«: Stephanie Pain, »The Great Tooth Robbery«, *New Scientist*, 16. Juni 2001.

wurden den Armen zu ihren Lebzeiten gesunde Zähne gezogen, um sie den Reichen zur Verfügung zu stellen: Mark R. Blackwell, »›Extraneous Bodies‹: The Contagion of Live-tooth Transplantation in Late-Eighteenth-century England«, *Eighteenth-century Life* 28 (2004); Thomas Rowlandsons Druck »Transplanting of Teeth« (1787); Dubois de Chémant, *A Dissertation on Artificial Teeth* (London 1797), S. 18, Anm. 20. Siehe John Hunter, *The Natural History of the Human Teeth* (London 1778), S. 126–8; John Hunter, *Treatise on the Venereal Disease* (London 1786), S. 391.

201 **ein unerwartetes Kompliment:** Vgl. die Ausführungen zu Komfort, Annehmlichkeit und Gesundheit in der Werbung S. 151 f. in diesem Buch.

in der Bevölkerung … ebenso verbreitet … wie Perücken: Dubois-Foucou, *Exposé de nouveaux procédés pour la confection des dents dites de composition* (Paris 1808), S. 39.

202 **»Selbst hilflosen Kindern … unser Freund in der Not«:** Meine Textgrundlage für den Lobpreis auf Dubois ist die englische Übersetzung aus dem Jahr 1816, S. 80 f.

Camille Desmoulins auf einem Kaffeehaustisch stand: René Farge, »Une épisode de la journée du 12 juillet 1789: Camille Desmoulins au Jardin du Palais-Royal«, *Annales révolutionnaires* 7 (1914).

203 **»das Lächeln des Volkes mehr wert ist als die Gunst der Könige«:** Zitiert in: Mercier, *Tableau de Paris*, Bd. 2, S. 139. In Mamontels Werken habe ich das Zitat nicht finden können.

204 **waren … »alle Augen von Tränen erfüllt«:** So der Abgeordnete Mounier, zitiert in: William H. Sewell, Jr, »Historical Events as Transformations of Structures: Inventing Revolution at the Bastille«, *Theory and Society* 25 (1996), S. 854. Vgl. auch Antoine de Baecque, »›Les Ris et les pleurs‹: spectacle des affections, 1790–1«, in: Beatrice de Andia und Valérie Noëlle Jouffre (Hrsg.), *Fêtes et Révolution* (Dijon 1989). (An dieser Stelle habe ich »ris« mit »Lächeln« übersetzt. Vgl. dazu S. 47 in diesem Buch.)

einer auf die Menschenrechte gegründeten neuen Politik: Zu Verbindungen zwischen dem Ziel der Aufklärung, den Menschen zu vervollkommnen, und den Menschenrechten der Revolution siehe Lynn Hunt, *Inventing Human Rights: A*

History (New York 2007). Zum Verhältnis zur Unabhängigkeitserklärung vgl. Stephan Rials, *La Déclaration des droits de l'homme et du citoyen* (Paris 1988), bes. S. 360 ff. Das Zitat steht in: Lynn Hunt, *The French Revolution and Human Rights: A Brief Documentary History* (New York 1996), S. 15. Zum Standpunkt, die Amerikanische Revolution sei weniger fortschrittlich gewesen, siehe David Armitage und Sanjay Subrahmanyam (Hrsg.), *The Age of Revolutions in Global Context, c.1760–1840* (New York 2010). Der »glühende Revolutionär« war Antoine-Louis Saint-Just: Siehe S. 210 f. in diesem Buch.

Der … »neue Mensch«: Vgl. Mona Ozouf, »Erneuerung« in: Mona Ozouf und François Furet, *Kritisches Wörterbuch der Französischen Revolution*, 2 Bde., Frankfurt a. M. 1996, Bd. 2, S. 1071–86.

206 **Gelächter während ihrer Debatten verbot:** Antoine de Baecque, *Les Éclats du rire: la culture des rieurs au XVIIIe siècle* (Paris 2000), »Hilarités parlementaires«, S. 203 f.; zu Gorsas' Ansichten vgl. 257 ff.; zu Céruttis »lächelnder [réjouissante] Physiognomie«: S. 184 ff; siehe auch Baecque, *Le Corps de l'histoire: métaphores et politique (1770–1800)* (Paris 1993), S. 315.

207 **Ballhausschwur:** Philippe Bordes, *Le Serment du Jeu de Paume de David: le peintre, son milieu et son temps de 1789 à 1792* (Paris 1983).

»Diese Nation, die so fröhlich, so witzig ist und so gerne lacht«: De Baecque, *Les Éclats du rire*, S. 207.

wurde »Mäßigung« zu einem anrüchigen Wort: Henriette Walter, *Des mots sans-culottes* (Paris 1989), S. 160 f.

»Frankreich hat aufgehört zu lachen«: De Baecque, *Les Éclats du rire*, S. 136. Vgl. S. 226 (»Kriege des Lachens«); S. 136 ff. (zu den *Actes des apôtres*); S. 141 (»Zeichen der Konterrevolution«). Vgl. auch Georges Minois, *Histoire du rire et de la déraison* (Paris 2000), Kap. 12, S. 427 ff.

208 **der Krieg erklärt wurde:** Jones, *The Great Nation*, Kap. 10, zum Kriegseintritt und seinen Folgen für die revolutionäre Kultur, einschließlich der Zeit des Terrors. Zum Terror allgemein siehe David Andress, *The Terror: Civil War in the French Revolution* (London 2005), und Keith Baker, *The French Revolution and the Creation of Modern Political Culture, IV: The Terror* (Oxford 1987).

209 **das plebejische Gelächter aus voller Kehle:** De Baecque, *Les Éclats du rire*; zum antiaristokratischen Lachen bes. S. 226 ff. Vgl. Minois, *Histoire du rire*, S. 428 ff. Merkwürdigerweise hat Héberts' *Père Duchesne* (oder *Duchène*) kein lebhaftes akademisches Interesse entfacht. Siehe jedoch Gérard Walter, *Hébert et »Le Père Duchesne«* (Paris 1946). Zur Denunziation als politischer Tugend: Jacques Guilhaumou, »Fragments of a Discourse of Denunciation (1789–94)«, in: Baker: *The Terror*.

210 **ihm gelang … ein schwaches Lächeln:** De Baecque, *Les Éclats du rire*, unter Berufung auf Hébert, S. 284–7.

»Ein zu fröhliches Gesicht für einen echten Republikaner«: Zitiert in: Lise

Andries, »*État des recherches*«, *Dix-huitième siècle: numéro spécial, Le Rire* 32 (2000), S. 18.

Saint-Just: »La dissimulation sourit; l'innocence s'afflige«. Saint-Just, *Œuvres* (Paris 2004), S. 606. Zum Lächeln am Königshof siehe S. 174 f. in diesem Buch. Zu Couthons Bemerkung: Jon Cowans, *To Speak for the People: Public Opinions and the Problem of Legitimacy in the French Revolution* (London 2001), S. 135. Zum Verbot der Karnevalsmasken vgl. Antoine de Baecque, *Le Corps de l'histoire: métaphores et politique (1770–1800)* (Paris 1993), S. 329.

211 **Die Fahrt auf dem Schinderkarren:** Eine vorzügliche Quelle für das Verhalten von Gefangenen und zum Tode Verurteilten während des Terrorregimes ist der Bericht des staatlichen Henkers Charles-Henri Sanson: *La Revolution française vue par son bourreau*, hrsg. von Monique Lebailly (Paris 1988), bes. S. 106–9 (Madame de Barry), und S. 188 (Angehörige des Pariser Parlaments), S. 201 (Malesherbes), S. 128 (Gefangene in den Kerkern), S. 134 f. (Weintrinken) [dt.: *Der Scharfrichter. Das Tagebuch des Charles-Henri Sanson aus der Zeit des Schreckens 1793–1794*, hrsg. u. übers. von Chris E. Paschold u. Albert Gier, Frankfurt a. M. 1989].

213 **»Sie behandelten das Unglück wie ein unartiges Kind ... ihr werdet uns niemals daran hindern, liebenswürdig zu sein ...«:** *Mémoires du comte Beugnot*, hrsg. von A. Beugnot, 2 Bde. (Paris 1866), S. 203 (einschließlich Mme Rolands Hinrichtung). Allgemeiner: Paul Friedland, *Seeing Justice Done: The Age of Spectacular Capital Punishment in France* (Oxford 2012).

die *Nouvelle Héloïse* mit Begeisterung gelesen: Manon Phlipon, *Mémoires de Madame Roland*, hrsg. von Paul de Roux (Paris 1986), S. 302. Siehe auch Sian Reynolds, *Marriage and Revolution: Monsieur and Madame Roland* (Oxford 2012), bes. S. 56, 70, 277. Sanson, *La Révolution française vue par son bourreau*, S. 82–4. Dass sie auf dem Weg zum Schafott lächelte, wird durch einen Augenzeugen bestätigt, vgl. *Mémoires de Madame Roland*, S. 28.

eine Generation von Frauen, die Rousseau verehrten: Sanson, *La Révolution française vue par son bourreau*, S. 62–5 (Charlotte Corday); S. 166 und 182 (das Ehepaar Desmoulins); S. 204 (Madame Élisabeth). Für diese Ereignisse gibt es zahlreiche weitgehend bestätigende Berichte von Augenzeugen. Einige werden erwähnt in: H. Fleischmann, *La Guillotine en 1793* (Paris 1908).

214 **»Waffe der Schwachen«:** Der Ausdruck wurde populär durch James C. Scott, *Weapons of the Weak: Everyday Forms of Peasant Resistance* (New Haven, CT, 1985).

215 **offiziellen Feierlichkeiten:** Mona Ozouf, *La Fête révolutionnaire, 1789–99* (Paris 1976); de Baecque, »Ris et pleurs« (zum 14. Juli 1790).

Jacques-Louis David zum offiziellen Zeremonienmeister bestellt wurde: David L. Dowd, *Pageantmaster of the Republic: Jacques-Louis David and the French Revolution* (Lincoln, Nebraska, 1948).

216 **Davids politischem Mentor, Maximilien Robespierre:** David war ein glühender Anhänger Robespierres. Die besten neueren Biographien über Robespierre sind Ruth Scurr, *Fatal Purity: Robespierre and the French Revolution* (New York 2006), und Peter McPhee, *Robespierre: A Revolutionary Life* (New Haven und London 2012). Robespierres Lächeln wird in den Memoiren seiner Schwester Charlotte erwähnt: *Mémoires de Charlotte Robespierre sur ses deux frères* (Paris ²1835), S. 68. Vgl. zu diesem Thema auch Colin Jones, »French Crossings III: The Smile of the Tiger«, *Transactions of the Royal Historical Society* 21 (2012). Zum (vielleicht) lächelnden Porträt siehe Anne-Marie Passez, *Adelaïde Labille-Guiard, 1749–1803: biographie et catalogue raisonné de son œuvre* (Paris 1973), S. 248 f.

eines Tumors an der Lippe: Zu Davids Gesichtstumor vgl. T. J. Clark, »Gross David with the Swoln Cheek: An Essay in Self-Portraiture«, in: *Rediscovering History: Culture, Politics and the Psyche*, hrsg. von Michael Roth (Stanford 1994); Hutan Ashrafian, »Jacques-Louis David and his Post-traumatic Facial Pathology«, *Journal of the Royal Society of Medicine* 100 (2007).

er besaß eine Zahnbürste: Von seinem Besuch bei Robespierre schreibt Baras selbst in seinen *Mémoires*, hrsg. von Georges Duruy, 4 Bde. (Paris 1895), Bd. 1, S. 149.

217 **»wie die schwächste kleine Frau«:** Fleischmann, *La Guillotine en 1793*, S. 182. Zu Saint-Just über Hérault de Séchelles siehe Marisa Linton, »›The Tartuffes of Patriotism‹: Fears of Conspiracy in the Political Language of Revolutionary Government, France 1793–4«, in: Barry Coward und Julian Swann (Hrsg.), *Conspiracies and Conspiracy in Early Modern Europe from the Waldensians to the French Revolution* (London 2004), S. 250; vgl. auch Philippe Buchez und Pierre Roux, *Histoire parlementaire de la Révolution française*, 40 Bde. (Paris, 1833–8): Bd. 32, bes. S. 220 (Desmoulins) und S. 210, 214 (Danton).

218 **Der Sturz von Robespierres Wohlfahrtsausschuss:** Vgl. Jones, *The Great Nation*, S. 494 und Kap. 11 über die Zeit des Thermidor und des Direktoriums; Martin Lyons, *France under the Directory* (Cambridge 1975).

218 f. **wie Couthon, Saint-Just und Robespierre allesamt gefordert hatten:** Siehe S. 210 f. und 217 in diesem Buch.

219 **Die Physiognomik erlebte ihre Wiederauferstehung:** Zur »Physiognomie« in der Aufklärung vgl. S. 76 in diesem Buch. Lavaters auf Englisch und Französisch verfasste Werke sind in den letzten Jahren besser bekannt geworden durch Studien, die sich mit der Auswirkung seiner Schriften auf die Kultur des 19. Jahrhunderts befassen. Vgl. dazu bes. Melissa Percival und Graeme Tytler (Hrsg.), *Physiognomy in Profile: Lavater's Impact on European Culture* (Newark, Delaware, 2005); Sibylle Erle, *Blake, Lavater, and Physiognomy* (London 2010); Lucy Hartley, *Physiognomy and the Meaning of Expression in Nineteenth-century Culture* (Cambridge 2001); Sharrona Pearl, *About Faces: Physiognomy in Nineteenth-century Britain* (London 2010). Buffon wird zitiert in: Percival, *The Appearance of*

Character, S. 30. Siehe auch Guédron, *L'Art de la grimace*. Seit den frühen 1770er Jahren sind Lavaters Werke auf Deutsch erschienen; vgl. bes. seine *Physiognomische Fragmente*, 4 Bde. (Leipzig 1775–8). Spätere Ausgaben kamen nach und nach hinzu. Die erste französische Ausgabe seines Werkes erschien unter dem Titel *Essai sur la physiognomonie destiné à faire connaître l'homme et à le faire aime*r, 4 Bde. (Den Haag 1781–1803). Das Buch, das zum Standardwerk werden sollte, wurde nach Lavaters Tod von Louis-Jacques Moreau de la Sarthe unter dem Titel *L'Art de connaître les hommes par la physiognomonie*, 10 Bde. (Paris 1806), herausgegeben. Das Zitat »der Extrakt der Schöpfung« stammt aus Bd. 1, S. 64. Der *Lavater portatif* wurde 1806 in Paris veröffentlicht und erfuhr zahlreiche Auflagen. Zur Pathognomie siehe Lavaters *Essai sur la physiognomonie*, Bd. 1, S. 25 ff. »De la physiognomonie et de la pathognomonique«; zum »physiognomischen Rausch« vgl. Melissa Percival, *The Appearance of Character: Physiognomy and Facial Expression in Eighteenth-century France* (London 1999) S. 13.

220 **Zähne mehr über den Charakter aussagten als ein Lächeln:** *L'Art de connaître les hommes*, Bd. 2, S. 244 f. (»Saubere, weiße und wohlgereihte Zähne«); Bd. 1, S. 177 (»Spiegel des Höflings«); Bd. 5, S. 319–21 (»ein Element der Verhöhnung«); Bd. 2, S. 29 (»Form der Prädestination«).

221 **eher wie ein Stillleben ... denn wie ein *tableau vivant* der Leidenschaften:** Lavater erfand keine neuen Messtechniken, sondern übernahm lieber die bereits bestehenden. Vgl. den Überblick in: Barbara Maria Stafford, *Body Criticism. Imaging the Unseen in Enlightenment Art and Medicine* (Cambridge, MA, 1993), bes. S. 84–129.

222 **»Der Tod beendet die Erregungen, denen der Körper ausgesetzt ist, solange er mit der Seele vereint ist«:** *L'Art de connaître les hommes*, Bd. 5, S. 24. Zur Kraniometrie siehe Marc Renneville, *Le Langage des crânes: une histoire de la phrénologie* (Paris 2000). Die Geschichte des Physionotrace beschreibt Halliday, *Facing the Public*, S. 43–7. Bichat wird zitiert in: Laurent Baridon und Martial Guedron, *Corps et arts: physiognomonie et physiologie dans les arts visuels* (Paris 1999), S. 85.

224 **Rassentheorie:** Vgl. bes. Pierre Camper, *Dissertation sur les variétés naturelles qui ont pour object l'histoire naturelle, la physiologie et l'anatomie comparée* (Paris 1791). Blumenbachs Gedanken sind auf Englisch nachzulesen in: *The Anthropological Treatises of Johann Friedrich Blumenbach*, hrsg. von Thomas Bendyshe (London 1865). Siehe David Bindman, *Ape to Apollo: Aesthetics and the Idea of Race in the Eighteenth Century* (Ithaca, NY, 2002).

von Frauen verwirrt: *Essai sur la physiognomonie*, Bd. 7, S. 1. Siehe dazu Martine Dumont, »Le Succès mondain d'une fausse science: la physiognomonie de Johann Kaspar Lavater«, *Actes de la recherche en sciences sociales* 54 (1994), S. 19–22.

den Schülern des Irrenarztes Phillippe Pinel in die neu entstehende Wissenschaft der Psychiatrie: Vgl. Sander Gilman, *Seeing the Insane* (New York

1982), sowie Richard T. Gray, *About Face: German Physiognomic Thought from Lavater to Auschwitz* (Detroit 2004).
Lavaters Theorie lag ... eine politische Botschaft zugrunde: *Essai sur la physiognomonie*, Bd. 3, S. 191 (»frei wie ein Vogel in seinem Käfig«).

Kapitel 6

226 **»Monsieur de Charmant aus Paris ... Außerdem führt er Destillationen durch«:** Zu Dubois de Chémants Schicksal während der Revolution siehe Colin Jones, »French Dentists and English Teeth in the Long Eighteenth Century: A Tale of Two Cities and One Dentist«, in: Roberta Bivins und John V. Pickstone (Hrsg.), *Medicine, Madness and Social History: Essays in Honour of Roy Porter* (Basingstoke 2007), bes. S. 77–9, 88 f. Vgl. auch Georges Dagen, »Dubois de Chémant«, in: ders., *Documents pour servir à l'histoire de l'art dentaire en France, principalement à Paris* (Paris 1925). Bei einem Rechtsstreit in den 1820er Jahren rechtfertigte Dubois seinen Werdegang: Siehe vor allem *Refutation des assertions fausses et calomnieuses connues dans un libelle dirigé par M. Audibran, dentiste, contre M. Dubois de Chémant ...* (ohne Erscheinungsort oder -datum) und *Mémoires pour M. Dubois de Chémant, ... contre le Lord Egerton, comte de Bridgewater ...* (ohne Erscheinungsort oder -datum). Diese Pamphlete fördern Zusätzliches über sein späteres Leben zutage. Zum geschätzten Preis der Gebisse vgl. *Réfutation des assertions*, S. 21 (ohne Anpassungskosten).

227 **»geruchlosen Gebisse aus unzerbrechlicher Keramik«:** Das Patent war im nationalen Patentamt registriert. Siehe dossier Dubois, September 1791, Institut national de la propriété industrielle (INPI).
vermieden es die Leute, sich in Schale zu werfen und nach der Mode zu richten: Vgl. bes. Richard Wrigley, *The Politics of Appearances: Representations of Dress in Revolutionary France* (Oxford 2002), bes. Kap. 5–6.

228 **Ein Fünftel derer, die ... geflohen waren:** Kirsty Carpenter, *Refugees of the French Revolution: The Émigrés in London, 1789–1802* (London 1999), S. 197 und bes. Kap. 4 »Soho«.
Aristokraten ... Erzbischof von Narbonne: Phillip A. Emery und Kevin Wooldridge, *St Pancras Burial Ground: Excavations for St Pancras International, the London Terminus of High Speed 1, 2002–3* (London 2011), bes. S. 103–5; N. Powers, »Archaeological Evidence for Dental Innovation: An Eighteenth-century Porcelain Dental Prosthesis Belonging to Archbishop Arthur Richard Dillon«, *British Dental Journal* 201 (2006).

230 **qualitativ hochwertigsten Porzellan-Pasten:** Robert A. Cohen, »Messrs Wedgwood and Porcelain Dentures: Correspondence, 1800–15«, *British Dental Journal* 139 (1975).

ebenso verbreitet ... wie Perücken: Siehe S. 167f. und 201f. in diesem Buch. Dubois-Foucou, *Exposé de nouveaux procédés pour la confection des dents dites de composition* (Paris 1808), S. 39. Zum Niedergang der Perückenmode vgl. Michael Kwass, »Big Hair: A Wig History of Consumption in Eighteenth-century France«, *American Historical Review* 111 (2006). Verschiedene Ausgaben seiner oben zitierten Werbebroschüre bekunden Dubois' Verkaufszahlen, vgl. die Anmerkung zu S. 196. Zu den »Pariser Zähnen« siehe Louis Laforgue, *Théorie et pratique de l'art du dentiste*, 2 Bde. (Paris 1810), Bd. 2, S. 101.

wurde Dubois de Chémants Anspruch ... allgemein anerkannt: Außer von Edward Jenner, dem Erfinder der Pockenimpfung, kamen Empfehlungen u. a. von John Hunter in England und medizinischen Koryphäen wie Vicq d'Azyr, Dessault und Geoffroy in Paris. Zu da Fonzi siehe Pierre Baron, »Dental Practice in Paris«, in: Christine Hillam, *Dental Practice in Europe at the End of the Eighteenth Century* (London 2003), S. 125 f. Zum Verkauf von Gebissen vgl. Christine Hillam, *Brass Plate and Brazen Impudence: Dental Practice in the Provinces, 1755–1855* (Liverpool 1991), S. 142.

Joseph Murphy im Jahr 1811: Joseph Murphy, *Natural History of the Human Teeth, with a Treatise on their Diseases* (London 1811), S. 133.

bald jedoch wurde Kritik laut: Joseph Fox, *The History and Treatment of Diseases of the Teeth, the Gums and the Alveolar Processes* (London 1806), S. 127, 130; John Gray, *Preservation of the Teeth, Indispensable to Comfort, Appearance, Health and Longevity* (London 1838), S. 37, Anm. 6.

231 **den Rabelais'schen Humor der Frühen Neuzeit:** Siehe S. 38–44 in diesem Buch.

232 **Rowlandson war 1787 in Paris gewesen:** Vgl. John Hayes, »Thomas Rowlandson«, Oxford *Dictionary of National Biography*, URL: http://oxforddnb.com/view/aticle/24221mi.

233 **verließ sie angewidert Frankreich:** Zu Vigée Le Bruns Schicksal während der Revolution siehe die in der Anmerkung zu S. 194 zitierten Quellen.

234 **»die leichte und lebendige Fröhlichkeit ... jetzt ist sie im Allgemeinen hinterhältig, grimassierend, grausam oder töricht«:** Félicité de Genlis, *Dictionnaire critique et raisonné des étiquettes de la cour ou l'esprit des étiquettes et des usages anciens* (Paris 1818), S. 238.

»Ich würzte [sie] ... wie ich damals zu sagen pflegte«: Jacques-Louis David, zitiert in: Percival, *The Appearance of Character*, S. 109. Zu Davids Gesichtstumor vgl. T. J. Clark, »Gross David with the Swoln Cheek: An Essay in Self-Portraiture«, in: *Rediscovering History: Culture, Politics and the Psyche*, hrsg. von Michael Roth (Stanford 1994).

235 **Der groteske Stil:** Die beste Einführung dazu ist jetzt Catriona Seth (Hrsg.), *Imaginaires gothiques: aux sources du roman noir* (Paris 2010). Zu den Werken, die das Thema aus englischer Perspektive behandeln, gehören David Punter, *The*

Gothic (London 2006), und Emma J. Clery, *The Rise of Supernatural Fiction* (Cambridge 1995).

dem Lächeln eine neue und andersartige Sensibilität: Hier stütze ich mich wieder auf die Datenbank ARTFL/Frantext: Vgl. S. 267 und die Anmerkung zu S. 91 in diesem Buch.

236 **Der berühmt-berüchtigte Marquis de Sade:** De Sade wird zitiert aus seiner Schrift *Idée sur les romans*, hrsg. von O. Uzanne (Paris 1878), S. 32 f. Nodiers Zitate stammen aus Alexandre Minski, *Le Préromantisme* (Paris 1998), S. 53.

237 **das erste moderne Melodrama Frankreichs:** Peter Brooks, *The Melodramatic Imagination: Balzac, James, Melodrama and the Mode of Excess* (London 1976); Sarah Hibberd (Hrsg.), *Melodramatic Voices Understanding Music Drama* (Aldershot 2011), bes. Kate Astbury, »Music in Pixérécourt's Early Dramas«.

238 **Honoré-Jean Riouffes überaus populäre *Mémoires d'un détenu*:** Henri-Jean Riouffe, *Mémoires d'un détenu, pour servir à l'histoire de la tyrannie de Robespierre* (Paris 1794). Das Werk erfuhr nicht nur zahlreiche Auflagen, sondern auch Aufnahme in Anthologien über das Gefängnisleben zur Zeit des Terrors. Zu *Dolbreuse* siehe S. 236 in diesem Buch.

den abgeschlagenen Kopf der Charlotte Corday: Daniel Arasse, *Die Guillotine. Die Macht der Maschine und das Schauspiel der Gerechtigkeit* (Reinbek bei Hamburg 1989), S. 53. Siehe H. Fleischmann, *La Guillotine en 1793* (Paris 1908), S. 53–8: »Le tête coupée souffra-t-elle?«.

239 **ein Anblick, den der Künstler Anne-Louis Girodet ins Bild setzte:** Neben ähnlichen Zeichnungen Jacques-Louis Davids, die abgeschlagene Köpfe zeigen, findet man die Skizze von Girodet in: Thomas Crow, *Emulation: Making Artists for Revolutionary France* (London 1994), S. 120.

einiger Personen, die Madame Vigée Le Brun ... Modell gesessen hatten: Auf diese Modelle – mehrere sind lächelnd dargestellt – wird auf S. 196 näher eingegangen. Etliche Porträts zeigen das »Lächeln à la Vigée Le Brun«, wurden aber im Salon nicht ausgestellt.

240 **Das Schicksal der Princesse de Lamballe:** Merciers Bericht findet sich in seinem *Le Nouveau Paris*, hrsg. von Jean-Claude Bonnet (Paris 1994), S. 98 f. Vgl. Antoine de Baecques Bericht in seinem Buch *La Gloire et l'effroi: sept morts sous la Terreur* (Paris 1997): »La Princesse de Lamballe, ou le sexe massacré«, S. 77 ff. De Baecque zeigt, wie insbesondere Michelet dafür sorgte, dass die Legende sich das gesamte Jahrhundert über hielt.

dem Tod Robespierres: Jones, »The Smile of the Tiger«, S. 32–5.

241 **Revolutionsausschüsse sich daranmachten ... der medizinischen Bildung und Ausbildung zu verbessern:** Die wichtigsten Reformen in der medizinischen Ausbildung wie bei den medizinischen Institutionen werden (mit allerdings nur wenigen Hinweisen auf die Zahnheilkunde) aufgeführt in: Mathew Ramsey, *Professional and Popular Medicine in France, 1770–1830: The Social*

World of Medical Practice (Cambridge 1988), bes. S. 71 ff.; ders., »The Politics of Professional Monopoly in Nineteenth-century Medicine: The French Model and its Rivals«, in: Gerald L. Geison (Hrsg.), *Professions and the French State, 1700–1900* (Philadelphia, PA, 1984); Toby Gelfand, *Professionalizing Modern Medicine: Paris Surgeons and Medical Science and Institutions in the Eighteenth Century* (Westport, CT, 1980); Dora B. Weiner, *The Citizen-patient in Revolutionary and Imperial Paris* (Baltimore, MD, 1993); Caroline Hannaway und Ann La Berge (Hrsg.), *Constructing Paris Medicine* (Amsterdam 1998). Zu Fragen der Spezialisierung: George Weisz, »The Development of Medical Specialisation in Nineteenth-century Paris«, in: Ann La Berge and Mordechai Feingold (Hrsg.), *French Medical Culture in the Nineteenth Century* (Amsterdam 1994). Zu den Auswirkungen der Revolution auf die Zahnmedizin siehe Pierre Baron, »Dental Practioners in France at the End of the Eighteenth Century«, in: Christine Hillam (Hrsg.), *Dental Practice in Europe at the End of the Eighteenth Century* (Amsterdam 2003). Zur »Geburt der Klinik« vgl. das klassische Werk von Michel Foucault, *La Naissance de la clinique: une archéologie du regard médical* (Paris 1963) [dt.: *Die Geburt der Klinik. Eine Archäologie des ärztlichen Blicks*, Frankfurt a. M. 1993].

243 **»Mit der Abschaffung der chirurgischen Gesellschaften ... Zahnärzte keine berufliche Zukunft haben«:** François Vidal und Philippe Caron, *Histoire d'un diplôme: de l'expert pour les dents au docteur en chirurgie dentaire, 1699–1892*, 10 Faszikel (Paris 1994), S. 133.

»Pfründe des Scharlatans ... der das Vertrauen der Kranken gewinnen kann«: Louis Laforgue, *Dix-sept articles, relatifs aux maladies des dents* (Paris, Jahr VIII = [1800]), S. 22. In AN F8 158 gibt es ein umfangreiches amtliches Dossier über Laforgues Bemühungen zwischen 1806 und 1815 um seine Legitimation. Zu ähnlichen Anstrengungen vonseiten Delabarres im Jahr 1816 siehe AN AJ16 6998 und AN F8 150.

»die gewöhnlichen und alltäglichen«: Zitiert in: Gelfand, *Professionalizing Modern Medicine*, S. 170.

244 **nach Art der früheren *chirurgiens-dentistes* des Ancien Régime:** Siehe das Dossier in AN F8 161. Zum folgenden Zitat: AN AJ 16 6701 (dossier Delabarre). Die deswegen konsultierten medizinischen Fakultäten lehnten Zulassungen für Zahnärzte stets entschieden ab. (Vgl. AN F 8, *passim* und AN AJ16 6998; zur Fakultät von Montpellier: AN F8 155). Zu den 1820er, 1840er und späteren Jahren vgl. (neben den allgemeinen oben in der Anmerkung zu S. 34 angeführten Historiographien der Zahnmedizin) Thomas Davis, *De la réglementation de l'art dentaire en France* (Paris, o. J.), S. 10 ff.; François Vidal, *Histoire d'un diplôme*; sowie François Vidal, »Regards sur l'histoire de l'art dentaire, de l'époque romaine à nos jours«, zugänglich unter http://www.academiedentaire.fr/attachments/0000/0095/CH_VIDAL.pdf.

245 **von alltäglichen Mundpflegeutensilien:** Die Archive des französischen natio-

nalen Patentamtes INPI (Institut national de la propriété industrielle) sind hier hilfreich. Die Dossiers des INPI sind nach Daten und Namen geordnet, und häufig finden sich Querverbindungen zu den Dossiers des Innenministeriums in den Archives Nationales. Zu den repräsentativen und informativen Dossiers gehören: INPI Audibran Jahr VII – Gebisskleber (ebenso AN F12 1022A); INPI Ricci 1807 – Gebisskleber (ebenso AN F12 1010); INPI Cambon 1815 – Mittel gegen Zahnschmerzen (ebenso AN F12 1024B); INPI Brousson 1816 – Gebisse aus Seemuschelkalk (ebenso AN F12 1026B); INPI Naudin 1819 – Zahnbürste; INPI Arman 1820 – Zahnpasta. Zu Zahnbürsten siehe auch Sacha Bogopolsky, *Itinéraire culturel et technologique de la brosse à dents* (Paris 1999).

Dubois-Foucou, dem Zahnarzt Ludwigs XVI.: Baron, »Dental Practice in Paris«, S. 123. Die Geschichte der französischen Zahnheilkunde des 19. Jahrhunderts behandeln Caron und Vidal, *Histoire d'un diplôme*. Vgl. auch Carlo Gysel, *Histoire de l'orthodontie: ses origines, son archéologie et ses précurseurs* (Antwerpen 1997), bes. S. 532–9.

246 **des in Philadelphia ausgebildeten Thomas Evans:** Anthony D. Branch, »Thomas W. Evans, American Dentist in Paris, 1847–97«, Diss. University of California Santa Barbara, 1981; *The Memoirs of Dr. Thomas W. Evans: Recollections of the Second French Empire*, hrsg. von Edward A. Crane (London 1905); Gerald Carson, *The Dentist and the Empress: The Adventures of Dr. Tom Evans in Gas-lit Paris* (Boston 1983).

neuen Weltführer der Zahnmedizin: Dass die US-amerikanische Zahnmedizin weltweit führend wurde, bezeugen alle allgemeinen Historiographien der Zahnmedizin.

248 ***classes dangereuses*:** Vgl. die klassische Behandlung durch Louis Chevalier, *Classes laborieuses, classes dangereuses à Paris au XIXe siècle* (Paris 1958). Vgl. auch Priscilla Parkhurst Ferguson, *Paris as Revolution: Writing the Nineteenth-century City* (Berkeley, CA, 1994), und Chris Prendergast, *Paris and the Nineteenth Century* (Oxford 1994).

»gewinnend und schön«: »caressant et beau«: Chateaubriand, *Mémoires d'outre-tombe*, hrsg. von Maurice Levaillant und Georges Moulinier, 2 Bde. (Paris 1951), Bd. 1, S. 490. Siehe allgemein Xavier Riaud, »Napoleon and his Teeth«, *International Napoleonic Society* (ohne Erscheinungsort oder -datum), zugänglich unter http://www.napoleonicsociety.com/english/denta.htm.

250 **des … »großen männlichen Verzichts«:** John Carl Flugel, »The Great Masculine Renunciation«, in: Flugel, *The Psychology of Clothes* (London 1966).

»getrennten Sphären« … eine Welt aus Familie, Häuslichkeit und privaten Tugenden: In der umfangreichen Literatur zu diesem Thema siehe bes. Joan Landes, *Women and the Public Sphere in the Age of the French Revolution* (Ithaca, NY, 1988).

251 **fällt auf, wie selten diese Freiheit genutzt wurde:** David Sonstroems hervor-

ragender Überblick, »Teeth in Victorian Art«, *Victorian Literature and Culture* 29 (2001) bestätigt, dass die lange herrschende negative Einstellung gegenüber dem offenen Mund im viktorianischen Großbritannien noch ihren festen Platz hatte. Es wäre instruktiv, dies mit der Situation in Frankreich zu vergleichen – sie scheint tatsächlich sehr ähnlich.

Postskriptum

253 **Revolution des Lächelns des 20. Jahrhunderts:** Das Thema wartet noch auf seinen Historiker. Angus Trumbles Gesamtbild *A Brief History of the Smile* (New York 2004) [dt.: *Eine kleine Geschichte des Lächelns*, München/Heidelberg 2006] bietet einen guten Überblick sowohl über die Gegenwart als auch über die Vergangenheit.

noch fand nur eine kleine Minderheit daran Gefallen: So dem Eindruck nach zu urteilen. Hinsichtlich der Präraffaeliten überfliege man nur den Ausstellungskatalog, *Pre-Raphaelites: Victorian Avant-Garde*, hrsg. von Tim Barrington u. a. (London 2012). Trotz ihres Titels versäumte es die Ausstellung, darauf hinzuweisen, dass die Avant-Garde in der Praxis die Zurschaustellung von Zähnen akzeptierte. Siehe David Sonstroem, »Teeth in Victorian Art«, *Victorian Literature and Culture* 29 (2001).

mit der Grimasse verbunden: Vgl. Martial Guédron, *L'Art de la grimace: cinq siècles d'excès de visage* (Paris 2011).

254 **Königin Victoria war bekanntlich häufig »not amused«:** Die Porträts sind abgebildet in: Richard Ormond und Carol Blackett-Ord, *Franz Xaver Winterhalter and the Courts of Europe, 1830–70*, Ausstellungskatalog der National Portrait Gallery (London 1987). Die vollständige Werkliste in *Franz-Xaver Winterhalter (1805–83)* (Gouesnou 2011) zeigt, dass er über ein Dutzend Porträts von Victoria – entweder allein oder mit Familienmitgliedern – gemalt hat.

256 **Darwins Bild eines »lächelnden Menschenaffen«:** Charles Darwin, *The Expression of the Emotions in Man and Animals*, hrsg. von Paul Ekman (London 1999), S. 135 [dt.: *Der Ausdruck der Gemüthsbewegungen bei dem Menschen und den Thieren*, Nachdruck der Ausgabe Stuttgart 1877, Bremen 2009]. Siehe S. 14 in diesem Buch.

verbesserte Kameratechnik: In diesem Abschnitt stütze ich mich auf die hervorragende und umfassende Darlegung in: Robin Lenman (Hrsg.), *The Oxford Companion to the Photograph* (Oxford 2005). Vgl. auch E. A. McCauley, *Likenesses: Portrait Photography in Europe, 1850–70* (Albuquerque, NM, 1981); Audrey Linkman, *The Victorians: Photographic Portraits* (London 1992); Graham Clarke (Hrsg.), *The Portrait in Photography* (London 1992). Zu den Verbindungen zwischen Technik und populärer Kultur siehe auch F. E. H. Schroeder, »Say Cheese!

The Revolution in the Aesthetics of the Smile«, *Journal of Popular Culture* 32 (1998).

257 **Jacques-Henri Lartigue:** Siehe bes. Kevin Moore, *Jacques-Henri Lartigue: The Invention of an Artist* (London 2004), und *Lartigue: album d'une vie (1894–1986)*, hrsg. von Martine d'Astier (Paris 2012).

forensische Fotografie: Alphonse Bertillon, *La Photographie judiciaire* (Paris 1890); Matt Matsuda, *The Memory of the Modern* (Oxford 1996); Jane Caplan und John Torpey (Hrsg.), *Documenting Individual Identity: The Development of State Practices in the Modern Era* (London 2001), bes. Martine Kaluszinski, »Republican Identity: Bertillonage as Government Technique«; Peter Hamilton und Roger Hargreaves, *The Beautiful and the Damned: The Creation of Identity in Nineteenth-century Photography* (London 2001).

der Film und das damit verbundene Medium der Studio-Fotografie: John Kobal, *The Art of the Great Hollywood Portrait Photographers* (London 1920); Joel W. Finler, *Hollywood Movie Stills: The Golden Age* (London 1995).

259 **überaus einflussreichen Buch *How to Win Friends and Influence People*:** Das Werk wurde weltweit angeblich 15 Millionen Male verkauft.

260 **Charles de Gaulle:** Für diesen Hinweis danke ich Julian Jackson.

waren die USA darin führend: Außer den allgemeinen Historiographien der Zahnmedizin siehe jetzt Alyssa Picard, *Making the American Mouth: Dentists and Public Health in the Twentieth Century* (Brunswick, NJ, 2009).

Marilyn-Monroe-Diptychon … ebenfalls im Jahr 1962: Vgl. die Diskussion in: Richard Brilliant, *Portraiture* (London 2002), S. 49, 134–7.

261 **des Aufkommens einiger gesellschaftlicher Gepflogenheiten:** Eine Orientierung bietet der Ausstellungskatalog *Signes du corps* (Paris 2004). Diese Entwicklungen lassen sich jedoch am besten im Internet und den sozialen Medien verfolgen.

Abbildungsverzeichnis

1 Madame Vigée Le Brun (1755–1842), Autoportrait avec sa fille (1786)
2 »Rire naturel«, aus Duchenne de Boulogne, *Mécanisme de la physionomie humaine* (1862)
3 Charles Darwin, »Smiling Ape«, aus *The Expression of the Emotions in Man and Animals* (1872)
4 Nicolas Dubois de Chémant
5 James Gillray (1757–1815), Un Petit Souper à la Parisienne or A Family of Sans-Culottes Refreshing after the Fatigues of the Day (1792) – akg-images
6 Hyacinthe Rigaud (1659–1743), Louis XIV en costume royal (1701, Öl auf Leinwand)
7 Zahnzieher (Cris de Paris, 1582)
8 Tabarin und Mondor auf der Bühne, nach einem Kupferstich des frühen 17. Jahrhunderts, Titelseite des Inventaire universel des œuvres de Tabarin (1584–1626), Ausgabe von 1858
9 Jean-Antoine Watteau (1684–1721), Huit études de têtes de femme, et une tête d'homme (um 1716)
10 Jean-Marc Nattier (1685–1766), Marie-Adélaïde, fille de Louis XV, comme Flora (1742, Öl auf Leinwand) – akg-images / Jean-Claude Varga
11 François Boucher (1703–70), Madame de Pompadour à sa toilette (1758, Öl auf Leinwand)
12 Charles Le Brun (1619–90), La Tranquillité
13 Charles Le Brun, Le Ravissement
14 Charles Le Brun, Le Ris
15 Charles Le Brun, La Joie
16 Jusepe de Ribera (um 1590 – 1652), Lo Storpio [Der Klumpfuß] (1642, Öl auf Leinwand) – akg-images / André Held
17 Georges de la Tour (1593–1652), La Rixe des musiciens (1625–30, Öl auf Leinwand)
18 Diego Rodriguez de Silva y Velázquez (1599–1660), El Bufón Calabacillas (1637–39, Öl auf Leinwand)
19 William Hogarth (1697–1764), Shrimp Girl (1740–45, Öl auf Leinwand)
20 Jean-Antoine Watteau (zugeschrieben), Selbstporträt, lächelnd
21 Abbildung der Sterbeszene (Julie und Saint-Preux) aus Jean-Jacques Rousseaus *La Nouvelle Héloïse* (1761), Kupferstich nach Nicolas Andre Monsiau (1754–1837)
22 Jean-Baptiste Greuze (1725–1805), La Mère bien-aimée (um 1770, Pinsel und graue Tinte laviert mit schwarzer Kreide) – akg-images / Liszt Collection
23 Le Grand Thomas
24 Le Grand Thomas en son hôtel
25 Pierre Fauchard, aus seinem *Le Chirurgien-dentiste* (1728)

26 Anatomischer Stich (1), aus Pierre Fauchard, *Le Chirurgien-dentiste* (1728)
27 Anatomischer Stich (2), aus Pierre Fauchard, *Le Chirurgien-dentiste* (1728)
28 Jean-Baptiste Greuze, Épiphanie (1774)
29 Dentalinstrumente, aus Pierre Fauchard, *Le Chirurgien-dentiste* (1728)
30 Quentin de La Tour (1704–88), Autoportrait en rieur (1737, Öl auf Leinwand)
31 Jean-Antoine Houdon (1741–1828), Sophie Arnould (1775) – imago/Leemage
32 Jean-Antoine Houdon, Madame Houdon (1787, Gips) – Josse Christophel / Alamy Stock Foto
33 Jacques-Louis David (1748–1825), Madame Pierre Sériziat (geb. Émilie Pecoul) mit ihrem Sohn, Émile (geb. 1793) (1795, Öl auf Holz)
34 Thomas Rowlandson, Transplantation of Teeth (1787)
35 Dubois de Chémant, »Mineral Paste Teeth« aus seiner *Dissertation on Artificial Teeth in General* (1797)
36 »Maudite Révolution« / »Ah l'bon décret« (1789–90)
37 Münder, aus Johann Caspar Lavater, *Essai sur la physiognomonie* (1806)
38 Sammlung von Schädeln, aus Johann Caspar Lavater, *Essai sur la physiognomonie* (1806)
39 Thomas Rowlandson, »A French Dentist Shewing a Specimen of His Artificial Teeth and False Palates« (1811)
40 Das Gebiss des Erzbischofs Dillon – © GettyImages / Scott Barbour
41 Thomas Rowlandson, »Six Stages of Mending a Face« (1792) – akg-images
42 Abgeschlagene Köpfe von Foulon und anderen, Zeichnung von Anne-Louis Girodet – akg-images
43 Napoleons Zahnbürste
44 Franz-Xaver Winterhalter (1805–73), Queen Victoria (1843)
45 Alphonse Bertillon, Persönliches Dossier
46 Andy Warhol (1928–87), Marilyn Monroe, Dyptych (Ausschnitt) (1962, Siebdruck) – akg-images

Register

Académie de peinture et sculpture 73
Académie des sciences 201
Actes des apôtres 208
Aiguillon, Duc d' 181
Akademie der Chirurgie 121
Akademie der Medizin 121
Alberti, Leon Battista 74
Albert, Prinz 254
Aligre, Président d' 156
Anatomie 150
Andrews, John 133
Angers 117
Anna von Österreich 31
Antike 7, 19, 74, 80, 83, 89, 119, 129, 141, 178, 219
Apollonia, Heilige 36
Apotheker 32, 40, 200
Archer, Lady Sarah 232
Argenson, Marquis d' 181 f.
Aristoteles 13, 46, 53, 55
Arnould, Sophie 191–193
Artois, Comte de 182
Arzneien *siehe* Heilmittel
Ärzte *siehe* Medizin
Aufklärung 10, 20 f., 80, 85, 93, 109, 128, 130–132, 134, 137 f., 140–142, 145, 149, 151, 155, 165, 169, 172 f., 188, 190, 195, 198, 201, 203, 207, 212, 214, 219, 221, 250
Austin, J. L. 16
Auzebi, Pierre 166
  Traité d'odontalgie 166

Ballhausschwur 207
Barbier, Edmond 127
Barère, Bertrand 138
Barras, Paul François Jean Nicolas, Vicomte de 216
Barry, Madame du 72, 176, 211, 240
Barry (Zahnzieher) 43, 109
Bastille 139, 202, 204, 215, 238
Beaufort, Duc de 168
Beaupréau, Claude-Guillaume 136, 166
Beckford, William 235 f.
  Vathek 235 f., 238
Bellegarde, Morvan de 63
  Réflexions sur le ridicule 63
Berlin 115
Bertillon, Alphonse 257, 259
Beugnot, Comte de 212 f.
Bibliothèque bleue 51
Bichat, Xavier 222
Billard, Pierre 173
Biologie 17, 31
Blumenberg, Johann 224
Boerhaave, Hermann 95
Bonaparte, Lucien 243
Bonaparte, Napoleon 24, 218, 243, 245, 248 f.
Bordeaux 156
Bossuet, Bischof von Meaux
  Maximes et réflexions sur la comédie 55 f.
Botot, Jean-François 166
  Observations sur la suppuration des gencives 166
Boucher, François 73, 75
Bouhours, Père 59, 60
Bourdet, Bernard 146
Bourdet, Étienne 144, 146, 149, 156, 165, 167 f., 180
  Recherches et observations sur toutes les parties de l'art du dentiste 149
  Soins faciles pour la propreté de la bouche 166
Brousson, Jacques-Pierre 245
Brunel, Isambard 229

Buffon, Georges-Louis Le Clerc
Histoire naturelle 105, 219
Bunbury, Sir Henry 248
Bunon, Robert
Essai sur les maladies des dents 147–149, 151, 168, 180

Calabacillas (Hofnarr von Philipp IV. von Spanien) 82, 84
Calais, Mademoiselle 172
Camper, Peter 224
Caperon, Jean-François 179 f.
Caraccioli, Louis-Antoine 131, 141
Caravaggio (Michelangelo Merisi) 80, 82
Carmelina 44, 109, 123
Carmontelle 188, 191
Carnegie, Dale 258 f.
How to Win Friends and Influence People 258
Casanova, Giacomo 144
Cassatt, Mary 254
Castiglione, Baldassare 45–47, 51, 59 f., 80
Il Libro del cortegiano 45
Caylus, Comte de 190
Cérutti, Joseph 132, 206
Charrière, Isabelle de 164
Chateaubriand, François-René de 184, 248
Chesterfield, Lord 141 f., 144, 149, 180
Chicot (Hofnarr von Henri IV.) 57
Chirurgie/Chirurgen 9, 20 f., 30, 32, 34–36, 39, 44, 59, 118–126, 146–151, 165, 179, 183, 187, 196, 199, 222, 242–244, 252
Choisy 176
Cicero 46
De oratore 46
Collé, Charles 91
Comédie-Française 127
Condillac, Étienne Bonnot de 95, 106
Conti, Princesse de 181
Contugi, Christophe 43 f., 109
Corday, Charlotte 214, 238
Courtin, Antoine 52 f., 60, 137
Nouveau traité de la civilité qui se pratique en France parmi les honnestes gens 52
Courtois, Honoré 150, 169
Couthon, Georges 211, 218
Cradock, Anna Francesca 144, 156, 180
Cramail, Adrien de Montluc de 49
Discours académique du ris 49
Croissant de Garangeot, René-Jacques 119
Cureau de La Chambre, Marin 49, 51

Danton, Georges 217
Daquin, Antoine 34 f.
Darwin, Charles 13 f., 256
The Expression of the Emotions in Man and Animals 13 f., 256
David, Jacques-Louis 178, 185, 187, 196 f., 206 f., 215 f., 234, 249
Da Vinci, Leonardo 74, 80
Demokrit 83, 84, 189, 253
Dentalinstrumente 158 f., 161
Descartes, René 50, 76, 95, 107, 190
Des passions de l'âme 50, 76
Desmoulins, Camille 202, 209, 214, 217
Desmoulins, Lucile 214
Deutschland 115
Diderot, Denis 85, 87, 90, 93–96, 105–107, 168, 187, 190
Le Fils naturel 90
Dillon, Arthur-Richard, Erzbischof von Narbonne 228–230
Dionis, Pierre 34, 59, 119–121, 123, 150, 154, 161
Cours d'opérations chirurgicales 119
Direktorium 218

Dodart, Denis 125
Dubois, Charles 34, 179
Dubois de Chémant, Nicolas 22 f., 187, 196, 198, 200–203, 226–232, 245, 262
Dissertation sur les avantages des nouvelles dents ... 201
Dubois-Foucou, Vincent 180, 245
Duchâteau, Alexis 200
Duchemin, Laurent Tugdual 128
Duchenne de Boulogne, Guillaume 11–13
Mécanisme de la physionomie humaine 11
Duchenne-Lächeln 11, 13 f.
Duclos, Madame 88
Ducreux, Joseph 189
Dulaure, Jacques-Antoine 177
Duval, Jacques-René 149

écoles de santé 242 f.
Ekman, Paul 10, 15
Elias, Norbert 58
Élisabeth, Madame (Schwester von Ludwig XVI.) 214
Emotionen 11, 15 f., 19 f., 49, 51, 58, 61 f., 66, 69 f., 72 f., 76 f., 82, 85, 87–89, 91, 94, 96, 98, 100 f., 104–106, 128, 131, 134, 136 f., 142, 160, 177 f., 183, 186 f., 189–191, 193, 212 f., 218, 237 f., 251 f., 255, 261
Empfindsamkeit 19 f., 24, 92, 95–97, 100–104, 106 f., 131, 137, 157, 164, 167, 177, 188, 195, 204, 232, 236, 247, 251, 257
Lächeln der E. 21, 66, 91, 101, 103, 105–107, 118, 136, 140, 145, 186, 188–190, 194, 207, 210, 214, 218, 220, 222, 234, 241, 246–248
Encyclopédie 138, 168
Épinay, Madame d' 143
Erasmus, Desiderius 51 f., 54, 80, 137
De civilitate morum puerilium 51
Lob der Torheit 54
Erklärung der Menschenrechte 204
Ernährung 44, 131, 135, 163
Ernsthaftigkeit 47, 64, 68, 133, 207, 210, 215–217
Erster Arzt / Leibarzt des Königs 32, 34, 125
Erster Chirurg / königlicher Chirurg 34, 59, 120, 122
Estienne, Henri 50
Estrées, Cardinal d' 29
Étampes, Duchesse d' 127
Eugénie, Kaiserin 254
Euripides 93
Evans, Thomas 246, 254
Evolution 13, 15 f.

Fauchard, Pierre 20, 117–119, 123–128, 143, 145–154, 156, 158–161, 166, 179, 197–199, 245 f.
Le Chirurgien-Dentiste 20, 119, 124, 126 f., 152 f., 159, 246
Félibien, André 49
Félix, François 35, 59
Fénélon, François 61
Télémaque 61
Ferranti, Hieronymus 40 f., 43, 109, 158
Flandern 150
Fontainebleau 176
Fonzi, da (Zahnarzt) 230
Fortschritt 21, 129, 132, 137 f., 142, 169 f., 204, 210, 222, 244, 247, 252, 257
Foulon, Joseph-François 238 f.
Fouquet, Madame 36
Fox, Joseph 231
Francœur, François und Rebel, François 192
Pyrame et Thisbe 192
François I. 45, 127

Frauen 41, 49 f., 71, 73, 91, 129, 136 f., 140, 158, 164, 167, 173, 177, 212 f., 224, 247, 250, 252 f., 258
Freude / Frohsinn / Glück 13, 15, 23 f., 45, 49–53, 55, 61, 64, 69 f., 79, 98, 101, 103, 106, 113, 127, 129–132, 134, 139, 141 f., 146, 170, 177, 191, 204–206, 210, 215, 234, 247 f., 260
Fronde 43

Galen 33, 95
Galiani, Ferdinando, Abbé 168
Galileo 129
Gaulle, Charles de 260
Gebisse 23, 52, 127, 173, 187, 196–198, 200–202, 226–232, 245, 262
Geertz, Clifford 17
Gefühle *siehe* Emotionen
Gegenreformation 53, 55
Generalstände 186
Genfer See 189
Genlis, Madame de 139, 234
  Adèle et Théodore 139
Gérard, François 196
  Madame Barbier-Walbonne 196
Géraudly, Claude 149 f., 156, 167, 172, 180
  L'Art de conserver les dents 149
Geselligkeit 68, 70, 131, 133–137, 140, 143, 145 f., 163 f., 167, 170, 176 f., 191, 202, 207, 234, 247, 250
Gesellschaft/Gesellschaftsstruktur 17, 20, 27, 43, 45, 49, 54, 58, 60, 69, 72, 93, 97, 127, 129, 133–135, 137, 141, 143, 155, 162, 165, 169, 186, 204 f., 216, 218, 224, 227, 230, 251, 258 f.
Gesetzgebung 25, 227, 244
Gesichtsausdruck 10, 15, 18 f., 23 f., 57, 61, 66, 73 f., 87, 98, 106, 174, 187, 189–191, 218, 220, 222, 256
  starr/ernst 19, 21, 29, 57 f., 61, 64, 72, 107, 178, 187, 207, 222, 258
Gesundheit 32 f., 45, 49, 51, 64, 100 f., 127, 130, 154, 158, 166 f., 170, 182, 186, 198, 242 f., 245
Gibbon, Edward 143
Gillray, James 24 f., 248
Girodet, Anne-Louis 239
Gluck, Christoph Willibald 192
  Iphigenie auf Tauris 192
Glück *siehe* Freude
Gorsas, Antoine-Joseph 206, 210, 217
Grand Thomas *siehe* Thomas, Jean
Grand Tour 144, 219, 228
Gray, John 231
  Preservation of the Teeth 231
Grenoble 173
Greuze, Jean-Baptiste 93, 105–107, 157, 190, 192 f.
  Épiphanie 106, 157
  L'Accordée de village 105, 157
  La Mère bien-aimée 105–107
Grimasse 10, 53, 55, 97, 138 f., 189, 216, 234 f., 253, 255
Grotesker Stil 235
Guillemeau, Jacques 30

Haller, Albrecht von 95 f., 158
Hals, Frans 82
Hamilton, Emma 196
Harvey, William 129
Hébert, Jacques-René 209 f., 217
Hébert, Jean 166, 171
  Le Citoyen Dentiste 166
  Réfutation d'un nouveau traité d'odontalgie 166
Heilmittel/Arzneien 32, 40, 111 f., 114, 119, 123, 148, 243
  Schlangenbiss 39 f.
Hémard, Urbain 36, 119
  De la vraye anathomie des dents 119
Henri IV. 41, 47, 57, 62, 109, 114
Heraklit 83

Hérault de Séchelles, Marie-Jean 217
Hieronymus, Heiliger 54
Hitler, Adolf 258
Hobbes, Thomas 50 f., 69
Höflichkeit/Vornehmheit 49, 51, 58–60, 62, 69, 131, 134 f., 137, 139–141, 156 f., 176
Hogarth, William 82, 85
Holbach, Paul-Henri Thiry d' 131
Hollywood 16, 26, 257
Homer 93
honnêteté 52, 60, 138, 141, 176
Houdon, Jean-Antoine 192–194
  Rixe de musiciens 82
Humanität/Menschheit 47, 129, 163, 204 f.
Humor 38, 43 f., 46 f., 53–56, 60, 64, 68, 89, 116, 207–209, 214 f., 231 f., 238
Hunter, John 149, 199
  Natural History of the Human Teeth 149
Hutcheson, Francis 96

Identität (individuelle) 9, 20, 95, 97, 102 f., 105, 107, 145 f., 154, 167, 169, 186, 209, 214, 218, 221 f., 234 f., 247
Ignatius von Loyola 54
Ingres, Jean-Auguste-Dominique 196
  »Porträt einer Frau« 196
Italien 38 f., 132, 149

Jardin du Roi 121
Jenner, Edward 230
Joubert, Laurent 47–49, 64
  Traité du ris 47
Jourdain, Anselme 149
  Traité des maladies et des opérations réellement chirurgicales de la bouche 149
Journal de santé du Roi 33
Juvenal 83

Kant, Immanuel 132
Karl X. 182
Kinder 30, 51, 82, 88, 106, 158, 168, 170, 177, 182, 202
  Entwicklung von K. 11
Kirche 52–55, 60, 69, 129 f., 208
Klasse 19, 24, 35, 54, 88, 210
Komödie 41, 43, 56, 58, 88–91, 163
Konvent 208, 210, 216 f., 228
Konzil von Trient 53

La Bruyère, Jean de 59, 62, 72, 87, 90
Lächeln 18, 25, 61
  ansteckendes L. 16, 20, 24, 101, 129, 134, 142, 247
  Feedback-Schleifen des Verhaltens 16
  französisches L. 133
  »Lächeln der Seele« 91, 101, 103, 141, 145, 188
  mit geschlossenem Mund 21, 44
  Multifunktionalität 18
  auf dem Schafott 211
  »weißes Lächeln« 7, 9, 18 f., 23 f., 103, 106, 118, 163, 165, 167, 186, 188 f., 196, 229, 241, 246 f., 250–253, 258, 260, 262
Lachen 9–13, 15 f., 19, 45–57, 60 f., 64, 79 f., 82 f., 87, 89, 91, 130–132, 139, 141–143, 169, 182, 188, 202, 206–209, 213, 215–217
  aggressives/spöttisches L. 23, 61, 64, 84, 207–209
  Feindseligkeit gegenüber dem L. 57, 60 f.
  patriotisches/revolutionäres L. 206, 210
  positives L. 50
  Rabelais'sches L. 43, 45, 48 f., 141
  sardonisches L. 61, 64, 79, 91, 140, 208
  Theorien des L. 92, 96

Laclos, Pierre Choderlos de
Les Liaisons dangereuses 103
La Faudignière, François Le Roy de 156, 166, 173
La Manière de préserver et de guérir les maladies des gencives et des dents 166
La Fontaine, Jean de 61
La Font de Saint-Yenne, Étienne de 190
La Force (Gefängnis) 240
Laforgue, Louis 159, 243, 244
La Harpe, Jean-François de 187
Lamballe, Princesse de 240
La Mettrie, Julien Offray de 189
La Motte, Antoine Houdart de 87, 89
Ines de Castro 101
La Motte, Guillaume Mauquest de 119
Traité complet de chirurgie 119
La Muette 176
Langlois, Marie-Ange 192
La Peyronie, François de 120, 125
La Piété filiale 105
La Rochefoucauld, François de 63
Lartigue, Jacques-Henri 257
La Salle, Jean-Baptiste de 51 f., 137
Les Règles de la bienséance et de la civilité chrétienne 51, 137
La Tour, Georges de 80, 82 f., 156
La Tour, Quentin de 189, 191 f.
Lavater, Johann-Caspar 24, 132, 218–225, 235, 257
Physiognomische Fragmente 219
Laverand, Jean-Baptiste 144
Law, John 68, 71
Le Brun, Charles 73, 76–80, 84 f., 87, 105 f., 178, 190–192, 219 f.
Conférence sur l'expression, générale et particulière 74
Le Ravissement 78
Lécluze, Louis 146, 149 f., 161, 168 f., 171
Nouveaux éléments d'ontologie 149
Leidenschaften 23, 45, 50, 62, 76, 79, 85, 93, 101, 131, 190 f., 219–221
Le Mayeur, Jean 144
Lenin, Wladimir I. 258
Lequeu, Jean-Jacques 189
Levesque, Pierre-Charles 195
Lewis, Matthew 235
The Monk 235
Liotard, Jean-Étienne 189
Loaisel de Tréogate, Joseph de 236, 238
Dolbreuse 236, 238
Locke, John 95
Lomazzo, Giovanni Paolo 74
London 199 f., 228–230, 232, 235, 248
Louvre 7, 80, 156, 162, 180
Ludwig XIII. 56, 106
Ludwig XIV. 19, 21, 24, 27, 29–31, 33, 44 f., 55–59, 62, 64–73, 76, 85, 87, 90, 118, 125, 132 f., 141, 145, 158, 169, 174–176, 178 f., 181 f., 184, 250
Herrschaft 30, 32, 56 f., 64, 66, 132
Mund 29, 31 f., 34 f., 44 f., 59, 76, 175
Porträt 27, 29, 31, 35, 45, 58, 76, 175
Regierung 65, 67, 92
Ludwig XV. 67 f., 71 f., 84 f., 90, 114, 121, 176, 179, 181, 183
Mund 181
Ludwig XVI. 144, 174, 180, 182, 186, 202, 207, 249
als Dauphin 113 f., 144, 182 f.
Ludwig XVIII. 180, 249
als Comte de Provence 180, 184
Luynes, Duc de 179 f., 182 f.

Maintenon, Madame de 58, 67, 69
Malesherbes, Guillaume-Chrétien de Lamoignon de 212
Mangelernährung 30
Manieren/Sitten 45, 52, 56–58, 71, 84, 87, 90, 93, 134, 136, 138, 141, 174, 178 f., 233
Marat, Jean-Paul 209, 213–215, 238

Maria Theresia (Kaiserin) 144
Marie-Antoinette (Königin) 184 f., 194, 233, 239 f.
Marie Thérèse 182
Marine 118
Marivaux, Pierre de 68, 71, 88, 94
Le Paysan parvenu 94
Vie de Marianne 94
Marmontel, Jean-François 88, 140, 203
Martin, Bernardin 44, 119
Dissertation sur les dents 119
Matte La Faveur, Sébastien 40
Mazarin, Kardinal 43, 62
Medien 166, 257
Medizin/Ärzte 9, 11, 19, 25, 32–34, 36, 39, 49, 95, 113, 120 f., 125, 148 f., 151, 158, 162, 171, 177, 179 f., 183, 242–244
Medizinische Fakultät von Paris 39, 120 f.
Medizinische Fakultät von Montpellier 40, 47, 120, 242
Ménétra, Jacques-Louis 163
Menschenaffen 13, 256
Spielgesicht 13–15
Mercier, Louis-Sébastien 90, 101, 103, 107, 116, 132, 136, 138 f., 141, 155, 161, 174, 186, 240
Tableau de Paris 186
Du théâtre 139
Mesmer, Franz 186
Messerschmidt, Franz-Xaver 189
Metz 173
Miel, Edme-Michel 244
Mirabeau, Honoré Gabriel Riqueti, Comte de 215
Mittelalter 33, 46, 50, 53, 74, 80, 94, 129
Mode 59, 135 f., 162, 174 f., 177, 227
Molière 43, 56 f., 61, 89, 148
Tartuffe 89
Mona Lisa 9, 80, 196
Mondor 41 f.
Monroe, Marilyn 260 f.
Montaigne, Michel de 83
Essais 83
Montesquieu, Baron de 68, 88, 128
De l'esprit des lois 68
Lettres persanes 68
Moreau de la Sarthe, Jacques-Louis 220
Morisot, Berthe 254
Moses 93
Mouton, Claude 144, 149, 151, 156, 180, 182
Essai d'odontotechnie 149
Munch, Edvard 253
Der Schrei 253
Mund
geschlossen 18 f., 45, 48, 50, 52, 56, 63, 73, 80, 82, 84, 103, 106, 169, 198, 222, 258
offen/geöffnet 18 f., 24, 45, 49 f., 61, 79 f., 82 f., 106, 161, 182, 192, 196, 232, 234 f., 241, 246, 251, 253
Mundgeruch / schlechter Atem 20, 64, 168, 171 f., 196, 198
Mundkrankheiten 19 f., 158, 172
Mundpflege 19, 31, 33, 171, 245
Mundspülung 166, 173, 245
Murphy, Joseph 230
Mussolini, Benito 258

Napoleon I. *siehe* Bonaparte, Napoleon
Napoleon III. 246, 254
Napoleonische Kriege 230, 243
Nationalversammlung 205–208, 227
Nattier, Jean-Marc 72–74, 80
Naudin, Jacques-Pierre 245
Necker, Madame 140
Newton, Isaac 129
Niederlande 31, 82, 149, 156
Nivelle de La Chaussé, Pierre-Claude 89
Nodier, Charles 237
Normandie 173

Öffentlichkeit 18, 21, 23, 45, 53, 56, 72, 75, 88, 114, 128, 132–134, 136 f., 140, 145, 148, 157, 161 f., 165–167, 169–171, 174–177, 185, 195, 201 f., 206, 218, 233, 247 f., 250, 252, 254, 260
Opéra-Comique 113
Le Vaudeville 113
L'Impromptu du Pont-Neuf 113
Operateure für die Zähne 34, 36, 39 f., 121 f., 124
Orsay 127
Oudry, Jean-Baptiste 156

Paine, Thomas 217
Paisiello (Schauspieler) 196
Palais Royal 202 f., 228
Paré, Ambroise 197
Pariser Salon von 1704 27
Pariser Salon von 1787 7, 187, 192, 196, 239
Père Duchesne, Le 209 f.
»performative Äußerung« 16
Perücken/Perückenmacher 27, 40, 59, 62, 111, 121, 125, 170, 175, 201, 230, 232, 245
Philadelphia 246
Philippe, Duc d'Orléans 67 f., 70, 156, 180, 182, 202, 234
Philipp IV. von Spanien 82
philosophes 128–131, 134, 212
Phlipon, Manon 213
Fotografie 11, 17, 254–258
Physiognomik/Physiognomie 24, 46, 52, 63, 74–77, 104, 132, 167, 206, 211, 219–222, 224, 226, 234 f., 257
Physiologie 11, 76, 95
Pikardie 173
Pinel, Phillippe 224
Pixérécourt, René-Charles Guilbert de
Victor, ou l'enfant de la forêt 237
Plutarch 213
Polignac, Duchesse de 196, 239
Pompadour, Madame de 71, 73, 75, 176 f.
Pont-Neuf 41, 43 f., 109, 112–114, 116–118, 123–125, 155 f., 162
Poteleret, Alexandre 118
Prévost, Antoine-François, Abbé 92
Manon Lescaut 92
Proust, Marcel 66
À la recherche du temps perdu 66
Provence, Comte de *siehe* Ludwig XVIII.
Psychiatrie 224
Psychologie 16, 190, 258
Pugin, Augustus 229
Pulteney, William, Viscount 132

Quintilian 46

Rabelais, François 13, 38, 45, 49 f., 52–54, 58, 80, 116, 130, 231
Radcliffe, Anne 235
The Mysteries of Udolpho 235
Raffael 77, 192
Galatea 77
Rassentheorie 224
Realismus 27
Rebel, François *siehe* Francœur
Reddy, William 16, 136
Reformation 55
Regentschaft 66 f., 69 f., 84 f., 87 f., 94, 130, 189
Régiment de la Calotte 69, 72
Reichtum 138, 218, 260
Reklame 165 f., 202
Religionskriege 38
Rembrandt 84
Renaissance 10, 13, 19, 46, 50, 74 f., 80, 119, 137, 196
Reni, Guido 77, 192
Republik 178, 208 f.
Revolutionstribunal 210, 213, 239
Ribera, Jusepe de 80 f.
Ricci, Jean-Baptiste 147, 163

Richardson, Samuel 92–94, 96 f., 99 f., 103–105, 188–190, 212, 218, 236, 247
Clarissa 93, 189
Pamela 92 f.
The History of Sir Charles Grandison 92
Richelieu, Kardinal 56, 62
Rigaud, Hyacinthe 27–29, 35, 45, 58, 64, 76, 169, 175
Riouffe, Honoré-Jean 238
Mémoires d'un détenu 238
Rivarol, Antoine de 207 f.
Robespierre, Charlotte 241
Robespierre, Maximilien 210 f., 213, 216–218, 240 f., 249
Roland, Madame 213
Roman de la rose 50
Romantik 184, 237
Rousseau, Jean-Jacques 93 f., 97 f., 100 f., 103, 105, 131, 164, 175, 177, 188–190, 212–214, 218, 236, 247, 250
Julie, ou la Nouvelle Héloïse 93 f., 98–100, 102, 164, 188 f., 213 f.
Rowlandson, Thomas 199 f., 226 f., 231–233
Rubens, Peter Paul 83, 106 f.
Die Geburt Ludwigs XIII. 106

Sachsen, Marschall von 154
Sade, Donatien Alphonse François, Marquis de 236
Justine, ou les malheurs de la vertu 236
La Nouvelle Justine 236
Sainte-Pélagie (Gefängnis) 210
Saint-Just, Antoine-Louis 210 f., 217 f.
Saint-Pierre, Abbé de 68, 71, 97
Saint-Simon, Louis de Rouvroy, Duc de 27, 29
Salons 20, 68, 134, 136 f., 143, 168, 198
sans-culottes 23, 163, 209, 218, 248
Sanson, Henri 211 f., 214
Sardinien 61
Savoyen, Joséphine von 184
Scharlatane und Zahnzieher 20, 34, 38, 40 f., 43 f., 109, 111, 115, 117, 120 f., 123–125, 147, 243
Schönheit 62, 66, 77, 97 f., 102, 104 f., 107, 139, 150, 167, 173, 175, 178, 186, 201, 232, 245
Scott, James 214
Seneca 83
Septembermorde 229, 240
Sériziat, Madame de 196 f.
Sévigné, Madame de 64
Sèvres 201, 229
Sexualität 177, 235, 237
Shaftesbury, Anthony Ashley Cooper, Earl of 69, 131, 134, 140
Shelley, Mary 238
Frankenstein 238
Sitten *siehe* Manieren
Smith, Adam 96
Smollett, Tobias 133
Société royale de médecine 201
Sophokles 93
Spanien 47, 80, 149
Spanischer Erbfolgekrieg 27, 31
Staël, Germaine de 196
Stalin, Josef 258
Steen, Jan 82
St. Helena 248
Straßburg 242
Strawberry Hill (Haus) 235
Sympathie 69, 96, 140

Tabak 135, 154, 163
Tabarin 41–43, 109
Talma (Schauspieler) 199
Temple-Gefängnis 239 f.
Terror 23 f., 208, 214–218, 227, 229, 234, 236–238, 241, 246 f.

Thiers, Abbé Jean-Baptiste 55
Traité des Jeux 55
Thomas, Jean (le Grand Thomas) 109–118, 122–125, 127 f., 155, 158, 161, 166, 245
Thomas von Aquin 53
Thouret, Michel-Augustin 243
Toussaint, François-Vincent 138
Traité d'odontalgie 166
Trianon 176

USA 144, 246, 253, 258, 260
Bürgerkrieg 199
Unabhängigkeitserklärung 205

Valois, Marguerite de 47
Vannes 117
Vasari, Georgio 77
Velázquez, Diego 80, 82, 84
Vernunft 82, 128 f., 131, 195
Versailles 21, 23, 27, 40, 57, 59, 62–64, 66–68, 70–73, 84 f., 87 f., 90, 133, 137 f., 145, 167, 174, 176, 179–182
Gesichtskodex 18, 45, 72, 140, 175, 185, 247
Königshof von V. 19, 21, 184
Victoire, Madame 182 f.
Victoria (Königin) 254 f.
Vigée Le Brun, Madame Élisabeth-Louise 7 f., 18 f., 21, 24, 187 f., 192–196, 213, 227, 232–235, 239–241, 247, 249, 251, 253 f., 262
Autoportrait avec sa fille 8
Vintimille, Duchesse de 182
Voltaire 68 f., 71, 88 f., 91, 101, 103, 128, 130–132, 136, 145
L'Écossaise 91
L'Enfant prodigue 89
Nanine 89
Vossische Zeitung 115

Walpole, Horace 235
The Castle of Otranto 235
Warburton, William 94
Warhol, Andy 260 f.
Washington, George 144, 198
Watelet, Claude-Henri 141
»Waterloo-Zähne« 199
Watteau, Jean-Antoine 66 f., 70 f., 84, 86, 189
Wedgwood-Porzellan 229
Werbeanzeigen 163, 165 f., 173, 296
Wien 144
Willis, Thomas 95
Winckelmann, Johann Joachim 178
Winterhalter, Franz-Xaver 254 f.
Wissenschaftliche Revolution 76, 129
Wohlfahrtsausschuss 208, 211, 217 f.

Zahnärzte 21, 25, 117, 124, 126, 128, 135, 143, 145 f., 148, 150 f., 154–165, 167–173, 179 f., 182, 188, 199, 201, 226, 230, 241–245, 247, 254, 260
Zahnbehandlung/Zahnpflege 32, 34, 36, 43, 118, 151, 154 f., 160, 167 f., 170, 172, 243, 245
Zahnbürste 154, 171, 173, 216, 245, 248 f.
Zahnchirurgie 21, 25, 124, 146, 149, 179 f., 230, 232, 244
Zähne
gute/gesunde 21, 136, 145, 167, 170–172, 199, 220, 254, 260
weiße 7, 21, 29, 104–106, 114, 117, 133, 136, 139, 157, 167, 170, 173, 187 f., 220, 232, 253 f., 258, 260
Zahnheilkunde/Zahnmedizin 9, 21, 25 f., 108, 118, 128, 143, 146 f., 149–151, 155, 158, 163, 166, 168–171, 173, 186, 188, 204, 232, 241–246, 251, 260
moderne Z. 174, 260
wissenschaftliche Z. 24, 117, 157, 166, 197

Zahnlosigkeit 29, 45, 169 f.
Zahnprobleme 19, 33, 65, 163, 172, 228
Zahnschäden 63, 163
Zahnschmerzen 20, 30, 35 f., 113, 116, 123, 144, 150, 154 f., 163
Zahnstocher 32, 154, 171, 173
Zahntransplantation 150, 199 f.
Zahnverlust 19, 29, 33, 44, 64, 160, 168 f., 181 f., 199, 242
Zahnziehen 34, 38, 40, 43 f., 111, 113, 117 f., 120, 147, 154 f., 159, 161, 179, 199
Zelindor (Oper) 191
Zivilität 51–54, 59 f., 80, 84, 88, 138 f., 176
siehe auch honnêteté, Höflichkeit/Vornehmheit
Zucker 18, 33, 44, 135, 154, 163, 168
Zürich 219
Zweiter Weltkrieg 258